Lernbücher Jura

Staatsrecht III

Heiko Sauer

Staatsrecht III

Auswärtige Gewalt
Bezüge des Grundgesetzes
zu Völker- und Europarecht

von

Prof. Dr. Heiko Sauer

Inhaber des Lehrstuhls für deutsches und europäisches Verfassungs- und Verwaltungsrecht an der Rechts- und Staatswissenschaftlichen Fakultät der Rheinischen Friedrich-Wilhelms-Universität Bonn

4. Auflage 2016

C.H.BECK

www.beck.de

ISBN 978 3 406 69544 5

Wilhelmstraße 9, 80801 München

Druck: Nomos Verlagsgesellschaft
In den Lissen 12, 76547 Sinzheim

Satz: Fotosatz H. Buck
Zweikirchener Str. 7, 84036 Kumhausen

Umschlaggestaltung: Druckerei C. H. Beck Nördlingen

Gedruckt auf säurefreiem, alterungsbeständigem Papier
(hergestellt aus chlorfrei gebleichtem Zellstoff)

für Kati

Vorwort zur 4. Auflage

Die weiterhin erfreuliche Aufnahme des Lehrbuchs und die besondere Dynamik des Rechtsgebiets haben die nächste Auflage erfordert, die es auf den Stand von Anfang Juli 2016 bringt. Das abschließende Urteil des Bundesverfassungsgerichts zur OMT-Politik der Europäischen Zentralbank vom 21. Juni 2016 habe ich noch verarbeiten können; es hat zusammen mit dem Beschluss des Zweiten Senats zum Europäischen Haftbefehl eine deutliche Überarbeitung der Passage zu den verfassungsgerichtlichen Kontrollansprüchen über sekundäres Unionsrecht erfordert (§ 9 Rn. 18 ff.). Von den vielen aktuellen Entwicklungen in der Praxis wie im Schrifttum, auf die ich außerdem reagieren musste, sind die Entscheidungen des BVerfG zur Evakuierung deutscher Staatsangehöriger aus Libyen und zum gesetzlichen Treaty Override hervorzuheben. Einige Zuschriften, die (bitte per E-Mail an sauer@jura.uni-bonn.de) weiterhin sehr willkommen sind und für die ich mich bedanke, haben die Korrektur kleinerer Unstimmigkeiten ermöglicht. Den Mitarbeitern meines Lehrstuhls danke ich für ihre Bereitschaft zu Diskussionen über Verbesserungsmöglichkeiten des Lehrbuchs, für ihre Hinweise auf einzuarbeitende Entwicklungen und für ihre Hilfe bei der Schlussredaktion.

Bonn, im Juli 2016 *Heiko Sauer*

Vorwort zur 2. Auflage

Gut ein Jahr nach dem Erscheinen der 1. Auflage des Lehrbuchs war dieses vergriffen. Darüber habe ich mich ebenso gefreut wie über die vielen positiven Reaktionen und Zuschriften. Soweit das Buch dazu beigetragen hat und weiter dazu beitragen kann, das Interesse an den internationalen und europäischen Bezügen des Verfassungsrechts zu wecken und ihre Grundlagen verständlich zu machen, wäre mein wesentliches Anliegen erreicht.

Die Neuauflage trägt Entwicklungen bis zum Anfang des Jahres 2013 nach. Dabei waren nicht nur vorhandene Darstellungen, sondern auch neue Probleme zu ergänzen, namentlich die verfassungsrechtlichen Implikationen der Maßnahmen zur Rettung des Euro, mit denen sich das Bundesverfassungsgericht innerhalb eines Jahres bereits viermal zu beschäftigen hatte und wohl weiter beschäftigen wird. Darüber hinaus habe ich zahlreiche Passagen überarbeitet und häufiger auch vertieft, wo es mir – auch aufgrund von Hinweisen der Leserinnen und Leser – möglich erschien, die Genauigkeit und die Verständlichkeit zu erhöhen; hier sind insbesondere die Darstellungen von Art. 23 Abs. 1 GG und von Art. 59 Abs. 2 GG sowie die Auseinandersetzung mit dem *Lissabon*-Urteil des BVerfG zu nennen. Hinweise zur Verbesserung des Buches sind weiterhin sehr willkommen.

Düsseldorf, im Januar 2013 *Heiko Sauer*

Vorwort zur 1. Auflage

Das Staatsrecht III ist ein spannendes und dynamisches Rechtsgebiet. Mit der Fortentwicklung des Rechts der Europäischen Union und der Zunahme völkerrechtlicher Bindungen, die für innerstaatliche Rechtsbeziehungen relevant sind, haben Fragen nach der Art und Weise des Zusammenwirkens der deutschen Rechtsordnung mit dem Europa- und Völkerrecht an Bedeutung gewonnen. Dieses Zusammenwirken besteht maßgeblich in einer bemerkenswerten, verfassungsrechtlich gewollten Öffnung der deutschen Rechtsordnung für die Einflüsse vor allem des supranationalen Unionsrechts, aber auch des Völkerrechts. Diese Einflüsse führen zu erheblichen Überlagerungen und Umgestaltungen des innerstaatlichen Rechts. Das mag eher theoretisch klingen; aber die Fragen, wie sich europa- und völkerrechtliche Bindungen in der deutschen Rechtsordnung im Einzelnen auswirken und wie ihnen, auch mit Blick auf widerstreitende verfassungsrechtliche Anforderungen, Rechnung getragen werden kann, haben erhebliche praktische Bedeutung. Das hat sich zuletzt etwa hinsichtlich der Urteile des Europäischen Gerichtshofs für Menschenrechte zur Völkerrechtswidrigkeit der deutschen Sicherungsverwahrung oder der Entscheidungen des Bundesverfassungsgerichts zu der Frage gezeigt, ob und wann einem Rechtsakt der Europäischen Union in Deutschland die Gefolgschaft verweigert werden kann. Wenn die unionsrechtliche bzw. die völkerrechtliche Rechtslage festgestellt ist, schließt sich also die letztlich entscheidende Frage an, ob und wie die daraus resultierenden Vorgaben im innerstaatlichen Recht umzusetzen sind. Das ist das übergreifende Thema des Staatsrechts III und damit dieses Buches: Das Staatsrecht III bildet das Scharnier zwischen der deutschen Verfassungsordnung und dem Recht der Europäischen Union sowie dem Völkerrecht – sowohl hinsichtlich des Verständnisses der Zusammenhänge als auch hinsichtlich des Zusammenwirkens der Rechtsordnungen in der Praxis.

Die im Rahmen des Pflichtfachbereichs erforderlichen Grundkenntnisse des Europarechts sowie gegebenenfalls im Schwerpunktbereichsstudium erworbenes Wissen im Völkerrecht können damit in einem Fall mit Bezug zur deutschen Rechtsordnung ohne Grundlagenverständnis im Staatsrecht III nicht umgesetzt werden. Es ist deshalb folgerichtig, dass dieses Rechtsgebiet in allen Bundesländern zum Pflichtstoff im ersten Staatsexamen gehört. Das entspricht auch der erheblichen praktischen Bedeutung des Fachs. Jeder deutsche Rechtsanwender ist heute unabhängig von seinem konkreten Tätigkeitsbereich mit Fragen der Einwirkung des Unionsrechts und auch des Völkerrechts, insbesondere in Form der auf alle innerstaatlichen Sachverhalte anwendbaren Europäischen Menschenrechtskonvention, befasst. Er muss die einschlägigen

Rechtsquellen kennen, sie auslegen und anwenden können, europa- und völkerrechtliche Vorgaben in die deutsche Rechtsordnung einpassen und dabei immer wieder Kollisionen mit deutschen Rechtsvorschriften bewältigen.

Mit Blick auf diese Anforderungen in Studium und späterer Praxis stellt dieses Lehrbuch die Grundlagen des Staatsrechts III dar. Stoffauswahl, Darstellungsweise und Umfang orientieren sich an den Bedürfnissen von Studierenden. Die Zielsetzung des Buches liegt darin, Grundverständnis für die im Einzelnen recht komplexen Zusammenhänge zu schaffen; das ist für die Belange von Studierenden erforderlich, aber auch ausreichend. Wenn zur Veranschaulichung immer wieder einzelne Probleme und aktuelle Fallbeispiele herangezogen werden, steht dabei nicht die Vermittlung von Detailwissen im Vordergrund. Es geht vielmehr um die Darstellung grundlegender Zusammenhänge – und vor allem darum, Problembewusstsein zu schaffen. Auf dieser Grundlage kann für einzelne, durch die Fortentwicklung der Rechtsordnungen und ihres Zusammenwirkens immer wieder neu entstehende Probleme eine vertretbare Lösung entwickelt werden. Der darstellende Teil des Lehrbuchs wird zu diesem Zweck von Fallbeispielen mit Lösungen, von Klausurhinweisen und Wiederholungsfragen sowie von Schaubildern ergänzt, die das Gelernte veranschaulichen und zusammenfassen sollen. Besonderes Augenmerk liegt auf der Würdigung der im Bereich des Staatsrechts III besonders wichtigen Rechtsprechung des Bundesverfassungsgerichts, deren zentrale Passagen auszugsweise wiedergegeben werden.

Das Lehrbuch ist aus Aufzeichnungen und Materialien für meine Vorlesung im Staatsrecht III an der Heinrich-Heine-Universität Düsseldorf hervorgegangen; es beruht auf Erkenntnissen, die ich bei der wissenschaftlichen und praktischen Beschäftigung mit einzelnen Fragen dieses Rechtsgebiets in den vergangenen Jahren gewonnen habe. Herrn Professor *Dr. Alexander Lorz*, LL.M. (Harvard), danke ich herzlich für die Unterstützung des Vorhabens und die gründliche Durchsicht des Manuskripts. Großer Dank gilt auch meinem Kollegen *Dr. Mehrdad Payandeh*, LL.M. (Yale), der sich die Zeit für die Lektüre des Entwurfs und für viele eingehende Diskussionen genommen hat. *Maike Richterich* danke ich dafür, dass sie den ersten Entwurf aus studentischer Sicht beurteilt hat. *Simon Weise* bin ich für die Unterstützung bei der Erstellung der Schaubilder dankbar. Herrn *Dr. Johannes Wasmuth* vom Verlag C. H. Beck danke ich für seine Bereitschaft zur Umsetzung des Vorhabens und für die angenehme Zusammenarbeit. Über Kritik und Anregungen zur Verbesserung des Lehrbuchs (gern per E-Mail an heiko.sauer@uni-duesseldorf.de) würde ich mich sehr freuen. Am meisten würde ich mich aber freuen, wenn das Buch meine Begeisterung für das Fach verständlich machen und in dieser Hinsicht vielleicht auch ein wenig ansteckend wirken würde.

Düsseldorf, im Juli 2011 *Heiko Sauer*

Inhaltsverzeichnis

Literaturverzeichnis

Lehrbücher und Kommentare

Calliess, Christian: Staatsrecht III. Bezüge zum Völker- und Europarecht, München 2014

Calliess, Christian/Ruffert, Matthias (Hrsg.): EUV/AEUV, Kommentar, 4. Auflage München 2011

Detterbeck, Steffen: Allgemeines Verwaltungsrecht mit Verwaltungsprozessrecht, 14. Auflage München 2016

Dreier, Horst (Hrsg.), GG-Kommentar, Band II, 3. Auflage Tübingen 2015

Dreier, Horst (Hrsg.), GG-Kommentar, Band III, 2. Auflage Tübingen 2008

Geiger, Rudolf: Grundgesetz und Völkerrecht, 6. Auflage München 2013

Geiger, Rudolf/Khan, Daniel-Erasmus/Kotzur, Markus: EUV/AEUV-Kommentar, 5. Auflage München 2010

Grabenwarter, Christoph/Pabel, Katharina: Europäische Menschenrechtskonvention, 6. Auflage München 2016

Gröpl, Christoph: Staatsrecht I, 7. Auflage München 2015

Haltern, Ulrich: Europarecht, 2. Auflage Tübingen 2007

Haratsch, Andreas/Koenig, Christian/Pechstein, Matthias: Europarecht, 10. Auflage Tübingen 2016

Herdegen, Matthias: Europarecht, 17. Auflage München 2015

Herdegen, Matthias: Völkerrecht, 15. Auflage München 2016

Herrmann, Christoph: Examens-Repetitorium Europarecht/Staatsrecht III, 4. Auflage Heidelberg 2013

Hillgruber, Christian/Goos, Christoph: Verfassungsprozessrecht, 4. Auflage Heidelberg 2015

Jarass, Hans D./Pieroth, Bodo: GG-Kommentar, 14. Auflage München 2016

Krüper, Julian (Hrsg.), Grundlagen des Rechts, 2. Auflage Baden-Baden 2013

Michael, Lothar/Morlok, Martin: Grundrechte, 5. Auflage Baden-Baden 2015

Oppermann, Thomas/Classen, Claus D./Nettesheim, Martin: Europarecht, 7. Auflage München 2016

Paulus, Andreas L.: Staatsrecht III, München 2010 (Fallsammlung)

Peters, Anne/Altwicker, Tilmann: Europäische Menschenrechtskonvention, 2. Auflage München 2012

Ruffert, Matthias/Walter, Christian: Institutionalisiertes Völkerrecht, 2. Auflage München 2015

Sachs, Michael (Hrsg.), GG-Kommentar, 7. Auflage München 2014

Schenke, Wolf-Rüdiger: Verwaltungsprozessrecht, 14. Auflage Heidelberg 2014

Schlaich, Klaus/Korioth, Stefan: Das Bundesverfassungsgericht, 10. Auflage München 2015

Schöbener, Burkhard/Knauff, Matthias: Allgemeine Staatslehre, 2. Auflage München 2013

Schweitzer, Michael/Dederer, Hans-Georg: Staatsrecht III, 11. Auflage Heidelberg 2016

Besonders empfehlenswerte Aufsätze

Lepsius, Oliver: Braucht das Verfassungsrecht eine Theorie des Staates?, EuGRZ 2004, S. 370 ff.

Ruffert, Matthias: Die Europäische Menschenrechtskonvention und innerstaatliches Recht, EuGRZ 2007, S. 245 ff.

Schönberger, Christoph: Die Europäische Union zwischen „Demokratiedefizit" und Bundesstaatsverbot. Anmerkungen zum Lissabon-Urteil des Bundesverfassungsgerichts, Der Staat 48 (2009), S. 535 ff.

Wahl, Rainer: Der offene Staat und seine Rechtsgrundlagen, JuS 2003, S. 1145 ff.

Zur Vertiefung

Calliess, Christian: Die neue Europäische Union nach dem Vertrag von Lissabon, Tübingen 2010

Di Fabio, Udo: Das Recht offener Staaten, Tübingen 1998

Schorkopf, Frank: Der europäische Weg, 2. Aufl. Tübingen 2015

Kunig, Philip: Völkerrecht und staatliches Recht, in: Graf Vitzthum, Wolfgang/Proelß, Alexander (Hrsg.), Völkerrecht, 7. Auflage 2016, S. 66 ff.

Abkürzungsverzeichnis

a.A.	andere Ansicht
ABl.	Amtsblatt (EG/EU)
Abs.	Absatz
AEUV	Vertrag über die Arbeitsweise der Europäischen Union
AGG	Allgemeines Gleichbehandlungsgesetz
Art.	Artikel
Artt.	Artikel (mehrere)
AWACS	Airborne Warning and Control System
AWG	Außenwirtschaftsgesetz
BAG	Bundesarbeitsgericht
BauGB	Baugesetzbuch
Bd.	Band
BFH	Bundesfinanzhof
BGB	Bürgerliches Gesetzbuch
BGBl.	Bundesgesetzblatt
BGH	Bundesgerichtshof
BT-Drucks.	Bundestags-Drucksache
BVerfG	Bundesverfassungsgericht
BVerfGG	Gesetz über das Bundesverfassungsgericht
BVerwG	Bundesverwaltungsgericht
EFSF	Europäische Finanzstabilisierungsfazilität
EFSM	Europäischer Finanzstabilisierungsmechanismus
EG	Europäische Gemeinschaft
EGKS	Europäische Gemeinschaft für Kohle und Stahl
EMRK	Europäische Menschenrechtskonvention
EPG	Europäische Politische Gemeinschaft
ESM	Europäischer Stabilitätsmechanimus
ESMFinG	ESM-Finanzierungsgesetz
ESVP	Europäische Sicherheits- und Verteidigungspolitik
etc.	et cetera
EU	Europäische Union
EuGH	Gerichtshof der Europäischen Union
EUR	Euro
EurUP	Zeitschrift für Europäisches Umwelt- und Planungsrecht
EUV	Vertrag über die Europäische Union
EuWG	Europawahlgesetz
EUZBBG	Gesetz über die Zusammenarbeit zwischen Bundesregierung und Deutschem Bundestag in Angelegenheiten der Europäischen Union
EUZBLG	Gesetz über die Zusammenarbeit zwischen Bund und Ländern in Angelegenheiten der Europäischen Union
EVG	Europäische Verteidigungsgemeinschaft

EWG .... Europäische Wirtschaftsgemeinschaft
EZB .... Europäische Zentralbank

FG .... Finanzgericht

GASP .... Gemeinsame Außen- und Sicherheitspolitik
GG .... Grundgesetz
GO .... Gemeindeordnung
GVG .... Gerichtsverfassungsgesetz

HuV-I.................... Humanitäres Völkerrecht – Informationsschriften

IGH .... Internationaler Gerichtshof
IntVG .... Gesetz über die Wahrnehmung der Integrationsverantwortung des Bundestages und des Bundesrates in Angelegenheiten der Europäischen Union
ISAF .... International Security and Assistance Force
IWF .... Internationaler Währungsfonds

KFOR .... Kosovo Force
KRK .... Kinderrechtskonvention

NATO .... North Atlantic Treaty Organization
NRW .... Nordrhein-Westfalen

OBG .... Ordnungsbehördengesetz
OMT..................... Outright Monetary Transactions (der EZB)
OVG .... Oberverwaltungsgericht

ParlBG .... Parlamentsbeteiligungsgesetz

Rn. .... Randnummer
Rs. .... Rechtssache

s. .... siehe
S. .... Seite
Slg. .... Sammlung
StabMechG .... Euro-Stabilisierungsmechanismus-Gesetz
StGB .... Strafgesetzbuch
StPO .... Strafprozessordnung
str. .... streitig
SRÜ .... Seerechtsübereinkommen der Vereinten Nationen

TzBfG .... Gesetz über Teilzeitarbeit und befristete Arbeitsverträge

UN .... Vereinte Nationen
USA .... Vereinigte Staaten von Amerika
u.U. .... unter Umständen

VG .... Verwaltungsgericht
VGH .... Verwaltungsgerichtshof
VwGO .... Verwaltungsgerichtsordnung
VwVfG .... Verwaltungsverfahrensgesetz

WTO .... Welthandelsorganisation
WÜK .... Wiener Übereinkommen über konsularische Beziehungen

z.B. .... zum Beispiel
ZBIJ .... Zusammenarbeit in den Bereichen Inneres und Justiz
ZG .... Zeitschrift für Gesetzgebung
Ziff. .... Ziffer

Einführung

§ 1. Warum und wie Staatsrecht III studieren?

Studierende fragen sich häufig, warum sie neben den Grundrechten und dem Staatsorganisationsrecht zum Verfassungsrecht noch eine weitere Vorlesung besuchen und ein weiteres Lehrbuch konsultieren sollen. Zwischenstaatliche Einrichtungen (Art. 24 Abs. 1 GG), allgemeine Regeln des Völkerrechts (Art. 25 GG) oder Kompetenzen zum Abschluss völkerrechtlicher Verträge (Art. 59 Abs. 2 GG) erscheinen auf den ersten Blick als Materien, von denen Studierende nichts wissen müssen, zumal sie in der späteren Berufspraxis für kaum jemanden eine Rolle zu spielen scheinen. Das ist jedoch nicht der Fall. Das Staatsrecht III ist erstens zentral für das Grundlagenverständnis im Verfassungsrecht sowie im Europarecht (I.). Das Staatsrecht III gehört zweitens in allen Bundesländern zum Pflichtstoff im ersten Staatsexamen (II.). Drittens ist das Staatsrecht III heute von so großer Praxisrelevanz, dass jeder Rechtsanwender, ob in der Justiz, der Verwaltung oder der Anwaltschaft, mit seinen Grundlagen vertraut sein muss (III.). 1

I. Staatsrecht III und Grundverständnis im Verfassungs- und Europarecht

Das innerstaatliche Recht und insbesondere das Verfassungsrecht bleiben von den Einwirkungen des Völker- und Europarechts nicht unberührt. Bestimmte, unumstößlich erscheinende Grundsätze wie beispielsweise die Grundrechtsbindung aller staatlichen Gewalt (Art. 1 Abs. 3 GG) oder die Bindung des Rechtsanwenders an das Gesetz (Art. 20 Abs. 3 GG) werden insbesondere durch europarechtliche Einflüsse deutlich relativiert: So können innerstaatliche Rechtsakte zur Umsetzung oder zum Vollzug von Europarecht nicht mehr am Maßstab der deutschen Grundrechte geprüft werden, soweit sie inhaltlich zwingend vom vorrangigen Europarecht determiniert sind (unten § 9 Rn. 53 ff.). Deutsche Gesetze sind völker- und europarechtskonform auszulegen und bleiben unter Umständen unangewendet, soweit sie völker- oder europarechtlichen Bindungen widersprechen. Diese Probleme werden im Verlauf des Lehrbuchs eingehend erörtert, sie sollen hier nur ein erstes Mal angesprochen werden, um die vielfältigen und tiefgreifenden Veränderungen 2 zu veranschaulichen, die sich aus der Einbindung Deutschlands in die Europäische Union (EU) und die Völkergemeinschaft ergeben.

3 Diese Einbindung führt dazu, dass Rechtsordnungen – konkret die staatlichen Rechtsordnungen, die Rechtsordnung der EU und die Völkerrechtsordnung – aufeinandertreffen. Ein solches **Aufeinandertreffen von Rechtsordnungen** führt notwendigerweise zu sehr komplexen, aber auch sehr spannenden Problemen. Ohne diese Probleme in den Blick zu nehmen, wäre etwa eine Auseinandersetzung mit den deutschen Grundrechten heute unvollständig; immer wieder stellt sich die Frage, ob diese auch auf Maßnahmen der EU oder auf Maßnahmen völkerrechtlichen Ursprungs wie etwa die Umsetzung von Resolutionen des Sicherheitsrats der Vereinten Nationen anwendbar sind. Ferner ergeben sich vielgestaltige inhaltliche Einflussnahmen und Wechselwirkungen der Grundrechte des Grundgesetzes mit den Gewährleistungen der Europäischen Menschenrechtskonvention (EMRK)[1] (unten § 7 Rn. 15 ff.) und mit den Grundrechten der EU. Das Grundgesetz als **prononciert völker- und europarechtsfreundliche Verfassung** kann ohne seine grundlegenden Aussagen zur Einbindung Deutschlands in die europäische Integration und die Staatengemeinschaft und zu den damit verbundenen Konsequenzen nicht vollständig erfasst und verstanden werden[2].

4 Wer mit den Problemen des Zusammenwirkens von Rechtsordnungen und möglichen Lösungen nicht in ihren Grundzügen vertraut ist, dem helfen selbst detaillierte Kenntnisse der einzelnen Rechtsordnungen letztlich nicht weiter. In Lehrveranstaltungen und Examensklausuren ist häufig zu beobachten, dass Studierende im Europarecht, das in seinen Grundzügen nach den **Ausbildungsgesetzen aller Länder zum Pflichtstoff im ersten Staatsexamen** gehört[3], teilweise solide Kenntnisse haben, aber nicht ausreichend in der Lage sind, diese Kenntnisse in einer Klausur anzuwenden, die im Rahmen des deutschen Rechts zu lösen ist, das durch europarechtliche Einflüsse über-

[1] Hierzu zuletzt BVerfGE 128, 326 – Sicherungsverwahrung II; dazu *M. Payandeh/H. Sauer*, Menschenrechtskonforme Auslegung als Verfassungsmehrwert: Konvergenzen von GG und EMRK im Urteil des BVerfG zur Sicherungsverwahrung, Jura 2012, S. 289 ff.

[2] Nicht umsonst bezeichnet *R. Wahl*, Herausforderungen und Antworten: Das öffentliche Recht der letzten fünf Jahrzehnte, Berlin 2006, S. 94 ff., die Europäisierung und Internationalisierung des öffentlichen Rechts als „zweite Phase" des öffentlichen Rechts in Deutschland seit 1945.

[3] § 18 Abs. 2 Nr. 6 JAPO Bayern; § 8 Abs. 2 Nr. 11 JAPrO Baden-Württemberg; § 3 Abs. 5 JAO Berlin; § 3 Abs. 5 JAO Brandenburg; § 5 Abs. 1 Nr. 3 lit. d) JAPG Bremen; § 1 Abs. 3 Nr. 5 PrGVO Hamburg; § 7 Nr. 4 lit. c) JAG Hessen; § 11 Abs. 2 Nr. 3 lit. d) JAPO Mecklenburg-Vorpommern; § 16 Abs. 3 Nr. 4 lit. a) JAVO Niedersachsen; § 11 Abs. 2 Nr. 11 JAG Nordrhein-Westfalen; Ziff. D der Anlage zu § Abs. 2 Nr. 1 JAPO Rheinland-Pfalz; § 8 Abs. 2 Nr. 5 lit. a) JAG Saarland; § 14 Abs. 3 Nr. 6 JAPO Sachsen; § 14 Abs. 2 Nr. 5 lit. a) d) JAPrVO Sachsen-Anhalt; § 3 Abs. 5 Nr. 6 JAVO Schleswig-Holstein; § 14 Abs. 2 Nr. 4 lit. a) JAPO Thüringen.

formt wird. Bekannt und den Studierenden in der Regel auch vertraut ist hier als „Klausurklassiker" die Rücknahme unionsrechtswidriger begünstigender Verwaltungsakte mit den Modifikationen, die sich dabei für § 48 Abs. 2–4 VwVfG ergeben (unten § 8 Rn. 45 ff.). Wie aber sieht es mit der Aufhebung belastender Verwaltungsakte aus, die sich nach Eintritt der Bestandskraft als europarechtswidrig erweisen? Gibt es hier aus europarechtlichen Gründen einen Rücknahmeanspruch des Adressaten, und wie ist dieser ggf. verwaltungsrechtlich umzusetzen (§ 8 Rn. 53 ff.)? Was bedeutet es für die deutsche Lebensmittelüberwachung, wenn Grenzwerte überschritten werden, die sich nicht aus dem deutschen Recht, sondern aus Verordnungen der EU ergeben (unten § 8 Rn. 15, 24)? Hier geht es nicht nur darum, die Handlungsform der Verordnung (Art. 288 Abs. 2 AEUV) zu kennen, sondern insbesondere um die Frage, **wie genau** die Verordnung im deutschen Recht wirkt.

In diesem Bereich haben Studierende erfahrungsgemäß die größten Schwie- 5
rigkeiten; hier zeigen sich oft nicht nur Wissenslücken, sondern auch Verständnisprobleme. Dies liegt sicher auch daran, dass das Zusammenwirken der Rechtsordnungen sowohl in der verfassungsrechtlichen als auch in der europarechtlichen Vorlesung angeschnitten, aber oft nicht vertieft behandelt wird. Es ist das wesentliche Anliegen dieses Lehrbuchs, diese Fragen eingehend zu erörtern und damit den beschriebenen Verständnisproblemen abzuhelfen. Auch Kenntnisse im Völkerrecht helfen kaum weiter, wenn deren Umsetzung im deutschen Recht nicht gelingt; und auch hier ist zu beobachten, dass die Studierenden zwar mit den völkerrechtlichen Rechtsquellen vertraut sind und einschlägige Bestimmungen finden, aber Schwierigkeiten mit der Anwendung völkerrechtlicher Bestimmungen im deutschen Recht haben. In der Praxis kommt es im Völkerrecht aber nicht häufig zur Befassung eines internationalen Gerichts; vielmehr stellen sich Fragen des Völkerrechts in „normalen" deutschen Gerichtsverfahren, wie es vor einigen Jahren zum Beispiel in einer ganzen Welle zivilrechtlicher Verfahren über argentinische Staatsanleihen der Fall war (unten § 6 Rn. 19, 24).

Vertiefungshinweis: Der Vertrag von Lissabon hat auch zu terminologischen Ände- 6
rungen für das Europarecht geführt. Die Begriffe „Europarecht" und „Unionsrecht" werden hier synonym verwendet, beide bezeichnen das Recht der Europäischen Union. Von „Gemeinschaftsrecht" sollte seit Inkrafttreten des Vertrags von Lissabon, der die früheren Europäischen Gemeinschaften in die EU verschmolzen hat (Art. 1 Abs. 3 EUV), nicht mehr gesprochen werden. Sie finden den Begriff aber in früheren Rechtsakten und Entscheidungen. Er bezeichnete die Rechtsordnungen der – supranationalen – Gemeinschaften, während der Begriff des Unionsrechts in der Zeit nach dem Vertrag von Maastricht (1992) und vor dem Vertrag von Lissabon (2009) die so genannten „intergouvernementalen", also die völkerrechtlich geprägten nicht-supranationalen Bereiche der EU bezeichnete: die Gemeinsame Außen- und Sicherheitspolitik als „zweite Säule" der EU (GASP, heute: Artt. 21–46 EUV) und als „dritte Säule" die Zusammenarbeit in den Bereichen Inneres und Justiz (später: Polizeilich-Justizielle Zusammenarbeit in Strafsachen, heute: Raum der Freiheit, der Sicherheit und des Rechts, Artt. 67–89 AEUV; zu den Entwicklungsstufen der Union unten § 2 Rn. 12 ff.).

II. Prüfungs- und Examensrelevanz des Staatsrechts III

7 Das Staatsrecht III ist von erheblicher Relevanz für die Pflichtfachprüfung im ersten Staatsexamen, also nicht nur für Kandidatinnen und Kandidaten völker- und europarechtlicher Schwerpunktbereiche von Bedeutung. In § 11 Abs. 3 JAG NRW heißt es beispielsweise: „Zu den Pflichtfächern gehören ihre europarechtlichen Bezüge unter besonderer Berücksichtigung des Verhältnisses des europäischen Rechts zum nationalen Recht [...].“[4] Teilweise werden das Völkerrecht bzw. die Bezüge zum Völkerrecht in der Landesgesetzgebung eigens genannt[5]. Soweit die Ausbildungsgesetze der Länder nicht gesondert auf die europa- bzw. völkerrechtlichen Bezüge verweisen, erklären sie das **gesamte Staatsrecht** zum Prüfungsstoff und nehmen davon allenfalls das Finanzverfassungs- und das Notstandsrecht aus, sodass die Regelungen eingeschlossen sind, die das Völker- und Europarecht und seine innerstaatlichen Wirkungen zum Gegenstand haben[6]. Das bedeutet, dass die verfassungsrechtlichen Anordnungen zu den Wirkungen des Völker- und Europarechts im innerstaatlichen Recht (insbesondere Artt. 25, 59 GG) ebenso zum Pflichtstoff gehören wie Fragen der Kompetenzverteilung im Bereich der auswärtigen Gewalt. Damit im Zusammenhang stehende Fragen etwa des Auslandseinsatzes der Bundeswehr, der Befugnisse des Bundespräsidenten, der innerstaatlichen Kompetenzverteilung in Angelegenheiten der EU, aber auch der Einbeziehung völkerrechtlicher Verträge wie der EMRK in die deutsche Rechtsordnung sind immer wieder einmal Gegenstand von Examensklausuren. Die maßgeblichen verfassungsrechtlichen Bestimmungen etwa der Artt. 23–26, 59 oder 87a GG sollten den Studierenden deshalb bekannt sein (unten § 3 Rn. 6 ff.).

---

[4] Parallele Regelungen finden sich in § 18 Abs. 2 Nr. 6 JAPO Bayern; § 8 Abs. 3 JAPrO Baden-Württemberg; § 3 Abs. 5 JAO Berlin; § 3 Abs. 5 JAO Brandenburg; § 5 Abs. 1 Nr. 3 lit. a)aa) JAPG Bremen; § 11 Abs. 3 JAPO Mecklenburg-Vorpommern; § 16 Abs. 3 JAVO Niedersachsen; Ziff. D.IV. der Anlage zu § Abs. 2 Nr. 1 JAPO Rheinland-Pfalz; § 8 Abs. 3 JAG Saarland; § 14 Abs. 3 Nr. 6 JAPO Sachsen; § 14 Abs. 2 Nr. 5 lit. a)cc) JAPrVO Sachsen-Anhalt; § 3 Abs. 2 JAVO Schleswig-Holstein.

[5] So § 18 Abs. 2 Nr. 5 lit. a) JAPO Bayern; § 5 Abs. 1 Nr. 3 lit. a)aa) JAPG Bremen; Ziff. C.III. der Anlage zu § Abs. 2 Nr. 1 JAPO Rheinland-Pfalz; § 8 Abs. 3 JAG Saarland; § 14 Abs. 3 Nr. 5 lit. a) JAPO Sachsen; § 14 Abs. 2 Nr. 5 lit. a)cc) JAPrVO Sachsen-Anhalt; § 14 Abs. 2 Nr. 4 lit. a) JAPO Thürigen.

[6] So die Regelungen in § 18 Abs. 2 Nr. 9 JAPrO Baden-Württemberg; § 3 Abs. 4 Nr. 3 lit. a) JAO Berlin; § 3 Abs. 4 Nr. 3 lit. a) JAO Brandenburg; § 1 Abs. 3 Nr. 1 PrGVO Hamburg; § 7 Nr. 4 lit. a) JAG Hessen; § 11 Abs. 3 Nr. 3 lit. a) JAPO Mecklenburg-Vorpommern; § 16 Abs. 3 Nr. 1 JAVO Niedersachsen; § 11 Abs. 2 Nr. 9 JAG Nordrhein-Westfalen; § 3 Abs. 5 Nr. 1 JAVO Schleswig-Holstein.

III. Praxisrelevanz des Staatsrechts III: vier Referenzfälle zum Einstieg

Die im Folgenden skizzierten Fälle übernehmen eine doppelte Funktion: 8
Zum einen sollen sie zum Auftakt des Lehrbuchs veranschaulichen, dass der deutsche Rechtsanwender heute in der Praxis in vielfältiger Weise mit Fragestellungen aus dem Staatsrecht III konfrontiert wird. Zum anderen decken die Fälle eine Vielzahl einzelner Fragestellungen ab, sodass sie zugleich als Referenzfälle dienen, auf die im weiteren Verlauf der Lehrbuchdarstellung Bezug genommen wird.

1. Fall: Die EMRK und deutsches Recht am Beispiel der Sicherungsverwahrung

M. wurde wegen wiederholter Sexualverbrechen zu einer hohen Haft- 9
strafe mit anschließender Sicherungsverwahrung verurteilt. Die gesetzliche Höchstdauer einer erstmals verhängten Sicherungsverwahrung betrug damals 10 Jahre. Nach Verbüßung der Haft und kurz vor Ablauf der zehnjährigen Unterbringung in der Sicherungsverwahrung ermöglichte der deutsche Gesetzgeber eine Sicherungsverwahrung von unbegrenzter Dauer und ordnete die Rückwirkung dieser Regelung an[7]. Auf dieser Basis erging eine Entscheidung, nach der M. wegen fortdauernder Gefährlichkeit nicht aus der Sicherungsverwahrung zu entlassen war. Das Bundesverfassungsgericht (BVerfG) hielt die rückwirkende Neuregelung in einem Urteil aus dem Jahr 2004 für verfassungskonform[8]. M. erhob daraufhin Beschwerde vor dem Europäischen Gerichtshof für Menschenrechte (EGMR). Dieser stellte mit Urteil vom 17. Dezember 2009 fest, die rückwirkende Verlängerung der Sicherungsverwahrung verstoße gegen die EMRK[9]. Daraufhin beantragten M. und andere, auf die gleiche Weise von der Rückwirkung erfasste Untergebrachte vor den deutschen Strafgerichten die sofortige Freilassung aus der Sicherungsverwahrung. Die zuständigen Strafvollstreckungskammern der Landgerichte (§ 78a GVG) waren verunsichert: Folgt aus der Konvention bzw. aus dem Urteil des Gerichtshofs, dass gefährliche Hangtäter sofort in Freiheit entlassen werden müssen? Wie und in welchen Grenzen ist dem Urteil des Gerichtshofs im deutschen Recht Rechnung zu tragen? Im Einzelnen zu bestimmen sind hier die Wirkungen

---

[7] Konkret ging es um eine rückwirkende Änderung von § 67d Abs. 3 StGB durch Artt. 1 Nr. 4, 2 Nr. 3 des Gesetzes zur Bekämpfung von Sexualdelikten und anderen gefährlichen Straftaten vom 26. Januar 1998, BGBl. I, S. 160.

[8] BVerfGE 109, 133 (157 ff.) – Sicherungsverwahrung I.

[9] EGMR, Urteil vom 17. Dezember 2009, M. gegen Deutschland, Nr. 19359/04, abrufbar – wie alle Urteile des EGMR – unter http://www.echr.coe.int, deutsche Übersetzung in NJW 2010, S. 2495 ff.

der EMRK sowie der Entscheidungen des Straßburger Gerichtshofs in der deutschen Rechtsordnung (zur Lösung des Falls unten § 7 Rn. 28 ff.).

2. Fall: Völker- und Europarecht und deutsches Recht am Beispiel der Terrorismusbekämpfung[10]

10 F. ist eine Geschäftsfrau aus München, von der seit längerer Zeit gemunkelt wird, sie sei in Waffengeschäfte verstrickt und beliefere terroristische Gruppierungen im Nahen Osten. Eines Tages findet sich F. auf der Terroristenliste des Sicherheitsrats der Vereinten Nationen (UN)[11] wieder. Davon erfährt sie aber erst, als ihr ihre Hausbank im Zuge einer größeren geschäftlichen Transaktion mitteilt, leider habe sie auf Anweisung der Bundesbank[12] auf unbestimmte Zeit alle Konten der F. einfrieren müssen; finanzielle Transaktionen seien ihr daher nicht mehr möglich. F. geht vor dem zuständigen Verwaltungsgericht gegen die Anweisung der Bundesbank vor[13]. Die Kammer ist ratlos: Sie hält die Anweisung für rechtswidrig, zumal F. nie angehört wurde und greifbare Beweise für eine Verstrickung in den Terrorismus nicht vorliegen. Allerdings beruht das Vorgehen der Bundesbank auf einer Verordnung der EU[14], welche wiederum der Umsetzung von Antiterrorismus-Resolutionen des UN-Sicherheitsrats dient. Sowohl die Verordnung als auch die Resolutionen enthalten personalisierte Listen, auf denen sich auch der Namen von F. findet. Die Kammer ist unsicher, ob sie eine Entscheidung treffen kann, die sowohl der EU-Verordnung als auch der UN-Resolution zuwiderläuft, indem sie die Kontensperrung aufhebt. Andererseits hält sie das, was F. widerfahren ist, für einen klaren Verstoß gegen deutsche Grundrechte. Hier geht es um die Einzelheiten der Wirkungen des Rechts der UN und der EU im deutschen Rechtsraum (zur Lösung des Falls unten § 6 Rn. 32 ff.).

3. Fall: Völkerrecht und deutsches Recht am Beispiel des konsularischen Beistands

11 S., ein in Deutschland lebender türkischer Staatsbürger, wurde wegen der Beteiligung an einem Tötungsverbrechen im Braunschweiger Rotlichtmilieu zu einer langjährigen Haftstrafe verurteilt. Zu keiner Zeit wurde er im Ermittlungs- oder im Hauptverfahren über sein Recht aus Art. 36 Abs. 1 lit. b)

---

[10] Nach EuGH, Urteil vom 3. September 2008, Rs. C-402/05 P (Kadi u.a.), Slg. 2008, S. I–6351; und VG München, Urteil vom 13. Dezember 2007, M 17 K 07.452, juris.

[11] Zu den Rechtsgrundlagen *H. Sauer*, Rechtsschutz gegen völkerrechtsdeterminiertes Gemeinschaftsrechts, NJW 2008, S. 3685.

[12] Die Zuständigkeit der Bundesbank ergibt sich aus § 28 Abs. 2 Nr. 1 AWG.

[13] In dieser Konstellation wäre das eine Anfechtungsklage von F gegen einen nicht an sie adressierten, sie aber belastenden Verwaltungsakt.

[14] Dazu *Sauer* (Fn. 11), S. 3685.

des Wiener Konsularrechtsübereinkommens (WÜK)[15] belehrt, konsularischen Beistand seines Heimatstaats in Anspruch zu nehmen (etwa in der Form eines von dort zur Verfügung gestellten und bezahlten Verteidigers etc.).

Art. 36 Abs. 1 lit. b) WÜK lautet: Die zuständigen Behörden des Empfangsstaats haben die konsularische Vertretung des Entsendestaats auf Verlangen des Betroffenen unverzüglich zu unterrichten, wenn in deren Konsularbezirk ein Angehöriger dieses Staates festgenommen, in Straf- oder Untersuchungshaft genommen oder ihm anderweitig die Freiheit entzogen ist. Jede von dem Betroffenen an die konsularische Vertretung gerichtete Mitteilung haben die genannten Behörden ebenfalls unverzüglich weiterzuleiten. Diese Behörden haben den Betroffenen unverzüglich über seine Rechte aufgrund dieser Bestimmung zu unterrichten. 12

Auf die Revision des S. (§ 337 StPO) stellte der Bundesgerichtshof (BGH) fest, der Verstoß gegen das Übereinkommen führe nicht zur Aufhebung des Urteils[16]. Die gegen das Revisionsurteil gerichtete Verfassungsbeschwerde von S. hatte Erfolg[17]: Danach hatte sich der BGH nicht hinreichend mit Urteilen des Internationalen Gerichtshofs (IGH) zum Gehalt und zu den Auswirkungen des konsularischen Belehrungsrechts[18] im innerstaatlichen Recht auseinandergesetzt. Die Richter sind unsicher, wie sie nun erneut über die Revision von S. entscheiden sollen[19]: Es könne doch nicht sein, dass ein eher abseitiges Belehrungsrecht aus einem völkerrechtlichen Übereinkommen, das sich zunächst einmal an die Staaten richte, zur Aufhebung eines ansonsten richtigen strafrechtlichen Urteils führen müsse. Hier stellt sich völkerrechtlich die Frage, was genau der IGH zum Inhalt des Rechts auf konsularischen Beistand ausgeführt hat. Eine verfassungsrechtliche Frage ist es dann, welche Konsequenzen 13

[15] Wiener Übereinkommen über konsularische Beziehungen (WÜK) vom 24. April 1963, BGBl. 1969 II, S. 1585, für Deutschland in Kraft getreten am 7. Oktober 1971, BGBl. II, S. 1285, Sartorius II, Nr. 326.

[16] BGH, Beschluss vom 7. November 2001, 5 StR 116/01, NStZ 2002, S. 168.

[17] BVerfG, Beschluss der 1. Kammer des Zweiten Senats vom 19. September 2006, 2 BvR 2115/01 u.a., NJW 2007, S. 499 – Konsularrechtsübereinkommen I; dazu *M. Payandeh*, Die verfassungsrechtliche Stärkung der internationalen Gerichtsbarkeit. Zur Bindung deutscher Gerichte an Entscheidungen des Internationalen Gerichtshofs, AVR 45 (2007), S. 244 ff.

[18] IGH, LaGrand Case, Germany v. United States of America, Urteil vom 27. Juni 2001, ICJ-Reports 2001, S. 464; und IGH, Case concerning Avena and other Mexican Nationals, Mexico v. United States of America, Urteil vom 31. März 2004, ICJ-Reports 2004, S. 12; s. dazu im Einzelnen BVerfG, Beschluss der 1. Kammer des Zweiten Senats vom 19. September 2006, 2 BvR 2115/01 u.a., NJW 2007, S. 499 ff. – Konsularrechtsübereinkommen I.

[19] Tatsächlich kam es zu einer erneuten Zurückweisung der Revision durch den BGH (BGHSt 52, 48 ff.) und zu einer zweiten erfolgreichen Verfassungsbeschwerde hiergegen (BVerfG, Beschluss der 2. Kammer des Zweiten Senats vom 8. Juli 2010, 2 BvR 2485/07 u.a., NJW 2011, S. 207 – Konsularrechtsübereinkommen II). Für die mittlerweile dritte Entscheidung des BGH über die Revision s. BGH, Beschluss vom 7. Juni 2011, 4 StR 643/10, StV 2011, S. 603.

ein möglicher Verstoß gegen das Konsularrechtsübereinkommen im deutschen Recht hat, konkret, ob ein solcher Verstoß ein Strafurteil revisibel macht. Weiterhin stellt sich verfassungsrechtlich die Frage, ob und aus welchen Gründen der BGH die Rechtsprechung des IGH zum Konsularrecht berücksichtigen muss (zur Lösung des Falls unten § 6 Rn. 35 f.).

4. Fall: Europarecht und deutsches Recht am Beispiel der Altersdiskriminierung

14 Die H.-GmbH stellte befristet auf ein Jahr einen 54 Jahre alten Arbeitnehmer ein. Der deutsche Gesetzgeber hatte im Zuge der Hartz-Reformen die Möglichkeit vorgesehen, sachgrundlos befristete Arbeitsverträge abzuschließen, wenn Arbeitnehmer das 52. Lebensjahr vollendet haben[20]; eigentlich sind befristete Arbeitsverträge nur zulässig, wenn ein sachlicher Grund für die Befristung vorliegt (§ 14 Abs. 1 Satz 1 TzBfG). Allerdings hielt der Europäische Gerichtshof (EuGH) in seinem hierfür berühmt gewordenen *Mangold*-Urteil diese Befristungsmöglichkeit für europarechtswidrig, weil sie ältere Arbeitnehmer diskriminiere[21]. Aufgrund dessen klagte der Arbeitnehmer erfolgreich auf die Entfristung seines Arbeitsverhältnisses[22]. H. ist fassungslos: Es könne doch nicht sein, dass das Unternehmen auf einem unbefristeten Arbeitsverhältnis sitzen bleibe, nur weil der EuGH entschieden habe, dass der deutsche Gesetzgeber gegen Europarecht verstoßen habe. Die Nichtanwendung eines deutschen Gesetzes sei verfassungsrechtlich problematisch. Außerdem habe der EuGH das Verbot der Altersdiskriminierung einfach erfunden und damit seine Kompetenzen deutlich überschritten. Solche Urteile könnten in Deutschland keine Bedeutung haben. H. beauftragt ihren Justiziar mit der Prüfung der Erfolgsaussichten einer Verfassungsbeschwerde gegen die arbeitsgerichtlichen Urteile[23]. Der Justiziar ist hinsichtlich der Wirkungen des Europarechts im innerstaatlichen Rechtsraum und der Befugnisse des EuGH unsicher. Er fragt sich auch, ob und unter welchen Voraussetzungen Maßnahmen der EU überhaupt vom BVerfG überprüft werden können und ob nach Art. 263 AEUV nicht allein der EuGH über die Einhaltung der Kompetenzgrenzen der EU zu wachen hat. Hier stellt sich also die berühmte Frage nach dem „letzten Wort"[24]:

---

[20] § 14 Abs. 3 Satz 4 TzBfB a.F.

[21] EuGH, Urteil vom 22. November 2005, Rs. C-144/04 (Mangold), Slg. 2005, S. I–9981.

[22] Eine solche Entfristungsklage ist nach § 17 TzBfG (Schönfelder Nr. 78b) möglich, dazu *H. Reichold*, Arbeitsrecht, 4. Aufl. 2012, § 7 Rn. 32 ff.

[23] BVerfGE 126, 286 – Honeywell.

[24] S. in aller Deutlichkeit BVerfGE 111, 307 (319) – Görgülü: „Das Grundgesetz erstrebt die Einfügung Deutschlands in die Rechtsgemeinschaft friedlicher und freiheitlicher Staaten, verzichtet aber nicht auf die im letzten Wort der Verfassung liegende Souveränität."

Kommt es dem EuGH zu oder dem BVerfG – oder möglicherweise keinem der beiden (zur Lösung des Falls unten § 9 Rn. 42)?

5. Fazit

All diese Fälle haben in den letzten Jahren Gerichte, Behörden und Anwalt- 15 schaft (und auch die Verfassungsrechtswissenschaft) intensiv beschäftigt. Fragen der Einwirkungen des Völker- und Europarechts auf das innerstaatliche Recht waren lange Zeit nur für Spezialisten relevant, die für die Arbeit in internationalen Organisationen gewappnet sein wollten. Das ist heute grundlegend anders: Die völker- und europarechtlichen Einwirkungen auf das deutsche Recht haben quantitativ und qualitativ in einer Weise zugenommen, dass heute jeder Rechtsanwender zumindest mit den Grundfragen dieser Einwirkungen und Folgen für das innerstaatliche Recht vertraut sein muss[25]. Diese Grundlagen zu vermitteln, ist das Anliegen dieses Lehrbuchs.

IV. Zum Umgang mit diesem Lehrbuch

Konzeptionell liegt dem Lehrbuch der Ansatz eines kombinierten Lern- und 16 Arbeitsbuches zu Grunde, das auf einen breiten wissenschaftlichen Apparat verzichtet und die Stoffvermittlung auf das beschränkt, was für das Grundverständnis des Fachs wesentlich ist. Diese Grundlagen werden insbesondere in klausurrelevanten Konstellationen mit Details aus der Rechtsprechung ergänzt, wobei Wert darauf gelegt wird, auch die Umsetzung dieser Kenntnisse in der Klausur durch Klausurhinweise und Fallbearbeitungen zu veranschaulichen. Dem Konzept liegen folgende Überlegungen zu Grunde:

- Das Lehrbuch geht nur dort auf europa- und völkerrechtliche Fragen ein, wo dies für das Verständnis der Zusammenhänge unerlässlich ist; das erschöpft sich im Wesentlichen in einer Darstellung der jeweiligen Rechtsquellen. Breitere Erörterungen der Völker- und Europarechtslage finden sich deshalb nachfolgend nur in sehr begrenztem Rahmen, damit das Lehrbuch **ein Lehrbuch zum deutschen Verfassungsrecht** bleibt.
- Das Lehrbuch orientiert sich gerade in den klausurwichtigen Konstellationen stark an der in der Praxis überragend wichtigen **Rechtsprechung des BVerfG**, ohne Kritik hieran (etwa hinsichtlich des im Schrifttum umfassend kritisierten *Lissabon*-Urteils oder des jüngsten OMT-Urteils) auszusparen. Kritik an der Entscheidungspraxis des BVerfG kann aber nur entwickeln, wer diese kennt; und in wohl keinem Bereich des Verfassungsrechts ist diese Rechtsprechung von so überragender Bedeutung wie im Staatsrecht III. Wo

---

[25] Dazu lesenswert *Wahl* (Fn. 2), S. 94 ff.

die genauen Aussagen des BVerfG von besonderer Bedeutung sind, werden diese auszugsweise im Wortlaut wiedergegeben (insbesondere unten § 9).

- Das Lehrbuch legt Wert auf eine besondere **Aktualität der herangezogenen Fallbeispiele**. Damit ist die Hoffnung verbunden, das Interesse der Studierenden in besonderer Weise zu wecken. Zudem sollen die aktuellen Beispiele das Bewusstsein dafür schärfen, dass es sich beim Staatsrecht III um eine auch und gerade im Rechtsalltag bedeutsame und besonders dynamische Materie handelt.
- Das Lehrbuch versteht sich als **Lern- und Arbeitsbuch**. Deshalb wird der Lehrbuchteil von Klausurhinweisen und Wiederholungsfragen begleitet und durch insgesamt 16 Klausurfälle sowie durch Auszüge aus Gerichtsentscheidungen ergänzt.

17 Die Stoffauswahl des Lehrbuchs orientiert sich an zwei Grundsätzen: Es soll erstens alles behandelt werden, was für das Verständnis (ohne Detailwissen!) wesentlich ist, zweitens soll alles erörtert werden, was nach den vorstehenden Ausführungen zum examensrelevanten Stoff gehört. Dabei teilt sich das Lehrbuch in vier Teile auf:

- **Teil 1:** Das Lehrbuch beginnt mit einem einführenden Kapitel zur **offenen Verfassungsstaatlichkeit**, um die Verständnisgrundlagen zu legen. Dieser Teil enthält neben einem Abriss der historischen und theoretischen Hintergründe der Offenheit des Verfassungsstaats einen ersten Überblick über die relevanten Bestimmungen des Grundgesetzes.
- **Teil 2:** Darauf folgt ein Teil zur **auswärtigen Gewalt** unter dem Grundgesetz. Hier werden die klausurwichtigen **Kompetenzverteilungsfragen** (Verbandskompetenzen und Organkompetenzen beim Abschluss völkerrechtlicher Verträge, beim auswärtigen Handeln im Übrigen und beim Handeln innerhalb der EU) ebenso erörtert wie **inhaltliche Bindungen** im Bereich der auswärtigen Gewalt. Gesondert eingegangen wird auf **Auslandseinsätze der Bundeswehr**, da dieser stark von der Verfassungsrechtsprechung geprägte Bereich immer wieder Gegenstand von Examensklausuren war und angesichts des tatsächlichen Einsatzfelds der Bundeswehr weiter aktuell bleiben wird.
- **Teil 3:** Der dritte Teil des Lehrbuchs beschäftigt sich mit der Thematik **Grundgesetz und Völkerrecht**. Er behandelt die innerstaatlichen Wirkungen des allgemeinen Völkerrechts und der völkerrechtlichen Verträge. Dabei wird auch auf das von internationalen Organisationen gesetzte Recht sowie die Entscheidungen internationaler Gerichte eingegangen. Gesondert und angesichts der zunehmenden praktischen Bedeutung eingehend behandelt werden die **Europäische Menschenrechtskonvention** und die Aufwertung ihrer innerstaatlichen Bedeutung durch die Rechtsprechung des BVerfG bis hin zum Urteil über die Sicherungsverwahrung aus dem Jahr 2011.

- **Teil 4:** Im letzten und umfangreichsten Teil des Lehrbuchs werden die Fragestellungen aus dem Bereich **Grundgesetz und Europarecht** behandelt. Es geht um die **innerstaatlichen Wirkungen des Unionsrechts**, die sich angesichts weitgehender inhaltlicher Vorgaben einschließlich des Anwendungsvorrangs des Unionsrechts erheblich von den Wirkungen des Völkerrechts unterscheiden. Klausurwichtige Konstellationen der Modifikationen des Verwaltungs- und Verwaltungsprozessrechts werden angesprochen. Besonderes Augenmerk wird abschließend auf die **Rechtsprechung des BVerfG** zum Vorrang des Unionsrechts und seinen verfassungsrechtlichen Grenzen („Integrationsschranken") gelegt. Die Rechtsprechungslinien zum **Grundrechtsschutz** (von *Solange I* bis *Lissabon*) und zur **Kompetenzkontrolle** (von *Maastricht* bis *Honeywell* bzw. bis zum „OMT-Beschluss") von EU-Recht sowie von europarechtlich determiniertem deutschen Recht werden eingehend dargestellt. Die Folgen dieser Verfassungsrechtsprechung für die Prüfung der Zulässigkeit und Begründetheit von Rechtsbehelfen werden im Sinne praktischer Handlungsanweisungen für die Klausur erläutert.

Teil 1. Die Grundlagen offener Verfassungsstaatlichkeit

§ 2 Historischer und theoretischer Abriss: Wandel von Staatlichkeit und Souveränität durch globale Herausforderungen

Literaturhinweise: *M. Herdegen*, Völkerrecht, 15. Aufl. 2016, § 5; *O. Lepsius*, Braucht das Verfassungsrecht eine Theorie des Staates?, EuGRZ 2004, S. 370 ff.; *M. Rossi*, Entwicklung und Struktur der Europäischen Union – eine graphische Erläuterung, ZJS 2010, S. 49 ff.; *F. Schorkopf*, Der Europäische Weg, 2. Aufl. 2015, S. 1–40; *R. Wahl*, Der offene Staat und seine Rechtsgrundlagen, JuS 2003, S. 1145 ff.

1 Die offene Verfassungsstaatlichkeit ist die Folge bedeutender Wandlungsprozesse in den Rechtsbeziehungen der Staaten untereinander. Diese Prozesse haben sich im 20. Jahrhundert durch den industriellen und technischen Fortschritt sowie als Folge der Erfahrungen zweier zerstörerischer Weltkriege besonders beschleunigt. Offene Staatlichkeit ist deshalb mehr geworden als eine theoretische Konzeption, als eine Wunschvorstellung einer kooperativen Weltordnung; sie ist zur Realität erstarkt. Vom Grundgesetz ist die offene Staatlichkeit überdies verfassungsrechtlich gewollt (unten § 3 Rn. 6 ff.). Doch was bedeutet das im Einzelnen? Die folgenden Ausführungen sollen die relevanten Entwicklungsprozesse in knapper Form **historisch und theoretisch nachzeichnen**[26], um dadurch eine Verständnisgrundlage für einzelne Problemstellungen des Staatsrechts III zu legen.

I. Von der Souveränität zur Interdependenz: die Öffnung des Staates nach außen

2 Als sich in Europa die Nationalstaaten herausbildeten, handelte es sich um nach außen hin relativ stark abgeschlossene und auch abgeschottete Gebilde. Die staatlichen Aufgaben, primär die Gewährleistung von Sicherheit und dann zunehmend auch von Wohlfahrt für die Bürger, konnten vom Staat damals in alleiniger Verantwortung bewältigt werden. Der Staat war hinsichtlich der Wahrnehmung aller möglichen Aufgaben **allzuständig**, und er war –

[26] S. dazu auch den Überblick bei *R. Wahl*, Der offene Staat und seine Rechtsgrundlagen, JuS 2003, S. 1145 ff.

als rechtsstaatliche Errungenschaft – allein zur Ausübung von Gewalt berufen (staatliches Gewaltmonopol). Die Kooperation mit anderen Staaten war recht lose; sie vollzog sich in den klassischen Bahnen des Gesandtschaftsrechts (Austausch von Diplomaten) und konzentrierte sich auf mehr oder weniger erfolgreiche und wechselnde Bündnisse im Bereich von Krieg und Frieden. Darüber hinaus wurde vereinzelt in technischen und wirtschaftlichen Fragen zusammengearbeitet (z.B. Post, Telekommunikation, Handel).

Mit dem rasanten politischen und gesellschaftlichen, vor allem auch wirt- 3
schaftlichen und technischen Wandel des 20. Jahrhunderts brach dann ein Zeitalter an, in dem viele Aufgaben nicht mehr in der alleinigen Verantwortung eines Staates erfüllt werden konnten und können: Fragen von Krieg und Frieden, des Umweltschutzes, der Wirtschaft und immer mehr auch der Finanzen sind heute in einem erheblichen Maße internationalisiert, oder, um das beliebte Schlagwort zu nennen, **globalisiert**. Diese Globalisierung wirft viele Rechtsprobleme auf, sie ist jedoch zunächst einmal ein tatsächliches Phänomen, mit dem die Staatenwelt heute konfrontiert ist und das sich einer rechtlichen Steuerung teilweise entzieht. Diese tatsächliche Entwicklung hat die hohe Bedeutung von Staaten, von Staatsgrenzen und von Staatszugehörigkeiten stark zurückgedrängt. Die Menschen sind heute weltweit vernetzt und mobil, sie arbeiten, wirtschaften und bewegen sich transnational, d.h. über Staatsgrenzen hinweg. Diese sind innerhalb der EU kaum noch spürbar, wenn man an den europäischen Binnenmarkt (unten Rn. 12), an den Wegfall der Grenzkontrollen im Zuge des Schengener Übereinkommens[27] und nicht zuletzt an die gemeinsame Währung der Euro-Staaten denkt.

Damit sind die Staaten unter erheblichen **Handlungs- und Anpassungs-** 4
druck geraten: Faktisch gilt es dafür zu sorgen, dass in der Globalisierung verloren gegangene Gestaltungsbefugnisse zurück gewonnen werden, was nur noch schwer und allenfalls im Zusammenwirken mit anderen Staaten möglich ist. Die Schwierigkeiten einer wirkungsvollen Regulierung und Kontrolle global agierender Finanzmärkte zeigen das deutlich. Insofern lässt sich sagen, dass der Befund eines wechselseitigen Abhängigkeitsverhältnisses zu anderen Staaten **(Interdependenz)** den modernen Verfassungsstaat treffender kennzeichnet als der im Einzelnen ohnehin schwierige Begriff der **Souveränität**. Die später verfassungsstaatlich gezähmte Vorstellung eines allzuständigen und allmächtigen Herrschers[28] gehört der Vergangenheit an[29]. Souveränität muss

---

[27] Dazu *M. Herdegen*, Europarecht, 17. Aufl. 2015, § 20 Rn. 5 ff.

[28] Zur Ideengeschichte (*Jean Bodin, Thomas Hobbes*) im Überblick *M. Payandeh*, Allgemeine Staatslehre, in: J. Krüper (Hrsg.), Grundlagen des Rechts, 2. Aufl. 2013, § 4 Rn. 5 ff.

[29] Gegenläufig *C. Hillgruber*, Souveränität – Verteidigung eines Rechtsbegriffs, JZ 2002, S. 1072 ff.

heute anders gedacht werden, nämlich als Freiheit zu und in freiwillig eingegangenen Bindungen[30].

5 Konzeptionell gerät damit aber nicht nur das klassische Bild der Souveränität, sondern auch der Staat selbst in die Defensive: Ist ein Gebilde, das eingebunden ist in ein komplexes System rechtlicher Bindungen, das keinen „Souveränitätspanzer"[31] mehr hat, um sich gegen Einflüsse von außen zu verteidigen, und das in politischer und wirtschaftlicher Abhängigkeit zu anderen Akteuren steht, überhaupt noch ein Staat im Sinne der klassischen Staatslehre? Oder ist bereits ein Verlust der Staatlichkeit[32] festzustellen? Jedenfalls wird man sagen müssen, dass das Konzept des Staates wandelbar ist und sich auch gewandelt hat – und dieser Beschreibung dient der Begriff des offenen Verfassungsstaates.

6 Eine andere Frage besteht darin, wie hilfreich das Konzept des Staates ist, um Ordnungsbildung und Herrschaft jenseits des Staates, insbesondere in der stark integrierten EU, zu beschreiben. Diese Frage ist nicht nur von theoretischem Interesse: Wenn etwa Demokratie und Rechtsstaatlichkeit bisher in und für Staaten gedacht worden sind und nicht-staatliche Herrschaft nun an Bedeutung gewinnt, besteht die Gefahr, dass nicht nur der Staat selbst, sondern mit ihm auch diese Errungenschaften unter Druck geraten. Für die EU gibt das Grundgesetz aber vor, dass sie demokratischen und rechtsstaatlichen Anforderungen genügen muss (Art. 23 Abs. 1 Satz 1 GG, dazu unten § 9 Rn. 10 ff.). Das bedeutet allerdings nicht, dass die für Staaten geltenden Anforderungen – soweit diese überhaupt verallgemeinert werden können – einfach auf die EU übertragen werden könnten. Vielmehr kann sich die Denkschablone des Staates im Kontext nicht-staatlicher Integrationsprozesse als Verständnisbarriere erweisen[33]. Die in der Politik- und Rechtswissenschaft bislang noch nicht abschließend beantwortet Frage, wie Demokratie und Rechtsstaatlichkeit für die EU und andere internationale Organisationen gedacht und realisiert werden können, entscheidet sich nicht anhand der Staatsnähe bzw. Staatsferne dieser Verbände; sie kann und sollte ohne den Rückgriff auf die Staatstheorie diskutiert werden[34]. Die Frage nach den Vorverständnissen und Vergleichsfolien ist

---

[30] Lesenswert *U. Di Fabio*, Friedliche Koexistenz, FAZ vom 21. Oktober 2010, S. 6; s. auch BVerfGE 123, 267 (344 ff.) – Lissabon.

[31] Begriff nach *A. Bleckmann*, Zur Funktion des Art. 24 Abs. 1 Grundgesetz, ZaöRV 35 (1975), S. 79 (82).

[32] Begriff nach *S. Haack*, Verlust der Staatlichkeit, 2007.

[33] S. dazu *C. Schönberger*, Die Europäische Union zwischen „Demokratiedefizit" und Bundesstaatsverbot, Der Staat 48 (2009), S. 535 (542 ff.); *H. Sauer*, Von Weimar nach Lissabon. Zur Aktualität des Methoden- und Richtungsstreits der Weimarer Staatsrechtslehre bei der Bewältigung von Europäisierung und Internationalisierung des öffentlichen Rechts, in: U.J. Schröder/A. von Ungern-Sternberg (Hrsg.), Zur Aktualität der Weimarer Staatsrechtslehre, 2011, S. 237 (244 ff.).

[34] Unbedingt lesenswert hierzu *O. Lepsius*, Braucht das Verfassungsrecht eine Theorie des Staates?, EuGRZ 2004, S. 370 ff.

durchaus auch von praktischer Bedeutung. So wird namentlich dem BVerfG vorgeworfen, es betrachte die europäische Integration zu sehr durch die Brille des Staates[35]; zuletzt ist das im Kontext des Urteils zum Vertrag von Lissabon wieder intensiv diskutiert worden (unten § 9 Rn. 11 ff.)[36].

II. Von der Koexistenz zur Kooperation im Völkerrecht

Der beschriebene Wandel im 20. Jahrhundert hat auf das Völkerrecht als Rechtsordnung erhebliche Auswirkungen. Klassischerweise war das Völkerrecht so genanntes **Koexistenzrecht**: Es regelte den zwischenstaatlichen Verkehr, grenzte die Hoheitssphären der Staaten voneinander ab und war vor allem bestimmt durch Grundsätze wie die Nichteinmischung in die inneren Angelegenheiten eines Staates (Interventionsverbot[37]), durch die Betonung von Immunitäten (Gerichts- und Vollstreckungsimmunität von Staaten, Immunität von Staatsoberhäuptern) und insgesamt durch eine starke **Betonung der staatlichen Souveränität**. Das Völkerrecht war insofern eher eine Rechtsordnung des geordneten Nebeneinanders der Staaten, als dass es dem Zusammenwirken von Staaten eine rechtliche Grundlage verliehen hätte. 7

Das hat sich stark verändert. Das Völkerrecht bleibt zwar von seiner Struktur her eine **Koordinationsrechtsordnung**, d.h. eine Rechtsordnung von Gleichberechtigten wie im innerstaatlichen Recht die Privatrechtsordnung. Diese Rechtsordnung zeichnet sich insbesondere durch das Fehlen einer zentralisierten Hoheitsgewalt, einer internationalen Gesetzgebung und daraus resultierende Schwierigkeiten bei der Durchsetzung völkerrechtlicher Verpflichtungen aus. Das bedeutet, dass das Völkerrecht grundsätzlich eine Rechtsordnung bleibt, in der jeder Staat nur an die Rechtssätze gebunden ist, denen er selbst (durch Vertragsschluss oder durch stillschweigende Akzeptanz der Herausbildung gewohnheitsrechtlicher Sätze, unten § 6 Rn. 2) zugestimmt hat. Mit dem Begriff der Koordinationsrechtsordnung ist also gemeint, dass völkerrechtliche Rechtssätze nur im Zusammenwirken der Staaten und grundsätzlich nicht gegen ihren Willen entstehen. 8

Das Völkerrecht ist aber keine Rechtsordnung der bloßen Koexistenz der Staaten mehr, sondern heute besser und oft als **Kooperationsrecht** gekennzeichnet: Den völkerrechtlichen Regeln und Mechanismen kommt, gerade 9

---

[35] Prägnant *Schönberger* (Fn. 33), S. 543: „Wohin das Gericht also auch blickt, es sieht letztlich immer nur den Staat […].“; s. auch *U. Fastenrath*, Souveräne Grundgesetzinterpretation – zum Staatsbild des Bundesverfassungsgerichts (Zweiter Senat), in: T. Giegerich (Hrsg.), Der „offene Verfassungsstaat“ des Grundgesetzes nach 60 Jahren, 2010, S. 295 ff.; *Sauer* (Fn. 33), S. 256 ff.

[36] Zur Kritik lesenswert *M. Jestaedt*, Warum in die Ferne schweifen, wenn der Maßstab liegt so nah?, Der Staat 48 (2009), S. 497 ff.; und *Schönberger* (Fn. 33), S. 535 ff.

[37] Dazu etwa *M. Herdegen*, Völkerrecht, 15. Aufl. 2016, § 35.

weil die Staaten aufgrund des Wandels der tatsächlichen Verhältnisse zum Zusammenwirken gezwungen sind, eine viel größere Bedeutung zu. So kam es zu einem rasanten Zuwachs internationaler Organisationen, die die Kooperation der Staaten bereichsspezifisch institutionalisieren. Zu nennen sind hier etwa die Vereinten Nationen (UN) oder die NATO im Bereich der Friedenssicherung und der Sicherheitspolitik oder die Welthandelsorganisation (WTO) und der Internationale Währungsfonds (IWF) im Bereich von Wirtschaft, Handel und Finanzen. Weitere wichtige Bereiche wie Menschenrechte, Umwelt oder Entwicklung werden überwiegend unter dem Dach der UN von Unterorganisationen repräsentiert; hinzu kommen regionale Organisationen wie der hier besonders wichtige Europarat, der institutionell unabhängig ist von der EU, aber zuweilen mit deren Organen, dem Rat der EU und dem Europäischen Rat, verwechselt wird. Solche Organisationen treffen bestimmte Maßnahmen, die ins innerstaatliche Recht einwirken. Das hat die Völkerrechtsordnung und ihr Zusammenspiel mit dem staatlichen Recht insgesamt deutlich komplizierter gemacht – man denke etwa an Resolutionen des UN-Sicherheitsrats, an Strategiekonzepte der NATO über Krisenreaktionseinsätze[38] oder an mit der Kreditvergabe verbundene Auflagen des IWF zur Haushaltskonsolidierung[39].

10 Die erhebliche rechtliche Verdichtung der internationalen Beziehungen hat zudem zu ersten Ansätzen **verfassungsrechtlicher Strukturen im Völkerrecht** geführt, die häufig unter dem Stichwort der **Konstitutionalisierung** des Völkerrechts erörtert werden[40]. Hier geht es um die Frage, ob unter Verweis auf gemeinsame Interessen der Staatengemeinschaft Handlungsfreiräume einzelner Staaten zurückgedrängt werden können, ob z.B. schwere Menschenrechtsverletzungen ein militärisches Eingreifen nicht direkt betroffener Staaten (humanitäre Intervention) rechtfertigen können (denken Sie an die Kosovo-Intervention der NATO 1999[41]) oder ob im Fall von Kriegsverbrechen oder Verbrechen gegen die Menschlichkeit die Strafverfolgung eines an sich Immunität genießenden Staatsoberhaupts möglich sein kann (denken Sie an den Fall *Pinochet*[42]). All dies ist in der Völkerrechtspraxis und -lehre im Einzelnen sehr umstritten.

11 Hinzu kommt, dass sich die Rechtsstellung des Einzelnen im Völkerrecht grundlegend gewandelt hat. Früher wurde der Einzelne nicht als Träger völkerrechtlicher Rechte oder Pflichten begriffen, sondern nur als Angehöriger seines Heimatstaats wahrgenommen. Die Betroffenheit der Rechtssphäre einzelner Personen war deshalb völkerrechtlich nur dann von Bedeutung, wenn sie

[38] Dazu BVerfGE 104, 151 – NATO-Strategiekonzept.

[39] Dazu BVerfG, Beschluss der 1. Kammer des Zweiten Senats vom 4. Mai 2006, 2 BvR 120/03, NJW 2006, S. 2908 – Internationaler Währungsfonds.

[40] S. etwa *B.-O. Bryde*, Konstitutionalisierung des Völkerrechts und Internationalisierung des Verfassungsrechts, Der Staat 43 (2004), S. 61 ff.

[41] Dazu *Herdegen* (Fn. 37), § 34 Rn. 38; und BVerfGE 100, 266 – Kosovo-Intervention.

[42] Dazu etwa *Herdegen* (Fn. 37), § 37 Rn. 15 m.w.N.

als Verletzung einer Rechtsposition des Heimatstaats begriffen werden konnte. Selbst eine Verletzung von Menschenrechten erschien bei dieser Betrachtung lediglich als Verletzung des Heimatstaats, wenn diesem zuvor in einem Menschenrechtsvertrag die Wahrung der Menschenrechte zugesichert worden war. Das Individuum war damit durch „seinen" Staat gleichsam mediatisiert. Heute ist dagegen anerkannt, dass der Einzelne Inhaber von Rechten (Menschenrechte) und auch von Pflichten (Völkerstrafrecht) sein kann. Dadurch ist es nahe liegender geworden (und das passiert in der Praxis auch zunehmend), dass sich der Einzelne im Rahmen des innerstaatlichen Rechts **auf völkerrechtliche Rechtspositionen beruft** und diese durchzusetzen versucht (denken Sie an das Beispiel des S., der sich im Rahmen der strafrechtlichen Revision auf das Konsularrechtsübereinkommen beruft, oben § 1 Rn. 11 ff.).

Entwicklungsstufen des Völkerrechts

Völkerrecht als **Koexistenzrecht**	→	Völkerrecht als **Kooperationsrecht**	→	Ansätze einer **Konstitutionalisierung** des Völkerrechts
• Nebeneinander der Staaten • starke Abgrenzung • nur punktuelles Zusammenwirken		• starker Zuwachs der Zusammenarbeit durch gemeinsame Interessen (z.B. Frieden, Wirtschaft, Umwelt)		• Herausbildung gemeinsamer Werte der Staatengemeinschaft (z.B. grundlegende Menschenrechte) • evtl. Bindung einzelner Staaten an diese Werte ohne gesonderte Zustimmung (im Einzelnen str.)

III. Von der Wirtschaftsintegration zur politischen Gemeinschaft in Europa

Als in den 1950er Jahren die Europäische Gemeinschaft für Kohle und Stahl 12
(EGKS) und später die Europäische Wirtschaftsgemeinschaft (EWG, später EG) gegründet wurden, stand, wie man schon am Namen der Verträge und der mit ihnen gegründeten Gemeinschaften erkennt, die **wirtschaftliche Zusammenarbeit** der ursprünglich sechs Gründungsstaaten im Vordergrund. Frühe Projekte einer flankierenden auch politischen Integration der Mitgliedstaaten,

die Verteidigungsgemeinschaft (EVG) und die Politische Gemeinschaft (EPG), scheiterten im Jahr 1954[43]. Bis zum Vertrag von Maastricht ging es der damaligen EWG also primär um Wirtschaftsintegration: um die Schaffung eines **Binnenmarktes** (Definition in Art. 26 Abs. 2 AEUV), d.h. um eine durch Diskriminierungsverbote (insbesondere in Form der europäischen **Grundfreiheiten**) abgesicherten **Freihandelszone** (keine Handelsbarrieren zwischen den Mitgliedstaaten) und einer **Zollunion** (keine Erhebung von Zöllen zwischen den Mitgliedstaaten sowie einheitlicher Außenzoll, Art. 28 Abs. 1 AEUV). Mehr noch als die Mitgliedstaaten das wohl im Einzelnen vorausgesehen hatten ging es aber nicht nur um klassische wirtschaftliche Zusammenarbeit, sondern auch um **Rechtsangleichung** zur Schaffung gleicher Wirtschafts- und Wettbewerbsbedingungen im Binnenmarkt (Artt. 114, 115 AEUV). Auf die mitgliedstaatlichen Rechtsordnungen hatte das erheblichen Einfluss, zumal der Gerichtshof der Europäischen Union (EuGH) sich gerade in den frühen Jahren als „Motor der Integration" betätigte, indem er **Autonomie und Vorrang des Gemeinschaftsrechts** etablierte (unten § 8 Rn. 25 ff., § 9 Rn. 5).

13 Die Gründung der EU durch den Vertrag von Maastricht war dann ein wesentlicher Schritt in Richtung einer über wirtschaftliche Belange hinausgehenden **politischen Integration** der Mitgliedstaaten (Unionsbürgerschaft, Gemeinsame Außen- und Sicherheitspolitik, Zusammenarbeit in den Bereichen Inneres und Justiz). Mit den Verträgen von Maastricht (1992), Amsterdam (1997) und Nizza (2003) gingen zudem mehr und mehr Handlungsbefugnisse der Mitgliedstaaten auf die EU über. Nach dem Scheitern des EU-Verfassungsvertrags (2004/05)[44], der versucht hatte, die EU durch die Verabschiedung einer gemeinsamen Verfassung für die Bürger sichtbar auf eine neue Entwicklungsstufe zu heben, kam es dann nach zähem Ringen zum Vertrag von Lissabon (2009), der Grundlage für den heutigen Rechtszustand in der EU[45]. Mit der Etablierung eines festen Präsidenten des Europäischen Rates (Art. 15 Abs. 5 und 6 EUV) und eines faktischen Europäischen Außenministers, des Hohen Vertreters für die Außen- und Sicherheitspolitik (Art. 18 EUV), sowie der weiteren Übertragung von Kompetenzen auf die EU ist eine neue Entwicklungsstufe schließlich auch erreicht worden – eine **materielle Verfassung** hat die EU ohne Zweifel, auch wenn sie nicht so heißt.

14 Bei allen politischen Schwierigkeiten, die noch immer im Bereich einer gemeinsamen Außenpolitik bestehen und die in den letzten Jahren im Bereich der gemeinsamen Währung hinzugekommen sind, ist die EU heute eine **wirt-**

---

[43] Dazu *T. Oppermann/C.D. Classen/M. Nettesheim*, Europarecht, 7. Aufl. 2016, § 2 Rn. 9 ff.

[44] Guter Überblick über den europäischen Verfassungsprozess bei *Herdegen* (Fn. 27), § 4 Rn. 26 ff.; zur Vertiefung *D. Grimm*, Braucht Europa eine Verfassung?, JZ 1995, S. 581 ff.

[45] Zur Abfolge der einzelnen Entwicklungsstufen anschaulich *M. Rossi*, Entwicklung und Struktur der Europäischen Union – eine graphische Erläuterung, ZJS 2010, S. 49 ff., http://www.zjs-online.com.

schaftliche und politische Integrationsgemeinschaft mit einem Aufgabenspektrum, das dem eines Staates qualitativ durchaus vergleichbar ist. Die EU ist zu einem mächtigen Akteur herangereift, der sich nicht mehr nur als ein Dach über staatlicher Kooperation begreift. Es handelt sich vielmehr um einen politischen Akteur, der mit seinen Mitgliedstaaten nicht nur kooperiert, sondern auch zu ihnen in Konkurrenz tritt. Nur so ist das Ringen um Kompetenzen und letzte Worte zwischen Union und Mitgliedstaaten, kulminierend in dem klassischen Konflikt zwischen BVerfG und EuGH, zu erklären (Stichworte: *Solange*-Rechtsprechung, *Maastricht*- und *Lissabon*-Urteil, unten § 9). Man kann also sagen, dass sich das Projekt EU ein Stück weit verselbständigt hat, was die zuweilen geäußerten Befürchtungen eines „europäischen Superstaats" erklären mag. Dass das Ziel der Integration, die so genannte **Finalität der EU**, also die Frage, wohin die EU eigentlich will, auch nach dem Vertrag von Lissabon weiter unklar ist, mag eine politische Notwendigkeit sein, gibt solchen Befürchtungen aber weiter Nahrung. Auch deshalb dürfte sich das BVerfG veranlasst gesehen haben, im Urteil zum Vertrag von Lissabon Ausführungen zur verfassungsrechtlichen Zulässigkeit des Weges in einen europäischen Bundesstaat zu machen[46].

Freilich ist die Idee einer europäischen Bundesstaatlichkeit in Zeiten einer Krise der europäischen Währungsunion ohnehin in weite Ferne gerückt. Die Überschuldung der Staaten des Euro-Raums hat in den vergangenen Jahren ganz erhebliche finanzielle Anstrengungen zur Stabilisierung der gemeinsamen Währung durch die Gewährung von Krediten an überschuldete Staaten der Euro-Gruppe erfordert (unten § 9 Rn. 45a ff.). Dadurch und natürlich auch durch die Flüchtlingskrise und die sehr unterschiedliche Bereitschaft der Mitgliedstaaten, sich zur Bewältigung dieser Krise zu engagieren, ist nicht nur die Solidarität zwischen den Mitgliedstaaten stark beansprucht worden, sondern die europäische Idee insgesamt in die Defensive geraten. Damit steht das europäische Einigungsprojekt derzeit vor Herausforderungen, die grundlegenden Reflexionen über die Zukunft der EU kaum Raum lassen. Ob sich dies durch das positive Votum der Bevölkerung des Vereinigten Königreichs zum „Brexit" nun ändern wird, bleibt abzuwarten. **14a**

[46] BVerfGE 123, 267 (363 ff.) – Lissabon.

Entwicklungsstufen der EU im Überblick			
1. Gründung der Gemeinschaften (ab 1952)	**2. Frühphase der Integration** (nach der Gründung)	**3. Konsolidierungsphase** (bis Mitte der 1980er Jahre)	**4. Maastricht** (Ende 1980er bis Mitte 1990er Jahre)
EGKS 1952, EWG und EURATOM 1957 (Belgien, Deutschland, Frankreich, Italien, Luxemburg, Niederlande)	Scheitern einer flankierenden politischen Integration (EPG/EVG) 1954	Verwirklichung des Binnenmarktes; EuGH als Motor der Integration; Erweiterungsrunden 1973 (Dänemark, Irland, Vereinigtes Königreich), 1981 (Griechenland) und 1986 (Portugal, Spanien)	Einheitliche Europäische Akte 1987; Gründung der EU 1993: zweite und dritte Säule, Wirtschafts- & Währungsunion, weiterer Kompetenzübergang; Urteil des BVerfG zum Vertrag von Maastricht; Erweiterungsrunde 1995 (Finnland, Österreich, Schweden)
5. Amsterdam/Nizza/Post-Nizza-Prozess (1997–2003)	**6. Verfassungsprozess** (Mitte der 2000er-Jahre)	**7. Vertrag von Lissabon** (vor und nach 2007)	**8. Gegenwart** (seit 2009)
Verträge von Amsterdam (1999) und Nizza (2003); weiterer Kompetenzübergang; zunehmende institutionelle Probleme ohne Lösung; 2000 EU-Grundrechtecharta (zunächst ohne rechtliche Bindungswirkung); Einführung des Euro 2002	Erarbeitung eines Verfassungsvertrags im Konvent mit starker Verfassungssymbolik; Scheitern durch ablehnende Volksentscheide in Frankreich und den Niederlanden; Erweiterungsrunde 2004 (Estland, Lettland, Litauen, Polen, Tschechien, Slowakei, Ungarn, Slowenien, Malta, Zypern)	Rettung der materiellen Verfassung in den Vertrag von Lissabon (2009); weiterer Kompetenzübergang auf die EU; Rechtsverbindlichkeit der EU-Grundrechte-Charta; Urteil des BVerfG zum Vertrag von Lissabon; Erweiterungsrunde 2007 (Bulgarien, Rumänien)	Krise der europäischen Außenpolitik und Flüchtlingskrise; Überschuldung von Mitgliedstaaten; Krise und Maßnahmen zur Stabilisierung des Euro; Zurückhaltung bei weiteren Erweiterungen; kein weiterer Reformvertrag auf absehbare Zeit; Finalität des Integrationsprozesses weiter unklar

IV. Offene Verfassungsstaatlichkeit als Folge

Infolge dieser verschiedenen, miteinander in Wechselwirkung stehenden Veränderungsprozesse ist heute vielfach von offener Verfassungsstaatlichkeit die Rede. Von Verfassungsstaatlichkeit spricht man, um implizit dem berühmten Diktum zu folgen, nach dem es nur so viel Staat gibt, wie die Verfassung konstituiert[47]. Nach diesem Verständnis ist der Staat keine vorfindbare Größe, der sich dann in und vermittels einer Verfassung organisiert[48]; vielmehr bringt erst die Verfassung den Staat zum Entstehen. Das ist beileibe kein Streit bloß um Begriffe: Der Verfassungsstaat ist der Staat der Verfassung, und das ist unter dem Grundgesetz von vornherein ein offener Staat (dazu sogleich § 3 Rn. 6 ff.), während der der Verfassung voraus liegende Staat sich möglicherweise gegenüber einer erst (und nur) verfassungsrechtlich angeordneten Öffnung behaupten kann[49]. 15

Mit der Offenheit des Verfassungsstaats ist **Offenheit nach außen** gemeint, d.h. der Staat öffnet sich für das Zusammenwirken mit anderen Staaten, für den Beitritt zu internationalen Organisationen und im Speziellen für die EU und ihre Rechtsordnung. Diese Offenheit ist einerseits **tatsächliche Folge** der beschriebenen Veränderungsprozesse, sie hat aber auch eine **rechtliche Dimension**, denn sie ist, wie sogleich zu zeigen sein wird, unter dem Grundgesetz **verfassungsrechtlich vorgegeben**. Von einer Öffnung oder Offenheit spricht man deshalb, weil die klassisch verstandene staatliche Souveränität nicht zuletzt als Schutzhülle gegen Einflüsse und Einwirkungen von außen aufgefasst wurde[50]. Diese Öffnung hat, und das ist für das Verständnis besonders wichtig, **zwei Richtungen:** Zum einen wendet sich der Staat und wenden sich mit ihm seine Organe nach außen und damit dem Völker- und Europarecht zu. Diese Öffnung nach außen wäre aber unvollständig, wenn der Staat sich nicht zum anderen auch den Einflüssen gegenüber öffnen würde, die daraus resultieren: Deshalb erlaubt das Grundgesetz den völker- und europarechtlichen Verpflichtungen, **Wirkungen im innerstaatlichen Recht zu entfalten**. Infolgedessen können sich etwa Bürger auf Menschenrechte berufen (denken Sie an das Beispiel von S. und seine Berufung auf das Konsularrechtsübereinkommen, oben 16

---

[47] So *A. Arndt*, Umwelt und Recht, NJW 1963, S. 24 (25).

[48] Es gibt aber bis heute gewichtige Stimmen im verfassungsrechtlichen Schrifttum, die davon ausgehen, dass der Staat der Verfassung vorausliegt; so etwa *E.-W. Böckenförde*, Staat, Nation, Europa, Frankfurt a.M. 1999, S. 135 ff.; oder *J. Isensee*, Staat und Verfassung, in: ders./Kirchhof (Hrsg.), Handbuch des Staatsrechts der Bundesrepublik Deutschland, Bd. II, 3. Aufl. 2004, § 15 Rn. 1, 198. Einflussreich für diese Position *C. Schmitt*, Verfassungslehre, 1928, S. 11 ff.; zu dieser Position und zum Gegensatz zwischen Schmitt und Smend im Rahmen des Weimarer Methoden- und Richtungsstreits *Payandeh* (Fn. 28), § 4 Rn. 14 ff.

[49] Zum Verhältnis von Staat und Verfassung in historischer Sicht sehr lesenswert *C. Möllers*, Staat als Argument, 2000, S. 260 ff.

[50] S. nochmals *Bleckmann* (Fn. 31), S. 82.

§ 1 Rn. 11 ff.) oder müssen deutsche Behörden EU-Verordnungen vollziehen (denken Sie an das Beispiel der F., bei dem eine EU-Verordnung eine Anti-Terrorismus-Resolution des UN-Sicherheitsrats umsetzt, oben § 1 Rn. 10).

17 Man kann sich die Öffnung des Verfassungsstaats deshalb gut als **Brücke** vorstellen: Es ist eine Brücke, die es den deutschen Staatsorganen ermöglicht, den staatlichen Binnenbereich zu verlassen, internationale Organisationen zu gründen, völkerrechtliche Verträge abzuschließen oder innerhalb der EU an Sitzungen des Rates teilzunehmen und über Verordnungen und Richtlinien abzustimmen (das ist der **Verkehr von innen nach außen**). Gleichzeitig ermöglicht es diese Brücke aber auch den so begründeten Verpflichtungen, den innerstaatlichen Rechtsraum zu erreichen und hier bestimmte Wirkungen hervorzubringen (das ist der **Verkehr von außen nach innen**), die im Einzelnen Gegenstand von Teil 3 und 4 dieses Lehrbuchs sind. Muss etwa M. aus der Sicherungsverwahrung entlassen werden, weil der rückwirkende Fortfall der Höchstdauer der Sicherungsverwahrung gegen die EMRK verstößt? Und kann im Beispiel der F. die Kontensperrung am Maßstab der Grundrechte geprüft und aufgehoben werden, auch wenn sie völkerrechtlich und/oder europarechtlich vorgegeben ist? Diese Fragen können nur auf der Basis einer näheren Betrachtung der **rechtlichen Konsequenzen der Öffnung des Verfassungsstaats** beantwortet werden.

V. Theoretische Schwierigkeiten

18 Die hier unter dem Stichwort der Offenheit des Verfassungsstaats gebündelten Wandlungsprozesse sind theoretisch anspruchsvoll und auch praktisch schwer zu bewältigen. Das theoretische Problem liegt darin, dass die Rechtswissenschaft jenseits des Staates noch keine Konzepte gefunden hat, mit denen die über dem Staat angesiedelten Integrations-, Kooperations- und Rechtsbildungsprozesse beschrieben und, was noch wichtiger ist, bewältigt werden können. Klassisch kennt die Staatslehre neben dem Staat noch den **Bundesstaat** und den **Staatenbund**[51]. Aber, und darüber besteht weitgehend Einigkeit, die EU ist **mehr** als ein vergleichsweise loser Zusammenschluss von Staaten zur Erledigung bestimmter gemeinsamer Aufgaben und damit mehr als ein Staatenbund; zugleich ist sie **weniger** als ein vollintegrierter Bundesstaat, denn in einem solchen wären die Mitgliedstaaten nur noch als Gliedstaaten ohne eigene Souveränität zu begreifen. Das Sprechen von einem „Staatenverbund“ durch

[51] Lesen Sie dazu *B. Schöbener/Knauff*, Allgemeine Staatslehre, 2. Aufl. 2013, § 6 Rn. 5 ff. und 26 ff.

das BVerfG im *Maastricht*-Urteil[52] ist kaum mehr als Ausdruck der Verlegenheit, eine passende Kategorie für die EU zu finden[53].

19 Der aus der Sozialwissenschaft entlehnte und auch in der Rechtswissenschaft mittlerweile recht beliebte Begriff des **Mehrebenensystems**[54] ist zwar plastischer, hat aber ebenfalls eher deskriptive als analytische Funktion, d.h. der Begriff mag zwar zur Beschreibung und zur Veranschaulichung dienen, er hat aber keinen eigenständigen konzeptionellen Gehalt. Soweit in jüngerer Zeit politikwissenschaftlich oder systemtheoretisch inspiriert mehr und mehr von **Netzwerken** oder übergreifenden **Governance-Strukturen** gesprochen wird, bleiben die Beschreibungen und die rechtlichen Folgerungen meistens noch etwas diffus[55]. Hinzu kommt, dass bislang unklar ist, wie bei einer politischen Steuerung durch dezentrale und internationalisierte Netzwerke Verfassungsprinzipien wie Demokratie und Rechtsstaatlichkeit verwirklicht werden sollen. Die Herausforderung liegt daher nach wie vor darin, Theoriekonzepte zu entwickeln, die griffig beschreiben, einen tragfähigen Analyserahmen bilden und mit denen in rechtlicher Hinsicht zugleich verfassungsrechtlichen Kernanliegen, und sei es auch in modifizierter Form, Rechnung getragen werden kann[56].

VI. Praktische Herausforderungen

20 Dass es zu praktischen Schwierigkeiten kommt, wenn Rechtsordnungen aufeinander treffen, kann nicht überraschen. Damit ist nicht gemeint, dass bei der Kooperation von Staaten Rechtsordnungen und Rechtskulturen unterschiedlich sind und daher, wie insbesondere im Rahmen der EU, immer wieder Kompromisse gefunden werden müssen. Mit dem Aufeinandertreffen ist der **Verkehr auf der Brücke** gemeint, d.h. es entstehen Probleme, wenn völker- oder europarechtliche Anforderungen im innerstaatlichen Recht auf abweichende oder sogar entgegenstehende Anforderungen treffen (im Beispiel

---

[52] BVerfGE 89, 155 (181) – Maastricht; der Begriff geht zurück auf *P. Kirchhof*, Der deutsche Staat im Prozess der europäischen Integration, in: Isensee/ders. (Fn. 48), Bd. VII, Heidelberg 1992, § 183 Rn. 50 ff.

[53] Anders und lesenswert dazu aber *U. Di Fabio*, Das Recht offener Staaten, 1998, S. 139 ff.

[54] Zu Herkunft und Verwendung dieses Begriffs *F.C. Mayer*, Kompetenzüberschreitung und Letztentscheidung, 2000, S. 38 ff.; und *H. Sauer*, Jurisdiktionskonflikte in Mehrebenensystemen, 2008, S. 77 ff. m.w.N.

[55] Zum Netzwerk *A. Fischer-Lescano/G. Teubner*, Regime-Kollisionen, 2006, S. 59 ff.; und *Sauer* (Fn. 54), S. 80 ff.; zur Governance *M. Jachtenfuchs/B. Kohler-Koch*, Governance in der Europäischen Union, in: A. Benz/N. Dose (Hrsg.), Governance – Regieren in komplexen Regelsystemen, 2. Aufl. 2004, S. 69 ff.

[56] Dazu lesenswert *Lepsius* (Fn. 34), S. 370 ff. mit dem Vorschlag, eine moderne Theorie der Herrschaftsformen zu entwickeln.

der F. sind das die deutschen Grundrechte gegen europa- bzw. völkerrechtliche Bindungen, oben § 1 Rn. 10; im Beispiel der H. kollidieren Europarecht und deutsches Arbeitsrecht, oben § 1 Rn. 14).

21 Hier ist es konzeptionell wichtig zu verstehen, dass die rechtlichen Vorgaben und Betrachtungen in den verschiedenen Rechtsordnungen **unterschiedlich** sein können: Im Beispiel des M. hat sich etwa der rückwirkende Fortfall der Höchstdauer von zehn Jahren für eine erstmalige Sicherungsverwahrung als völkerrechtswidrig erwiesen, das BVerfG hatte sie zuvor allerdings für verfassungskonform erklärt[57]. Es ist wichtig, diese Betrachtungen zunächst einmal für die unterschiedlichen Rechtsordnungen getrennt anzustellen. Erst dann, wenn es dabei zu unterschiedlichen Ergebnissen kommt, stellt sich die Frage, was daraus folgt: So ist es beispielsweise grundsätzlich möglich, dass das innerstaatliche Recht der Verfassung einen höheren Rang einräumt als dem Völkerrecht. Innerstaatlich setzt sich dann das Verfassungsrecht gegen abweichendes Völkerrecht durch. Völkerrechtlich gesehen folgt daraus nichtsdestotrotz ein Völkerrechtsbruch (unten § 3 Rn. 1 ff.); man kann hier von einer **Relativität der rechtlichen Betrachtung** sprechen. Aus der Frage, ob und inwieweit sich das nach der Rechtsprechung des EuGH vorrangige Europarecht auch gegen Grundprinzipien der mitgliedstaatlichen Verfassungen durchsetzen kann, hat sich sogar ganz erhebliches Konfliktpotenzial entwickelt: Bis heute stehen sich die Positionen von EuGH und BVerfG zu dieser Frage in der Theorie unversöhnt gegenüber (unten § 9 Rn. 4 ff.).

22 Zu der Frage, welche Rechtsordnung sich wann und wie durchsetzt, kommen weitere Schwierigkeiten hinzu. Das Beispiel der F., in dem eine Sicherheitsratsresolution vermittelt durch eine Verordnung der EU schließlich die innerstaatliche Rechtsordnung erreicht, soll zeigen, dass der Rechtsanwender es heute nicht selten mit einem komplexen Dickicht verschiedenartig miteinander vernetzter Rechtsordnungen zu tun hat, in dem leicht der Überblick verloren gehen kann. Hier liegen **nicht-hierarchische Kopplungen** von Rechtsordnungen vor, in denen Über- und Unterordnungen schwer erkennbar sind und aus politischen Gründen meist in der Schwebe gehalten, also bei Schaffung der Rechtsgrundlagen nicht explizit geregelt werden. So war es auch mit der überragend wichtigen Vorrangfrage hinsichtlich des Europarechts der Fall, die erst in der Rechtsprechung des EuGH beantwortet wurde (unten § 8 Rn. 27 ff.). Darin liegt ein deutlicher Unterschied zum Verhältnis zwischen der Ebene des Bundesrechts und der Ebene des Landesrechts unter dem Grundgesetz: Denn für dieses Verhältnis findet sich in Art. 31 GG eine **Kollisionsnorm**, nach der Bundesrecht entgegenstehendes Landesrecht „bricht", sodass sich im Fall widersprüchlicher Regelungen das Bundesrecht durchsetzt[58]. Das Vorrangprinzip

[57] BVerfGE 109, 133 (167 ff.) – Sicherungsverwahrung I.

[58] Zum Verständnis von Art. 31 GG als Kollisionsnorm oder als Rangordnungsnorm *H. Dreier*, in: ders. (Hrsg.), GG, Kommentar, Bd. II, 3. Aufl. 2015, Art. 31 Rn. 18 m.w.N.

im Verhältnis zwischen Europarecht und mitgliedstaatlichem Recht erfüllt die gleiche Funktion wie die Anordnung in Art. 31 GG – doch an einer solchen Anordnung fehlt es gerade.

Wiederholungsfragen zu § 2:

1. Wie lässt sich die Öffnung des Staates nach außen beschreiben? Welche Ursachen hat sie?
2. Welche Entwicklungsstufen des Völkerrechts lassen sich unterscheiden?
3. In welchen wesentlichen Schritten hat sich die europäische Integration bis heute vollzogen?
4. Welche theoretischen Schwierigkeiten bringt die Öffnung des Verfassungsstaats nach außen mit sich?
5. Inwiefern kann man im Kontext offener Verfassungsstaatlichkeit von einer Relativität der rechtlichen Betrachtung sprechen?

§ 3. Die rechtlichen Grundlagen offener Verfassungsstaatlichkeit

Literaturhinweise: *C. Calliess*, Staatsrecht III, 2014, S. 91 ff.; *R. Geiger*, Grundgesetz und Völkerrecht, 6. Aufl. 2013, S. 1–4; *C. Gröpl*, Staatsrecht I, 7. Aufl. 2015, § 13; *R. Wahl*, Der offene Staat und seine Rechtsgrundlagen, JuS 2003, S. 1145 ff.

I. Völkerrechtliche Vorgaben für die innerstaatlichen Wirkungen

Das Völkerrecht macht grundsätzlich **keine Vorgaben**, was seine Wirkungen in den innerstaatlichen Rechtsordnungen angeht. Völkerrechtlich schuldet ein Staat beim Eingehen einer völkerrechtlichen Verpflichtung einen Erfolg. Beispielsweise wird bei der Ratifikation eines Menschenrechtsvertrages die Einhaltung der dort garantierten Rechte geschuldet. Das Völkerrecht sagt aber vorbehaltlich besonderer Regelungen nichts darüber aus, wie die Wahrung der Rechte im innerstaatlichen Recht erreicht werden soll, ob also den Menschenrechten ein bestimmter Rang im innerstaatlichen Recht zukommen muss, ob das innerstaatliche Recht völkerrechtskonform auszulegen ist oder ob das Völkerrecht vom Rechtsanwender direkt oder erst vermittelt über eine bestimmte Umsetzungsmaßnahme heranzuziehen ist. Zu all diesen Fragen nimmt die Völkerrechtsordnung nicht Stellung; es handelt sich allein um Fragen des innerstaatlichen Rechts, die von den Staaten recht unterschiedlich geregelt werden. 1

2 Das Gegenstück zu dieser Haltung des Völkerrechts ist, dass der Staat Umsetzungsprobleme, die durch seine innerstaatliche Rechtsordnung entstehen, auf der Ebene des Völkerrechts **nicht einwenden kann:** Ist eine völkerrechtliche Verpflichtung beispielsweise verfassungswidrig und kann sich daher im innerstaatlichen Recht nicht durchsetzen (unten § 6 Rn. 13 ff.), dann ist dies keine Rechtfertigung dafür, dass die völkerrechtliche Verpflichtung nicht erfüllt wird. Das entnimmt man üblicherweise Art. 27 Satz 1 des Wiener Übereinkommens über das Recht der Verträge[59].

Art. 27 Satz 1 dieses Übereinkommens lautet: Eine Vertragspartei kann sich nicht auf ihr innerstaatliches Recht berufen, um die Nichterfüllung eines Vertrages zu rechtfertigen.

3 Vielmehr kommt es hier zu einem **Auseinanderfallen von Verfassungs- und Völkerrechtslage** und im Außenverhältnis zu einer Verletzung des Völkerrechts, weil im Innenverhältnis das Verfassungsrecht der Herstellung eines völkerrechtskonformen Zustands entgegensteht.

II. Europarechtliche Vorgaben für die innerstaatlichen Wirkungen

4 Im Europarecht ist das grundlegend anders: Europarechtlich schulden die Mitgliedstaaten wegen der wesentlich engeren Verbindungen zwischen europäischer und nationaler Rechtsordnung nicht lediglich bestimmte Erfolge, sondern das Europarecht trifft auch **Vorgaben über seine Wirkungen im innerstaatlichen Recht**. Das lässt sich schon am einfachen Beispiel der EU-Verordnung zeigen: Sie gilt nach Art. 288 Abs. 2 AEUV „unmittelbar in jedem Mitgliedstaat", ohne dass diese innerstaatliche Geltung noch durch irgendeinen staatlichen Rechtsakt angeordnet werden müsste oder verhindert werden könnte. Verordnungsbestimmungen müssen deshalb im Grundsatz vom deutschen Rechtsanwender direkt herangezogen werden (unten § 8 Rn. 17).

5 In besonders weitgehender Weise regelt das Europarecht seine Stellung im innerstaatlichen Recht, denn es beansprucht **Anwendungsvorrang** vor mitgliedstaatlichem Recht jeder Rangstufe, also auch vor der Verfassung: Das bedeutet, dass im Fall einer Kollision zwischen Europarecht und innerstaatlichem Recht das Europarecht vorrangig ist und angewendet werden muss, während das entgegenstehende mitgliedstaatliche Recht nicht mehr angewendet werden darf (näher unten § 8 Rn. 27 ff.). Aber das Europarecht erschöpft sich nicht in dieser Vorgabe des Anwendungsvorrangs. Soweit, was der Regelfall ist, das Europarecht von mitgliedstaatlichen Behörden vollzogen wird, richtet sich

[59] Wiener Übereinkommen über das Recht der Verträge vom 23. Mai 1969, BGBl. 1985 II, S. 926, für Deutschland in Kraft getreten am 20. August 1987, BGBl. 1987 II, S. 757, Sartorius II, S. 320.

dieser Vollzug zwar im Grundsatz nach dem innerstaatlichen Verfahrens- und Prozessrecht (also in Deutschland vor allem nach den Vorgaben von VwVfG und VwGO); aber auch hier macht das Europarecht mit dem **Diskriminierungsverbot** und dem **Effektivitätgebot** klare Vorgaben, die in der Lage sind, modifizierend auf das nationale Verfahrens- und Prozessrecht einzuwirken (unten § 8 Rn. 38 ff.).

Vorgaben für die innerstaatlichen Wirkungen

Völkerrecht:

Keine Vorgaben für Art, Reichweite oder Rang der innerstaatlichen Wirkungen.

Der Staat schuldet einen **Erfolg**, und zwar unabhängig von innerstaatlichen Vollzugsproblemen (z.B. weil innerstaatlich die Länder zuständig sind und keine Gesetze zum Vollzug eines Vertragsinhaltes erlassen).

Europarecht:

Vorgaben für Art, Reichweite und Rang der innerstaatlichen Wirkungen:

(1) EU-Recht ist grundsätzlich in der Lage, innerstaatlich **unmittelbar zu gelten** (z.B. Verordnungen, Art. 288 Abs. 2 AEUV).

(2) Im Kollisionsfall hat Unionsrecht **Anwendungsvorrang** vor innerstaatlichem Recht (auch vor Verfassungsrecht, hierzu bestehen allerdings Vorbehalte des BVerfG).

(3) Beim Vollzug von EU-Recht führen **Effizienzgebot und Diskriminierungsverbot** zu erheblichen Überlagerungen des nationalen Verfahrens- und Prozessrechts (insbesondere VwVfG und VwGO).

Deutschland

III. Die Vorgaben des Grundgesetzes im Überblick

Im Wesentlichen richten sich das Zusammenspiel zwischen dem deutschen 6
Recht und dem Völker- und Europarecht und damit die Wirkungen völker- und europarechtlicher Verpflichtungen im innerstaatlichen Rechtsraum also **nach dem deutschen Verfassungsrecht**. Deshalb soll das deutsche Außenverfassungsrecht[60], verstanden als Bündel verfassungsrechtlicher Bestimmungen, die etwas über die Öffnung des Verfassungsstaats nach außen aussagen, hier in einem ersten Überblick dargestellt werden; die Vorschriften werden im Verlauf des Lehrbuchs noch näher erörtert. Auf der Basis dieser Integrationsnormen wurde das Verfassungsprinzip offener Staatlichkeit – induktiv – gewonnen.

[60] Begriff nach *V. Röben*, Außenverfassungsrecht. Eine Untersuchung zur auswärtigen Gewalt des offenen Staates, 2007.

Solche Bestimmungen finden sich insbesondere in der Präambel, in Art. 1 Abs. 2, in Artt. 23–26 und in Art. 59 Abs. 2 GG (bitte lesen Sie die im Folgenden erläuterten Bestimmungen jeweils sorgfältig!). Dabei erscheint es für eine Systematisierung des Stoffs hilfreich, zwischen unterschiedlichen Gruppen von Vorschriften zu unterscheiden:

1. Verfassungsrechtliche Integrationshebel

7 Von besonderer Bedeutung sind die Normen, auf deren Grundlage sich die Einbettung Deutschlands in die internationale Gemeinschaft und die EU vollzieht; sie sollen hier als **Integrationshebel** bezeichnet werden.

- **Art. 24 Abs. 1 GG:** Der allgemeine Integrationshebel findet sich in Art. 24 Abs. 1 GG. Danach kann der Bund durch Gesetz **Hoheitsrechte auf zwischenstaatliche Einrichtungen übertragen**, die heute moderner als **internationale Organisationen** bezeichnet werden. Die **Übertragung von Hoheitsrechten** ist dabei das Entscheidende: Gemeint ist damit nicht eine Art Abtretung mit quasi-dinglicher Wirkung wie aus dem Zivilrecht bekannt (§ 398 BGB). Vielmehr geht es darum, dass der Organisation gestattet wird, vormals staatliche Handlungsbefugnisse anstelle der Bundesrepublik für diese auszuüben, und zwar mit Wirkung im innerstaatlichen Rechtsraum. Der zwischenstaatlichen Einrichtung wird also erlaubt, in und mit Wirkung für Deutschland **anstelle der deutschen Staatsorgane Hoheitsgewalt auszuüben**[61]. Gemessen daran liegt eine Hoheitsrechtsübertragung nicht etwa bei jeder Beteiligung Deutschlands an der Errichtung einer internationalen Organisation, sondern nur ausnahmsweise vor: Es reicht nicht aus, wenn eine Organisation geschaffen wird und Deutschland sich verpflichtet, ihren Vorgaben zu folgen. Von einer Hoheitsrechtsübertragung kann vielmehr nur dann gesprochen werden, wenn das Subjekt der Ausübung hoheitlicher Gewalt tatsächlich wechselt, wenn also der Organisation der **unmittelbare Durchgriff** auf den deutschen Bürger ohne eine Zwischenschaltung der deutschen Hoheitsgewalt erlaubt ist (man spricht deshalb auch von **supranationalen Organisationen**). Das ist für die EU der Fall – das zeigt sich besonders deutlich daran, dass ihre Verordnung nach Art. 288 Abs. 2 AEUV unmittelbar auf den Rechtsunterworfenen durchgreift und keiner Umsetzung mehr bedarf (unten § 8 Rn. 8, 17). Es gibt außerhalb des EU-Bereichs nur wenige weitere Beispiele von Hoheitsrechtsübertragungen, z.B. die (organisatorisch von der EU geschiedene) Europäische Patentorganisation[62], die aber allesamt von geringerer praktischer Bedeutung sind und deshalb keine Klausurrelevanz haben dürften.

---

[61] S. auch *C. Gröpl*, Staatsrecht I, 7. Aufl. 2015, Rn. 834 ff.

[62] S. BVerfG, Beschluss der 4. Kammer des Zweiten Senats vom 4. April 2001, 2 BvR 2368/99, NJW 2001, S. 2705 f. – Europäisches Patentamt I.

- **Art. 23 Abs. 1 GG:** Bis zur deutschen Wiedervereinigung am 3. Oktober 1990 enthielt Art. 23 GG keinen Europaartikel, sondern einen Wiedervereinigungsartikel[63]. Die Integration Deutschlands in die Europäischen Gemeinschaften vollzog sich bis dahin auf der allgemeinen Grundlage des Art. 24 Abs. 1 GG für die Übertragung von Hoheitsrechten auf zwischenstaatliche Einrichtungen. Erst im Zuge der Ratifikation des Vertrags von Maastricht wurde das Grundgesetz um einen spezifischen Europaartikel ergänzt. Während Art. 23 Abs. 2–7 GG die innerstaatliche Kompetenzverteilung bei der Teilnahme an der europäischen Integration regeln, findet sich der eigentliche und überragend wichtige Integrationshebel in Art. 23 Abs. 1 GG, der die folgenden Regelungen enthält:
  Art. 23 Abs. 1 Satz 1 GG enthält einen speziellen **Verfassungsauftrag zur europäischen Integration** (EU als Staatsziel) und macht mit der Verpflichtung etwa auf demokratische und rechtsstaatliche Grundsätze sowie auf einen dem Grundgesetz im Wesentlichen vergleichbaren Grundrechtsschutz materielle Vorgaben, denen die EU fortlaufend genügen muss. Art. 23 Abs. 1 Satz 1 GG formuliert damit nicht nur Mitwirkungsbedingungen, sondern versucht zugleich, bestimmte Grundprinzipien eines überstaatlich organisierten Gemeinwesens abzusichern. Deshalb wird Art. 23 Abs. 1 Satz 1 GG auch als **Struktursicherungsklausel** bezeichnet.
  Art. 23 Abs. 1 Satz 2 GG enthält als Spezialgesetz zu Art. 24 Abs. 1 GG die **Ermächtigung zur Übertragung von Hoheitsrechten** auf die EU. Neue Hoheitsrechte werden insbesondere dadurch auf die EU übertragen, dass diese im Zuge einer Vertragsrevision, d.h. einer Änderung der primärrechtlichen Grundlagen durch einen neuen Vertrag zwischen den EU-Mitgliedstaaten wie zuletzt im Jahr 2009 den Vertrag von Lissabon, neue Kompetenzen erhält. Ob Art. 23 Abs. 1 Satz 2 GG auch auf Vertragsänderungen anwendbar ist, die nicht mit der Übertragung neuer Kompetenzen einhergehen, ist umstritten (unten § 4 Rn. 39a f.).
  Art. 23 Abs. 1 Satz 3 GG verweist für Änderungen des Grundgesetzes im Zuge der deutschen Beteiligung an der europäischen Integration auf Art. 79 Abs. 2 und 3 GG. Diese mit dem Begriff der **Bestandssicherungsklausel** wenig anschaulich und auch zu einseitig gekennzeichnete Bestimmung wird bei der Darstellung der materiellen Bindungen der auswärtigen Gewalt erörtert (unten § 4 Rn. 8a).

[63] Art. 23 GG a.F. in seiner bis zur Wiedervereinigung geltenden Fassung lautete: „Dieses Grundgesetz gilt zunächst im Gebiet der Länder Baden, Bayern, Bremen, Groß-Berlin, Hamburg, Hessen, Niedersachsen, Nordrhein-Westfalen, Rheinland-Pfalz, Schleswig-Holstein, Württemberg-Baden und Württemberg-Hohenzollern. In anderen Teilen Deutschlands ist es nach deren Beitritt in Kraft zu setzen.“

Verständnis von Art. 23 Abs. 1 GG

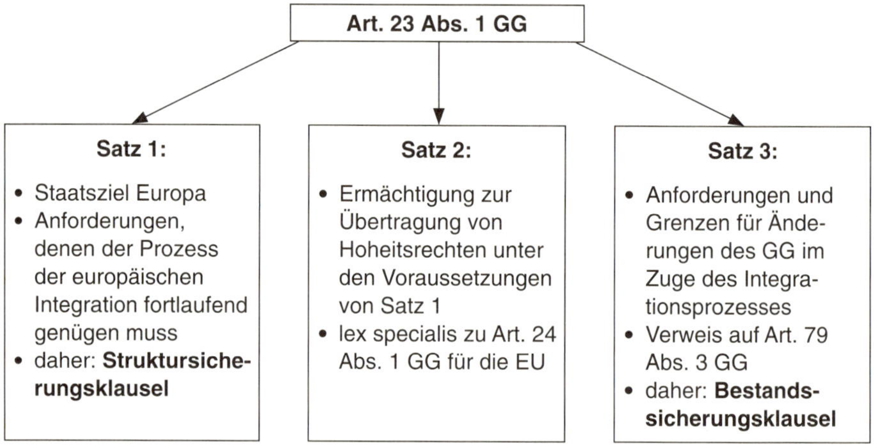

- **Art. 24 Abs. 2 GG:** Ein weiterer Integrationshebel ist die Ermächtigung zur Einordnung in **Systeme gegenseitiger kollektiver Sicherheit** in Art. 24 Abs. 2 GG unter der Voraussetzung, dass ein solches System der **Friedenswahrung** dient[64]. Im Zuge einer solchen Einordnung willigt der Bund in die Beschränkung seiner Hoheitsrechte ein. Diese Bestimmung ist bei **Auslandseinsätzen der Bundeswehr** von erheblicher Relevanz, da sie hier auf der Grundlage der Rechtsprechung des BVerfG in der Regel die verfassungsrechtliche **Einsatzgrundlage** darstellt (unten § 5 Rn. 9). Die Verpflichtung zum Beitritt zu Vereinbarungen über eine internationale Schiedsgerichtsbarkeit in Art. 24 Abs. 3 GG hat bislang keine größere Bedeutung erlangt[65].

2. Vorgaben für die Ausübung der auswärtigen Gewalt

8 Weitere Vorschriften des Grundgesetzes machen Vorgaben für das nach außen gerichtete Handeln der deutschen Staatsorgane. Dabei ist zwischen inhaltlichen Anforderungen und Vorschriften zur Kompetenzverteilung zu unterscheiden:

---

[64] Diese Voraussetzung spielte im Verfahren über die Entsendung deutscher Tornado-Aufklärungsflugzeuge nach Afghanistan eine große Rolle, s. BVerfGE 118, 244 (270 ff.) – Tornado-Einsatz in Afghanistan.

[65] Zur Frage, inwieweit davon auch internationale Gerichte erfasst werden, die keine Schiedsgerichte sind, s. *H.D. Jarass*, in: ders./B. Pieroth, GG, Kommentar, 14. Aufl. 2016, Art. 24 Rn. 25.

a) Inhaltliche Vorgaben

Beteiligung an der europäischen Integration: Bereits in der **Präambel** wird – unabhängig von der Frage ihres genauen rechtlichen Gehalts[66] – die verfassungsrechtliche Grundentscheidung für die Beteiligung Deutschlands an einer Einigung Europas („als gleichberechtigtes Glied in einem Vereinten Europa") getroffen und so der Grundstein für eine **europarechtsoffene Verfassung** gelegt. Dies wird in **Art. 23 Abs. 1 Satz 1 GG** dahingehend konkretisiert, dass die Beteiligung Deutschlands an der EU zum **Staatsziel** erhoben wird, wobei der Integration nach Art. 23 Abs. 1 Satz 3 GG i.V.m. Art. 79 Abs. 3 GG auch äußerste Grenzen gesetzt werden (unten § 4 Rn. 8a ff., § 9 Rn. 8 ff.). 9

Frieden und kollektive Verteidigung: Die Präambel enthält eine zweite Grundentscheidung, nämlich die zur Einbettung Deutschlands in eine – friedliche – internationale Ordnung („von dem Willen beseelt, dem Frieden der Welt zu dienen") als Ausdruck einer **völkerrechtsoffenen Verfassung**. Das Friedensgebot erhält besonderen Ausdruck in dem in **Art. 26 Abs. 1 GG** festgeschriebenen **Verbot des Angriffskriegs**. Es verstärkt das völkerrechtliche Gewaltverbot aus Art. 2 Nr. 4 der UN-Charta[67] verfassungsrechtlich und kann als (äußerste) Schranke von Auslandseinsätzen der Bundeswehr Bedeutung erlangen. Militärisches Engagement sieht das Grundgesetz grundsätzlich nur „zur Verteidigung" vor **(Art. 87a Abs. 2 GG)**, wobei es über **Art. 24 Abs. 2 GG** eine Einbindung Deutschlands in Strukturen der kollektiven Verteidigung erlaubt (unten § 5 Rn. 9). 10

Wahrung der Menschenrechte: Das Bekenntnis zu Menschenrechten als Grundlage jeder menschlichen Gemeinschaft, des Friedens und der Gerechtigkeit in der Welt in **Art. 1 Abs. 2 GG** ist nicht eindeutig hinsichtlich seiner genauen Rechtsfolgen, aber doch klar in seiner Programmatik: Die Grundrechte des Grundgesetzes werden in den internationalen Menschenrechtskontext eingebettet, und der deutschen Staatsgewalt wird ein Auftrag erteilt, die internationale Menschenrechtsentwicklung zu fördern. Zu einer Inkorporation völkerrechtlicher Menschenrechte ins deutsche Recht oder zu deren Verfassungsrang führt Art. 1 Abs. 2 GG zwar nicht[68]. Teilweise wird diese Bestimmung aber als Anhaltspunkt für eine menschenrechtskonforme Auslegung des deutschen Rechts angesehen[69], die namentlich im Hinblick auf die Europäischen Menschenrechtskonvention von Bedeutung sein könnte (unten § 7 Rn. 18 ff.). Das jüngste Urteil des BVerfG zur Sicherungsverwahrung hat Art. 1 Abs. 2 GG erheblich in seiner Bedeutung aufgewertet; denn es heißt dort, 11

[66] Dazu *Jarass*, in: ders./Pieroth (Fn. 65), Präambel Rn. 1 m.w.N.

[67] Dazu *Herdegen* (Fn. 37), § 34.

[68] S. nur *Jarass*, in: ders./Pieroth (Fn. 65), Art. 1 Rn. 28 f.

[69] So *K.-P. Sommermann*, Völkerrechtlich garantierte Menschenrechte als Maßstab der Verfassungskonkretisierung, AöR 114 (1989), S. 391 (414 ff.).

auf der Grundlage dieser Bestimmung habe das Grundgesetz völkerrechtliche Menschenrechte „als Mindeststandards in sich aufgenommen“[70].

b) Kompetenzverteilung

12 **Vorschriften zur Verbandskompetenzverteilung**, also zur Abgrenzung der Zuständigkeiten von Bund und Ländern im Bereich des auswärtigen Handelns, finden sich in Artt. 32 Abs. 1 und 3, 23 Abs. 4–6 und 24 Abs. 1a und 2 GG. Nach **Art. 32 Abs. 1 GG** ist die Pflege der auswärtigen Beziehungen grundsätzlich **Sache des Bundes**, wobei diese Regelung möglicherweise durch Art. 32 Abs. 3 GG eingeschränkt wird (dazu unten § 4 Rn. 12). In Art. 24 Abs. 1a GG findet sich zudem eine punktuelle Kompetenz der Länder zur Schaffung **grenznachbarschaftlicher Einrichtungen** (unten § 4 Rn. 18), wohingegen sich nur der Bund nach Art. 24 Abs. 2 GG in Systeme kollektiver Sicherheit einfügen kann. Die Problematik der Kompetenzverteilung zwischen Bund und Ländern in Angelegenheiten der EU ist eingehend in **Art. 23 Abs. 2 und 4–6 GG** geregelt (unten § 4 Rn. 19 ff.).

13 **Fragen der Organkompetenzverteilung**, also der Abgrenzung der Zuständigkeiten der verschiedenen Organe bei Vorliegen einer Verbandskompetenz des Bundes, sind – in Ansätzen – in **Art. 59 Abs. 1 und 2 GG** für die auswärtige Gewalt im Allgemeinen sowie speziell in **Art. 23 Abs. 2 und 3 GG** zur Frage der Beteiligung des Bundestages an Angelegenheiten der EU geregelt (unten § 4 Rn. 23 ff.).

3. Innerstaatliche Wirkungen des Völker- und Europarechts

14 Zur wichtigen Frage der innerstaatlichen Wirkungen des Völker- und Europarechts findet sich im Grundgesetz dagegen relativ wenig. Nach **Art. 25 GG** sind die **allgemeinen Regeln des Völkerrechts** Bestandteil des Bundesrechts, gehen den Gesetzen vor und können für den Einzelnen Rechte und Pflichten erzeugen. Alle allgemeinen Regeln des Völkerrechts (also Gewohnheitsrecht und allgemeine Rechtsgrundsätze, unten § 6 Rn. 2) werden also über Art. 25 GG pauschal in die deutsche Rechtsordnung übernommen und ihr Rang wird festgelegt; die Individualbegünstigung richtet sich nach den einzelnen Normen (unten § 6 Rn. 22). Prozessuales Pendant zu Art. 25 GG ist das **Völkerrechtsverifikationsverfahren in Art. 100 Abs. 2 GG**. Für völkerrechtliche Verträge ist demgegenüber **Art. 59 Abs. 2 GG** einschlägig. Während das allgemeine Völkerrecht die deutsche Rechtsordnung über Art. 25 GG erreicht, regelt Art. 59 Abs. 2 GG, allerdings nur mittelbar, die Übernahme völkerrechtlicher Verträge ins deutsche Recht (unten § 6 Rn. 13 ff.). Zu den innerstaatlichen Wirkungen des Unionsrechts finden sich auch in dem neugeschaffenen Art. 23 GG dagegen keine Aussagen im Normtext des Grundgesetzes.

[70] BVerfGE 128, 326 (369 f.) – Sicherungsverwahrung II.

Normgruppen im deutschen Außenverfassungsrecht			
Integrationshebel	inhaltliche Vorgaben für die auswärtige Gewalt	Kompetenzverteilung	innerstaatliche Wirkung des Völker- und Europarechts
• Art. 23 Abs. 1 GG für die EU • Art. 24 Abs. 1 GG für alle anderen supranationalen Organisationen • Art. 24 Abs. 2 GG für die Integration in Systeme gegenseitiger kollektiver Sicherheit	• Beteiligung an der europäischen Integration: Präambel, Art. 23 Abs. 1 GG • Frieden und (kollektive) Verteidigung: Präambel, Artt. 24 Abs. 2, 26 Abs. 1 und 87a Abs. 2 GG • Menschenrechte: Art. 1 Abs. 2 GG	• Verbandskompetenz: Artt. 32 Abs. 1 und 3, 24 Abs. 1a, 24 Abs. 2 und 23 Abs. 4–6 GG • Organkompetenz: Artt. 59 Abs. 1 und 2, 23 Abs. 2 und 3 GG	• Völkerrecht: Artt. 25, 59 Abs. 2 GG • Europarecht: keine Regelung im Grundgesetz

Wiederholungsfragen zu § 3:

1. Welche Vorgaben sind dem Völkerrecht für seine innerstaatlichen Wirkungen zu entnehmen?
2. Welche Vorgaben sind dem Europarecht für seine innerstaatlichen Wirkungen zu entnehmen?
3. Welche Integrationshebel finden sich im Grundgesetz?
4. Was meint Art. 24 Abs. 1 GG mit der „Übertragung von Hoheitsrechten"?
5. Welche Regelungsgehalte sind im Rahmen von Art. 23 Abs. 1 GG zu unterscheiden?
6. Was ist mit der Völkerrechtsfreundlichkeit des Grundgesetzes gemeint?

Teil 2. Die auswärtige Gewalt unter dem Grundgesetz

§ 4. Materielle Bindungen und Kompetenzverteilung im Bereich der auswärtigen Gewalt

Literaturhinweise: *C. Calliess*, Staatsrecht III, 2014, S. 62 ff.; *R. Geiger*, Grundgesetz und Völkerrecht, 6. Aufl. 2013, S. 113 ff.; *M. Schweitzer/H.-G. Dederer*, Staatsrecht III, 11. Aufl. 2016, Rn. 1200 ff.; *R.A. Lorz/H. Sauer*, Ersatzunionsrecht und Grundgesetz. Verfassungsrechtliche Zustimmungsgrundlagen für den Fiskalpakt, den ESM-Vertrag und die Änderung des AEUV, DÖV 2012, S. 573 ff.

I. Überblick

1 Wenn sich der deutsche Staat in vielfältiger Weise nach außen öffnet, so folgen daraus zwei Komplexe rechtlicher Fragestellungen: Zum einen muss geklärt werden, wie sich diese Öffnungen im innerstaatlichen Recht niederschlagen, d.h. welche Wirkungen Völker- und Europarecht in der deutschen Rechtsordnung entfalten. Hiermit befassen sich die Teile 3 und 4 dieses Lehrbuchs. Zum anderen stellt sich die Frage, wie und vor allem durch wen die **auswärtigen Beziehungen der Bundesrepublik gestaltet werden**. Die mit dieser Frage im Einzelnen verbundenen Problemstellungen, üblicherweise zusammengefasst unter dem Stichwort der „auswärtigen Gewalt", werden im Folgenden erörtert. Die **auswärtige Gewalt** ist dabei kein feststehender homogener Begriff, sondern lediglich ein deskriptiver Sammelbegriff, der alle nach außen gerichteten Handlungen deutscher Staatsorgane, also im weiteren Sinne alle Maßnahmen der Außenpolitik einschließlich der Verteidigungspolitik, erfassen soll[71]. Im Bild der Brücke (§ 2 Rn. 17) geht es also um den **ausgehenden Verkehr**. Insbesondere stellt die auswärtige Gewalt keine gesonderte Staatsgewalt dar, die gleichsam zu den drei Gewalten im Gewaltenteilungsschema[72] hinzu käme. Vielmehr wird die auswärtige Gewalt gerade im Verbund verschiedener Organe ausgeübt.

---

[71] Zum Begriff der auswärtigen Gewalt eingehend auch im Hinblick auf die heutigen Rahmenbedingungen *U. Fastenrath/T. Groh*, in: K.H. Friauf/W. Höfling (Hrsg.), GG, Kommentar, Art. 32 (Stand: 2014) Rn. 5 ff.

[72] S. *Gröpl* (Fn. 61), Rn. 942 ff.

Im Bereich der auswärtigen Gewalt des deutschen Staates stellen sich erstens **materiell-rechtliche Fragen** und zweitens **Kompetenzfragen**. Klausurwichtiger ist der Bereich der Kompetenzen, also die Frage, wer im Einzelnen dazu befugt ist, bestimmte im weiteren Sinne außenpolitische Maßnahmen vorzunehmen; dabei stellen sich Fragen der **Verbandskompetenzverteilung** (Bund oder Länder, unten Rn. 9 ff.) sowie der **Organkompetenzverteilung** (vor allem Bundestag oder Bundesregierung, unten Rn. 23 ff.). Vorab soll kurz darauf eingegangen werden, welche inhaltlichen Bindungen das Grundgesetz für die auswärtige Gewalt enthält; diese Frage ist insbesondere im Hinblick auf verfassungsrechtliche Grenzen der europäischen Integration von Bedeutung. 2

II. Materielle Bindungen der auswärtigen Gewalt

1. Grundlagen

Konkrete inhaltliche Vorgaben hält das Grundgesetz für Maßnahmen der auswärtigen Gewalt kaum bereit. Das historisch durch den Überfall des Deutschen Reiches auf Polen, Frankreich, die Sowjetunion und zahlreiche andere Staaten im Zweiten Weltkrieg erklärbare **Verbot des Angriffskriegs** in Art. 26 Abs. 1 GG stellt hier eine der Ausnahmen dar. Für Bundeswehreinsätze kommt die Beschränkung auf **Einsätze zur Verteidigung** hinzu (Art. 87a Abs. 2 GG, unten § 5 Rn. 8 ff.). Spezielle Regelungen materieller Schranken enthält das Grundgesetz zudem für die EU (sogleich Rn. 7 ff.) sowie in Art. 24 Abs. 2 GG für die Einordnung in Systeme gegenseitiger kollektiver Sicherheit: Denn diese ist nur „zur Wahrung des Friedens" gestattet, wobei im Einzelnen nicht leicht zu bestimmen ist, unter welchen Voraussetzungen dies der Fall ist, wenn man an Militäreinsätze denkt, die erst den Frieden wiederherstellen sollen. 3

Darüber hinaus gelten für das außengerichtete Handeln deutscher Staatsorgane grundsätzlich die gleichen verfassungsrechtlichen Anforderungen wie für das sonstige Staatshandeln. Das bedeutet, dass beispielsweise ein völkerrechtlicher Vertrag keine Inhalte enthalten darf, die gegen das Grundgesetz verstoßen. Um abzusichern, dass verfassungswidrige Abkommen auch in der Praxis nicht geschlossen werden, ist es ausnahmsweise möglich, eine präventive Kontrolle des nach Art. 59 Abs. 2 Satz 1 GG (bzw. nach Art. 23 Abs. 1 Satz 2 oder Art. 24 Abs. 1 GG) zumeist erforderlichen Zustimmungsgesetzes (unten Rn. 30 ff.) durch das BVerfG zu erreichen, d.h. eine **Normenkontrolle** vor seinem Inkrafttreten. Denn wenn der Vertrag völkerrechtlich wirksam abgeschlossen ist, ist die Verfassungswidrigkeit aus völkerrechtlicher Sicht wie dargestellt irrelevant, also kein Nichterfüllungsgrund (oben § 3 Rn. 2). 4

Gerade im völkerrechtlichen Verkehr gibt es aber auch viele **hochpolitische Akte**, für die das Grundgesetz überhaupt keine inhaltliche Vorgaben bereit- 5 hält: Wenn sich etwa die Bundesregierung, wie im Februar 2008 im Zuge der Abspaltung des Kosovo von Serbien geschehen[73], entscheidet, einen neu entstandenen Staat völkerrechtlich anzuerkennen, dann mag das außenpolitisch heikel und auch umstritten sein; es gibt für solche Maßnahmen aber keinen verfassungsrechtlichen Maßstab.

6 **Vertiefungshinweis:** Anders könnte es in dem Beispiel allenfalls dann liegen, wenn die Abspaltung eindeutig völkerrechtswidrig gewesen wäre[74]. Denn die allgemeinen Regeln des Völkerrechts fließen über Art. 25 GG ins Bundesrecht ein, und über den Grundsatz der Völkerrechtsfreundlichkeit des Grundgesetzes (unten § 6 Rn. 37 ff.) können diese mittelbar auch verfassungsrechtliche Relevanz erlangen.

2. Insbesondere: verfassungsrechtliche Grenzen der europäischen Integration

7 Soweit das Grundgesetz keine materiellen Bindungen der auswärtigen Gewalt enthält, können diese grundsätzlich auch aus einer verfassungsrechtlichen Gesamtschau abgeleitet werden. Relevant wurde das im Rahmen des Integrationshebels in Art. 24 Abs. 1 GG, der vor 1993 die verfassungsrechtliche Grundlage auch für die europäische Integration darstellte. Gerade für die EU (bzw. für die damaligen Gemeinschaften) stellte sich die Frage, unter welchen Voraussetzungen und vor allem in welchen Grenzen einer fremden und selbst nicht an das Grundgesetz gebundenen Hoheitsgewalt die Ausübung von Hoheitsbefugnissen in der Bundesrepublik erlaubt werden darf. Das BVerfG hat hierzu im *Solange I*-Beschluss, der die damalige Europäische Wirtschaftsgemeinschaft betraf, Folgendes festgestellt:

BVerfG im Solange I-Beschluss (1974): „Art. 24 GG muss wie jede Verfassungsbestimmung ähnlich grundsätzlicher Art im Kontext der Gesamtverfassung verstanden und ausgelegt werden. Das heißt, er eröffnet nicht den Weg, die Grundstruktur der Verfassung, auf der ihre Identität beruht, ohne Verfassungsänderung, nämlich durch die Gesetzgebung der zwischenstaatlichen Einrichtung zu ändern."[75]

8 Einer Hoheitsrechtsübertragung sind also bestimmte Grenzen gesetzt, auch wenn sich solche Grenzen aus Art. 24 Abs. 1 GG nicht unmittelbar ergeben. Aus den Ausführungen des BVerfG ergibt sich damit, dass eine Hoheitsrechtsübertragung nach Art. 24 Abs. 1 GG nur unter der Voraussetzung erfolgen darf, dass in der dadurch zur Hoheitsausübung ermächtigten Organisation verfassungsrechtliche Grundprinzipien gewährleistet sind, und zwar zumin-

---

[73] Die Bundesrepublik Deutschland hat am 20. Februar 2008 eine Anerkennungserklärung abgegeben, s. http://www.auswaertiges-amt.de/DE/Infoservice/Presse/Reden/2008/080220-Steinmeier-BT-Kosovo.html.

[74] Zur Frage der Vereinbarkeit der Abspaltung des Kosovo von Serbien mit dem Völkerrecht *Herdegen* (Fn. 37), § 36 Rn. 6 ff.; s. auch *P. Kirchner*, Besprechung von IGH, Gutachten vom 22. Juli 2010, ZJS 2010, S. 651 ff., http://www.zjs-online.com.

[75] BVerfGE 37, 271 (279) – Solange I.

dest die Prinzipien, die durch Art. 79 Abs. 3 GG änderungsfest geschützt werden (Ewigkeitsgarantie[76]). Dementsprechend hat das BVerfG den Verzicht auf eine Prüfung von Maßnahmen des Europäischen Patentamts am Maßstab der deutschen Grundrechte davon abhängig gemacht, dass innerhalb der von der EU organisatorisch unabhängigen Europäischen Patentorganisation, der auf Grundlage von Art. 24 Abs. 1 GG Hoheitsrechte übertragen wurden, effektiver Grundrechtsschutz gewährleistet wird[77].

Die verfassungsrechtlichen Integrationsschranken haben aber vor allem **8a**
im Hinblick auf die europäische Integration Bedeutung erlangt (zur Rechtsprechung des BVerfG zu den Integrationsschranken unten § 9 Rn. 8 ff.). Sie wurden im Zuge der Änderung der Gründungsverträge und der Gründung der EU durch den Vertrag von Maastricht im Jahr 1993 in Art. 23 Abs. 1 Satz 1 und 3 GG festgeschrieben, allerdings in einer Weise, die viel Raum für inhaltliche Diskussionen belassen hat. Art. 23 Abs. 1 Satz 1 und 3 GG müssen dabei gemeinsam betrachtet werden: Einerseits wird die Mitwirkung Deutschlands an der europäischen Integration in Art. 23 Abs. 1 Satz 1 GG von bestimmten Bedingungen abhängig gemacht, d.h. Deutschland darf an der Entwicklung der EU nur mitwirken, wenn und solange diese den im Einzelnen genannten Grundsätzen verpflichtet ist und einen dem Grundgesetz im Wesentlichen vergleichbaren Grundrechtsschutz gewährleistet. Darin liegt ebenso ein ermächtigendes wie ein begrenzendes Moment wie in der Regelung des Art. 23 Abs. 1 Satz 3 GG, dessen Verweis auf Art. 79 Abs. 2 und 3 GG alles andere als selbsterklärend ist. Nach Art. 23 Abs. 1 Satz 3 GG gelten – gleichsam im Gegenzug zur Struktursicherungsklausel des Art. 23 Abs. 1 Satz 1 GG – für die Mitwirkung Deutschlands an der europäischen Integration nicht die vollen verfassungsrechtlichen Anforderungen; vielmehr wird die materielle Verfassungsbindung aller hoheitlichen Gewalt aus Artt. 1 Abs. 3, 20 Abs. 3 GG **gelockert bzw. zurückgenommen**, und zwar bis hin zur Grenze des Art. 79 Abs. 3 GG. Diese fundamentale Bedeutung der Regelung in Art. 23 Abs. 1 Satz 3 GG für die deutsche Mitwirkung an der EU gibt die Bezeichnung als „Bestandssicherungsklausel" nur unvollkommen wieder. Diese Terminologie hebt zu einseitig darauf ab, dass die in Art. 79 Abs. 3 GG fixierten inhaltlichen Grenzen der Verfassungsänderung auch für den europäischen Integrationsprozess gelten und bei der Gestaltung der Vertragsgrundlagen der EU nicht überschritten werden dürfen. Dass im Umkehrschluss bis zur Grenze des Art. 79 Abs. 3 GG Gestaltungsfreiheit besteht, das Grundgesetz also seine inhaltlichen

[76] Dazu *Gröpl* (Fn. 61), Rn. 893 ff.

[77] Diese Voraussetzung hat das BVerfG in mehreren Kammerbeschlüssen als erfüllt angesehen, s. BVerfG, Beschluss der 4. Kammer des Zweiten Senats vom 4. April 2001, 2 BvR 2368/99, NJW 2001, S. 2705 f. – Europäisches Patentamt I; BVerfG, Beschluss der 1. Kammer des Zweiten Senats vom 28. November 2005, 2 BvR 1751/03, juris – Europäisches Patentamt II; und zuletzt BVerfG, Beschluss der 2. Kammer des Zweiten Senats vom 27. April 2010, 2 BvR 1848/07, GRUR 2010, S. 1031 – Europäisches Patentamt VII.

Bindungen sehr weit zurücknimmt und sich insoweit mit der Struktursicherung nach Maßgabe von Art. 23 Abs. 1 Satz 1 GG begnügt, kommt in der Bezeichnung von Art. 23 Abs. 1 Satz 3 GG als Bestandssicherungsklausel überhaupt nicht zum Ausdruck; wohl nicht von ungefähr wird das begrenzende Moment betont, das ermächtigende aber verdeckt.

8b Zu betonen ist demgegenüber, dass durch Art. 23 Abs. 1 Satz 3 GG die Begründung der EU, die Änderung ihrer vertraglichen Grundlagen und vergleichbare Regelungen bis zur Grenze des Art. 79 Abs. 3 GG von den materiellen Anforderungen des Grundgesetzes freigestellt werden[78]. Auf der Grundlage von Art. 23 Abs. 1 Satz 3 GG dürfen in Abweichung von den normalen Anforderungen des Art. 79 Abs. 1 Satz 1 GG also **Verfassungsänderungen ohne Verfassungstextänderungen** vorgenommen werden. Allerdings bleibt es auch hierfür bei der Anforderung verfassungsändernder Mehrheiten nach Art. 79 Abs. 2 GG, sodass sich Bundestag und Bundesrat bei der Änderung der Vertragsgrundlagen der EU und bei vergleichbaren Regelungen stets darüber Rechenschaft ablegen müssen, ob das Grundgesetz geändert oder ergänzt wird oder ob solche Änderungen oder Ergänzungen ermöglicht werden[79]; immer dann bedarf es nach Art. 23 Abs. 1 Satz 3 i.V.m. Art. 79 Abs. 2 GG verfassungsändernder Mehrheiten in Bundestag und Bundesrat, weil dann die Änderung der Vertragsgrundlagen bzw. die vergleichbare Regelung in der Sache die Funktion eines verfassungsändernden Gesetzes übernimmt[80]. Die Frage, welche inhaltlichen Schranken Art. 79 Abs. 3 GG dem europäischen Integrationsprozess setzt, soll an späterer Stelle unter Darstellung der diesbezüglichen Verfassungsrechtsprechung erörtert werden (§ 9 Rn. 8 ff. mit Schaubild in Rn. 17).

8c Die Anforderungen von Art. 79 Abs. 2 und 3 GG kommen ins Spiel bei der Änderung der vertraglichen Grundlagen der EU[81] oder bei vergleichbaren Regelungen, wobei in allen Fällen[82] eine materielle Verfassungsänderung vorgenommen oder ermöglicht werden muss. Eine materielle Verfassungsänderung liegt nicht in allen Fällen der Hoheitsrechtsübertragung nach Art. 23 Abs. 1 Satz 2 GG vor[83]. Zwar mag man in der Übertragung von Hoheitsrechten

[78] Dazu näher *R.A. Lorz/H. Sauer*, Verfassungsändernde Mehrheiten für die Stabilisierung des Euro? Mehrheitserfordernisse bei der Zustimmung zum Fiskalpakt, zum ESM-Vertrag und zur Änderung des AEUV, EuR 2012, S. 682 (685).

[79] Das Erfordernis verfassungsändernder Mehrheiten wurde zuletzt im Kontext des Fiskalpakts sowie des ESM-Vertrags intensiv diskutiert, s. dazu *Lorz/Sauer* (Fn. 78), S. 682 ff.

[80] S. etwa *Jarass*, in: ders./Pieroth (Fn. 65), Art. 23 Rn. 34.

[81] Die darüber hinaus genannte Alternative der Begründung der EU wurde mit der Zustimmung zum Vertrag von Maastricht bereits „erschöpft" (s. *F. Wollenschläger*, in: Dreier [Fn. 58], Art. 23 Rn. 53).

[82] S. nur *F. Wollenschläger*, in: Dreier (Fn. 58), Art. 23 Rn. 55.

[83] Wie hier etwa *Jarass*, in: ders./Pieroth (Fn. 65), Art. 23 Rn. 31; *F. Wollenschläger*, in: Dreier (Fn. 58), Art. 23 Rn. 55.

eine Änderung der Kompetenzordnung des Grundgesetzes sehen[84]; aber dieses Verständnis übergeht die systematische Trennung zwischen Satz 2 und Satz 3 der Regelung, die aufgehoben würde, wenn jeder Fall der Hoheitsrechtsübertragung an den Anforderungen nach Art. 23 Abs. 1 Satz 3 GG zu messen wäre. Für die Frage, ob eine Verfassungsänderung vorgenommen oder ermöglicht wird, kommt es damit darauf an, ob die Vertragsänderung bzw. vergleichbare Regelung, erginge sie im innerstaatlichen Recht, eine Änderung des Grundgesetzes mit sich bringen würde. Unter einer der Vertragsänderung vergleichbaren Regelung im Sinne von Art. 23 Abs. 1 Satz 3 GG sind Fälle zu verstehen, in denen die vertraglichen Grundlagen der EU einen Beschluss vorsehen, der der Ratifikation durch die Mitgliedstaaten bedarf[85].

III. Verbandskompetenzverteilung

Fall 1: Die Bundeskanzlerin verständigt sich mit dem Präsidenten der Französischen Republik auf eine engere Zusammenarbeit der beiden Staaten in den Bereichen Bildung und Kultur. Ein deutsch-französisches Kulturabkommen sieht unter anderem vor, dass die Sprache des Partnerlands in Gymnasien zukünftig als erste Fremdsprache vorgesehen werden soll. **9**

Darf der Bund den geplanten Vertrag schließen?

1. Art. 32 GG und Lindauer Abkommen

Ist ein Staat wie die Bundesrepublik Deutschland nicht als Einheitsstaat, **10** sondern als Bundesstaat organisiert (Art. 20 Abs. 1 GG), stellt sich die Frage, wer am völkerrechtlichen Verkehr teilnehmen darf: der Bund oder die Länder – oder beide? Das ist die Frage nach der **Verbandskompetenzverteilung**. Sie ist keine Frage des Völkerrechts, sondern allein eine Frage des Verfassungsrechts; das Völkerrecht behandelt den Bundesstaat als Einheit, berücksichtigt die interne Organisation von Staaten also nicht. Das hat zur Folge, dass die Bundesrepublik Deutschland für Völkerrechtsverstöße nach außen auch dann einzustehen hat, wenn der Verstoß von einem Bundesland begangen wurde[86].

Für Deutschland ist die Verbandskompetenzverteilung – leider nicht ganz **11** eindeutig – in Art. 32 GG geregelt. Nach Art. 32 Abs. 1 GG ist die Pflege der auswärtigen Beziehungen **Sache des Bundes**. Darunter fällt jedes Handeln aus

---

[84] So etwa *R. Streinz*, in: M. Sachs (Hrsg.), GG, Kommentar, 7. Aufl. 2014, Art. 23 Rn. 72 f. m.w.N.

[85] Solche Fälle sieht das Unionsrecht zum Beispiel in Artt. 25 Abs. 2 Satz 2, 223 Abs. 1 UAbs. 2 Satz 2, 311 Abs. 3 Satz 3 AEUV vor.

[86] Das ist der Grund dafür, dass das Grundgesetz jetzt in Art. 104a Abs. 6 GG eine Haftungsverteilungsregel für die Verletzung völker- oder europarechtlicher Verpflichtungen enthält.

dem Bereich der auswärtigen Gewalt, also der Abschluss von Verträgen ebenso wie etwa die Anerkennung von Staaten oder die Aufnahme und Unterhaltung diplomatischer Beziehungen. Die Verbandskompetenz für außengerichtetes Handeln ist also zunächst einmal nur dem Bund zugeordnet, der allerdings nach Art. 32 Abs. 2 GG auf die Belange eines in besonderer Weise berührten Landes Rücksicht nehmen muss. Dass der Bund maßgeblicher Akteur der auswärtigen Gewalt ist, setzt sich in der Aufteilung der Gesetzgebungsbefugnisse konsequent fort: Soweit diese auswärtige Angelegenheiten betreffen, liegen sie nämlich ganz überwiegend in der ausschließlichen Gesetzgebungskompetenz des Bundes (z.B. Artt. 73 Abs. 1 Nr. 1, 3, 5 und 5a, 105 Abs. 1 GG).

12 Bei dieser klaren Anordnung belässt es das Grundgesetz allerdings nicht. Vielmehr können nach **Art. 32 Abs. 3 GG** die Länder mit Zustimmung der Bundesregierung völkerrechtliche Verträge abschließen, soweit sie hinsichtlich der Materie des Vertrages innerstaatlich für die Gesetzgebung zuständig sind. Tatsächlich enthält der Katalog der konkurrierenden Gesetzgebungskompetenzen Kompetenztitel, die auswärtige Angelegenheiten betreffen (etwa in Art. 74 Nr. 4, 17 und 21 GG). Soweit der Bund hier noch nicht gesetzgeberisch tätig geworden ist, sind nach Maßgabe von Art. 72 Abs. 1 GG die Länder zuständig – und dann sind sie nach Art. 32 Abs. 3 GG auch zum Abschluss völkerrechtlicher Verträge ermächtigt. Das wirft die vom Grundgesetz nicht beantwortete Frage auf, wie sich diese Länderkompetenz zur Anordnung in Art. 32 Abs. 1 GG verhält, wonach die Pflege der auswärtigen Beziehungen Sache des Bundes ist. Das ist umstritten[87]. Zwei Lesarten der Bestimmung kommen in Betracht:

- Ist Art. 32 Abs. 3 GG eine **Ausnahme** zu Absatz 1, sodass er zu lesen wäre als „können **nur** sie Verträge abschließen"? Das ist die Auffassung der so genannten **föderalistischen Ansicht**. Dafür spricht, dass die Gegenansicht zu einem Auseinanderfallen von Vertragsschlusskompetenz (beim Bund) und Vollzugskompetenz (beim Land) führen kann, soweit nur die Länder zur Gesetzgebung zuständig sind. Der Bund hätte die zur Ausfüllung und Umsetzung des Vertrages erforderliche Gesetzgebung mangels Gesetzgebungskompetenz also gar nicht in der Hand. Allerdings trifft dieses Argument bei genauerer Betrachtung nur teilweise zu, da der Bund im Rahmen der konkurrierenden Kompetenz ja selbst gesetzgeberisch tätig werden, die Kompetenz also „an sich ziehen" kann.
- Oder handelt es sich bei Art. 32 Abs. 3 GG um eine **Ergänzung** von Art. 32 Abs. 1 GG, sodass Abs. 3 zu lesen wäre als „können **auch** sie Verträge abschließen"? Das ist das Ergebnis der so genannten, wohl herrschenden **zentralistischen Ansicht**. Dafür spricht, dass es mit der textlich klaren und uneingeschränkten Kompetenzzuweisung an den Bund in Art. 32 Abs. 1 GG

[87] Dazu eingehend auch im Hinblick auf das Lindauer Abkommen *Fastenrath/Groh* (Fn. 71), Art. 32 (Stand: 2014) Rn. 62 ff. m.w.N.

nur schwer vereinbar erscheint, dass dem Bund bestimmte Vertragsschlusskompetenzen ganz fehlen sollen.

In der Praxis hat man dieses Problem durch das **Lindauer Abkommen**, ein Abkommen zwischen dem Bund und den Ländern[88], entschärft, nachdem der Bund an der zentralistischen Sicht und die Länder an der föderalistischen Sicht festgehalten hatten und man sich zunächst nicht einigen konnte. Danach akzeptieren die Länder bestimmte Verträge des Bundes im Anwendungsbereich des Art. 32 Abs. 3 GG, teilweise aber nur unter der Voraussetzung eines vorherigen Einverständnisses der Länder. 13

Text des Lindauer Abkommens: „1. Der Bund und die Länder halten an ihren bekannten Rechtsauffassungen über die Abschluss- und Transformationskompetenz bei völkerrechtlichen Verträgen, die ausschließlich Kompetenzen der Länder berühren, fest. 14

2. Die Länder halten ein Entgegenkommen bei der Anwendung der Artt. 73 Ziff. 1 und 5 und 74 Ziff. 4 des Grundgesetzes für möglich. Eine Zuständigkeit des Bundes könnte danach z.B. für

a) Konsularverträge

b) Handels- und Schifffahrtsverträge, Niederlassungsverträge sowie Verträge über den Waren- und Zahlungsverkehr,

c) Verträge über den Beitritt zu oder die Gründung von internationalen Organisationen

auch insoweit anerkannt werden, als diese Verträge Bestimmungen enthalten, bei denen es zweifelhaft sein könnte, ob sie im Rahmen eines internationalen Vertrages unter die ausschließliche Landesgesetzgebung fallen, wenn diese Bestimmungen

a) für solche Verträge typisch und in diesen Verträgen üblicherweise enthalten sind oder

b) einen untergeordneten Bestandteil des Vertrages bilden, dessen Schwerpunkt im Übrigen zweifelsfrei im Bereich der Zuständigkeit des Bundes liegt.

Hierzu gehören Bestimmungen über Privilegien bei auswärtigen Staaten und internationalen Einrichtungen hinsichtlich des Steuer-, Polizei- und Enteignungsrechts (Immunitäten) sowie über die nähere Ausgestaltung der Rechte von Ausländern in Handels-, Schifffahrts- und Niederlassungsverträgen.

3. Beim Abschluss von Staatsverträgen, die nach Auffassung der Länder deren ausschließliche Kompetenz berühren und nicht nach Ziff. 2 durch die Bundeskompetenz gedeckt sind, insbesondere also bei Kulturabkommen, wird wie folgt verfahren:

Soweit völkerrechtliche Verträge auf Gebieten der ausschließlichen Zuständigkeit der Länder eine Verpflichtung des Bundes oder der Länder begründen sollen, soll das Einverständnis der Länder herbeigeführt werden. Dieses Einverständnis soll vorliegen, bevor die Verpflichtung völkerrechtlich verbindlich wird. Falls die Bundesregierung einen solchen Vertrag dem Bundesrat gemäß Artikel 59 Absatz 2 GG zuleitet, wird sie die Länder spätestens zum gleichen Zeitpunkt um die Erteilung des Einverständnisses bitten.

Bei den in Absatz 1 Satz 1 genannten Verträgen sollen die Länder an den Vorbereitungen für den Abschluss möglichst frühzeitig, in jedem Fall rechtzeitig vor der endgültigen Festlegung des Vertragstextes beteiligt werden.

[88] Verständigung zwischen der Bundesregierung und den Staatskanzleien der Länder über das Vertragsschließungsrecht des Bundes vom 14. November 1957, wiedergegeben z.B. in BT-Drucks. 7/5924, S. 236.

4. Es wird weiter vereinbart, dass bei Verträgen, welche wesentliche Interessen der Länder berühren, gleichgültig, ob sie die ausschließliche Kompetenz der Länder betreffen oder nicht,

a) die Länder möglichst frühzeitig über den beabsichtigten Abschluss derartiger Verträge unterrichtet werden, damit sie rechtzeitig ihre Wünsche geltend machen können,

b) ein ständiges Gremium aus Vertretern der Länder gebildet wird, das als Gesprächspartner für das Auswärtige Amt oder die sonst zuständigen Fachressorts des Bundes im Zeitpunkt der Aushandlung internationaler Verträge zur Verfügung steht,

c) durch die Information dieses Gremiums und die von ihm abgegebenen Erklärungen die Vereinbarung nach Ziff. 3 nicht berührt wird.

5. Der Sonderfall des Art. 32 Abs. 2 wird durch Ziff. 4 nicht erfasst."

15 **Verfassungsrechtlich** ist diese Absprache nicht unproblematisch[89]: Ist die föderalistische Auffassung richtig, dann erhält der Bund durch das Abkommen Vertragsschlussbefugnisse, die ihm nach dem Grundgesetz nicht zustehen. Ist dagegen die zentralistische Auffassung richtig, dann wird das Vertragsschlussrecht des Bundes in verfassungsrechtlich außerhalb von Art. 32 Abs. 2 GG nicht vorgesehener Weise eingeschränkt. Wie die verfassungsrechtliche Rechtslage auch ist – sie wird in jedem Fall durch das Abkommen außerhalb des Verfahrens der Verfassungsänderung nach Art. 79 Abs. 1 und 2 GG umgestaltet.

Verbandskompetenzverteilung: Verständnis von Art. 32 Abs. 3 GG

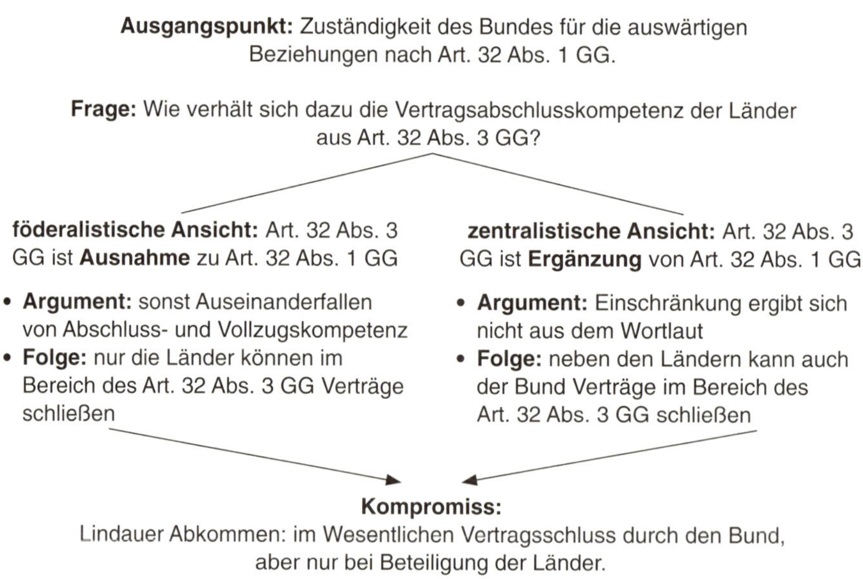

16 **Lösung Fall 1:** Die Bereiche Bildung und Kultur gehören nach Art. 70 Abs. 1 GG zu den Gesetzgebungskompetenzen der Länder. Für diese Bereiche regelt Art. 32 Abs. 3 GG,

---

[89] Dazu näher *M. Schweitzer/H.-G. Dederer*, Staatsrecht III, 11. Aufl. 2016, Rn. 311 ff.

dass die Länder selbst Abkommen schließen können. Damit ist aber zu Abkommen des Bundes unmittelbar noch keine Aussage getroffen. Ob Art. 32 Abs. 3 GG eine Ausnahme zu Art. 32 Abs. 1 GG darstellt, sodass allein die Länder Abkommen schließen können (föderalistische Theorie), oder ob neben den Ländern auch der Bund Verträge schließen kann (zentralistische Theorie), ist umstritten. In der Praxis wird das Lindauer Abkommen zugrunde gelegt. Nach Maßgabe von Ziff. 3 dieses Abkommens „soll" für das fragliche Kulturabkommen die Zustimmung der Länder eingeholt werden. Der Bund darf unter Zugrundelegung des Lindauer Abkommens das Kulturabkommen also unter Beteiligung der Länder abschließen.

2. Die Beteiligung der Länder in Angelegenheiten der Europäischen Union

Fall 2: Die EU plant eine Richtlinie über die wirtschaftliche Betätigung von Städten und Gemeinden. Der Bundesrat lehnt in seiner Stellungnahme die Richtlinie ab, die Bundesregierung möchte ihr aber zustimmen. 17

Unter welcher Voraussetzung kann der Bundesrat verhindern, dass die Bundesregierung der Richtlinie im Rat der EU zustimmt?

Auch über die Anordnung in Art. 32 Abs. 1 GG hinaus beziehen sich die wesentlichen Integrationsklauseln wie Artt. 23 Abs. 1, 24 Abs. 1 GG ausdrücklich auf den Bund. Zwei Ausnahmen von der generellen Bundeszuständigkeit gibt es allerdings: Erstens können die Länder nach Art. 24 Abs. 1a GG Hoheitsrechte auf **grenznachbarschaftliche Einrichtungen** übertragen. Hier geht es etwa um gemeinsame Schulen an der Grenze oder um grenzüberschreitende polizeiliche Zusammenarbeit. 18

Wesentlich wichtiger für Examensklausuren ist Art. 23 Abs. 2 und 4–6 GG, der die Beteiligung der Länder an **Angelegenheiten der EU** regelt, die im Kern vom Bund gestaltet werden. Sie vollzieht sich über die Mitwirkung der Länder durch den Bundesrat (Art. 23 Abs. 2 Satz 1 GG), der zu diesem Zweck von der Bundesregierung umfassend und frühzeitig unterrichtet werden muss (Art. 23 Abs. 2 Satz 2 GG). Zu der Abweichung vom Grundsatz des Art. 32 Abs. 1 GG kommt es, weil durch die Hoheitsrechtsübertragungen im Prozess der europäischen Integration auch Kompetenzen auf die EU übergegangen sind, die vorher den Ländern zustanden. Die Beteiligung der Länder über den Bundesrat soll diesen Verlust an Hoheitsbefugnissen **kompensieren** und den Ländern eine Möglichkeit geben, sich in der Europapolitik einzubringen, speziell im Hinblick auf EU-Gesetzgebungsvorhaben, die sich auf ihre Zuständigkeiten auswirken. 19

Vertiefungshinweis: Der Rat der EU wird nach Art. 16 Abs. 1 Satz 1 EUV als Gesetzgebungsorgan tätig. Er setzt sich aus Vertretern der Mitgliedstaaten auf Ministerebene zusammen. Dagegen ist der Europäische Rat ein politisches Leitungsgremium der EU, das sich aus den Staats- und Regierungschefs sowie dem Kommissionspräsidenten zusammensetzt und gerade nicht gesetzgebend tätig wird (Art. 15 Abs. 1 und 2 EUV). Der Europäische Rat hat einen für zweieinhalb Jahre gewählten festen Präsidenten (Art. 15 Abs. 5 und 6 EUV), wohingegen die Präsidentschaft im Rat weiterhin halbjährlich zwischen den 20

Mitgliedstaaten wechselt (Art. 16 Abs. 9 EUV). Der Europarat schließlich ist eine separate internationale Organisation.

21 Art. 23 Abs. 4 GG stellt den Grundsatz auf, dass der Bundesrat an der Willensbildung des Bundes zu beteiligen ist, wenn er an einer entsprechenden innerstaatlichen Maßnahme mitwirken müsste oder wenn die Länder innerstaatlich zuständig wären. Was mit dieser „Beteiligung" gemeint ist, schlüsseln die folgenden Absätze näher auf[90]:

- Am intensivsten ist diese Beteiligung dann, wenn **im Schwerpunkt ausschließliche Gesetzgebungsbefugnisse der Länder auf den Gebieten Schulbildung, Kultur oder Rundfunk betroffen sind** (Art. 23 Abs. 6 GG). Dann wird die Wahrnehmung der mitgliedstaatlichen Befugnisse in der EU, d.h. die Beratung und Abstimmung im Rat, der in der Regel zusammen mit dem Europäischen Parlament auf Vorschlag der Kommission als europäischer Gesetzgeber tätig wird (Art. 294 AEUV), vom Bund auf einen vom Bundesrat benannten Ländervertreter übertragen.
- Wenn **im Schwerpunkt Gesetzgebungsbefugnisse der Länder betroffen sind**, ist die Auffassung des Bundesrates, d.h. dessen Stellungnahme zu einem bestimmten Vorhaben, bei der Willensbildung des Bundes **maßgeblich zu berücksichtigen** (Art. 23 Abs. 5 Satz 2 GG). Fraglich ist dabei, was „maßgebliche Berücksichtigung" bedeutet, wenn die Auffassungen von Bundesregierung und Bundesrat auseinanderfallen. Ob damit, wie es teilweise vertreten wird, tatsächlich ein **Letztentscheidungsrecht des Bundesrates** und damit eine **Bindung der Bundesregierung** gemeint ist, ist angesichts der wohl bewusst offenen Wortwahl[91] und des Hinweises auf die gesamtstaatliche Verantwortung des Bundes zweifelhaft. § 5 Abs. 2 EUZBLG löst den Konflikt so, dass ein **Einvernehmen** anzustreben ist und dass, falls ein solches nicht zustande kommt, die Auffassung des Bundesrates (nur) dann entscheidend, für die Bundesregierung also bindend ist, wenn der Bundesrat diese in einer neuerlichen Abstimmung mit Zweidrittelmehrheit bestätigt.
- Im Übrigen ist die Stellungnahme des Bundesrates nur **zu berücksichtigen** (Art. 23 Abs. 5 Satz 1 GG). Das bedeutet, dass die Bundesregierung seine Auffassung zur Kenntnis nehmen und sich mit ihr auseinandersetzen muss; eine inhaltliche Bindung besteht hier jedoch nicht.

---

[90] Die Details sind im Gesetz über die Zusammenarbeit von Bund und Ländern in Angelegenheiten der Europäischen Union geregelt, das im Zuge des Vertrags von Lissabon zuletzt geändert wurde (EUZBLG vom 12. März 1993, BGBl. I, S. 313, zuletzt geändert durch das Gesetz vom 22. September 2009, BGBl. I, S. 3031, Sartorius I, Nr. 97).

[91] Deshalb besteht hier auch vor dem Hintergrund des Vorrangs der Verfassung kein Problem darin, dass die Frage vom einfachen Gesetzgeber entschieden wird; dieser gestaltet einen verfassungsrechtlichen Spielraum aus.

Lösung Fall 2: Die entsprechende Richtlinie (auf die Frage einer Zuständigkeit der EU 22
soll hier nicht eingegangen werden) fällt bei innerstaatlicher Betrachtung in den Kompetenzbereich der Länder, denn die wirtschaftliche Betätigung von Städten und Gemeinden ist eine Frage des Kommunalrechts[92]. Das steht zwar der Zuständigkeit des Bundes für die Angelegenheiten der EU auch in diesem Bereich nicht entgegen, doch müssen die Länder nach Art. 23 Abs. 4 GG über den Bundesrat beteiligt werden. Da hier im Schwerpunkt Gesetzgebungsbefugnisse der Länder betroffen sind (Art. 23 Abs. 6 GG greift tatbestandlich nicht ein), richtet sich die Beteiligung der Länder des Näheren nach Art. 23 Abs. 5 Satz 2 GG. Danach ist die Auffassung des Bundesrates „maßgeblich zu berücksichtigen". Damit ist aber keine klare Aussage verbunden, wer sich im Streitfall durchsetzen soll. Nach § 5 Abs. 2 EUZBLG ist ein Einvernehmen anzustreben. Wenn das nicht zustande kommt, kann sich der Bundesrat (nur) durchsetzen, wenn er seine Auffassung mit Zweidrittelmehrheit bestätigt.

Länderbeteiligung an Angelegenheiten der EU

Art. 23 Abs. 4 GG: Die Länder wirken durch den Bundesrat an der europäischen Rechtsetzung mit.
Hier unterscheidet Art. 23 GG drei Konstellationen:

Art. 23 Abs. 6 GG	**Art. 23 Abs. 5 Satz 2 GG**	**Art. 23 Abs. 5 Satz 1 GG**
im Schwerpunkt ausschließliche Gesetzgebungskompetenzen der Länder in bestimmten Bereichen (Schule, Kultur, Rundfunk) betroffen:	im Schwerpunkt Gesetzgebungsbefugnisse der Länder betroffen:	alle anderen Fälle:
↓	↓	↓
Ländervertreter wirken im Rat der EU mit (absolute Ausnahme!).	Stellungnahme des Bundesrats ist „maßgeblich zu berücksichtigen" (nach § 5 Abs. 2 EUZBLG: ausnahmsweise **inhaltliche Bindung** der Bundesregierung)	Stellungnahme des Bundesrats ist „zu berücksichtigen" (im Ergebnis **keine inhaltliche Bindung** der Bundesregierung)

IV. Organkompetenzverteilung

Fällt eine Maßnahme aus dem Bereich der auswärtigen Gewalt also in der 23
Regel in die Zuständigkeit des Bundes, ist damit noch nicht geklärt, wer genau zuständig ist. Vielmehr muss die Frage der **Organkompetenzverteilung** beantwortet werden, d.h. geklärt werden, welches Bundesorgan handlungs-

[92] Für NRW: § 107 GO (Hippel/Rehborn Nr. 20).

befugt ist. Diese Zuständigkeitsfrage kann im Einzelfall schwierig sein, weil alle Bundesorgane Kompetenzen im Bereich der auswärtigen Gewalt haben. In der Regel geht es in der Praxis und auch in Klausuren um die Zuständigkeitsabgrenzung zwischen Bundestag und Bundesregierung.

1. Befugnisse des Bundespräsidenten

24 Wichtige Befugnisse im auswärtigen Verkehr hat der **Bundespräsident als Staatsoberhaupt**. Er ist derjenige, der die Bundesrepublik nach außen vertritt (Art. 59 Abs. 1 Satz 1 GG), der also die völkerrechtlichen Abkommen mit Wirkung für Deutschland abschließt und der Diplomaten und Staatsgäste akkreditiert und empfängt. Diese Aufzählung in Art. 59 Abs. 1 GG ist aber nicht abschließend, vielmehr erstreckt sich die Vertretungsbefugnis des Bundespräsidenten auf alle Handlungen des völkerrechtlichen Verkehrs, z.B. auch auf die Abgabe von Anerkennungserklärungen oder die Aufnahme oder den Abbruch diplomatischer Beziehungen.

25 Auch im Bereich des auswärtigen Verkehrs hat der Bundespräsident allerdings nur **formelle Repräsentationsbefugnisse**; mangels parlamentarischer Verantwortlichkeit kommt dem Bundespräsidenten also nicht etwa die Befugnis zu, eine von der Linie der parlamentarisch verantwortlichen Bundesregierung abweichende Außenpolitik zu verfolgen. Auch hier gilt, dass Akte des Bundespräsidenten nach Art. 58 Satz 1 GG der **Gegenzeichnung** bedürfen[93]. In der Staatspraxis handeln allerdings häufig Regierungsvertreter selbst an der Stelle des Bundespräsidenten, insbesondere bei der Aushandlung der später vom Bundespräsidenten ratifizierten Verträge; dies beruht auf der Annahme einer überwiegend für verfassungsrechtlich unproblematisch gehaltenen **stillschweigenden Delegation**, d.h. die Befugnisse gelten als auf die Bundesregierung übertragen.

2. Kompetenzabgrenzung zwischen Bundesregierung und Bundestag

26 Ist also der nach Art. 59 Abs. 1 GG formell vertretungsberechtigte Bundespräsident kein Gestaltungsakteur im Bereich der Außenpolitik, stellt sich die Frage, wem die politische Gestaltungsbefugnis zukommt. Das Grundgesetz enthält zu dieser Frage keine allgemeine Regelung; in Betracht kommen die Bundesregierung oder der Bundestag, gegebenenfalls auch beide Organe im Zusammenwirken. Dagegen ist das BVerfG auf eine rechtliche Kontrolle beschränkt, mit der der Sache nach allerdings nicht unerhebliche Gestaltungsmöglichkeiten einhergehen (unten Rn. 42 f.).

---

[93] Dazu näher *Gröpl* (Fn. 61), Rn. 1457 ff.

a) Die auswärtige Gewalt als Domäne der Exekutive?

Nach traditioneller Auffassung ist die auswärtige Gewalt eine Domäne der Exekutive[94]. Danach handelt es sich bei der Gestaltung der auswärtigen Beziehungen eines Staates um materielles Regierungshandeln, für das die Kompetenz nur der Bundesregierung zukommen kann, und zwar gerade aus Gründen der **Organadäquanz:** Denn allein die Regierung sei strukturell dazu in der Lage, auf wechselnde außenpolitische Lagen schnell und verlässlich reagieren zu können[95]. Die Mitwirkungsbefugnis des Bundestages beim Abschluss bestimmter völkerrechtlicher Verträge nach Art. 59 Abs. 2 Satz 1 GG ist danach als **Ausnahme** von der alleinigen Gestaltungsbefugnis der Bundesregierung im Bereich der auswärtigen Gewalt zu verstehen. 27

Diese Auffassung[96] kann heute in ihrem Kern als **überholt** angesehen werden[97], und zwar aus folgenden Gründen: 28

- **Erstens** verträgt sich die Zuweisung spezieller Befugnisse im Bereich der auswärtigen Gewalt an die Bundesregierung (in Artt. 24 Abs. 1a, 32 Abs. 3, 87, 115a Abs. 1 Satz 2 GG – lesen!) methodisch nur schwer mit einem allgemeinen Grundsatz der Regierungszuständigkeit, weil diese Vorschriften dann eigentlich überflüssig wären. Es scheint daher, dass die traditionelle Auffassung tatsächlich mehr auf die Tradition als auf den Verfassungstext abstellt.
- **Zweitens** stammt die traditionelle Auffassung aus einer Zeit, in der innere und äußere Angelegenheiten klar voneinander zu trennen waren, also eine Grenze bestand, die heute im Zuge der umfassenden Öffnung des Verfassungsstaats nach außen immer stärker verschwimmt. Ein Festhalten an der traditionellen Auffassung ginge daher unweigerlich mit einer deutlichen, unter demokratischen Gesichtspunkten bedenklichen **Entparlamentarisierung** staatlicher Entscheidungen einher.
- **Drittens** hat nicht zuletzt das BVerfG die früher auch von ihm vertretene traditionelle Auffassung[98] mittlerweile der Sache nach aufgegeben. Ein Auffassungswandel war bereits mehr als angedeutet, als es hieß, dass Regierung und Legislative in Bereich der auswärtigen Gewalt „zusammenwirken"[99].

---

[94] S. hierfür etwa *W.G. Grewe*, Die auswärtige Gewalt der Bundesrepublik, VVDStRL 12 (1954), S. 129 (135).

[95] S. dazu insbesondere BVerfGE 68, 1 (87) – Nachrüstung.

[96] Dafür etwa *R. Geiger*, Grundgesetz und Völkerrecht, 6. Aufl. 2013, S. 124 f.; tendenziell auch *C. Calliess*, Staatsrecht III, Teil 2 A Rn. 15, 42 ff.

[97] Kritisch auch *S. Kadelbach/U. Guntermann*, Vertragsgewalt und Parlamentsvorbehalt, AöR 126 (2001), S. 563 (567 ff.); zum Streit zusammenfassend *H. Sauer*, Die NATO und das Verfassungsrecht: neues Konzept – alte Fragen, ZaöRV 62 (2002), S. 317 (334 f.).

[98] BVerfGE 1, 351 (369) – Petersberger Abkommen; 1, 372 (394) – Deutsch-Französisches Wirtschaftsabkommen; 2, 347 (379) – Kehler Hafen.

[99] BVerfGE 104, 151 (210) – NATO-Strategiekonzept; Besprechung von *Sauer* (Fn. 97), S. 317 ff.

Im Urteil zum AWACS-Einsatz in der Türkei aus dem Jahr 2008 hat das BVerfG dann endgültig und in begrüßenswerter Deutlichkeit festgestellt, dass das Grundgesetz die Zuständigkeiten im Bereich auswärtiger Angelegenheiten zwischen Regierung und Parlament verteilt, dass also konzeptionell von einem **Entscheidungsverbund** dieser Organe auszugehen ist[100].

29 Im Ergebnis ist die auswärtige Gewalt also nicht allein der Exekutive zugewiesen, sondern grundsätzlich zwischen den Bundesorganen, insbesondere zwischen Bundesregierung und Deutschem Bundestag, aufgeteilt. Das heißt allerdings nicht, dass an jeder einzelnen Maßnahme stets mehrere oder gar alle Organe beteiligt wären. Auch wenn die auswärtige Gewalt nicht allein in den Händen der Bundesregierung liegt, so gibt es doch nach wie vor viele Maßnahmen der Außenpolitik, insbesondere die Gestaltung der zwischenstaatlichen Beziehungen jenseits vertraglicher Bindungen, die in ihrer alleinigen Kompetenz liegen. Hier entscheidet der Bundestag nicht mit, sondern er ist auf seine allgemeinen Befugnisse zur Kontrolle der Regierung beschränkt[101]. Der Gesichtspunkt der Organadäquanz ist für die Kompetenzverteilung also nicht etwa irrelevant.

29a Der Unterschied zwischen der traditionellen Auffassung und der Sichtweise eines Entscheidungsverbunds führt also nicht notwendigerweise zu unterschiedlichen Ergebnissen für die Kompetenzverteilungsfrage; diese muss aber anstelle des Verweises auf eine allgemeine Regierungszuständigkeit mit Blick auf die jeweils in Rede stehende Maßnahme beantwortet werden. Die Schwierigkeit besteht dabei darin, dass das Grundgesetz die Organkompetenzverteilungsfrage nur in einer einzigen Bestimmung behandelt, nämlich in Art. 59 Abs. 2 GG für den Abschluss völkerrechtlicher Verträge[102]. Die Ablehnung einer im Übrigen alleinigen Zuständigkeit der Bundesregierung in Angelegenheiten der auswärtigen Gewalt führt erstens dazu, dass die Begründung ungeschriebener Organkompetenzen des Bundestages in Betracht kommt. In der Verfassungspraxis ist dies insbesondere für die Entscheidung über den Auslandseinsatz der Bundeswehr relevant geworden (unten § 5 Rn. 11 ff.). Zweitens hat die Grundhaltung zur Organkompetenzverteilungsfrage Rückwirkungen auf die Auslegung von Art. 59 Abs. 2 GG: Wer von einer grundsätzlichen Regierungszuständigkeit ausgeht, wird diese Bestimmung als Ausnahmebestimmung eng auslegen. Wer von einer Beteiligung des Bundestages an der auswärtigen Gewalt ausgeht, wird dagegen eine weite Auslegung ebenso in

---

[100] BVerfGE 121, 135 (162) – AWACS-Überwachung der Türkei; dies relativierend allerdings jüngst BVerfGE 131, 152 (195) – Parlamentarische Informationsrechte bei der Verhandlung über den ESM.

[101] S. dazu *Gröpl* (Fn. 61), Rn. 961 ff.

[102] Daneben legen Artt. 23 Abs. 1 Satz 2, 24 Abs. 1 GG fest, dass Hoheitsrechtsübertragungen in Gesetzesform, also ebenfalls unter parlamentarischer Beteiligung erfolgen müssen (unten Rn. 39a f.).

Betracht ziehen wie eine analoge Anwendung auf andere Maßnahmen als den Vertragsabschluss, insbesondere auf vertragsbezogene Maßnahmen beim oder nach dem Vertragsabschluss (unten Rn. 34 ff.).

b) Die Zustimmung des Bundestages zu völkerrechtlichen Verträgen: Art. 59 Abs. 2 GG

Nach Art. 59 Abs. 2 Satz 1 GG bedürfen **bestimmte** völkerrechtliche Verträge der Zustimmung in Gesetzesform, also durch **Zustimmungsgesetz**. 30

Vertiefungshinweis: Diese Zustimmungsbedürftigkeit ist zu unterscheiden von der Frage, ob Bundesgesetze der **Zustimmung des Bundesrates** bedürfen. Hier unterscheidet das Grundgesetz zwischen Einspruchsgesetzen und zustimmungsbedürftigen Gesetzen (Art. 77 GG)[103]. Ein Zustimmungsgesetz zu einem völkerrechtlichen Vertrag bedarf auch der Zustimmung des Bundesrates, wenn der Vertrag eine Materie betrifft, deren gesetzliche Regelung der Zustimmung des Bundesrates bedürfte. 31

Zustimmungsbedürftig nach Art. 59 Abs. 2 Satz 1 GG sind zwei Arten von Verträgen: 32

- Verträge, die die **politischen Beziehungen** des Bundes regeln. Damit sind nur Verträge gemeint, die die Existenz Deutschlands, seine Unabhängigkeit oder seine Stellung in der Staatengemeinschaft betreffen[104], also etwa Bündnisverträge wie der NATO-Vertrag oder Friedens- und Rüstungsabkommen. Solche besonders wichtigen („wesentlichen") Verträge sollen nicht ohne Zustimmung des Parlaments abgeschlossen werden können.
- Verträge, die sich auf **Gegenstände der Bundesgesetzgebung** beziehen. Diese Alternative ist missverständlich formuliert, denn es ist nicht die Bundesgesetzgebung im Gegensatz zur Landesgesetzgebung gemeint, sondern es geht um die Frage, ob der Vertragsinhalt wegen des allgemeinen grundgesetzlichen Gesetzesvorbehalts, also aus Gründen des Demokratieprinzips oder des Rechtsstaatsprinzips[105], innerstaatlich durch Gesetz durchgeführt werden muss. Neben Konstellationen, in denen der Vorbehalt des Gesetzes greift, weil zur Durchführung des Vertrages auch in Rechte der Bürger eingegriffen wird (Vorbehalt des Gesetzes) oder weil eine Entscheidung von grundlegender Bedeutung getroffen wird (Wesentlichkeitstheorie), ist eine Durchführung in gesetzlicher Form auch dann erforderlich, wenn Gesetze geändert werden müssen, um im Einklang mit dem Vertragsinhalt zu stehen. Da völkerrechtliche Verträge im innerstaatlichen Recht keinen automatischen Vorrang vor abweichendem Gesetzesrecht genießen (unten § 6 Rn. 13 f.), muss dieses zur Vermeidung von Widersprüchen geändert werden; aus diesem Grund beziehen sich völkerrechtliche Verträge häufig auf Gegenstände der Gesetzgebung im Sinne von Art. 59 Abs. 2 Satz 1 GG.

---

[103] Dazu *Gröpl* (Fn. 61), Rn. 1247 ff.

[104] BVerfGE 1, 372 (381) – Deutsch-Französisches Wirtschaftsabkommen.

[105] Dazu *Gröpl* (Fn. 61), Rn. 480 ff.

Solchen Verträgen soll das Parlament zustimmen müssen, um zu verhindern, dass die völkerrechtlich geforderte Umsetzung des Vertragsinhalts nach dem Vertragsschluss mangels parlamentarischer Mehrheiten nicht zustande kommt, die Bundesrepublik also den Vertrag nicht erfüllt und dadurch das Völkerrecht verletzt. Ist aber eine parlamentarische Mehrheit für den Vertragsschluss gegeben, so kann man davon ausgehen, dass auch die erforderliche Umsetzungsgesetzgebung verabschiedet werden wird. Aber auch dann, wenn das innerstaatliche Recht bereits vollständig mit den Anforderungen eines völkerrechtlichen Vertrags im Einklang steht (Fall des sog. Parallelabkommens), ist die Beteiligung des Bundestages nach Art. 59 Abs. 2 Satz 1 (2. Alternative) GG erforderlich, weil der Bundestag künftig den geltenden Rechtszustand nicht mehr ändern kann, ohne dabei in Konflikt mit dem Völkerrecht zu geraten[106]. Darin zeigt sich, dass der Zweck des Zustimmungserfordernisses nicht allein in der Vollzugssicherung liegt, sondern auch in der Sicherung der Entscheidungsfreiheit des Gesetzgebers.

33 Entgegen einem häufigen Missverständnis fallen also nicht alle völkerrechtlichen Verträge unter Art. 59 Abs. 2 Satz 1 GG, sondern es gibt auch Verträge, die der Zustimmung des Bundestages nicht bedürfen. Das sind die so genannten **Verwaltungsabkommen**. Sie können nach Art. 59 Abs. 2 Satz 2 GG von der Bundesregierung in eigener Kompetenz geschlossen werden, d.h. die Bundesregierung entscheidet hier allein über den Vertragsabschluss. Hier geht es oft, aber nicht ausschließlich um bilaterale Abkommen zu einzelnen Fragen etwa der Wirtschafts- oder Kulturpolitik.

Kompetenzverteilung zwischen Bundesregierung und Bundestag beim Abschluss völkerrechtlicher Verträge

1. Phase: Aushandlung und Unterzeichnung durch die Regierung.

2. Phase: Mitwirkung der gesetzgebenden Körperschaften?

Politische Verträge: Zustimmung des Bundestages nach Art. 59 Abs. 2 Satz 1 Alt. 1 GG

Verträge, deren Umsetzung eines Gesetzes bedarf: Zustimmung des Bundestages nach Art. 59 Abs. 2 Satz 1 Alt. 2 GG

alle anderen Verträge: **keine** Zustimmung erforderlich, Art. 59 Abs. 2 Satz 2 GG

3. Phase: Ratifikation: Abgabe der Erklärung durch den Bundespräsidenten (Art. 59 Abs. 1 GG) – dadurch völkerrechtliche Bindung.

[106] Wie hier etwa *Calliess* (Fn. 96), Teil 2 A Rn. 23; *D. Rauschning*, in: W. Kahl/C. Waldhoff/C. Walter (Hrsg.), Bonner Kommentar zum GG, Art. 59 (Stand: 2009) Rn. 76 f. m.N. auch zur Gegenauffassung; eingehend *Kadelbach/Guntermann* (Fn. 97), S. 570 ff.

Art. 59 Abs. 2 Satz 1 GG kennt als Form der parlamentarischen Mitentscheidung nur die Zustimmung zu einem völkerrechtlichen Vertragswerk. Der Deutsche Bundestag befindet sich dabei formal gesehen in einer sog. Ratifikationssituation, d.h. er kann dem Vertrag entweder insgesamt zustimmen oder ihn insgesamt ablehnen. Inhaltliche Gestaltungsmöglichkeiten bestehen dabei nicht, weil der Bundestag an der Aushandlung des Vertrags durch die Bundesregierung nicht beteiligt ist und der Vertrag bereits unterzeichnet ist, wenn er dem Bundestag zur Zustimmung vorgelegt wird. Er kann einem einmal ausgehandelten Vertrag nicht in modifizierter Form zustimmen, weil der Vertragsinhalt dann im Außenverhältnis neu verhandelt werden müsste. Freilich kann der Bundestag informell auf die Vertragsverhandlungen Einfluss nehmen, indem er der Bundesregierung seine politische Position zur Kenntnis bringt. Die Bundesregierung ist an diese zwar nicht gebunden, sie riskiert im Fall einer Abweichung aber, dass der Bundestag später seine Zustimmung zu dem Vertrag verweigert. Bei den nicht zustimmungsbedürftigen Verträgen ist dementsprechend auch der politische Einfluss des Bundestages gering. **33a**

c) Rechtserhebliche Maßnahmen im Rahmen völkerrechtlicher Verträge

Art. 59 Abs. 2 GG regelt die Organkompetenzverteilung nur für den Abschluss völkerrechtlicher Verträge. Wem aber kommt es zu, im Rahmen völkerrechtlicher Verträge rechtserhebliche Maßnahmen zu treffen? Zieht die Beteiligung des Bundestages am Vertragsschluss nach Maßgabe von Art. 59 Abs. 2 Satz 1 GG es nach sich, dass der Bundestag auch an völkerrechtlich erheblichen Maßnahmen zu beteiligen ist, die – wie etwa eine inhaltliche Fortentwicklung des Vertragsinhalts ohne förmliche Vertragsänderung oder eine Kündigung des Vertrages – die vertragliche Bindung Deutschlands modifizieren? Oder ist der Regelung der parlamentarischen Beteiligung nur am Vertragsschluss im Umkehrschluss zu entnehmen, dass vertragsbezogene Maßnahmen in der alleinigen Kompetenz der Bundesregierung liegen? Diese Frage wird unterschiedlich beantwortet, je nachdem, welche Position zur Organkompetenzverteilungsfrage allgemein eingenommen wird (oben Rn. 27 ff.) und worin die Bedeutung des Zustimmungserfordernisses in Art. 59 Abs. 2 Satz 1 GG gesehen wird[107]. Es handelt sich um eine recht anspruchsvolle Fragestellung, in Prüfungen können hierzu lediglich Grundkenntnisse erwartet werden. Nicht zuletzt im Hinblick darauf, dass es sich um eine praxisrelevante Frage handelt, die in der Vergangenheit immer wieder zu verfassungsgerichtlichen Verfahren geführt hat, soll sie hier dennoch etwas eingehender erörtert werden und zwar anhand der Beispiele erstens der Vertragsfortbildung, zweitens der Kündigung und drittens der Vorbehaltserklärung. **33b**

---

[107] Eingehend etwa *Schweitzer/Dederer* (Fn. 89), Rn. 415 ff.; *W. Heun*, in: Dreier (Fn. 58), Art. 59 Rn. 35 ff.

34 Schon mehrfach hat sich in der Praxis die Frage gestellt, ob und unter welchen Voraussetzungen der Bundestag **erneut beteiligt werden muss**, wenn sich eine Organisation nach ihrer Gründung, also nach der Zustimmung des Bundestages zum Gründungsvertrag bzw. zum Beitritt, weiterentwickelt und verändert. Solche Änderungsprozesse vollziehen sich in der internationalen Praxis häufig über Jahrzehnte hinweg in dynamischer Weise, ohne dass es jemals zu einer förmlichen Vertragsänderung kommt; die Änderungen werden also sehr häufig nicht in Änderungsverträgen festgehalten, denen der Bundestag nach Maßgabe von Art. 59 Abs. 2 Satz 1 GG erneut zustimmen müsste. Es kann also mit anderen Worten im Völkerrecht zu einer **Vertragsänderung ohne Änderungsvertrag** kommen. Am Beispiel der NATO lässt sich das besonders gut veranschaulichen:

35 Die NATO wurde 1949 als Verteidigungsbündnis gegen Angriffe von außen gegründet, sie war eine maßgebliche militärische Institution zu Zeiten des Kalten Krieges. Deshalb musste sie sich nach der weltpolitischen Wende 1989/90 und der Auflösung des Warschauer Pakts neuen Aufgaben zuwenden, um nicht ihre Existenzberechtigung zu verlieren und politische Bedeutung einzubüßen. Diese Umgestaltung der NATO erfolgte schrittweise durch die Verabschiedung politischer Strategiekonzepte durch die Staats- und Regierungschefs der Mitgliedstaaten. Zu einer Änderung des NATO-Vertrags von 1949, dem die Bundesrepublik im Jahr 1955 durch das nach Art. 59 Abs. 2 Satz 1 GG erforderliche Zustimmungsgesetz[108] – denn der NATO-Vertrag ist ein politischer Vertrag par excellence – beigetreten ist, kam es nicht. Im Jahr 1999 erreichte der Wandel der NATO durch die Verabschiedung eines weiteren Strategiekonzepts[109] vor dem Hintergrund der vorangegangenen NATO-Intervention im Kosovo seinen Höhepunkt. Denn dieses Konzept sieht **geographisch unbeschränkte Krisenreaktionseinsätze** der NATO als neue militärische Einsatzart vor, weshalb die NATO seitdem immer wieder einmal als „Weltpolizei" bezeichnet wird. Der NATO-Vertrag aber kennt als militärische Einsatzart nur die militärische Reaktion auf den **Bündnisfall**, d.h. die Reaktion auf einen Angriff auf einen NATO-Mitgliedstaat (Art. 5 des NATO-Vertrags).

36 **Vertiefungshinweis:** Zur Feststellung des Bündnisfalls kam es in der Geschichte der NATO bisher nur einmal, nämlich am 12. September 2001 in Reaktion auf die Terroranschläge auf die USA vom Vortag[110]. Diese Feststellung löst zwar eine Beistandspflicht der anderen NATO-Staaten aus, doch entscheidet jeder Staat selbst über die Erfüllung dieser

---

[108] Gesetz betreffend den Beitritt der Bundesrepublik Deutschland zum Brüsseler Vertrag und zum Nordatlantikvertrag vom 25. März 1955, BGBl. II, S. 256, Sartorius II Nr. 65.

[109] Das Strategiekonzept ist wiedergegeben in BVerfGE 104, 151 (159 ff.) – NATO-Strategiekonzept.

[110] Erklärung des NATO-Rats vom 12. September 2001, http://www.nato.int/docu/pr/2001/p01-124e.htm.

Pflicht, mit anderen Worten folgt daraus keine völkerrechtliche Pflicht zur Beteiligung an militärischen Gegenmaßnahmen. So hat sich Deutschland nach dem 11. September 2001 an der US-geführten Militärintervention in Afghanistan zunächst nicht beteiligt, sondern hat eigene Streitkräfte erst für die Teilnahme an der nach dem Sturz des Taliban-Regimes vom UN-Sicherheitsrat durch die Resolution 1368 (2001) mandatierten International Security and Assistance Force (ISAF) entsendet[111].

Dieser neue Schritt im Wandel der NATO führte zu einer Befassung des BVerfG[112]. Eine im Organstreitverfahren in Prozessstandschaft für den Deutschen Bundestag auftretende Fraktion[113] (§ 64 Abs. 1 BVerfGG) war der Auffassung, die Bundesregierung habe die Befugnisse des Bundestages verletzt, da sie dem Konzept nicht ohne dessen Zustimmung hätte zustimmen dürfen. Denn das Konzept verlasse die Grundlage des NATO-Vertrags und damit die Grundlage, der der Bundestag im Jahr 1955 zugestimmt habe. Eine materielle Vertragsänderung sei bei zustimmungsbedürftigen Verträgen auch ohne förmlichen Änderungsvertrag nach Art. 59 Abs. 2 Satz 1 GG zustimmungsbedürftig; ansonsten würden die Befugnisse des Bundestages unterlaufen. 37

Das BVerfG war der Auffassung, die Bundesregierung habe Rechte des Bundestages nicht verletzt: Eine Vertragsänderung ohne Änderungsvertrag sei nur dann nach Art. 59 Abs. 2 Satz 1 GG zustimmungsbedürftig, wenn sie die **Grenze des Integrationsprogramms** überschreite; das aber sei hinsichtlich der Zustimmung zum fraglichen Strategiekonzept nicht der Fall gewesen[114]. Aus dieser Verfassungsrechtsprechung ergibt sich eine erhebliche Reichweite von Kompetenzen der Bundesregierung für die Fortbildung ursprünglich zustimmungsbedürftiger Verträge und damit ein spürbarer Verlust parlamentarischer Mitgestaltungsbefugnisse in diesem Bereich. In diesem Zusammenhang ist es zu sehen, dass das Bundesverfassungsgericht gleichsam kompensatorisch die Entscheidung über den Auslandseinsatz der Bundeswehr einem ungeschriebenen parlamentarischen Zustimmungsvorbehalt unterstellt hat (unten § 5 Rn. 11 ff.). 38

Die von der Entscheidung aufgeworfene zentrale Frage ist, ob nach dem Sinn des Zustimmungsvorbehalts von Art. 59 Abs. 2 Satz 1 GG **jede** materielle Vertragsänderung einer parlamentarischen Zustimmung bedarf, und zwar unabhängig davon, ob es zu einem förmlichen Änderungsvertrag kommt, was im Völkerrecht eher selten der Fall ist. Die Zustimmung zu einem völkerrechtlichen Vertrag führt zu einer Verantwortungsmitübernahme des Bundestages 38a

111 Näher BVerfGE 118, 244 (245 ff.) – Tornado-Einsatz in Afghanistan.

112 S. zu einer ähnlichen Fragestellung bereits BVerfGE 90, 286 (357 ff.) – Auslandseinsätze der Bundeswehr.

113 Zur Prozessstandschaft im Organstreitverfahren *C. Hillgruber/C. Goos*, Verfassungsprozessrecht, 4. Aufl. 2015, Rn. 380 ff.

114 BVerfGE 104, 151 (209 ff.) – NATO-Strategiekonzept. Zur Kritik an der Feststellung, dass das Strategiekonzept mit der Festschreibung weltweiter Krisenreaktionseinsätze das Integrationsprogramm der 1949 als Verteidigungsbündnis gegründeten NATO nicht überschritten hat, s. etwa *Sauer* (Fn. 97), S. 333 f.

für den Vertragsinhalt. Das Zustimmungsgesetz erschöpft sich insoweit nicht in einer einmaligen Billigung des Vertragsinhalts, vielmehr ist und bleibt es die Grundlage dafür, dass dem Vertrag eine Geltung im innerstaatlichen Recht gestattet wird (unten § 6 Rn. 13). Das Zustimmungsgesetz ist damit auch die Grundlage für die Praxis des zwischenstaatlichen Verkehrs, die sich im Rahmen des Vertrages vollzieht[115]. Besonders deutlich ist diese Funktion des Zustimmungsgesetzes im Fall der politischen Verträge. Diese sind von so wesentlicher Bedeutung für die Stellung Deutschlands in der Staatengemeinschaft, dass sie nur unter Beteiligung des Parlaments abgeschlossen werden dürfen (oben Rn. 32). Damit kann es der Regierung nicht gestattet sein, den Vertrag auf der Ebene des Völkerrechts dergestalt von der innerstaatlichen Zustimmungsgrundlage abzukoppeln, dass ihm im Wege der Vertragsfortbildung ein anderer Inhalt gegeben wird als derjenige, dem der Bundestag ursprünglich zugestimmt hat. Die Vorstellung des Zustimmungsgesetzes als „Ermächtigung der Regierung, den Vertrag in den Formen des Völkerrechts fortzuentwickeln“[116], ist abzulehnen, es sei denn, dass sich eine entsprechende Ermächtigung aus dem Wesen des Vertrages oder einer konkreten Bestimmung entnehmen lässt. Damit erweist sich **jede materielle Vertragsänderung** auch ohne Änderung des Integrationsprogramms als zustimmungsbedürftig nach Maßgabe von Art. 59 Abs. 2 Satz 1 GG[117]. Die Vertragsänderung wird im Kontext von Art. 59 Abs. 2 Satz 1 GG also wie ein Änderungsvertrag behandelt.

38b Für Verträge, die sich auf Gegenstände der Gesetzgebung beziehen, könnte es anders liegen. Denn hier dient das Zustimmungserfordernis der Vollzugssicherung und wird nicht von der besonderen Bedeutung des Vertrages ausgelöst (oben Rn. 32). Insofern könnte man der Auffassung sein, dass die Bundesregierung den Vertrag auf der Ebene des Völkerrechts zumindest insoweit ohne Beteiligung des Bundestages fortentwickeln darf, wie die Durchführung der Vertragsänderung innerstaatlich kein Gesetz erforderlich macht. Zu beachten ist allerdings, dass der Bundestag auch Verträgen, die sich auf Gegenstände der Gesetzgebung beziehen, insgesamt zustimmt und nicht etwa nur denjenigen Teilen, die in Gesetzesform durchzuführen sind. Art. 59 Abs. 2 Satz 1 GG führt damit auch in der zweiten Alternative zu einem Akt der **Verantwortungsmitübernahme des Bundestages** für den gesamten Vertragsinhalt[118]. Soll diese parlamentarische Mitverantwortung nicht nur punktuell, sondern von Dauer sein, so kann hinsichtlich der Kompetenzverteilung bei vertragsbezogenen rechtserheblichen Akten nicht zwischen den beiden Varianten zustimmungsbedürftiger Verträge differenziert werden.

---

[115] So auch BVerfGE 104, 151 (209) – NATO-Strategiekonzept.

[116] BVerfGE 104, 151 (209) – NATO-Strategiekonzept.

[117] Ebenso etwa *W. Heun*, in: Dreier (Fn. 58), Art. 59 Rn. 36 m.w.N.; anders mit eingehender Begründung *M. Nettesheim*, in: T. Maunz/G. Dürig, GG, Kommentar, Art. 59 (Stand: 2009) Rn. 127 ff.

[118] S. auch *Nettesheim* (Fn. 117), Art. 59 Rn. 140.

Auf der Grundlage dieser Erwägungen lässt sich die Frage nach der Kompetenzverteilung bei der **Kündigung zustimmungsbedürftiger Verträge** ohne Weiteres beantworten. Hat der Bundestag durch seine Zustimmung zum Vertrag eine Mitverantwortung für diesen übernommen, so kann die vertragliche Bindung nicht ohne erneute Beteiligung des Bundestages durch alleinige Entscheidung der Bundesregierung wieder gelöst werden. Soll sich die Vertragspraxis auf der Ebene des Völkerrechts auf die Steuerungsgrundlage des parlamentarischen Zustimmungsakts zurückführen lassen, so muss auch die willentliche Vertragsbeendigung von einem Votum des Parlaments abhängen[119]. Auch hier liegt die politische Initiative ebenso wie beim Vertragsabschluss bei der Bundesregierung, d.h. der Bundestag kann den Vertrag nicht aus eigener Kompetenz kündigen. Aber die Bundesregierung bedarf für eine von ihr beschlossene Vertragsbeendigung der Zustimmung des Deutschen Bundestages auf der Grundlage einer analogen Anwendung von Art. 59 Abs. 2 Satz 1 GG. **38c**

Abschließend stellt sich die Frage, wie auf der Grundlage der vorstehenden Ausführungen in kompetenzieller Hinsicht die **Erklärung eines Vorbehalts** zu einem völkerrechtlichen Vertrag zu beurteilen ist. Grundsätzlich können Staaten beim Abschluss von völkerrechtlichen Verträgen solche Vorbehalte erklären[120]. Durch den Vorbehalt wird auf den Vertragsinhalt Einfluss genommen, d.h. der Vertrag gilt im Fall eines wirksamen Vorbehalts in der durch den Vorbehalt modifizierten Weise (z.B. in Form des Ausschlusses einer bestimmten Verpflichtung)[121]. Im Hinblick auf die Organkompetenzverteilung wird überwiegend davon ausgegangen, dass es in der alleinigen Kompetenz der Bundesregierung liege, einen Vorbehalt zu einem völkerrechtlichen Vertrag zu erklären[122]. Diese Auffassung ist allerdings für Verträge, die nach Maßgabe von Art. 59 Abs. 2 Satz 1 GG der parlamentarischen Zustimmung bedürfen, problematisch. Hier ist wie folgt zu differenzieren: Bekundet die Bundesregierung, wie es der Staatspraxis auch entspricht[123], von vornherein die Absicht, einen bestimmten Vertrag nur unter einem Vorbehalt abzuschließen, entsteht kein Problem. Denn der Bundestag entscheidet hier, ob er einem von vornherein mit einem bestimmten Vorbehalt versehenem Vertrag zustimmen will. Legt die Bundesregierung dem Bundestag einen Vertrag vor, den sie ohne Vorbehalt **38d**

---

[119] Ebenso *Nettesheim* (Fn. 117), Art. 59 Rn. 140; zumindest für hochpolitische Verträge auch *W. Heun*, in: Dreier (Fn. 58), Art 59 Rn. 39.

[120] Vorbehalte müssen mit Ziel und Zweck eines Vertrages vereinbar sein; dazu und zu den umstrittenen Folgen völkerrechtlich unzulässiger Vorbehalte *Herdegen* (Fn. 37), § 15 Rn. 20 ff.

[121] S. dazu und zur Frage der Annahme und Ablehnung von Vorbehalten durch andere Staaten bei multilateralen Verträgen im Einzelnen *Herdegen* (Fn. 37), § 15 Rn. 20 ff.

[122] So etwa *Nettesheim* (Fn. 117), Art. 59 Rn. 122; *B. Kempen*, in: H. von Mangoldt/F. Klein/C. Starck, GG, Kommentar, Bd. II, 6. Aufl. 2010, Art. 59 Rn. 58; *Jarass*, in: ders./Pieroth (Fn. 65), Art. 59 Rn. 11.

[123] Dazu *Nettesheim* (Fn. 117), Art. 59 Rn. 123.

abschließen will, entspricht es aber dem Willen des Deutschen Bundestages, einen Vertrag nur unter Erklärung eines Vorbehalts abzuschließen, steht es dem Bundestag frei, die Zustimmung für den Fall zu verweigern, dass die Bundesregierung keinen Vorbehalt erklären will. Die Bundesregierung kann dann überlegen, ob sie sich lieber zu einem Vorbehalt bewegen lässt, als den Vertragsschluss scheitern zu sehen. Die Vorbehaltserklärung kann in einem solchen Fall sogar zum Gegenstand des Zustimmungsgesetzes gemacht werden[124].

38e Problematisch ist damit allein der Fall, in dem der Deutsche Bundestag seine nach Art. 59 Abs. 2 Satz 1 GG erforderliche Zustimmung zu einem Vertragsschluss bereits erteilt hat und die Bundesregierung sich **erst anschließend dazu entscheidet, einen Vorbehalt zu erklären**. Dies ist nach hier vertretener Auffassung nicht zulässig[125]. Denn Art. 59 Abs. 2 Satz 1 GG sichert die parlamentarische Verantwortungsmitübernahme im Bereich der auswärtigen Gewalt für bestimmte völkerrechtliche Verträge. Für diese Verträge soll auch der Bundestag entscheiden dürfen, ob er den Vertragsschluss will oder nicht, und die Exekutive darf nur auf der Basis eines positiven Votums den Vertrag abschließen. Dann aber kann es der Bundesregierung nicht zustehen, den Vertragsinhalt nachträglich zu verändern, nachdem der Bundestag die Verantwortung für den Vertrag bereits übernommen hat. Der verbreitete Hinweis darauf, dass der Vorbehalt nur zu einem Minus an völkerrechtlicher Bindung gegenüber dem parlamentarisch Gewollten führe und deshalb von der Bundesregierung allein erklärt werden dürfe[126], greift zu kurz: Ein Vertrag ist nicht bloß die Summe seiner einzelnen Regelungen, sodass mit Vorstellungen von Additionen oder Subtraktionen gearbeitet werden könnte. Vielmehr ergeben die Regelungen ein Ensemble, sodass ein Vorbehalt auch nur zu einer einzelnen Bestimmung stets ein anderes Vertragswerk ergibt. Ob aber der Bundestag auch dem veränderten Vertragswerk zugestimmt hätte, ist nicht sicher, sodass die parlamentarische Verantwortungsmitübernahme durch einen im Anschluss an die Zustimmung erklärten Vorbehalt unterlaufen werden könnte. Die Bundesregierung ist deshalb dazu verpflichtet, einen beabsichtigten Vorbehalt zum Gegenstand der parlamentarischen Zustimmung zu machen und im Falle eines gegebenenfalls erst nachträglich gebildeten Willens eine gesonderte Zustimmung des Bundestages zur Vorbehaltserklärung einzuholen.

38f **Vertiefungshinweis:** Relevant wurde die Frage nach der Vorbehaltskompetenz jüngst im Rahmen des Urteils des BVerfG zur Ratifikation des ESM-Vertrags (s. dazu auch unten § 9 Rn. 45j f.). Denn das BVerfG entschied, der Vertrag dürfe nur mit verbindlicher Wirkung abgeschlossen werden, soweit eine bestimmte Auslegung einzelner Bestim-

---

[124] S. dazu *Kempen*, in: von Mangoldt/Klein/Starck (Fn. 122), Art. 59 Rn. 59; und *Schweitzer/Dederer* (Fn. 89), Rn. 430.

[125] Wie hier *U. Fastenrath/T. Groh*, in: Friauf/Höfling (Fn. 71), Art. 59 (Stand: 2007) Rn. 79 ff.; *Schweitzer/Dederer* (Fn. 89), Rn. 429 ff.

[126] S. etwa *W. Heun*, in: Dreier (Fn. 58), Art. 59 Rn. 38; *Nettesheim* (Fn. 117), Art. 59 Rn. 122.

mungen völkerrechtlich sichergestellt sei[127]. Völkerrechtlich verbindlich wäre dieses Ziel üblicherweise im Wege einer Vorbehaltserklärung zu erreichen gewesen, die abgesehen von der Frage nach der völkerrechtlichen Zulässigkeit eines solchen Vorbehalts nach der hier vertretenen Auffassung aber erneut das parlamentarische Zustimmungsverfahren hätte durchlaufen müssen. Angesichts dieser Problemstellungen hielt sich das BVerfG hinsichtlich der Frage der Umsetzung der ausgesprochenen Verpflichtung zur völkerrechtlichen Sicherstellung auffällig zurück. In der Praxis handelte die Bundesregierung eine gemeinsame Interpretationserklärung der vertragschließenden Staaten aus, die nach Art. 31 Abs. 3 lit. a) des Wiener Übereinkommens über das Recht der Verträge[128] für die Vertragsauslegung von Bedeutung ist[129].

d) Die Integrationsverantwortung des Bundestages in Angelegenheiten der EU

Der zunehmende Übergang von Kompetenzen auf die EU ist nicht nur 39
ein Problem für die Länder (oben Rn. 19), sondern auch für den Deutschen Bundestag. Denn innerstaatlich ist für die Gesetzgebung des Bundes der Bundestag (zusammen mit dem Bundesrat) zuständig, während an der Ausübung der Gesetzgebungsbefugnisse im Rahmen der EU, dort maßgeblich durch den Rat der EU unter Mitwirkung des Europäischen Parlaments (Art. 16 Abs. 1 Satz 1 EUV), im Wesentlichen die Bundesregierung beteiligt ist; deshalb wird die Rechtsetzung auf der europäischen Ebene auch oft als **exekutive Rechtsetzung** bezeichnet. Der Übergang von Rechtsetzungsbefugnissen auf die EU führt also zu einer Schwächung des deutschen Parlaments und gleichzeitig zu einer Stärkung der Exekutive, auch wenn der Vertrag von Lissabon versucht, diese Kompetenzverschiebung durch eine Stärkung der nationalen Parlamente im Gefüge der EU teilweise aufzufangen (Art. 12 EUV). Das wirft die Frage auf, wann und wie der Deutsche Bundestag an der europäischen Integration mitwirkt.

Für die Gestaltung des europäischen Primärrechts in Form der Verträge 39a
(unten § 8 Rn. 2 f.) ist Art. 23 Abs. 1 Satz 2 GG von zentraler Bedeutung, wonach die Übertragung von Hoheitsrechten auf die EU eines Gesetzes bedarf. Das bedeutet, dass zumindest über den Übergang weiterer Befugnisse auf die Union der Bundestag (zusammen mit dem Bundesrat) entscheidet. Fraglich ist allerdings, ob sich das Zustimmungserfordernis nach Art. 23 Abs. 1 Satz 2 GG seinem Wortlaut entsprechend allein auf die Übertragung weiterer Hoheitsrechte bezieht oder ob es auch auf materielle Änderungen der vertraglichen Grundlagen der EU zu erstrecken ist, die nicht mit einer Übertragung neuer Hoheitsrechte einhergehen. Letzteres ist nach hier vertretener Auffassung zu

---

[127] BVerfGE 132, 195 – ESM und Fiskalpakt.

[128] Oben Fn. 59.

[129] S. dazu auch *C. Tomuschat*, Anmerkung zum Urteil des BVerfG vom 12.9.2012, DVBl. 2012, S. 1431 (1433).

bejahen[130]: Die vorstehend im Rahmen von Art. 59 Abs. 2 Satz 1 GG erörterte Steuerungswirkung des Zustimmungsgesetzes für die auf der Grundlage des Vertrags erfolgende Integration ist für die europäische Integration von noch größerer Bedeutung als im allgemeinen Völkerrecht. Ist es bereits dort problematisch, dass nach der Rechtsprechung des BVerfG nur eine Änderung des Integrationsprogramms eines zustimmungsbedürftigen Vertrages einer erneuten parlamentarischen Zustimmung bedarf (oben Rn. 38), so kann der Bundesregierung jedenfalls im Kontext der EU eine materielle Vertragsänderung ohne parlamentarische Zustimmung nicht erlaubt sein[131]. Ansonsten würde sich der Integrationsprozess zumindest partiell von der nach Art. 23 Abs. 1 Satz 2 GG ursprünglich erforderlichen parlamentarischen Zustimmung abkoppeln und damit seine demokratische Legitimation zwar zweifellos nicht beseitigt, aber doch abgeschwächt. Damit ist Art. 23 Abs. 1 Satz 2 GG für den Bereich der EU-Verträge als umfassende Spezialvorschrift aufzufassen[132]; für einen Rückgriff auf Art. 59 Abs. 2 Satz 1 GG bleibt auch dann kein Raum, wenn keine neuen Hoheitsrechte übertragen werden.

39b **Vertiefungshinweis:** Auch das BVerfG hat im Lissabon-Urteil ein weites, im Detail aber von der hier vertretenen Auffassung abweichendes Verständnis von Art. 23 Abs. 1 Satz 2 GG zu Grunde gelegt. Nach dem BVerfG erfasst dieser Zustimmungsvorbehalt jede Veränderung der textlichen Grundlagen des europäischen Primärrechts[133]. Insbesondere sei die vereinfachte Vertragsänderung nach Art. 48 Abs. 6 EUV – hier wird die Vertragsänderung dadurch bewirkt, dass der Europäische Rat zunächst einen Beschluss annimmt und diesem dann alle Mitgliedstaaten zustimmen müssen – wie eine Hoheitsrechtsübertragung zu behandeln[134]. Diese Vorgaben des BVerfG hat das IntVG nachvollzogen (unten Rn. 41). Soweit das Unionsrecht Vertragsänderungen ohne Vertragstextänderungen zulässt, sind diese im Hinblick auf die Steuerungswirkung des ursprünglichen Zustimmungsgesetzes allerdings nicht anders zu behandeln als Vertragstextänderungen. Eine gesonderte Zustimmung nach Art. 23 Abs. 1 Satz 2 GG kann nach hier vertretener Auffassung nur dann unterbleiben, wenn eine materielle Vertragsänderung bereits konkret vorhersehbar im Vertrag vorgesehen ist, auf den sich das Zustimmungsgesetz bezieht[135].

---

[130] Wie hier *Jarass*, in: ders./Pieroth (Fn. 65), Art. 23 Rn. 26; *H. Rathke*, Materielle Vertragsänderungen, in: U. Hufeld/A. von Arnauld (Hrsg.), Systematischer Kommentar zu den Lissabon-Begleitgesetzen, 2011, Rn. 10 f.; *F. Wollenschläger*, in: Dreier (Fn. 58), Art. 23 Rn. 49.

[131] Näher zu dieser Argumentation *R. A. Lorz/H. Sauer*, Ersatzunionsrecht und Grundgesetz. Verfassungsrechtliche Zustimmungsgrundlagen für den Fiskalpakt, den ESM-Vertrag und die Änderung des AEUV, DÖV 2012, S. 573 (577 f.).

[132] Ebenso *F. Schorkopf*, in: Kahl/Waldhoff/Walter (Fn. 106), Art. 23 (Stand: 2011) Rn. 73.

[133] BVerfGE 123, 267 (355) – Lissabon.

[134] BVerfGE 123, 267 (387) – Lissabon.

[135] Eine Darstellung der Details soll hier unterbleiben, weil dazu zu weit auf unionsrechtliche Besonderheiten der Vertragsänderung und -ergänzung eingegangen werden müsste (s. im Einzelnen die Darstellung bei *Lorz/Sauer* [Fn. 131], S. 578).

Zusätzlich zum Zustimmungserfordernis aus Art. 23 Abs. 1 Satz 2 GG legt Art. 23 Abs. 2 GG allgemein fest, dass der Bundestag an Angelegenheiten der EU mitwirkt und zu diesem Zweck von der Bundesregierung ebenso wie der Bundesrat umfassend und frühzeitig zu unterrichten ist. In seinem ersten Urteil zum Europäischen Stabilitätsmechanismus vom 19. Juni 2012 hat das BVerfG ein kompetenzsicherndes weites Verständnis der Angelegenheiten der EU im Sinne von Art. 23 Abs. 2 GG zu Grunde gelegt und hierzu auch die Verhandlungen über einen dauerhaften Mechanismus zur Stabilisierung des Euro gezählt, obwohl dieser formal gesehen durch einen völkerrechtlichen Vertrag zwischen den Staaten der Euro-Gruppe geschaffen werden sollte. Die Bundesregierung hatte dementsprechend das Informationsrecht des Bundestages dadurch verletzt, dass sie ihn nicht über ihre Verhandlungen über den Europäischen Stabilitätsmechanismus (zu diesem noch unten § 9 Rn. 45a ff.) informiert hatte[136]. **39c**

Die parlamentarische Zustimmung nach Art. 23 Abs. 1 Satz 2 GG und die allgemeine Mitwirkungsbefugnis nach Art. 23 Abs. 2 GG führen aber noch nicht zu einem parlamentarischen Einfluss auf die Rechtsetzung in der EU, die sich auf der Grundlage der Hoheitsrechtsübertragung vollzieht. Deshalb muss gesondert geregelt werden, dass und wie der Bundestag auf die Entstehung von Sekundärrecht (unten § 8 Rn. 2 ff.) Einfluss nehmen kann. Nach Art. 23 Abs. 3 GG gibt die Bundesregierung dem Bundestag vor ihrer Mitwirkung an einem europäischen Gesetzgebungsvorhaben Gelegenheit zur Stellungnahme und „berücksichtigt" diese Stellungnahme bei ihren Verhandlungen. Die Einzelheiten der Bedeutung dieser Stellungnahme, des herzustellenden Einvernehmens und des Abweichens von der Stellungnahme sind im auf der Grundlage von Art. 23 Abs. 3 Satz 3 GG ergangenen Gesetz über die Zusammenarbeit von Bundesregierung und Deutschem Bundestag in Angelegenheiten der Europäischen Union (EUZBBG)[137] geregelt. Für die Praxis und für Klausuren kommt insbesondere § 8 EUZBBG Bedeutung zu (lesen!). Danach hat die Bundesregierung die Stellungnahme des Bundestages ihrer Verhandlung zu Grunde zu legen. Soweit sie diese Verhandlungsposition im Rat nicht durchsetzen kann, versucht sie, mit dem Bundestag Einvernehmen herbeizuführen. Sie kann zwar „aus wichtigen außen- oder integrationspolitischen Gründen" abweichende Entscheidungen treffen, muss sich dann aber anschließend im Bundestag dafür **40**

---

[136] BVerfGE 131, 152 – Parlamentarische Informationsrechte bei der Verhandlung über den ESM; dass dieses Urteil auch die Information des Bundestages über den sog. Euro-Plus-Pakt betrifft, soll hier außer Betracht bleiben.

[137] EUZBBG in der Neufassung vom 4. Juli 2013, BGBl. I, S. 2170, Sartorius I, Nr. 96. Beachten Sie in diesem Zusammenhang auch die Vereinbarung zwischen dem Deutschen Bundestag und der Bundesregierung über die Zusammenarbeit in Angelegenheiten der Europäischen Union in Ausführung des § 6 des Gesetzes über die Zusammenarbeit von Bundesregierung und Deutschem Bundestag in Angelegenheiten der Europäischen Union vom 28. September 2006, BGBl. I, S. 2177.

rechtfertigen (§ 8 Abs. 4 und 5 EUZBBG). Anders als der Bundesrat im Verhältnis zwischen Bund und Ländern (oben Rn. 21) kann der Bundestag eine strikte Bindung der Bundesregierung damit nicht herbeiführen.

41 Zusätzlich zum EUZBBG musste aufgrund des Urteils des BVerfG zum Vertrag von Lissabon ein weiteres Gesetz erlassen werden; dieses Urteil hat zwar nicht den Vertrag von Lissabon, aber das Gesetz über die Ausweitung und Stärkung der Rechte des Bundestages und des Bundesrates in Angelegenheiten der Europäischen Union für verfassungswidrig erklärt[138]. Dadurch wurden Änderungen des EUZBBG sowie der Erlass eines weiteren Gesetzes erforderlich: Dies ist das Gesetz über die Wahrnehmung der **Integrationsverantwortung** des Bundestages und des Bundesrates in Angelegenheiten der Europäischen Union (IntVG)[139]. Hintergrund der damit bewirkten Stärkung des Bundestages ist, dass der Vertrag von Lissabon die Möglichkeit inhaltlicher Änderungen der Vertragsgrundlagen vorsieht, die **nicht** mehr einer Ratifikation durch die Mitgliedstaaten unterliegen, was hier als europarechtliches Problem nicht näher erörtert werden soll[140]. Der damit einhergehende Kompetenzverlust der gesetzgebenden Körperschaften in Deutschland soll dadurch aufgefangen werden, dass die Bundesregierung solchen materiellen Vertragsänderungen in Form vereinfachter Änderungsverfahren, Brückenklauseln, Kompetenzerweiterungen etc. nur zustimmen darf, **wenn zuvor das Parlament in Gesetzes- oder Beschlussform zugestimmt hat**[141]. Beispielsweise hatte das BVerfG für das bereits erwähnte vereinfachte Vertragsänderungsverfahren nach Art. 48 Abs. 6 EUV festgehalten, dass dieses wie eine Übertragung von Hoheitsrechten zu behandeln sei. Dementsprechend regelt nunmehr § 2 IntVG, dass die Zustimmung der Bundesregierung zu einem Beschluss des Europäischen Rates im vereinfachten Vertragsänderungsverfahren durch Gesetz gemäß Art. 23 Abs. 1 GG erfolgt. Der vom BVerfG im *Lissabon*-Urteil entwickelte Begriff der Integrationsverantwortung ist dabei wohl bewusst doppeldeutig: Denn er verweist zum einen auf Kompetenzen des Bundestages im Bereich der EU, zum anderen aber auch auf eine Mitverantwortung und aktive Mitgestaltung der europäischen Integration durch den Bundestag; dieser wird nachdrücklich dazu aufgerufen, die ihm zustehenden Kompetenzen auch wahrzunehmen und dadurch über den Verlauf des Integrationsprozesses zu wachen und diesen mitzugestalten.

41a **Vertiefungshinweis:** In jüngerer Zeit hat über die Integrationsverantwortung des Bundestages in Angelegenheiten der EU hinaus auch die parlamentarische Haushaltsverantwortung im Hinblick auf die deutsche Beteiligung an den Maßnahmen zur Stabilisierung des Euro Bedeutung erlangt. Die Bundesrepublik ist an diesen durch die Finanz- und

---

[138] BVerfGE 123, 267 (432 ff.) – Lissabon.

[139] IntVG vom 22. September 2009, BGBl. I, S. 22, geändert durch Gesetz vom 1. Dezember 2009, BGBl. I, S. 3822, Sartorius I, Nr. 98.

[140] S. im Einzelnen BVerfGE 123, 267 (290 ff.) – Lissabon; *Herdegen* (Fn. 27), § 8 Rn. 7 ff.

[141] Das ist im Einzelnen in §§ 2–8 IntVG geregelt.

Schuldenkrise im Euro-Raum (oben § 2 Rn. 14a) erforderlich gewordenen Maßnahmen seit 2010 in ganz erheblichem finanziellen Umfang beteiligt[142]. Das BVerfG hat in seinem Urteil vom 7. September 2011 ausgeführt, als Repräsentanten des Volkes müssten die gewählten Abgeordneten des Deutschen Bundestages „auch in einem System intergouvernementalen Regierens die Kontrolle über grundlegende haushaltspolitische Entscheidungen behalten"[143]. Daraus hat das BVerfG gefolgert, dass der Bundestag an jeder Entscheidung über konkrete Hilfsmaßnahmen etwa in Form der Gewährung von Krediten beteiligt sein muss[144]. Auch die Frage, ob im Fall besonderer Eilbedürftigkeit und Vertraulichkeit die Entscheidungsbefugnisse des Deutschen Bundestages über konkrete Hilfsmaßnahmen der Europäischen Finanzstabilisierungsfazilität (EFSF) von einem hierfür geschaffenen Gremium wahrgenommen werden dürfen (sog. 9er-Gremium), war bereits Gegenstand eines von nicht in das Gremium berufenen Abgeordneten angestrengten Organstreitverfahrens vor dem BVerfG[145].

3. Die Rolle des Bundesverfassungsgerichts

Damit ist die Rolle des BVerfG im Bereich der auswärtigen Gewalt angesprochen. Nach der Konzeption des Grundgesetzes hat das BVerfG keine politischen Gestaltungsbefugnisse, und das gilt im Grundsatz auch oder sogar gerade für den Bereich der Außenpolitik. Die Praxis stellt sich hier freilich anders dar, denn im Bereich der auswärtigen Gewalt und hier insbesondere im Rahmen der europäischen Integration hat das BVerfG nicht selten eine **aktive Gestaltungsrolle** übernommen. Begünstigt wurde diese Rolle dadurch, dass es unter dem Grundgesetz keine gerichtsfreien Hoheitsakte gibt, also auch Maßnahmen aus dem Bereich der auswärtigen Gewalt grundsätzlich der gerichtlichen Kontrolle unterliegen. Hinzu kommt, dass die Bedeutung des BVerfG dort besonders groß ist (bzw. besonders groß gemacht werden kann), wo die vom Grundgesetz aufgestellten Anforderungen undeutlich sind oder auch ganz fehlen; denn hier kommt es ganz besonders auf die gerichtliche Konkretisierung dieser Anforderungen an. Zwar hat das BVerfG immer wieder darauf hingewiesen, dass im Bereich der auswärtigen Gewalt die Handlungsspielräume der politischen Organe besonders groß seien, zumal die Gestaltung der auswärtigen Beziehungen auch vom Willen der anderen Staaten abhängt und hier immer wieder Kompromisse gefunden werden müssen[146]. Ob sich das BVerfG an die damit einhergehende **Zurückhaltung** bei der gerichtlichen Kontrolle („judicial self-restraint") immer gehalten hat, ist allerdings fraglich. 42

---

[142] Die Problematik wird an anderer Stelle (unten § 9 Rn. 45a ff.) noch ausführlicher behandelt, dort wird auch auf die hier erwähnten Entscheidungen näher eingegangen.

[143] BVerfGE 129, 124 (178) – Griechenland-Hilfen und vorläufiger Euro-Rettungsschirm.

[144] BVerfGE 129, 124 (180) – Griechenland-Hilfen und vorläufiger Euro-Rettungsschirm.

[145] BVerfGE 130, 318 – Parlamentarische Beteiligungsrechte bei der EFSF.

[146] S. etwa BVerfGE 55, 349 (367 ff.) – Fall Hess.

43 Im Grundsatz kommen für die Kontrolle von Maßnahmen aus dem Bereich der auswärtigen Gewalt die gleichen **verfassungsgerichtlichen Verfahren** in Betracht wie sonst auch[147]:

- Besondere Bedeutung hat beim Abschluss völkerrechtlicher Verträge das Verfahren der **abstrakten Normenkontrolle** (Art. 93 Abs. 1 Nr. 2 GG), weil das BVerfG eine Kontrolle von Vertragsgesetzen, soweit sie nach Art. 59 Abs. 2 Satz 1 GG erforderlich sind, bereits vor dem Inkrafttreten für zulässig erklärt hat[148], obwohl dieses Inkrafttreten bei der Inanspruchnahme von Rechtsschutz normalerweise abgewartet werden muss; damit soll verhindert werden, dass die völkerrechtliche Bindung eintritt und sich erst anschließend die Verfassungswidrigkeit des Vertrages herausstellt, die völkerrechtlich grundsätzlich keine Loslösung vom Vertrag ermöglicht. Gegebenenfalls kann ein solcher Antrag mit einem Antrag auf Erlass einer einstweiligen Anordnung (§ 32 BVerfGG) verbunden werden, soweit nicht der Bundespräsident eine Erklärung abgibt, dass er die Ratifikationsurkunde nicht vor Abschluss des Verfahrens unterzeichnen werde. Letzteres ist etwa in den Verfahren über die Zustimmungsgesetze zu den Verträgen von Maastricht und Lissabon geschehen[149].
- Soweit es um **Kompetenzen**, insbesondere in der Abgrenzung des Kompetenzbereichs von Parlament und Regierung, geht, ist das **Organstreitverfahren** nach Art. 93 Abs. 1 Nr. 1 GG einschlägig[150]. Besonders häufig ist das Organstreitverfahren in der Vergangenheit hinsichtlich des Problems der Vertragsfortbildung[151] und hinsichtlich der Kompetenzverteilung beim Auslandseinsatz der Bundeswehr[152] (unten § 5 Rn. 11 ff.) zum Einsatz gekommen. Um Verbandskompetenzen kann schließlich zwischen dem Bund und den Ländern im **Bund-Länder-Streit** nach Art. 93 Abs. 1 Nr. 3 GG gestritten werden.
- Mit der **Verfassungsbeschwerde** lassen sich Akte der auswärtigen Gewalt nur erfolgreich angreifen, wenn der Beschwerdeführer selbst, unmittelbar und gegenwärtig betroffen ist, was nur selten der Fall sein wird. Für den Bereich der EU ist allerdings zu beachten, dass das BVerfG eine auf Art. 38 Abs. 1 Satz 1 GG gestützte Verfassungsbeschwerde für zulässig hält, mit der übermäßige Kompetenzverluste auf Seiten des Bundestages gerügt werden können (unten § 9 Rn. 15 ff.).

---

[147] S. auch *Geiger* (Fn. 96), S. 145 ff.

[148] S. etwa BVerfGE 1, 396 (411 ff.) – Deutschlandvertrag.

[149] S. BVerfGE 89, 155 (164 f.) – Maastricht und BVerfGE 123, 267 (304) – Lissabon.

[150] Wichtige Verfahren aus diesem Bereich waren BVerfGE 68, 1 – Nachrüstung; und BVerfGE 104, 151 – NATO-Strategiekonzept.

[151] BVerfGE 90, 286 – Auslandseinsätze der Bundeswehr; BVerfGE 104, 151 – NATO-Strategiekonzept.

[152] BVerfGE 90, 286 – Auslandseinsätze der Bundeswehr; BVerfGE 121, 135 – AWACS-Überwachung der Türkei.

- Schließlich enthält Art. 100 Abs. 2 GG eine besondere völkerrechtsbezogene Verfahrensart, das so genannte **Völkerrechtsverifikationsverfahren**. Danach ist das BVerfG anzurufen, wenn in einem Rechtsstreit Zweifel über das Bestehen oder die Tragweite (den genauen Inhalt) einer allgemeinen Regel des Völkerrechts im Sinne von Art. 25 GG bestehen. Hintergrund dieses Entscheidungsmonopols des BVerfG ist das Bedürfnis, Völkerrecht in Deutschland einheitlich anzuwenden und dadurch Völkerrechtsverstöße der Bundesrepublik im Außenverhältnis zu vermeiden[153].

Kontrolle der auswärtigen Gewalt durch das BVerfG: Verfahrensarten				
Abstrakte Normenkontrolle (Art. 93 Abs. 1 Nr. 2 GG)	**Organstreit** (Art. 93 Abs. 1 Nr. 1 GG)	**Bund-Länder-Streit** (Art. 93 Abs. 1 Nr. 4 GG)	**Verfassungsbeschwerde** (Art. 93 Abs. 1 Nr. 4a GG)	**Völkerrechtsverifikationsverfahren** (Art. 100 Abs. 2 GG)
Für die Kontrolle völkerrechtlicher Verträge, ausnahmsweise bereits vor Inkrafttreten des Zustimmungsgesetzes; über dieses ist mittelbar der geplante Vertrag Gegenstand der Kontrolle.	Beim Streit um Kompetenzen im Bereich der auswärtigen Gewalt, in der Regel zwischen Bundestag und Bundesregierung.	Denkbar beim Streit um Verbandskompetenzen bei Art. 32 GG.	Denkbar grundsätzlich gegen alle Maßnahmen der auswärtigen Gewalt, in der Regel aber keine Beschwerdebefugnis (da der Beschwerdeführer nicht selbst, unmittelbar und gegenwärtig betroffen ist).	Das BVerfG soll feststellen, ob und mit welchem Inhalt eine allgemeine Regel des Völkerrechts Bestandteil des Bundesrechts ist.
Beispiele: Saar-Statut, Grundlagenvertrag.	**Beispiel:** Zustimmung des Bundestages zu Auslandseinsätzen der Bundeswehr.	**Beispiel:** Streit um den Vollzug des Lindauer Abkommens.	**Beispiel:** Keine Verfassungsbeschwerde gegen die Anerkennung eines Staates.	**Beispiele:** Botschaftskonten, Argentinien-Verfahren.

Wiederholungsfragen zu § 4:

1. Was versteht man unter der auswärtigen Gewalt? Wie ist diese im Grundgesetz geregelt?

---

[153] Zur Vertiefung *M. Ruffert*, Der Entscheidungsmaßstab im Normenverifikationsverfahren nach Art. 100 II GG, JZ 2001, S. 633 ff.

2. Welche inhaltlichen Anforderungen stellt das Grundgesetz für Maßnahmen der auswärtigen Gewalt auf?
3. Wie ist die Verbandskompetenzverteilung unter dem Grundgesetz ausgestaltet?
4. Was ist das Lindauer Abkommen und wie kam es zum Abschluss dieses Abkommens? Inwiefern ist das Abkommen verfassungsrechtlich problematisch?
5. Wie ist die Länderbeteiligung an Angelegenheiten der Union ausgestaltet? Welche Fälle müssen hier unterschieden werden?
6. Welche Regelungen trifft das Grundgesetz zur Organkompetenzverteilung im Bereich der auswärtigen Gewalt?
7. Ist die auswärtige Gewalt eine Domäne der Exekutive? Warum bzw. warum nicht?
8. Wann bedarf ein völkerrechtlicher Vertrag der Zustimmung durch die gesetzgebenden Körperschaften? Welche Organe sind am Vertragsschluss beteiligt, wenn eine parlamentarische Zustimmung nicht erforderlich ist?
9. Schildern Sie das verfassungsrechtliche Problem der Fortentwicklung völkerrechtlicher Verträge.
10. Was versteht man unter der Integrationsverantwortung des Deutschen Bundestages für die europäische Integration? Wie ist diese im Einzelnen ausgestaltet?
11. Welche Rolle spielt das BVerfG im Bereich der auswärtigen Gewalt? In welchen Verfahren kann das BVerfG mit Fragen der auswärtigen Gewalt befasst werden?

§ 5. Auslandseinsätze der Bundeswehr

Literaturhinweise: *C. Calliess*, Staatsrecht III, 2014, S. 160 ff.; *M. Payandeh*, Evakuierungseinsätze der Bundeswehr und Parlamentsbeteiligung, DVBl. 2011, S. 1325 ff.; *M. Payandeh/H. Sauer*, Die Beteiligung der Bundeswehr am Antiterroreinsatz in Syrien – Völker- und verfassungsrechtliche Rahmenbedingungen, ZRP 2016, S. 34 ff.; *H. Sauer*, Das Verfassungsrecht der kollektiven Sicherheit, in: H. Rensen/S. Brink (Hrsg.), Linien der Rechtsprechung des Bundesverfassungsgerichts – Band 1, 2009, S. 585 ff.; *F. Selbmann*, Kriegsschäden ohne Folgen? Zu den Konsequenzen aus der Entscheidung des Bundesverfassungsgerichts im Verfahren „Brücke von Varvarin“, DÖV 2014, S. 272 ff.; *C. Walter/A. von Ungern-Sternberg*, Piratenbekämpfung vor Somalia, DÖV 2012, S. 861 ff.

1 Zu Problemstellungen der Kompetenzverteilung und der materiellen Bindungen im Bereich der auswärtigen Gewalt ist es seit Beginn der 1990er Jahre in der Verfassungspraxis überwiegend im Kontext von **Auslandseinsätzen der Bundeswehr** gekommen. Für diesen politisch brisanten Bereich hat das

BVerfG zwischen 1994 und 2015 in insgesamt sieben Senatsentscheidungen[154] die wesentlichen verfassungsrechtlichen Grundsätze entwickelt. Die Grundkenntnis dieser Rechtsprechungslinie ist für Examenskandidatinnen und -kandidaten auch im Pflichtfachbereich unverzichtbar; denn der Bereich ist angesichts der vielen Auslandseinsätze, die die Bundeswehr gegenwärtig durchführt und auch weiter durchführen wird, klausurträchtig – und er ist allein anhand des Verfassungstexts ohne Kenntnis der Verfassungsrechtsprechung nicht zu bewältigen.

Fall 3: Nach dem Unabhängigkeitsreferendum im Südsudan bricht im Sudan erneut ein Bürgerkrieg aus. Der Sicherheitsrat der Vereinten Nationen mandatiert zur Wiederherstellung der Ordnung eine Friedensmission mit der Befugnis, erforderlichenfalls auch Waffengewalt anzuwenden. 2

a) Darf sich Deutschland mit Soldaten an dieser Mission beteiligen?

b) Bedarf eine solche Beteiligung der Zustimmung des Deutschen Bundestages?

I. Die völkerrechtlichen Grundlagen des Einsatzes militärischer Gewalt

In aller Kürze sei vorab dargestellt, wie der Einsatz militärischer Gewalt 3 völkerrechtlich geregelt ist. Nach Art. 2 Nr. 4 der UN-Charta[155] ist der Einsatz militärischer Gewalt in den zwischenstaatlichen Beziehungen grundsätzlich verboten **(Gewaltverbot)**. Hiervon gibt es zwei wichtige Ausnahmen: Ein Staat, der mit militärischer Gewalt angegriffen wird, darf sich dagegen mit militärischer Gewalt verteidigen (**Selbstverteidigungsrecht**, Art. 51 der UN-Charta). Hierauf stützten etwa die USA ihr Vorgehen gegen das Taliban-Regime in Afghanistan nach den Anschlägen vom 11. September 2001 im Rahmen der so genannten „Operation Enduring Freedom". Ob von dem Selbstverteidigungsrecht auch Präventivschläge nach dem „Vorbild" des Irak-Kriegs gedeckt sind, ist umstritten, wird aber mit Recht überwiegend skeptisch gesehen[156]. Zudem kann der UN-Sicherheitsrat, wenn er nach Art. 39 der

[154] BVerfGE 90, 286 – Auslandseinsätze der Bundeswehr; BVerfGE 100, 266 – Kosovo-Intervention; BVerfGE 108, 34 – AWACS-Überwachung der Türkei (Eilverfahren); BVerfGE 118, 244 – Tornado-Einsatz in Afghanistan; BVerfGE 121, 135 – AWACS-Überwachung der Türkei (Hauptsache); und BVerfGE 124, 267 – KFOR-Einsatz; zu dieser Rechtsprechungslinie *H. Sauer*, Das Verfassungsrecht der kollektiven Sicherheit, in: H. Rensen/S. Brink (Hrsg.), Linien der Rechtsprechung des Bundesverfassungsgerichts, 2009, S. 585 ff.; seitdem ist die Entscheidung zur Evakuierungsoperation der Bundeswehr in Libyen dazugekommen, s. BVerfG, Urteil des Zweiten Senats vom 2. September 2015, 2 BvE 6/11 – Evakuierungsoperation Libyen.

[155] Charta der Vereinten Nationen vom 26. Juni 1945, BGBl. 1973 II, S. 430, für Deutschland in Kraft getreten am 18. September 1973, BGBl. 1974 II, S. 1397, Sartorius II, Nr. 1.

[156] S. nur *Herdegen* (Fn. 37), § 34 Rn. 29 f.

UN-Charta eine Bedrohung oder einen Bruch des Friedens festgestellt hat[157], Staatengruppen dazu **ermächtigen**, militärische Gewalt anzuwenden, um den Frieden wiederherzustellen; denn dem Sicherheitsrat fehlen bis heute eigene Kampftruppen. Völkerrechtlich war eine solche Resolution des Sicherheitsrats beispielsweise die Grundlage für das militärische Vorgehen gegen den Irak nach dessen Einmarsch in Kuwait 1990/91 (zweiter Golfkrieg) sowie für das militärische Eingreifen einer Staatenkoalition zu Gunsten der Aufständischen in Libyen im Jahr 2011, die vom Regime *Gaddafis* mit Waffengewalt bekämpft wurden[158].

4 Ob es neben der Selbstverteidigung und der Ermächtigung durch den UN-Sicherheitsrat weitere Konstellationen völkerrechtskonformer militärischer Gewaltanwendung gibt, ist im Völkerrecht im Einzelnen umstritten[159]. Das gilt insbesondere für die so genannte **humanitäre Intervention**, d.h. für das militärische Eingreifen in Staaten, in denen es in innerstaatlichen Konflikten zu massiven Menschenrechtsverletzungen und Gräueltaten im Zuge so genannter „ethnischer Säuberungen" kommt. Ein Beispiel hierfür ist die militärische Intervention der NATO-Staaten im Kosovo 1999, deren Legalität und Legitimität bis heute diskutiert werden, weil es seinerzeit keine Ermächtigung durch den UN-Sicherheitsrat gab[160].

Völkerrechtliche Grundlagen des Einsatzes militärischer Gewalt

Grundsatz: militärische Gewalt verboten (Art. 2 Nr. 4 UN-Charta)

Ausnahme: Gewalt erlaubt, wenn:

- ein Fall der Selbstverteidigung vorliegt (Art. 51 UN-Charta). Problem: präventive Verteidigung.
- der Sicherheitsrat nach Art. 39 UN-Charta einen Bruch des Friedens feststellt und militärische Gewalt autorisiert (z.B. für Libyen im März 2011)
- schwerste Menschenrechtsverletzungen in internen Konflikten verhindert werden sollen (humanitäre Intervention – str.!).

[157] Dazu *Ruffert/Walter*, Institutionalisiertes Völkerrecht, 2. Aufl. 2015, Rn. 417 ff.

[158] S. die Resolutionen 678 (1990) vom 29. November 1990 und 1973 (2011) vom 17. März 2011 des Sicherheitsrats der Vereinten Nationen, http://www.un.org.

[159] S. dazu etwa *A. von Arnauld*, Völkerrecht, 2. Aufl. 2014, Rn. 1104 ff.; *Herdegen* (Fn. 37), § 34 Rn. 31 ff.

[160] *Herdegen* (Fn. 37), § 34 Rn. 38 ff.

II. Verfassungsrechtliche Grundlagen von Auslandseinsätzen der Bundeswehr

In verfassungsrechtlicher Hinsicht wirft der Einsatz der Bundeswehr zwei Fragen auf: Unter welchen Voraussetzungen und in welchen Konstellationen darf die Bundeswehr nach dem Grundgesetz überhaupt im Ausland eingesetzt werden? Und in wessen Zuständigkeit fällt die Entscheidung über den Auslandseinsatz der Bundeswehr? Die erste Frage betrifft die **Einsatzermächtigung**, die zweite ist eine Frage der **Organkompetenzverteilung**. Beide lassen sich aus dem Text des Grundgesetzes nicht beantworten. 5

1. Einsatzermächtigungen

Das Grundgesetz enthält keine Bestimmung, die speziell auf den Auslandseinsatz der Bundeswehr zugeschnitten ist. Das ist historisch erklärbar, denn nach 1945 und noch als 1949 das Grundgesetz in Kraft trat, war Deutschland besetzt und hatte keine eigenen Streitkräfte mehr. Die Bundeswehr wurde erst 1955 gegründet (im Zuge der so genannten **Wiederbewaffnung**), nachdem das Besatzungsregime beendet worden war. Im gleichen Jahr trat Deutschland zur internationalen Integration seiner Streitkräfte den westlichen Verteidigungsbündnissen der NATO und der WEU bei. Im Jahr 1956 wurde das Grundgesetz um die Vorschriften der **Wehrverfassung** ergänzt (insbesondere Artt. 87a, 87b und 59a GG; letzterer war Vorläufer des späteren Art. 115a GG zum **Verteidigungsfall**). 6

Zentrale Bestimmung zum Einsatz der Streitkräfte ist seit einer Novelle aus dem Jahr 1968 Art. 87a Abs. 2 GG, der auch Ausgangspunkt von Klausurlösungen ist. Danach dürfen Streitkräfte außer zur Verteidigung nur eingesetzt werden, soweit es das Grundgesetz ausdrücklich zulässt. Von einem **Einsatz von Streitkräften** ist auszugehen, wenn die militärischen Organisationsstrukturen genutzt werden und die Bundeswehr hoheitlich tätig wird; allerdings sind auch humanitäre Hilfsleistungen dann als Einsätze aufzufassen, wenn die Gefahr besteht, dass die Soldaten dabei in bewaffnete Unternehmungen verwickelt werden könnten[161]. Kein „Einsatz“ liegt etwa vor, wenn die Bundeswehr allein zu repräsentativen Zwecken unterwegs ist (z.B. Stellung von Ehrenformationen bei Staatsbesuchen etc.). 7

Nach Art. 87a Abs. 2 GG dürfen Streitkräfte in zwei Konstellationen eingesetzt werden: 8

- Streitkräfte dürfen **erstens zur Verteidigung** eingesetzt werden. Damit ist nach überwiegender Auffassung wegen der Verwendung unterschiedlicher Begriffe nicht nur der **Verteidigungsfall** gemeint (Legaldefinition

[161] BVerfGE 121, 135 (163 ff.) – AWACS-Überwachung der Türkei.

in Art. 115a Abs. 1 Satz 1 GG: Angriff bzw. drohender Angriff auf das Bundesgebiet mit Waffengewalt). Vielmehr können auch **Maßnahmen der kollektiven Verteidigung** nach Art. 51 der UN-Charta im Rahmen von Beistandspflichten, insbesondere des **Bündnisfalls** im Rahmen der NATO (Legaldefinition in Art. 5 des NATO-Vertrags: bewaffneter Angriff gegen mindestens eine Vertragspartei) unter den Verteidigungsbegriff des Art. 87a Abs. 2 GG gefasst werden[162].

8a **Vertiefungshinweis:** Ob die deutsche Beteiligung an militärischen Operationen gegen Terrororganisationen auf fremdem Staatsgebiet als Verteidigung im Sinne von Art. 87a Abs. 2 GG angesehen werden können, hängt vor allem davon ab, ob sie völkerrechtlich noch als kollektive Selbstverteidigung im Sinne von Art. 51 UN-Charta eingeordnet und damit gerechtfertigt werden können. Daran bestehen nach dem gegenwärtigen Stand des Völkerrechts jedenfalls erhebliche Zweifel: Erstens müsste die latente Anschlagsgefahr, die von diesen Organisationen ausgeht, als gegenwärtiger bewaffneter Angriff angesehen werden. Zweitens und vor allem müsste die Anschlagsgefahr dem Aufenthaltsstaat zugerechnet werden können; hier besteht in Völkerrechtslehre und -praxis gegenwärtig vor allem darüber Streit, ob es beim Fehlen eines klassischen Zurechnungszusammenhangs ausreicht, dass der Aufenthaltsstaat selbst nicht zur Bekämpfung der Terrororganisation in der Lage ist. Diese Frage ist durchaus von praktischer Bedeutung, weil sich Deutschland seit Ende 2015 an der Bekämpfung des so genannten „Islamischen Staats" auf syrischem Staatsgebiet beteiligt. Da dieser Einsatz in Ermangelung eines UN-Mandats (diese Frage ist allerdings nicht unumstritten) oder einer Aktion der NATO nicht innerhalb eines Systems gegenseitiger kollektiver Sicherheit stattfindet (s. zur EU ergänzend Rn. 9), kann er nur dann unter Verweis auf Art. 87a Abs. 2 GG als rechtmäßig eingeordnet werden, wenn man das völkerrechtliche Recht zur kollektiven Selbstverteidigung weiter fasst als herkömmlichlerweise angenommen wird[163].

9 Glücklicherweise ist es in der Geschichte der Bundesrepublik noch nie zu einem Bundeswehreinsatz „zur Verteidigung" in diesem klassischen Sinn gekommen. Auch für die deutsche Beteiligung an der Luftverteidigung der NATO an der türkisch-syrischen Grenze im Dezember 2012 bezog sich die Bundesregierung zwar völkerrechtlich auf eine Maßnahme der kollektiven Selbstverteidigung, verfassungsrechtlich aber nicht auf Art. 87a Abs. 2 GG[164]. Mehrfach aktuell geworden ist allerdings die Frage, ob die Rettung eigener Staatsangehöriger im Ausland durch die Bundeswehr unter den Begriff der Verteidigung i.S.d. Art. 87a Abs. 2 GG gefasst werden kann[165]. Verfassungsrechtlich zweifelhaft war in diesem Zusammenhang die so genannte „Opera-

---

[162] Zu den Einzelheiten des Verteidigungsbegriffs *W. Heun*, in: Dreier (Fn. 58), Bd. III, 2. Aufl. 2008, Art. 87a Rn. 11, 17 m.w.N.

[163] S. zu alldem kritisch *M. Payandeh/H. Sauer*, Die Beteiligung der Bundeswehr am Antiterroreinsatz in Syrien, ZRP 2016, S. 34 m.w.N. auch zur Gegenauffassung.

[164] S. BT-Drucks. 17/11783, S. 1.

[165] S. dazu etwa *W. Heun*, in: Dreier (Fn. 58), Bd. III, 2. Aufl. 2008, Art. 87a Rn. 17 m.w.N.; *F. Pudlas/U. Brinkmann*, Der Schutz deutscher Staatsbürger im Ausland als verfassungsrechtliche Aufgabe der Streitkräfte im Rahmen der Personalverteidigung, Jura 2012, S. 426 ff.

tion Libelle", durch die im März 1997 knapp 100 Personen von der Bundeswehr aus Albanien ausgeflogen wurden, nachdem dort die staatliche Ordnung zusammengebrochen war[166]. Solche Rettungsaktionen als „Personalverteidigung" anzusehen, erscheint vielleicht nicht von vornherein ausgeschlossen, aber auch nicht besonders nahe liegend. Das Problem liegt freilich darin, dass das Grundgesetz keine andere denkbare Ermächtigung für entsprechende Aktionen enthält, sodass diese bei einer Ablehnung eines erweiterten Verständnisses des Verteidigungsbegriffs verfassungswidrig sind. Das gleiche Problem bestand hinsichtlich einer weiteren Evakuierungsoperation, mit der im Februar 2011 deutsche Staatsbürger sowie Bürger anderer EU-Mitgliedstaaten unter Beteiligung der Bundeswehr aus Libyen ausgeflogen wurden, nachdem dort Kämpfe zwischen dem Regime *Gaddafis* und Aufständischen begonnen hatten[167]. Für diese Operation bestand ein zusätzliches verfassungsrechtliches Problem darin, dass es die Bundesregierung – anders als seinerzeit für die „Operation Libelle" – abgelehnt hat, für den Einsatz nachträglich eine Zustimmung des Deutschen Bundestages einzuholen (s. dazu noch unten Rn. 14). In seinem Urteil über diese Evakuierungsoperation hat das BVerfG sich nur mit der Frage der Organkompetenzverteilung beschäftigt; auf die damit weiterhin offene Frage der materiellen Einsatzgrundlage für Evakuierungsoperationen im Ausland ist es dagegen nicht eingegangen[168].

- Soweit es – wie in der Klausur in aller Regel – nicht um Einsätze zur Verteidigung geht, darf die Bundeswehr **zweitens** eingesetzt werden, wenn sich dafür eine **ausdrückliche Zulassung** im Grundgesetz findet. Solche Zulassungen finden sich in Art. 35 Abs. 2 und 3 GG (Katastrophenhilfe durch die Streitkräfte) und in Art. 87a Abs. 3 und 4 GG (Befugnisse im Verteidigungs- und Spannungsfall). Hier ist in Ansätzen – und vor allem in engen Grenzen – der Einsatz der Bundeswehr **im Innern** geregelt[169], über dessen erweiterte Zulassung rechtspolitisch häufiger diskutiert wird und über dessen Zulässigkeit de constitutione lata jüngst das Plenum des BVerfG entschieden hat[170].

[166] Näher *J. Kokott*, in: Sachs (Fn. 84), Art. 87a Rn. 24 m.w.N.; ausführlich *V. Epping*, Die Evakuierung Deutscher Staatsbürger im Ausland als neues Kapitel der Bundeswehrgeschichte ohne rechtliche Grundlage? Der Tirana-Einsatz der Bundeswehr auf dem rechtlichen Prüfstand, AöR 124 (1999) S. 423 ff.

[167] Dazu *M. Payandeh*, Evakuierungseinsätze der Bundeswehr und Parlamentsbeteiligung, DVBl. 2011, S. 1325 ff.

[168] BVerfG, Urteil des Zweiten Senats vom 23. September 2015, 2 BvE 6/11, Rn. 69 – Evakuierungsoperation Libyen; zur Kritik *H. Sauer*, Anmerkung, JZ 2016, S. 46 (47).

[169] Dazu *H. Jochum*, Der Einsatz der Streitkräfte im Innern, JuS 2006, S. 511 ff.

[170] BVerfGE 132, 1 – Bundeswehreinsatz im Inneren; dazu etwa *M. Ladiges*, Der Einsatz der Streitkräfte im Katastrophennotstand nach dem Plenarbeschluss des Bundesverfassungsgerichts, NVwZ 2012, S. 1225 ff.

- Eine ausdrückliche Zulassung für den **Einsatz der Bundeswehr im Ausland**, etwa im Rahmen von UN-Friedensmissionen oder sonstigen Einsätzen auf der Grundlage eines UN-Mandats, findet sich im Grundgesetz dagegen nicht. Um diesen dennoch für verfassungsmäßig erklären zu können, kommen zwei Argumentationsmöglichkeiten in Betracht: Man kann mit guten Gründen aus der Systematik und der Entstehungsgeschichte der Bestimmung vertreten, dass Art. 87a GG **nur den Inneneinsatz** regelt[171]. Denn erstens betrifft das VIII. Kapitel des Grundgesetzes die Kompetenzverteilung zwischen Bund und Ländern im Bereich der Verwaltung. Das spricht dagegen, Art. 87a Abs. 2 GG eine Aussage über den Außeneinsatz zu entnehmen. Zweitens regeln Art. 87a Abs. 3 und 4 GG nur den Inneneinsatz der Streitkräfte und begrenzen diesen. Die Diskussionen um die Notstandsverfassung, im Zuge derer Art. 87a GG eingefügt wurde, bezogen sich drittens gerade auf den Inlandseinsatz der Streitkräfte. Folgte man dieser Auffassung, gäbe es für den Außeneinsatz **keinen Verfassungsvorbehalt**, sodass er bis zur Grenze des Art. 26 Abs. 1 GG zulässig wäre.
- Gerade diese Weite der Zulässigkeit des Auslandseinsatzes der Bundeswehr ist aber ein gewichtiges Argument gegen diese Position. Bezieht man deshalb den Verfassungsvorbehalt des Art. 87a Abs. 2 GG – wie es der Wortlaut auch nahe legt – auf **alle Einsätze der Bundeswehr**, also auf Innen- und Außeneinsätze, kann man versuchen, eine anderweitige verfassungsrechtliche Zulassung im Grundgesetz zu finden – oder aber zu konstruieren. Diesen Weg ist unausgesprochen (d.h. unter Verschweigen des von Art. 87a Abs. 2 GG gestellten Problems) das BVerfG gegangen und hat in seinem Grundsatzurteil zum Auslandseinsatz der Bundeswehr aus dem Jahr 1994 festgestellt, dass Art. 24 Abs. 2 GG, wonach sich der Bund in Systeme gegenseitiger kollektiver Sicherheit einordnen kann, zugleich **die Grundlage für Einsätze der Bundeswehr darstellt**, die im Rahmen und nach den Regeln solcher Systeme stattfinden[172]. Dahinter steht der Gedanke, dass Deutschland mit der Einbindung in solche Systeme Schutz und Sicherheit erhält und im Gegenzug auch eine grundsätzliche Bereitschaft mitbringen muss, notfalls auch eigene Soldaten für den Schutz und die Sicherheit der Bündnispartner einzusetzen[173]. Dass die Einsätze nur auf Art. 24 Abs. 2 GG gestützt werden können, wenn sie „im Rahmen und nach den Regeln des Systems" stattfinden, bedeutet, dass **völkerrechtswidrige Einsätze** (wie womöglich die Kosovo-Intervention der NATO, für die es kein Mandat des UN-Sicherheitsrats gab) nicht auf Art. 24 Abs. 2 GG gestützt werden können – und daher zugleich verfassungswidrig sind. **Systeme gegenseitiger kollektiver**

---

[171] So etwa die Position von *J. Kokott*, in: Sachs (Fn. 84), Art. 87a Rn. 11 ff.

[172] BVerfGE 90, 286 (345 ff.) – Auslandseinsätze der Bundeswehr.

[173] Auch der jüngste Einsatz deutscher Soldaten im Rahmen der integrierten Luftverteidigung der NATO an der türkisch-syrischen Grenze im Dezember 2012 wird auf die Einsatzermächtigung in Art. 24 Abs. 2 GG gestützt (s. BT-Drucks. 17/11783, S. 1).

Sicherheit im Sinne des Art. 24 Abs. 2 GG sind die NATO und die Vereinten Nationen[174]. Interessanterweise hat das BVerfG in seinem Urteil zum Vertrag zum Lissabon dagegen festgestellt, die EU sei gegenwärtig noch kein System gegenseitiger kollektiver Sicherheit[175]. Auf welche verfassungsrechtliche Grundlage die Beteiligung Deutschlands an Missionen im Rahmen der Europäischen Sicherheits- und Verteidigungspolitik (ESVP) wie etwa die Teilnahme an der EU-Mission „Atalanta“ zur **Piratenbekämpfung** im Golf von Aden gestützt werden kann, ist damit fraglich geworden[176]. In Frage steht damit auch das Vorgehen von Bundesregierung, die ihren Antrag auf Einholung der Zustimmung des Deutschen Bundestages zum Einsatz in Syrien auch damit begründet hat, dass die anderen EU-Mitgliedstaaten der Französischen Republik nach den Terroranschlägen in Paris ihren Beistand versichert haben[177]. Freilich muss man die recht apodiktische, zweifelhafte und im konkreten Zusammenhang auch nicht entscheidungserhebliche Absage des BVerfG an die EU als System gegenseitiger kollektiver Verteidigung auch nicht überbewerten; die Koalitionsfraktionen stufen die EU in ihrem Entwurf einer Neufassung des Parlamentsbeteiligungsgesetzes, der sich gegenwärtig im parlamentarischen Verfahren befindet, jedenfalls als System gegenseitiger kollektiver Sicherheit ein[178].

Klausurhinweis: Zusammenfassend bedeutet das für Ihre Klausur über Auslandseinsätze der Bundeswehr, dass Artt. 87a Abs. 2 und 24 Abs. 2 GG Ihre Schlüsselnormen sind. Ausgangspunkt ist Art. 87a Abs. 2 GG, doch werden Sie kaum mit einem Einsatz konfrontiert sein, der der Verteidigung dient. Sie leiten dann zu Art. 24 Abs. 2 GG über, indem sie diesen als „ausdrückliche Zulassung“ oder als Einsatzgrundlage „neben“ Art. 87a Abs. 2 GG ansehen. Sie müssen darlegen, dass es um einen Einsatz im Rahmen und nach den Regeln eines Systems gegenseitiger kollektiver Sicherheit geht. Nur dann kann sich der Einsatz verfassungsrechtlich auf Art. 24 Abs. 2 GG stützen, was in der Klausur regelmäßig der Fall sein wird. 10

2. Kompetenzfragen: Parlamentsvorbehalt und Rückholrecht

In **kompetenzieller Hinsicht** stellt sich schließlich die Frage, wer über den Auslandseinsatz der Bundeswehr zu entscheiden hat: die Bundesregierung oder der Bundestag? Der Verfassungstext klärt diese Frage nicht, und so wurde die Entscheidung über den Einsatz bewaffneter Gewalt häufig dem Kernbereich der Exekutive zugeordnet. Dem ist das BVerfG nicht gefolgt, zumal es sich 11

---

174 BVerfGE 90, 286 (349 f.) – Auslandseinsätze der Bundeswehr.

175 BVerfGE 123, 267 (361) – Lissabon.

176 Zum Meinungsspektrum *D. Wiefelspütz*, Die Beteiligung der Bundeswehr am Kampf gegen Piraterie, NZWehrR 2009, S. 133 (137 ff.) m.w.N.

177 S. BT-Drucks. 18/6866, S. 2; dagegen spricht schon, dass die EU als Organisation hier gar nicht handelt und als solche auch nichts beschlossen hat, s. *Payandeh/Sauer* (Fn. 163), S. 36 f.

178 S. BT-Drucks. 18/7360, S. 2 (in § 2a ParlBG).

bei der Entscheidung über Krieg und Frieden um eine „wesentliche Frage" im Sinne der **Wesentlichkeitstheorie** handeln dürfte, nach der der Bundestag aufgrund seiner unmittelbaren demokratischen Legitimation über die wesentlichen Fragen des Gemeinwesens selbst zu entscheiden hat[179]. In seinem Grundsatzurteil über Auslandseinsätze der Bundeswehr aus dem Jahr 1994 hat das BVerfG aus der Zusammenschau verschiedener Bestimmungen des Grundgesetzes (Artt. 45a, 45b, 87a Abs. 1 Satz 2 und 115a Abs. 1 Satz 1 GG) und der deutschen Verfassungstradition seit 1918 gefolgert, dass die Bundeswehr ein **Parlamentsheer** sei und der Deutsche Bundestag daher maßgeblichen Einfluss auf die Verwendung der Streitkräfte haben müsse. Deshalb unterliegt der Einsatz der Bundeswehr im Ausland der **vorherigen konstitutiven Zustimmung** des Bundestages durch schlichten Parlamentsbeschluss **(wehrverfassungsrechtlicher Parlamentsvorbehalt)**. Allerdings hat der Bundestag kein Initiativrecht, d.h. die Entscheidung über den Einsatz trifft die Bundesregierung in eigener Kompetenz. Sie muss dann aber den Bundestag um seine Zustimmung ersuchen, die bei Gefahr im Verzug – wie es bei der „Operation Libelle" der Fall war – nachgeholt werden kann und grundsätzlich auch muss (s. aber die sich aus der jüngeren Verfassungsrechtsprechung ergebende Ausnahme in Rn. 14)[180]. Damit geht das Grundgesetz insbesondere beim Auslandseinsatz der Bundeswehr von einem **Entscheidungsverbund** von Parlament und Regierung im Bereich der auswärtigen Gewalt aus, der sich wie folgt darstellt:

12 **BVerfG zum AWACS-Einsatz in der Türkei (2008):** „Die funktionsgerechte Teilung der Staatsgewalt im Bereich der auswärtigen Angelegenheiten (vgl. BVerfGE 68, 1 [87]; 104, 151 [207]) gestaltet sich im Hinblick auf Systeme gegenseitiger kollektiver Sicherheit damit so, dass das Parlament durch seine Mitentscheidung grundlegende Verantwortung für die vertragliche Grundlage des Systems einerseits und für die Entscheidung über den konkreten bewaffneten Streitkräfteeinsatz andererseits übernimmt, während im Übrigen die nähere Ausgestaltung der Bündnispolitik als Konzeptverantwortung ebenso wie konkrete Einsatzplanungen der Bundesregierung obliegen."[181]

13 Die parlamentarische Zustimmung muss nach der Klarstellung im Urteil vom 7. Mai 2008 zum AWACS-Einsatz in der Türkei immer dann eingeholt werden, wenn die Gefahr besteht, dass deutsche Soldaten **in bewaffnete Unternehmungen einbezogen** werden; denn schon dann liegt ein Einsatz im Sinne von Art. 87a Abs. 2 GG vor[182]. Hierfür kommt es insbesondere – das ist ein **häufiges Missverständnis** der Verfassungsrechtsprechung – nicht darauf an, dass es tatsächlich zur Verwicklung deutscher Soldaten in bewaffnete

[179] Zum Zusammenhang zwischen Parlamentsvorbehalt und Wesentlichkeitstheorie *Sauer* (Fn. 97), S. 320.

[180] Lesen Sie dazu BVerfGE 90, 286 (391 ff.) – Auslandseinsätze der Bundeswehr; die entsprechende Regelung findet sich heute in § 5 ParlBG.

[181] Dazu zusammenfassend BVerfGE 121, 135 (162) – AWACS-Überwachung der Türkei.

[182] BVerfGE 121, 135 (163 ff.) – AWACS-Überwachung der Türkei.

Auseinandersetzungen kommt. Dies war bei der AWACS-Überwachung der Türkei auch nicht der Fall; maßgeblich war hier, dass *Saddam Hussein* militärische Drohungen ausgesprochen hatte, weshalb die NATO auf einen Angriff des Iraks vorbereitet war und den Geschehensablauf gleichsam bereits aus der Hand gegeben hatte. Die Einzelheiten der Parlamentsbeteiligung sind im Gesetz über die parlamentarische Beteiligung bei der Entscheidung über den Einsatz bewaffneter Streitkräfte im Ausland (ParlBG) geregelt[183]. Nach § 8 ParlBG kann der Bundestag die Zustimmung zu einem Einsatz widerrufen, woraufhin die Bundesregierung die Truppen zurückrufen muss **(Rückholrecht)**. Von engen Voraussetzungen im Sinne eines Wegfalls der Geschäftsgrundlage hängt dieses Recht nicht ab; vielmehr hat der Bundestag nach einer jüngeren Entscheidung des BVerfG auch das Recht einer **politischen Neubewertung** des Einsatzes[184].

<table>
<tr><th colspan="2">Auslandseinsatz der Bundeswehr und Grundgesetz</th></tr>
<tr><td>Verfassungsrechtliche Zulässigkeit
• stets, wenn kein „Einsatz“ (gilt nur für völlig untergeordnete Verwendungen, z.B. Musikkapelle o.ä.).
• wenn „Einsatz“ vorliegt (Regelfall!):
(1) Einsätze zur Verteidigung (Art. 87a Abs. 2 GG), d.h.:
– Verteidigungsfall, Art. 115a Abs. 1 GG;
– kollektive Selbstverteidigung (Umfang im Völkerrecht gegenwärtig str.;
– ggf. auch Rettung eigener Staatsangehöriger im Ausland (str.).
(2) oder wenn ausdrückliche Zulassung im GG: Nach BVerfG in Art. 24 Abs. 2 GG, wenn der Einsatz im Rahmen und nach den Regeln eines Systems gegenseitiger kollektiver Sicherheit (UN, NATO, nach BVerfG nicht: EU – dies ist str.) stattfindet (d.h. der Einsatz muss der Friedenswahrung dienen).</td><td>Kompetenzverteilung
• Nach dem BVerfG ist die Bundeswehr ein Parlamentsheer. Daher bedarf der Einsatz bewaffneter Streitkräfte der vorherigen (außer bei Gefahr im Verzug, hier muss die Zustimmung außer im Fall kurzfristig wieder beendeter Einsätze nachgeholt werden) konstitutiven Zustimmung des Bundestags (dieser hat aber kein Initiativrecht).
• Ein Einsatz bewaffneter Streitkräfte liegt vor, wenn eine greifbare Gefahr besteht, dass deutsche Soldaten in bewaffnete Auseinandersetzungen geraten können (ob dann tatsächlich ein Schuss fällt oder nicht, ist irrelevant).
• Der Bundestag kann seine Zustimmung nachträglich widerrufen (Rückholrecht, § 8 ParlBG).</td></tr>
</table>

[183] Parlamentsbeteiligungsgesetz vom 18. März 2005, BGBl. I, S. 775. Der Deutsche Bundestag hat im Jahr 2014 eine Kommission zur Überprüfung und Sicherung der Parlamentsrechte bei der Mandatierung von Auslandseinsätzen der Bundeswehr eingesetzt (BT-Drucks. 18/766), die unter anderem Möglichkeiten einer abgestuften Intensität der parlamentarischen Beteiligung ausloten sollte (der Abschlussbereit der Kommission liegt inzwischen vor, s. BT-Drucks. 18/5000).

[184] BVerfGE 124, 267 (277 ff.) – KFOR.

Auslandseinsatz der Bundeswehr und Grundgesetz	
• wenn Artt. 87a Abs. 2 oder 24 Abs. 2 GG nicht greifen, ist der Einsatz verfassungswidrig (Problem derzeit: Evakuierungseinsätze, EU-Operationen, Antiterroreinsätze auf fremdem Staatsgebiet). • äußerste Grenze: Art. 26 Abs. 1 GG (Verbot des Angriffskriegs).	

14 **Vertiefungshinweis:** Die Frage nach der parlamentarischen Zustimmungsbedürftigkeit hat im Jahr 2011 die Evakuierungsoperation in Libyen aufgeworfen. Da die Lage, die die deutschen Soldaten bei dem Evakuierungseinsatz in Libyen erwarten würde, unklar war und die Bundeswehr dementsprechend bewaffnet und auf alle Eventualitäten vorbereitet war, sprach eigentlich alles dafür, dass die Gefahr bestand, dass die Soldaten „in bewaffnete Unternehmungen einbezogen" werden würden. Insbesondere hängt die parlamentarische Zustimmungsbedürftigkeit nicht davon ab, ob es – was ja erst im Nachhinein feststeht – nun zu einem Schusswechsel gekommen ist oder nicht[185]. Die Bundesregierung hat sich allerdings, aus welchen politischen Gründen auch immer, dazu entschlossen, die nachträgliche Billigung des Bundestages nicht einzuholen. Hierauf kann grundsätzlich jede Bundestagsfraktion mit einem Antrag im Organstreitverfahren in Prozessstandschaft für den in seinen Rechten verletzten Deutschen Bundestag (§ 64 Abs. 1 BVerfGG) reagieren. Am 12. August 2011 hat die Bundestagsfraktion von Bündnis 90/DIE GRÜNEN einen entsprechenden Antrag im Organstreitverfahren beim BVerfG anhängig gemacht. Das BVerfG hat in seinem Urteil vom 23. September 2015 nunmehr überzeugend festgestellt, dass die Gefahr der Einbeziehung deutscher Soldatinnen und Soldaten in bewaffnete Auseinandersetzungen bestand und deshalb an sich ein zustimmungsbedürftiger Einsatz vorlag. Wegen Gefahr im Verzug, deren Vorliegen der Senat freilich mehr unterstellt als untersucht[186], habe die Bundesregierung einstweilen jedoch den Einsatz auch ohne die Zustimmung des Bundestages beschließen dürfen. Nun besteht bei Evakuierungseinsätzen die Besonderheit, dass sie typischerweise sehr schnell, oft binnen Stunden, wieder beendet sind (im konkreten Fall befanden sich deutsche Soldatinnen und Soldaten rund dreieinhalb Stunden im libyschen Luftraum bzw. auf dortigem Boden). Damit warf das verfassungsgerichtliche Verfahren über diesen Einsatz vor allem die Frage auf, ob es in der Konstellation des bereits beendeten Einsatzes der nachträglichen Einholung der Zustimmung des Bundestages noch bedarf. Das BVerfG hat diese Frage mit dem Argument verneint, im Bereich der Eilkompetenz der Regierung könne der Bundestag dem beendeten Einsatz nicht nachträglich seine Rechtmäßigkeit entziehen[187]. Das ist in der Begründung, aber nicht im Ergebnis überzeugend: Würde die verweigerte Zustimmung den Einsatz ex post rechtswidrig werden lassen, könnte von einer Eilkompetenz der Regierung ja keine Rede sein. Das bedeutet aber nicht automatisch, dass eine parlamentarische Zustimmung zu unterbleiben hat. Auch für den beendeten Einsatz kann der Bundestag, und darin besteht

[185] So auch *Payandeh* (Fn. 167), S. 1328 m.w.N.; für eine Zustimmungsbedürftigkeit auch *D. Wiefelspütz*, Die Bundeswehr in Libyen – Operation Pegasus aus Sicht des Völker- und Staatsrechts, HuV-I 2012, S. 56 ff.

[186] S. zur Kritik *Sauer* (Fn. 168), S. 48 f.

[187] BVerfG, Urteil des Zweiten Senats vom 23. September 2015, 2 BvE 6/11, Rn. 87 – Evakuierungsoperation Libyen.

ja der Sinn des Parlamentsvorbehalts, Mitverantwortung übernehmen – oder diese verweigern. Im letztgenannten Fall bliebe der Einsatz bei Vorliegen von Gefahr im Verzug rechtmäßig, müsste von der Bundesregierung aber allein verantwortet werden[188]. Für die deutsche Beteiligung an der integrierten Luftverteidigung der NATO an der türkisch-syrischen Grenze im Dezember 2012 ersuchte die Bundesregierung den Deutschen Bundestag dagegen um seine Zustimmung, die dieser am 14. Dezember 2012 auch erteilte. Ob es hier überhaupt zu Kampfhandlungen kommen kann, war allerdings kaum absehbar, sodass es sich bei der Einholung der parlamentarischen Zustimmung wohl auch um eine Maßnahme der politischen Vorsorge handelte.

3. Einsatzbefugnisse

Weder Art. 87a Abs. 2 GG noch Art. 24 Abs. 2 GG sagen etwas darüber aus, 15
was die Bundeswehr im Außeneinsatz konkret tun darf. Sie bieten Einsatzgrundlagen, sagen aber nichts über Einsatzbefugnisse aus; hier stellen sich äußerst wichtige Fragen wie etwa die nach der Befugnis zu **gezielten Tötungshandlungen**. Ein materielles Einsatzrecht statuiert das Grundgesetz zumindest nicht in ausdrücklicher Weise, vielmehr setzt es dem Handeln der Streitkräfte mit dem Verbot des Angriffskriegs in Art. 26 Abs. 1 GG nur äußerste Grenzen. Die überaus praxisrelevante Frage, ob und unter welchen Voraussetzungen ein deutscher Soldat im Auslandseinsatz beispielsweise auf einen afghanischen Zivilisten schießen darf, von dem er sich bedroht fühlt, ist damit aber nicht beantwortet. Das Beispiel soll allerdings nicht suggerieren, dass die Frage nach den Einsatzbefugnissen immer nur im Hinblick auf Kampfhandlungen aufgeworfen wäre. Auch wenn deutsche Soldaten in einem internationalen Einsatz Piraten festnehmen und einer ausländischen Hoheitsgewalt zur Durchführung eines Gerichtsverfahrens überstellen, ist die Frage nach den rechtlichen Bindungen aufgeworfen (unten Rn. 16a ff.).

Völkerrechtlich sind solche Fragen in den jeweiligen Einsatzregeln („rules of 16
engagement") geregelt. Außerdem ist der Soldat je nach der Einsatzkonstellation über den entsprechenden Rechtsanwendungsbefehl (unten § 6 Rn. 10) an die Grundsätze des humanitären Völkerrechts, also des **Kriegsrechts** (Genfer Konventionen) gebunden. Die im politischen Raum oft zu vernehmende Aussage, mit der Beteiligung deutscher Soldaten an Kriegshandlungen sei eine erhebliche **Lockerung rechtlicher Bindungen** verbunden, lässt sich allerdings so nicht halten: Die Frage, ob und inwieweit – und vor allem auf welcher rechtlichen Grundlage – beispielsweise die in Art. 1 Abs. 3 GG angeordnete **Grundrechtsbindung** deutscher Soldaten im Auslandseinsatz gelockert ist, bedarf stets eingehender Untersuchung[189]. Ein allgemeines kriegsbedingtes Ausnahmerecht kennt das Grundgesetz gerade nicht. Die Schaffung eines

---

[188] S. zur Kritik näher *Sauer* (Fn. 168), S. 49 f.

[189] S. *D. Wiefelspütz*, Auslandseinsätze der Streitkräfte und Grundrechte, NZWehrR 2008, S. 89 ff. m.w.N.

materiellen Auslandseinsatzrechts ist deshalb anzuraten, vor allem auch, um Rechtssicherheit für die Soldaten herzustellen. Es geht dabei aber auch um Rechtsklarheit für diejenigen, die vom Handeln deutscher Soldaten im Ausland betroffen sind: So hat die schwierige Frage der Haftung Deutschlands für Schäden ziviler Opfer im Auslandseinsatz die deutschen Gerichte in jüngerer Zeit häufiger beschäftigt – hier bestehen noch erhebliche Unklarheiten, und zwar nicht nur hinsichtlich der Frage völkerrechtsunmittelbarer Ansprüche, sondern auch hinsichtlich der Frage der Anwendung des innerstaatlichen Staatshaftungsrechts auf das Handeln der Soldaten zumal im Hinblick auf ihre Einbindung in internationalisierte Befehlsstrukturen[190].

16a Die Komplexität der Rechtsfragen, die im Hinblick auf die Einsatzbefugnisse aufgeworfen sind, hat jüngst ein verwaltungsgerichtliches Verfahren über die deutsche Beteiligung an einer internationalen Mission zur **Piratenbekämpfung** gezeigt. Im Jahr 2009 hatten deutsche Marinesoldaten auf Hoher See mutmaßliche Piraten aufgebracht, festgenommen, eine Woche lang festgehalten und sodann den kenianischen Behörden zur Durchführung eines Strafverfahrens übergeben. Die Bundesmarine war bei ihrer Tätigkeit zur Pirateriebekämpfung in die EU-Operation „Atalanta" eingebunden, die sich hinsichtlich ihres Tätigwerdens in staatlichen Hoheitsgewässern auf eine Ermächtigung durch den Sicherheitsrat der Vereinten Nationen stützt[191]. In Mombasa wurden die Verdächtigen inhaftiert, wobei den deutschen Stellen die dort herrschenden miserablen Haftbedingungen bekannt waren. Einer der Betroffenen begehrte daraufhin die Feststellung, dass das Handeln der Bundesmarine rechtswidrig war. Das Verwaltungsgericht Köln gab der Feststellungsklage (§ 43 VwGO) nur teilweise statt, nämlich nur im Hinblick darauf, dass der Kläger wegen der äußerst problematischen Haftbedingungen ungeachtet einer diplomatischen Zusicherung über seine Behandlung in der Haft nicht den kenianischen Behörden hätte übergeben werden dürfen; die Festnahme und das Festhalten des Klägers seien dagegen zulässig gewesen[192].

---

[190] S. zuletzt BVerfG, Beschluss der 1. Kammer des Zweiten Senats vom 13. August 2013, 2 BvR 2660/60 u.a., EUGRZ 2013, S. 563 zur deutschen Beteiligung am Luftangriff auf die Brücke von Varvarin während der NATO-Intervention gegen die damalige Bundesrepublik Jugoslawien im Mai 1999, der viele zivile Todesopfer bzw. Schwerverletzte zur Folge hatte (dazu *F. Selbmann*, Kriegsschäden ohne Folgen?, DÖV 2014, S. 272 ff.); und LG Bonn, Urteil vom 11. Dezember 2013, 1 O 460/11, JZ 2014, S. 411 zum NATO-Luftangriff auf zwei von Taliban-Kämpfern entführte Tanklastzüge, der von einem deutschen Oberst befohlen wurde und eine erhebliche Zahl ziviler Todesopfer zur Folge hatte (dazu *R. Frau*, Anmerkung, JZ 2014, S. 417); s. zu letzterem auch VG Köln, Urteil vom 9. Februar 2012, 26 K 5534/10, juris, Rn. 67 ff.

[191] Zum tatsächlichen und rechtlichen Hintergrund der Mission VG Köln, Urteil vom 11. November 2011, 25 K 4280/09, JZ 2012, S. 366 f.

[192] VG Köln, Urteil vom 11. November 2011, 25 K 4280/09, JZ 2012, S. 366; dazu die Besprechungen von *H.P. Aust*, Pirateriebekämpfung im Lichte von Grundgesetz und Völkerrecht auf dem verwaltungsgerichtlichen Prüfstand, DVBl. 2012, S. 484 ff.; und

Dieses fast lehrbuchmäßige Beispiel eines Mehrebenen-Falls[193] wirft, soweit man davon ausgeht, dass die deutschen Soldaten durch das deutsche öffentliche Recht gebundene Hoheitsgewalt ausüben[194], im Hinblick auf die Einsatzbefugnisse folgende Fragen auf: Auf welcher Rechtsgrundlage wurden die mutmaßlichen Piraten festgenommen? War es zulässig, sie eine Woche lang festzuhalten, ohne sie einem Richter vorzuführen? Durften die Verdächtigen den Behörden eines fremden Staates übergeben werden? Die Fragen zeigen, dass es um ganz normale Fragen der Ausübung von Hoheitsgewalt geht: um das Vorliegen von Rechtsgrundlagen für Eingriffsmaßnahmen und um die grundrechtlichen Anforderungen an diese Maßnahmen. **16b**

Mit Recht hat das Verwaltungsgericht Köln das Erfordernis einer **Rechtsgrundlage** nicht für diskussionswürdig erachtet: Wenn deutsche Soldaten deutsche Hoheitsgewalt ausüben, so gelten grundsätzlich der Vorbehalt des Gesetzes und die deutschen Grundrechte, Artt. 1 Abs. 3, 20 Abs. 3 GG. Die Diskussion über eine Begrenzung der extraterritorialen Wirkung deutscher Grundrechte ist hier nicht zu führen, weil solche Begrenzungen vor dem Hintergrund erwogen werden, dass deutsche Grundrechte möglicherweise in Konflikt mit den Anforderungen ausländischer Rechtsordnungen geraten könnten; darum geht es hier indes gerade nicht[195]. Die Rechtsgrundlage für die Festnahme sieht das Verwaltungsgericht in Art. 105 des Seerechtsübereinkommens der Vereinten Nationen (SRÜ)[196]. Danach kann jeder Staat auf hoher See ein Seeräuberschiff aufbringen und die an Bord befindlichen Personen festnehmen. Auch eine Bestimmung eines völkerrechtlichen Vertrages kann **16c**

C. Walter/A. von Ungern-Sternberg, Piratenbekämpfung vor Somalia, DÖV 2012, S. 861 ff. Das Urteil ist insoweit in der Berufungsinstanz bestätigt worden (OVG Münster, Urteil vom 18. September 2014, 4 A 2948/11, DÖV 2015, S. 343); soweit das Urteil des VG Köln im Folgenden kritisiert wird, ist es nicht Gegenstand der Berufung der beklagten Bundesrepublik gewesen.

[193] In Anlehnung an *Aust* (Fn. 192), S. 488: „Es handelt sich um ein beinahe paradigmatisches Beispiel eines 'Mehrebenenfalls'."

[194] Eine Zurechnung des Handelns nur zur EU wegen der Einbindung der deutschen Soldaten in eine ESVP-Mission scheidet hier letztlich aus: Formal handelt hier ein deutscher Hoheitsträger, und es entspricht allgemeinen Grundsätzen des Unionsrechts, solches Handeln auch dann den Mitgliedstaaten zuzurechnen, soweit auf der Grundlage von Unionsrecht gehandelt wird (s. hierzu überzeugend *Walter/von Ungern-Sternberg* [Fn. 192], S. 862 f.). Abgesehen davon dürfte sich Deutschland an einer Mission, die nur der EU zugerechnet würde, nach Maßgabe von Art. 23 Abs. 1 Satz 1 GG auch gar nicht beteiligen, weil im Beispielsfall Rechtsschutz vor dem Europäischen Gerichtshof nach Art. 275 AEUV nicht zu erlangen ist. Eine Zurechnung an die Vereinten Nationen kommt hier mangels effektiver Kontrolle des Sicherheitsrats über die Durchführung der Mission von vornherein nicht in Betracht (zum ganzen überzeugend jetzt auch OVG Münster, Urteil vom 18. September 2014, 4 A 2948/11, DÖV 2015, S. 343).

[195] Dazu *Walter/von Ungern-Sternberg* (Fn. 192), S. 864 f. m.w.N.

[196] Seerechtsübereinkommen der Vereinten Nationen vom 10. Dezember 1982, BGBl. 1994 II, S. 1799, Sartorius II, Nr. 350.

die Anforderungen des **Gesetzesvorbehalts** erfüllen, wenn die Bestimmung durch die deutsche Zustimmung zum Vertrag Bestandteil des innerstaatlichen Rechts geworden und überdies unmittelbar anwendbar ist (dazu im Einzelnen unten § 6 Rn. 13 ff.). Das ist für Art. 105 SRÜ angesichts der äußerst konkret gefassten und unbedingten Festnahmebefugnis zu bejahen[197].

16d War danach die Festnahme grundsätzlich zulässig, stellt sich die Frage, ob die Verdächtigen eine Woche lang ohne Vorführung vor einen Richter festgehalten werden durften. Ein solches Vorgehen verstößt eindeutig gegen Art. 104 Abs. 3 Satz 1 GG, wonach jeder wegen des Verdachts einer Straftat Festgenommene spätestens am Tag nach der Festnahme dem Richter vorzuführen ist. Der Versuch, diese grundrechtliche Garantie im Hinblick auf die **Völkerrechtsfreundlichkeit** des Grundgesetzes so auszulegen oder wohl eher so zu korrigieren, dass ein einwöchiges Festhalten ohne Vorführung vor den Richter als noch verfassungskonform erscheint – so das Verwaltungsgericht Köln[198] – kann nicht überzeugen. Einmal abgesehen von den methodischen Fragen und auch von der Frage, wo denn die Grenze des gerade noch Zulässigen zu ziehen wäre: Die Völkerrechtsfreundlichkeit des Grundgesetzes kann zur Absenkung des Grundrechtsstandards deshalb nicht herangezogen werden, weil es hier nicht darum geht, einem Konflikt mit dem Völkerrecht zu entgehen (zu dieser **Kollisionsvermeidungsfunktion** unten § 6 Rn. 38 ff.); das Völkerrecht hätte der sofortigen Vorführung nämlich nicht entgegengestanden[199]. Auch das Argument, ohne eine Absenkung grundrechtlicher Standards könne sich Deutschland an der Piratenbekämpfung gar nicht beteiligen, kann nicht verfangen, da eine verfassungskonforme Ausgestaltung der deutschen Beteiligung durchaus nicht ausgeschlossen erscheint. Das Festhalten der Verdächtigen verstieß damit gegen Art. 104 Abs. 3 Satz 1 GG.

16e Schließlich entscheidet sich die Zulässigkeit der Übergabe an die kenianischen Behörden nicht allein am Maßstab der Haftbedingungen, wobei die Feststellung des Verwaltungsgerichts, dass die Übergabe angesichts der äußerst problematischen Haftbedingungen nicht hätte erfolgen dürfen[200], für sich genommen überzeugend ist[201]. Vielmehr stellt auch die Übergabe an die Behörden eines ausländischen Staates einen Eingriff in die Rechte des Betroffenen

---

[197] So auch VG Köln, Urteil vom 11. November 2011, 25 K 4280/09, JZ 2012, S. 366 (367); *Aust* (Fn. 192), S. 486 f.

[198] VG Köln, Urteil vom 11. November 2011, 25 K 4280/09, JZ 2012, S. 366 (368); grundsätzlich zustimmend *Aust* (Fn. 192), S. 487 f.

[199] Ebenso *Walter/von Ungern-Sternberg* (Fn. 192), S. 865 ff.

[200] VG Köln, Urteil vom 11. November 2011, 25 K 4280/09, JZ 2012, S. 366 (368 ff.).

[201] Nach ständiger Rechtsprechung des EGMR verstößt eine Auslieferung oder Ausweisung an einen fremden Staat selbst gegen Art. 3 EMRK (Verbot der Folter und der unmenschlichen bzw. erniedrigenden Behandlung), wenn dem Betroffenen in dem Empfangsstaat Folter oder eine unmenschliche Behandlung droht, was insbesondere bei miserablen Haftbedingungen angenommen wird (s. dazu grundlegend EGMR, Urteil vom 7. Juli 1989, Soering gegen Vereinigtes Königreich, Nr. 14038/88; zur Rechtsprechung im

dar, der nach allgemeinen Grundsätzen einer gesetzlichen Grundlage bedarf. Das Seerechtsübereinkommen verhält sich zu dieser Frage nicht, und das innerstaatliche Recht enthält keine Rechtsgrundlage für die Übergabe. Soweit sich die Bundesregierung im Verfahren vor dem Verwaltungsgericht Köln auf das Unionsrecht und ergänzend auf einen Briefwechsel mit der kenianischen Regierung gestützt hat, genügt dies den Anforderungen einer Rechtsgrundlage nicht. Das für die ESVP-Mission geltende Unionsrecht in Form der Gemeinsamen Aktion kann nicht als Rechtsgrundlage herangezogen werden, weil es die Kriterien von unmittelbarer Geltung und unmittelbarer Anwendbarkeit im innerstaatlichen Recht nicht erfüllt (dazu unten § 8 Rn. 16 ff.); und dass ein Briefwechsel dem Gesetzesvorbehalt aus Art. 20 Abs. 3 GG nicht genügt, versteht sich von selbst[202].

Der Fall zeigt damit, dass die Beteiligung deutscher Soldaten an einer EU- **16f**
Mission zur Piratenbekämpfung nicht nur hinsichtlich der **Einsatzgrundlage** (oben Rn. 9), sondern auch und gerade hinsichtlich der **Einsatzbefugnisse** äußerst problematisch ist. Denn es hat sich gezeigt, dass die Bundesmarine Piraterieverdächtige zwar festnehmen darf, dass sie diese aber ohne Schaffung eines materiellen Auslandseinsatzrechts nicht an ausländische Behörden übergeben darf. Eine Alternative bestünde allein in der sofortigen Vorführung vor einen deutschen Richter[203] und in der Durchführung eines innerstaatlichen Strafverfahrens, wobei die zuständige Staatsanwaltschaft im konkreten Fall das Ermittlungsverfahren sofort nach § 153c StPO (bitte lesen!) eingestellt hat[204]. Der Fall zeigt auch auf, dass eine Absenkung verfassungsrechtlicher Standards nicht im Hinblick auf vermeintliche Zwänge des Völkerrechts vorgenommen werden darf, wo solche Zwänge bei genauer Betrachtung gar nicht bestehen. An die Stelle der beiden denkbaren Alternativen – entweder der Regelung von Einsatzbefugnissen de lege ferenda oder der Rückführung der bestehenden Einsätze auf das verfassungsrechtlich zulässige Maß – tritt derzeit vielfach ein Handeln in der rechtlichen Grauzone, das indes nicht allein dadurch zulässig wird, dass deutsche Hoheitsträger in ein komplexes Geflecht internationalisierten und europäisierten Zusammenwirkens eingebunden sind.

Einzelnen *R.A. Lorz/H. Sauer*, Wann genau steht Art. 3 EMRK einer Auslieferung oder Ausweisung entgegen?, EuGRZ 2010, S. 389 ff.).

[202] S. zur Problematik der fehlenden Rechtsgrundlage auch *Aust* (Fn. 192), S. 489 f.; OVG Münster, Urteil vom 18. September 2014, 4 A 2948/11, DÖV 2015, S. 343.

[203] Dafür *Walter/von Ungern-Sternberg* (Fn. 192), S. 867.

[204] S. die Darstellung des VG Köln, Urteil vom 11. November 2011, 25 K 4280/09, JZ 2012, S. 366 f.

III. Auslandseinsätze vor dem Bundesverfassungsgericht

1. Kompetenzfragen

17 Aus den vorstehenden Ausführungen ergibt sich bereits, dass vor dem BVerfG relativ häufig über Bundeswehreinsätze gestritten wurde und dass alle maßgeblichen Grundsätze in diesem Bereich letztlich der Verfassungsrechtsprechung entstammen. Im Grundsatzurteil vom 12. Juli 1994 wurden die grundlegenden Fragen der Einsatzgrundlage und der Parlamentsbeteiligung geklärt[205]. Die genaue Reichweite des Parlamentsvorbehalts betraf das Organstreitverfahren über den AWACS-Einsatz in der Türkei im Vorfeld des Irak-Kriegs 2003[206]. Eine Fraktion hatte in Prozessstandschaft für den Bundestag geltend gemacht, die Bundesregierung habe Rechte des Bundestages verletzt, indem sie über die Einsatzbeteiligung ohne seine Zustimmung entschieden habe; das BVerfG gab ihr später Recht. Das Verfahren zum KFOR-Einsatz betraf die Frage, ob nach der Unabhängigkeitserklärung des Kosovo die Grundlage der parlamentarischen Zustimmung weggefallen war und die Bundesregierung daher erneut die Zustimmung hätte einholen müssen; das BVerfG verneinte diese Frage[207].

18 Eine Frage der Kompetenzverteilung beim Bundeswehr-Einsatz im Innern hat ebenfalls jüngst das BVerfG beschäftigt. In diesem Verfahren, das den Einsatz der Bundeswehr zu Sicherungszwecken im Rahmen des G8-Gipfels in Heiligendamm im Juni 2007 betraf, hat das BVerfG nicht allgemein zur Verfassungsmäßigkeit von Inlandsverwendungen der Bundeswehr Stellung genommen[208]. Der Senat hat ausgeführt, der Deutsche Bundestag könne nicht in seinen Rechten verletzt sein, weil der Parlamentsvorbehalt beim Inlandseinsatz der Bundeswehr nicht gelte und ein möglicherweise verfassungswidriger Einsatz nicht zu einer Rechtsverletzung des Bundestages führe, auch nicht unter dem Gesichtspunkt einer Umgehung des Verfassungsänderungsverfahrens[209]. Schließlich präzisierte das BVerfG jüngst die Kompetenzabgrenzung zwischen Bundesregierung und Bundestag für die Sonderkonstellation des in der Eilkompetenz liegenden und kurzfristig wieder beendeten Einsatzes[210].

---

[205] BVerfGE 90, 286 – Auslandseinsätze der Bundeswehr.

[206] BVerfGE 108, 34 – AWACS-Überwachung der Türkei (vorläufiger Rechtsschutz); und BVerfGE 121, 135 – AWACS-Überwachung der Türkei (Hauptsacheverfahren).

[207] BVerfGE 124, 267 (279 ff.) – KFOR.

[208] S. dazu aber jüngst BVerfGE 132, 1 – Bundeswehreinsatz im Inneren.

[209] BVerfGE 126, 55 (68 f.) – Bundeswehr-Einsatz in Heiligendamm.

[210] BVerfG, Urteil vom 23. September 2015, 2 BvE 6/11, Rn. 83 ff. – Evakuierungsoperation Libyen.

2. Materiell-rechtliche Fragen im Organstreit?

Zwei weitere Verfahren betrafen Fragen der materiellen Rechtmäßigkeit von Bundeswehreinsätzen. Prozessrechtlich bedeutsam ist der Beschluss vom 25. März 1999 zur Kosovo-Intervention der NATO[211]: Hier hat das BVerfG festgestellt, **Fragen der materiellen Rechtmäßigkeit von Einsätzen** könnten nicht Gegenstand des Organstreitverfahrens sein. Dieses betreffe nur Kompetenzen, der Bundestag habe der deutschen Beteiligung an der militärischen Intervention im Kosovo aber zugestimmt. Diese klausurträchtige Beschränkung des **Organstreits als Kompetenzstreit**, die auch im vorgenannten Verfahren zum G8-Gipfel noch einmal betont worden ist, ist wichtig: Das Organstreitverfahren dient eben nicht einer allgemeinen Verfassungsaufsicht, sondern nur dazu, dass Kompetenzübergriffe im Verhältnis zwischen den Organen vor das BVerfG gebracht werden können. Das Verfahren über den Tornado-Einsatz in Afghanistan 2007 betraf mittelbar ebenfalls vor allem Fragen der völkerrechtlichen Rechtmäßigkeit des Einsatzes; da der Bundestag auch diesem Einsatz zugestimmt hatte, rügte die für den Bundestag antragstellende Fraktion eine Überschreitung des Integrationsprogramms des NATO-Vertrags sowie eine im Hinblick auf Art. 24 Abs. 2 GG relevante Abkehr von der friedenswahrenden Ausrichtung der NATO[212] – im Ergebnis allerdings ohne Erfolg. 19

Lösung Fall 3: a) Ausgangspunkt für die Suche nach einer verfassungsrechtlichen Einsatzgrundlage ist Art. 87a Abs. 2 GG. Allerdings dient der Einsatz im Südsudan nicht der Verteidigung (darunter fällt neben dem Verteidigungsfall nach h.M. auch die kollektive Verteidigung in Bündnissen). Es bedarf also nach Art. 87a Abs. 2 GG einer ausdrücklichen Zulassung im Grundgesetz (a.A.: Art. 87a Abs. 2 GG regelt nur den Bundeswehreinsatz im Innern und ist nicht anwendbar; dann ist der Auslandseinsatz der Bundeswehr grundsätzlich erlaubt). Nach dem BVerfG stellt Art. 24 Abs. 2 GG nicht nur die Grundlage einer deutschen Beteiligung an Sicherheitssystemen dar, sondern auch die Grundlage von Bundeswehreinsätzen, die im Rahmen und nach den Regeln eines solchen Systems stattfinden. Die UN ist ein System gegenseitiger kollektiver Sicherheit i.S.d. Art. 24 Abs. 2 GG. Eine Beteiligung an der Friedensmission ist also verfassungsrechtlich zulässig. 20

b) Nach dem BVerfG bedarf der Einsatz bewaffneter Streitkräfte der vorherigen konstitutiven Zustimmung des deutschen Bundestages (wehrverfassungsrechtlicher Parlamentsvorbehalt). Ein Einsatz bewaffneter Streitkräfte liegt vor, wenn die Gefahr besteht, dass deutsche Soldaten in bewaffnete Unternehmungen einbezogen werden. Das ist hier der Fall, da die Soldaten nach dem UN-Mandat erforderlichenfalls Waffengewalt anwenden dürfen. Der Einsatz bedarf also der Zustimmung des Bundestages in Form eines schlichten Parlamentsbeschlusses.

---

[211] BVerfGE 100, 266 – Kosovo-Intervention.

[212] BVerfGE 118, 248 – Tornado-Einsatz in Afghanistan.

Wiederholungsfragen zu § 5:

1. Wann ist ein Auslandseinsatz der Bundeswehr verfassungsrechtlich zulässig?
2. Was versteht Art. 87a Abs. 2 GG unter Verteidigung? Wie ist dieser Begriff vom Verteidigungsfall abzugrenzen? Fallen Evakuierungseinsätze zur Rettung deutscher Staatsbürger unter Art. 87a Abs. 2 GG?
3. Welche Rolle spielt Art. 24 Abs. 2 GG beim Auslandseinsatz der Bundeswehr?
4. Wann bedürften Bundeswehreinsätze im Ausland der Zustimmung des Deutschen Bundestages? Welche ist die verfassungsrechtliche Grundlage für die Zustimmungsbedürftigkeit?
5. Unter welchen Voraussetzungen und mit welchen Folgen kann der Bundestag seine Zustimmung zu einem Auslandseinsatz widerrufen?
6. Welchen materiellen Bindungen unterliegen deutsche Soldaten im Auslandseinsatz?
7. Mit welchen verfassungsrechtlichen Fragen des Auslandseinsatzes kann das BVerfG befasst werden? Welche Verfahrensarten kommen hierfür in Betracht?

Teil 3: Grundgesetz und Völkerrecht

§ 6. Wirkungen des Völkerrechts in der deutschen Rechtsordnung

Literaturhinweise: *C. Calliess,* Staatsrecht III, 2014, S. 102 ff.; *R. Geiger*, Grundgesetz und Völkerrecht, 6. Aufl. 2013, S. 149 ff.; *M. Herdegen*, Völkerrecht, 15. Aufl. 2016, § 22; *P. Kunig*, Völkerrecht und staatliches Recht, in: W. Graf Vitzthum/A. Proelß (Hrsg.), Völkerrecht, 7. Aufl. 2016, S. 65 ff.; *M. Payandeh*, Völkerrechtsfreundlichkeit als Verfassungsprinzip, JöR n.F. 57 (2009), S. 465 ff.; *S. Schmahl*, Das Verhältnis der deutschen Rechtsordnung zu den Regeln des Völkerrechts, JuS 2013, S. 961 ff.; *M. Schweitzer/H.-G. Dederer*, Staatsrecht III, 11. Aufl. 2016, Rn. 38 ff.

Der folgende Abschnitt befasst sich mit den Einwirkungen des Völkerrechts auf das deutsche Recht, insbesondere mit den Formen der Übernahme völkerrechtlicher Normen ins innerstaatliche Recht. Es geht also, um im Bild der Brücke zwischen deutscher und internationaler Rechtsordnung zu bleiben (oben § 2 Rn. 17), um den von außen in die innerstaatliche Rechtsordnung fließenden Verkehr. Dabei wird auf rein völkerrechtliche Fragen nur dort eingegangen, wo dies für das Verständnis unerlässlich ist. Die Darstellung beschränkt sich deshalb auf einen Überblick über die völkerrechtlichen Rechtsquellen und geht darüber hinaus nur punktuell auf Fragen des Völkerrechts ein. 1

I. Rechtsquellen des Völkerrechts

Die Rechtsquellen des Völkerrechts, d.h. die verschiedenen Formen, in denen Rechtssätze des Völkerrechts entstehen und bestehen können, sind übersichtlich: Es sind die völkerrechtlichen Verträge, das Völkergewohnheitsrecht sowie die allgemeinen Rechtsgrundsätze[213]. 2

- **Völkerrechtliche Verträge** sind Rechtsgeschäfte zwischen zwei oder mehr Völkerrechtssubjekten, die auf den verschiedensten Gebieten als bilaterale oder multilaterale, regionale oder universelle, bereichsspezifische oder allgemeine Verträge geschlossen werden können. Aushandlung, Abschluss und Wirksamkeit von Verträgen (Vertragsschluss, Willensmängel, Kündigung etc.) vollziehen sich grob gesagt in den Bahnen, die aus dem Zivilrecht

[213] Diese Rechtsquellen sind aufgezählt in Art. 38 Abs. 1 des Statuts des Internationalen Gerichtshofs vom 26. Juni 1945, BGBl. 1973 II, S. 505, Sartorius II, Nr. 2.

bekannt sind. Eine Besonderheit liegt vielfach darin, dass die Bindung an den Vertrag nicht bereits mit **Unterzeichnung**, sondern erst durch **Ratifikation** eintritt. Auf der internationalen Ebene wird der Vertrag zunächst gezeichnet, dann wird im Ratifikationsverfahren die Zustimmung nach dem innerstaatlich vorgesehenen Verfahren eingeholt (z.B. bei Zustimmungsgesetzen nach Art. 59 Abs. 2 Satz 1 GG) und die Bindung mit Abgabe der Ratifikationsurkunde an den Vertragspartner bzw. die internationale Organisation völkerrechtlich herbeigeführt[214]. Die Einzelheiten sind im Wiener Übereinkommen über das Recht der Verträge geregelt[215]. Wie andere Staaten auch ist Deutschland Partei zahlloser völkerrechtlicher Verträge. Außerhalb der Gründungsverträge internationaler Organisationen (z.B. Vereinte Nationen, NATO, Europarat, WTO) und der Europäischen Menschenrechtskonvention, auf die gesondert eingegangen wird (unten § 7), lassen sich für die Ausbildung im Pflichtfachbereich besonders wichtige Verträge kaum benennen. Wie das Beispiel des S. zeigt (oben § 1 Rn. 11 ff.), kann sogar das Konsularrechtsübereinkommen im deutschen Strafprozess relevant werden.

- Das **Gewohnheitsrecht** ist anders als im staatlichen Recht eine sehr wichtige Rechtsquelle im Völkerrecht, da diesem eine zentrale Normsetzungsinstanz fehlt und sich deshalb zahlreiche wichtige völkerrechtliche Grundsätze wie die Immunität von Staaten und Staatsoberhäuptern, das Verbot der Einmischung in innere Angelegenheiten (Interventionsverbot) sowie die grundlegenden Menschenrechte (Sklavereiverbot, Folterverbot etc.) in langer Tradition und Entwicklung gewohnheitsrechtlich herausgebildet haben. Das Gewohnheitsrecht besteht aus zwei Elementen: objektiv aus einer Übung **(Staatenpraxis)** und subjektiv aus einer **Rechtsüberzeugung**. Es muss also eine bestimmte Praxis feststellbar sein und diese in der Überzeugung praktiziert werden, dass sie rechtlich vorgegeben ist. Damit wird bereits deutlich, dass die Feststellung von Gewohnheitsrechtssätzen – zumal in einer Welt mit fast 200 Staaten – mit großer Unsicherheit behaftet ist. Will ein Staat an einen bestimmten Gewohnheitsrechtssatz nicht gebunden sein, besteht die Möglichkeit ständigen Widerspruchs (persistent objection). Jenseits solcher Ausnahmen ist Deutschland völkerrechtlich an das feststellbare universelle und regionale Völkergewohnheitsrecht gebunden.
- **Allgemeine Rechtsgrundsätze** sind Normen, die im Wesentlichen übereinstimmend den staatlichen Rechtsordnungen entstammen und die sich auf internationale Sachverhalte übertragen lassen und somit der **Lückenfüllung** im Völkerrecht dienen. Es handelt sich aufgrund der Struktur des Völkerrechts als **Koordinationsrechtsordnung** (oben § 2 Rn. 7 ff.) überwiegend um zivilrechtliche Grundsätze wie etwa das Verbot des Rechtsmissbrauchs

[214] Dazu *Geiger* (Fn. 96), S. 95 f.
[215] Oben Fn. 59.

oder den Grundsatz von Treu und Glauben. An diese Grundsätze ist auch die Bundesrepublik im völkerrechtlichen Verkehr gebunden.

II. Die Übernahme völkerrechtlicher Verpflichtungen in das innerstaatliche Recht

Auf der Ebene des Völkerrechts ist Deutschland damit an die abgeschlossenen Verträge, an das Völkergewohnheitsrecht und an die allgemeinen Rechtsgrundsätze gebunden. Doch welche Wirkungen und Folgen hat diese **völkerrechtliche Bindung** für die innerstaatliche Rechtsordnung? Was folgt etwa im Fall des S. (oben § 1 Rn. 11 ff.) aus der Bindung Deutschlands an das Konsularrechtsübereinkommen und aus der möglichen Verletzung dieses Übereinkommens für die strafgerichtliche Entscheidung über die Revision? Damit ist die Frage nach dem **Verhältnis zwischen Völkerrecht und staatlichem Recht** und nach der Art und Weise der **Übernahme völkerrechtlicher Verpflichtungen in die staatliche Rechtsordnung** aufgeworfen. 3

Fall 4: Ein Bebauungsplan der Stadt D. weist ein größeres Wohngebiet aus, in dem sich kein Kinderspielplatz befindet. In der Begründung heißt es, das Spielbedürfnis von Kindern sei ein Belang unter vielen anderen, der im konkreten Fall habe zurückstehen müssen. 4

a) Ist die planerische Abwägung unter Berücksichtigung von Art. 3 Abs. 1 der UN-Kinderrechtskonvention (KRK)[216] fehlerhaft?

b) Kann sich das fünfjährige Kind eines Paares, das im Neubaugebiet ein Haus baut, im Planungsverfahren auf Art. 3 Abs. 1 KRK berufen?

Art. 3 Abs. 1 der UN-Kinderrechtskonvention lautet: Bei allen Maßnahmen, die Kinder betreffen, gleichviel ob sie von öffentlichen oder privaten Einrichtungen der sozialen Fürsorge, Gerichten, Verwaltungsorganen oder Gesetzgebungsorganen getroffen werden, ist das Wohl des Kindes ein Gesichtspunkt, der vorrangig zu berücksichtigen ist.

1. Grundlagen des Verhältnisses zwischen Völkerrecht und staatlichem Recht

a) Monismus und Dualismus

Zu Beginn des vergangenen Jahrhunderts wurde in der Rechtswissenschaft über das Verhältnis zwischen Völkerrecht und staatlichem Recht eine Grundsatzkontroverse ausgetragen. Es standen sich die insbesondere von *Hans Kelsen* vertretene **monistische Auffassung** und die maßgeblich von *Heinrich Triepel* begründete **dualistische Auffassung** gegenüber. Nach der monistischen Sicht sind Völkerrecht und staatliches Recht Bestandteile einer einheitlichen Rechts- 5

---

216 UN-Übereinkommen über die Rechte des Kindes vom 20. November 1989, BGBl. 1992 II, S. 122, für Deutschland in Kraft getreten am 5. April 1992, BGBl. II, S. 990, Sartorius II, Nr. 29.

ordnung, wohingegen der Dualismus von zwei grundsätzlich voneinander getrennten Rechtsordnungen ausgeht[217].

6 Weder monistische noch dualistische Theorie klären dabei aus sich heraus einzelne Fragen des Zusammenwirkens von Völkerrecht und staatlichem Recht: Welches Recht etwa im Kollisionsfall Vorrang hat, muss für den Monismus ebenso wie für den Dualismus beantwortet werden, und hierzu sind für beide Theorien sehr unterschiedliche Auffassungen vertreten worden. Der Monismus bringt es nicht zwingend mit sich, dass sich eine völkerrechtliche Bestimmung gegen eine ihr widersprechende Bestimmung des nationalen Rechts durchsetzt; und eine dualistische Grundhaltung muss nicht zwingend dazu führen, dass sich nationales Recht stets gegenüber abweichendem Völkerrecht behauptet. Daraus folgt, dass mit einer monistischen oder dualistischen Grundhaltung **konkrete Fragen noch nicht beantwortet sind**. Mit der Erstarkung der Völkerrechtsordnung und dem damit verbundenen Bedeutungszuwachs solcher praktischer Fragen hat die theoretische Auseinandersetzung zwischen Monismus und Dualismus an Bedeutung verloren. Man hat sogar gesagt, der intellektuelle Anspruch des Theorienstreits stehe „in umgekehrt proportionalem Verhältnis zu seiner praktischen Relevanz“[218]. Denn neben der Bestimmung der von einer Rechtsordnung eingenommenen Grundhaltung zum Völkerrecht müssen die **konkreten Fragen** des Zusammenspiels von Völkerrecht und staatlichem Recht beantwortet werden.

7 In Deutschland wird heute überwiegend von einer **dualistischen Konzeption** des Verhältnisses von Völkerrecht und staatlichem Recht ausgegangen, obwohl sich die maßgeblichen Bestimmungen wie insbesondere Artt. 25 und 59 Abs. 2 GG durchaus auch monistisch erklären lassen würden[219]. Das BVerfG hat sich im *Görgülü*-Beschluss (dazu noch im Einzelnen unten § 7 Rn. 19 ff.) unmissverständlich auf eine dualistische Konzeption des Grundgesetzes festgelegt:

8 **BVerfG im Görgülü-Beschluss (2004):** „Dem Grundgesetz liegt deutlich die klassische Vorstellung zu Grunde, dass es sich bei dem Verhältnis des Völkerrechts zum nationalen Recht um ein Verhältnis zweier unterschiedlicher Rechtskreise handelt und dass die Natur dieses Verhältnisses aus der Sicht des nationalen Rechts nur durch das nationale Recht selbst bestimmt werden kann […].“[220]

b) Transformation, Vollzug und Rechtsanwendungsbefehl

9 Geht man davon aus, dass Völkerrecht und staatliches Recht zwei unterschiedliche Rechtsordnungen darstellen, dann bedarf es einer irgendwie gearteten **Übernahme völkerrechtlicher Normen** ins innerstaatliche Recht. Ohne eine solche Übernahme stünde die Völkerrechtsordnung unverbunden

---

[217] Näher dazu *Schweitzer/Dederer* (Fn. 89), Rn. 40 ff.
[218] So *B. Kempen*, in: von Mangoldt/Klein/Starck (Fn. 122), Art. 59 Rn. 83.
[219] Dazu *Schweitzer/Dederer* (Fn. 89), Rn. 60 ff.
[220] BVerfGE 111, 307 (318) – Görgülü.

neben der staatlichen Rechtsordnung und könnte diese nicht erreichen; völkerrechtliche Normen wären damit für innerstaatliche Sachverhalte bedeutungslos. Das Völkerrecht muss irgendwie in das innerstaatliche Recht **einwirken** – es bedarf der bereits angesprochenen **Brücke** zwischen den beiden grundsätzlich voneinander getrennten Rechtskreisen.

Für die Übernahme völkerrechtlicher Regelungen ins innerstaatliche Recht 10
gibt es eine Reihe von Erklärungsmodellen, die hier nicht vertieft behandelt werden sollen[221]. Die **Transformationslehre** geht davon aus, dass völkerrechtliche Regeln in parallel geltende innerstaatliche Regeln transformiert (also umgewandelt) werden müssen; dadurch wird Völkerrecht zu inhaltsgleichem deutschem Recht. Die **Vollzugslehre** geht dagegen davon aus, dass es im innerstaatlichen Recht einer Anordnung bedarf, nach der das Völkerrecht auch in der innerstaatlichen Rechtsordnung gelten soll; das ist der so genannte **Rechtsanwendungsbefehl**. Hier behalten völkerrechtliche Bestimmungen ihren Charakter als Völkerrecht, sie werden infolge des Rechtanwendungsbefehls aber zu innerstaatlich beachtlichem Recht. Die praktischen Unterschiede zwischen den beiden Lehren sollten nicht überschätzt werden. Maßgeblich unterscheiden sich die Lehren konzeptionell darin, dass transformiertes Völkerrecht in Form von inhaltsgleichem innerstaatlichem Recht gilt, während kraft eines Rechtsanwendungsbefehls, den man sich als **Verweisungsnorm** ohne eigenständigen Inhalt vorstellen kann, das Völkerrecht als solches innerstaatlich gilt, es einer Umwandlung in innerstaatliches Recht also nicht bedarf.

In Deutschland wird überwiegend der Vollzugslehre gefolgt[222]. Sie hat den 11
Vorteil, dass das Völkerrecht nicht in innerstaatliches Recht umgewandelt werden muss, sondern innerstaatlich als Völkerrecht gilt mit der Folge, dass Veränderungen auf der Ebene des Völkerrechts (z.B. die Kündigung oder die Fortbildung eines Vertrages) unmittelbar auf die innerstaatliche Geltung des Völkerrechts **durchgreifen:** So geht der Rechtsanwendungsbefehl zu einem gekündigten Vertrag ins Leere, während ein Transformationsgesetz, das den Vertragsinhalt in innerstaatliches Recht umgewandelt hat, für sich genommen von der Kündigung unberührt bleibt und deshalb gesondert aufgehoben werden muss. Außerdem können völkerrechtliche Verträge auf der Basis der Vollzugslehre auch für die Zwecke ihrer innerstaatlichen Geltung nach völkerrechtlichen Grundsätzen ausgelegt werden[223], während für transformiertes Recht eigentlich allein die Auslegungsgrundsätze des innerstaatlichen Rechts maßgeblich sein müssten. Damit führt die **Konstruktion des Rechtsanwen-**

---

[221] Näher *Schweitzer/Dederer* (Fn. 89), Rn. 786 ff.

[222] So auch BVerfGE 46, 342 (363) – Botschaftskonten; 90, 286 (364) – Auslandseinsätze der Bundeswehr; frühere Entscheidungen gingen dagegen noch von einer Transformation aus: BVerfGE 1, 386 (411) – Deutschlandvertrag; 29, 348 (360) – Deutsch-Niederländischer Finanzvertrag.

[223] Zur Vertragsauslegung im Völkerrecht *Herdegen* (Fn. 37), § 15 Rn. 28 ff.; und *Geiger* (Fn. 96), S. 107 ff.

dungsbefehls als Übernahmeanordnung zu einer besseren Übereinstimmung von innerstaatlicher und völkerrechtlicher Rechtslage.

12 Der Rechtsanwendungsbefehl ordnet an, dass eine bestimmte Regel des Völkerrechts ins innerstaatliche Recht übernommen wird und damit im Rahmen und als Bestandteil der deutschen Rechtsordnung gilt **(innerstaatliche Geltung)**. Um im Brückenbild zu bleiben kann man sagen, dass erst der Rechtsanwendungsbefehl die Brücke zwischen der Völkerrechtsnorm und der deutschen Rechtsordnung herstellt. Der Rechtsanwendungsbefehl spiegelt als Verweis auf die völkerrechtliche Rechtslage diese ins innerstaatliche Recht. In welcher Form der Rechtsanwendungsbefehl ergeht, ist für Verträge und für Gewohnheitsrecht gesondert zu erörtern.

2. Völkerrechtliche Verträge im deutschen Recht

a) Innerstaatliche Geltung und Rang von Völkervertragsrecht

13 Die innerstaatliche Geltung völkerrechtlicher Verträge wird durch einen auf den konkreten Vertrag bezogenen Rechtsanwendungsbefehl hergestellt. Dabei ist wie folgt zu unterscheiden:

- Wenn ein Vertrag nach Maßgabe von Art. 59 Abs. 2 Satz 1 GG der parlamentarischen Zustimmung durch Gesetz bedarf (oben § 4 Rn. 30 ff.), dann enthält dieses **Zustimmungsgesetz zugleich den Rechtsanwendungsbefehl** zu dem Vertrag; er macht diesen zu einem Bestandteil der innerstaatlichen Rechtsordnung. Das ist allerdings nicht etwa sichtbarer Regelungsinhalt von Art. 59 Abs. 2 Satz 1 GG, der nur die Organkompetenzverteilungsfrage regelt; vielmehr entspricht es übereinstimmender Auffassung, dass bei Ergehen eines Zustimmungsgesetzes auf einen separaten Rechtsanwendungsbefehl verzichtet werden kann. Zustimmungsgesetze kommen in der Praxis unspektakulär daher, oft haben sie nur folgenden Inhalt: „Dem nachstehend veröffentlichten Vertrag wird zugestimmt." Die Veröffentlichung des Vertrages im Bundesgesetzblatt (Teil II) erklärt sich daraus, dass der Vertrag in der Folge der Übernahmeanordnung wie ein innerstaatliches Gesetz **Bestandteil der deutschen Rechtsordnung** ist.
- Soweit ein Vertrag nicht der parlamentarischen Zustimmung bedarf, ergeht auch kein Zustimmungsgesetz. Dieser Verzicht auf ein Zustimmungsgesetz erklärt sich aber nur durch das fehlende Beteiligungsrecht des Parlaments nach Maßgabe von Art. 59 Abs. 2 Satz 1 GG und macht nicht etwa den Rechtsanwendungsbefehl entbehrlich. Vielmehr kann ein völkerrechtlicher Vertrag ohne Rechtsanwendungsbefehl die innerstaatliche Rechtsordnung nicht erreichen. Für nicht zustimmungsbedürftige Verträge, also für die so genannten **Verwaltungsabkommen** nach Art. 59 Abs. 2 Satz 2 GG, kann der Rechtsanwendungsbefehl in sehr unterschiedlicher Weise erteilt werden. Bei nicht einzelfallbezogenen Abkommen soll dies in der Regel durch

Rechtsverordnung, im Übrigen durch Verwaltungsvorschriften geschehen; Bedenken an dieser Konzeption mit Blick auf die fehlende Kompetenz der Regierung zum Erlass autonomer Rechtsverordnungen und auf die fehlende Außenwirkung von Verwaltungsvorschriften seien hier einmal ausgeblendet. Praxisrelevant geworden ist die Frage der Übernahme nicht zustimmungsbedürftiger Verträge in die deutsche Rechtsordnung im Streit um die **Dresdner Waldschlösschenbrücke**, anlässlich deren Baus das Dresdner Elbtal den Weltkulturerbestatus verloren hat[224]. Hier stellte sich die Frage, ob und inwieweit die UNESCO-Konvention[225] vom deutschen Rechtsanwender im Rechtsstreit über den Bau der Brücke heranzuziehen war[226]. Denn es war nicht ohne Weiteres zu erkennen, ob ein Rechtsanwendungsbefehl überhaupt ergangen war[227] und in welcher Form dieser hätte ergehen müssen[228].

Innerstaatlich richtet sich der **Rang des Völkerrechts** nach dem Rang des Rechtsanwendungsbefehls. Verträge, die nach Art. 59 Abs. 2 Satz 1 GG der gesetzlichen Zustimmung bedürfen, stehen deshalb im Rang von Bundesgesetzen (s. dazu ergänzend und relativierend unten Rn. 38d f.). Soweit der Rechtsanwendungsbefehl bei Verwaltungsabkommen in einer Rechtsverordnung enthalten ist, gilt der Vertrag im Rang einer Rechtsverordnung. Damit müssten allerdings Widersprüche zwischen einem Vertrag und einem Gesetz häufig zu Lasten des Völkerrechts aufgelöst werden: beim nicht zustimmungsbedürftigen Vertrag wegen seines untergesetzlichen Rangs immer und beim zustimmungsbedürftigen Vertrag wegen seines Gesetzesrangs zumindest teilweise, nämlich aufgrund der allgemeinen lex posterior-Regel, also dem Vorrang der späteren vor der früheren Norm. Dadurch käme es aber zu einem Völkerrechtsverstoß Deutschlands. Dieses Ergebnis versucht das Bundesverfassungsgericht jedoch unter Rückgriff auf einen ungeschriebenen Verfassungsgrundsatz der Völkerrechtsfreundlichkeit zu vermeiden (dazu und zur Zulässigkeit eines *Treaty Override* noch unten Rn. 38a ff.). **14**

---

[224] Der Streit ist als Klausurfall aufbereitet bei *A.L. Paulus*, Staatsrecht III, 2010, S. 19 ff.

[225] Übereinkommen zum Schutz des Kultur- und Naturerbes der Welt vom 23. November 1972, BGBl. 1977 II, S. 215, Sartorius II, Nr. 410.

[226] S. dazu VG Dresden, Beschluss vom 30. August 2006, 12 K 1768/06, juris; Sächsisches OVG, Beschluss vom 9. März 2007, 4 BS 216/06, DÖV 2007, S. 564; und BVerfG, Beschluss der 1. Kammer des Zweiten Senats vom 19. Mai 2007, 2 BvR 695/07, DVBl. 2007, S. 901 – Dresdner Waldschlösschenbrücke.

[227] Allerdings findet sich im Bundesgesetzblatt eine Bekanntmachung, nach der das Übereinkommen für Deutschland in Kraft getreten ist, s. BGBl. 1977 II, S. 213.

[228] Dazu *U. Fastenrath*, Der Schutz des Weltkulturerbes in Deutschland – Zur innerstaatlichen Wirkung von völkerrechtlichen Verträgen ohne Vertragsgesetz, DÖV 2006, S. 1017 ff.; und *A. von Bogdandy/D. Zacharias*, Zum Status der Weltkulturerbekonvention im deutschen Rechtsraum, NVwZ 2007, S. 527 ff.

b) Unmittelbare Anwendbarkeit und Einklagbarkeit

15 Soweit völkerrechtliche Rechtsnormen auf der Basis eines Rechtsanwendungsbefehls zu einem Bestandteil des innerstaatlichen Rechts geworden sind, erstreckt sich die Bindung des Rechtsanwenders an Gesetz und Recht (Art. 20 Abs. 3 GG) auch auf diese Normen. Ob eine Völkerrechtsnorm dem Rechtsanwender aber einen **verbindlichen Handlungs- und Entscheidungsmaßstab** liefert, hängt nicht allein von der innerstaatlichen Geltung, sondern **zusätzlich** von der **unmittelbaren Anwendbarkeit** der Norm ab, d.h. von der Eignung, direkt und ohne Umsetzungs- oder Konkretisierungsschritte angewendet zu werden. Für innerstaatliche Gesetze ist diese unmittelbare Anwendbarkeit so selbstverständlich, dass sich die Frage hier nicht stellt. Denn innerstaatliche Gesetze richten sich von vornherein an den Bürger und an den einzelnen Rechtsanwender. Demgegenüber richten sich völkerrechtliche Normen in der Regel zunächst einmal an den Gesetzgeber, der bestimmte völkerrechtliche Vorgaben durch den Erlass konkretisierender Vorschriften des innerstaatlichen Rechts ausführen muss. Die Bürger der einzelnen Staaten und deren Rechtsanwender sind dagegen im Normalfall keine Adressaten völkerrechtlicher Normen (oben § 2 Rn. 11). Deshalb sind völkerrechtliche Normen häufig inhaltlich nicht sehr bestimmt gefasst und geben lediglich bestimmte Ziele vor, die im Wege innerstaatlicher Rechtsetzung konkretisiert und implementiert werden. Wenn es etwa in Art. 6 Abs. 2 KRK[229] heißt, dass die Vertragsstaaten „in größtmöglichem Umfang die Entwicklung des Kindes gewährleisten", dann fehlt es dieser Bestimmung an hinreichender Bestimmtheit, um dem Rechtsanwender für die Lösung einer konkreten Rechtsfrage und für die Entscheidung eines bestimmten Rechtsstreits etwa im Familien- oder im Sozialrecht einen konkreten, hinreichend bestimmten Entscheidungsmaßstab an die Hand zu geben. In der gleichen Konvention heißt es dagegen in Art. 7 Abs. 1, dass Kinder „unverzüglich nach der Geburt in ein Register einzutragen sind". Diese Verpflichtung ist hinreichend konkret, um vom Rechtsanwender – freilich erst und nur dort, wo ein solches Register eingerichtet worden ist – im Einzelfall befolgt zu werden.

15a Dass die unmittelbare Anwendbarkeit einer völkervertragsrechtlichen Norm nicht immer leicht zu bestimmen ist, hat sich im Streit um die Vereinbarkeit von Studiengebühren mit dem UN-Pakt über wirtschaftliche, soziale und kulturelle Rechte[230] gezeigt, dem der Bundestag durch Gesetz zugestimmt hat. Nach Art. 13 Abs. 2 lit. c) dieses Pakts erkennen die Vertragsstaaten an, dass zur Verwirklichung des Rechts auf Bildung „der Hochschulunterricht auf jede geeignete Weise, insbesondere durch allmähliche Einführung der Unentgeltlichkeit, jedermann gleichermaßen entsprechend seinen Fähigkeiten

---

[229] Oben Fn. 216.

[230] Internationaler Pakt über wirtschaftliche, soziale und kulturelle Rechte vom 19. Dezember 1966, BGBl. 1973 II, S. 1570, Sartorius II, Nr. 21, in Kraft getreten am 3. Januar 1976, BGBl. II, S. 428.

zugänglich gemacht werden muss". Auf dieser Grundlage machten Studierende, die nach Landesrecht zu Studiengebühren herangezogen worden waren, die Unvereinbarkeit dieser Gebühren mit dem Pakt gerichtlich geltend. Wegen der Geltung des Pakts im Rang eines Bundesgesetzes hätte sich dieser nach Art. 31 GG gegen die landesrechtlichen Regelungen über Studiengebühren durchgesetzt – aber nur im Fall der unmittelbaren Anwendbarkeit der Verpflichtung aus Art. 13 Abs. 2 lit. c), da ohne die unmittelbare Anwendbarkeit der Rechtsanwender nicht erreicht wird, für ihn also gar keine Kollisionslage besteht. Im Ergebnis haben die Verwaltungsgerichte das Bestehen einer Kollisionslage verneint, ohne allerdings das Problem stets richtig bei der Frage der unmittelbaren Anwendbarkeit zu lokalisieren[231]. Die Schwierigkeit liegt hier darin, dass die Norm sich im Hinblick auf die Vorgabe der „allmählichen Einführung der Unentgeltlichkeit" an sich primär an den Gesetzgeber richtet, sodass man ihr zum Zeitpunkt ihres Inkrafttretens sicherlich keine unmittelbare Anwendbarkeit im Sinne eines sofortigen Verbots bestehender Gebührenregelungen hätte zumessen dürfen. Ob jedoch das Gleiche gilt, wenn nach einer langen Phase der Unentgeltlichkeit mehrere Jahrzehnte nach dem Inkrafttreten des Pakts neue Gebührenregelungen getroffen werden, ist zweifelhaft[232].

Zusammenfassend lässt sich also sagen: Völkerrechtliche Normen sind unmittelbar anwendbar, wenn sie hinreichend bestimmt und unbedingt sind **(Anwendungsfähigkeit)**. Außerdem darf die unmittelbare Anwendbarkeit nicht – etwa durch einen entsprechenden Vorbehalt – auf der völkerrechtlichen Ebene ausgeschlossen worden sein[233] **(Anwendungsbefugnis)**, was selten der Fall ist und in Klausuren ohne entsprechenden Hinweis auch nicht nachgeprüft werden kann. **Sofern also innerstaatlich geltendes Völkerrecht unmittelbar anwendbar ist, muss es vom Rechtsanwender ebenso beachtet und befolgt werden wie sonstiges innerstaatliches Recht**. Fehlt es an dieser unmittelbaren Anwendbarkeit, so werden dadurch, soweit ein Rechtsanwendungsbefehl vorhanden ist, jedoch **mittelbare Wirkungen** völkerrechtlicher Normen im innerstaatlichen Recht nicht ausgeschlossen: So kann völkerrechtlichen Vorgaben geringerer Ausdifferenzierung, wie sie etwa bei Zielbestimmungen gegeben ist, bei der Auslegung und Anwendung des innerstaatlichen Rechts Rechnung getragen werden. **16**

[231] Für eine eingehende Auseinandersetzung mit der verwaltungsgerichtlichen Rechtsprechung s. *M. Payandeh*, Die Internationalisierung der Rechtsordnung als Herausforderung für die Gesetzesbindung, RW 2013, S. 397 (404 ff.).

[232] Überwiegend wird von der Völkerrechtskonformität von Studiengebühren ausgegangen, s. etwa *E. Riedel/S. Söllner*, Studiengebühren im Lichte des UN-Sozialpakts, JZ 2006, S. 270 ff.; anders *S. Lorenzmeier*, Völkerrechtswidrigkeit der Einführung von Studienbeiträgen und deren Auswirkung auf die deutsche Rechtsordnung, NVwZ 2006, S. 759 ff.

[233] Dies war für die Kinderrechtskonvention zunächst der Fall, die entsprechende Erklärung der Bundesregierung wurde allerdings inzwischen zurückgenommen, dazu *R.A. Lorz/H. Sauer*, Kinderrechte ohne Vorbehalt, MRM 2011, S. 16 ff.

17 Von der unmittelbaren Anwendbarkeit einer völkerrechtlichen Bestimmung zu trennen ist die Frage, ob sich der Einzelne im innerstaatlichen Recht auf eine Völkerrechtsnorm berufen, etwaige völkerrechtliche Rechtspositionen also auch **prozessual durchsetzen** kann. Das ist in der deutschen Rechtsordnung grundsätzlich nur dort möglich, wo dem Einzelnen **subjektive Rechte** verliehen werden (denken Sie an § 42 Abs. 2 VwGO für die Anfechtungs- und die Verpflichtungsklage oder an die Voraussetzung der Beschwerdebefugnis bei der Verfassungsbeschwerde). **Völkerrechtskonformes Handeln einklagen** kann der Einzelne deshalb nur dort, wo Völkerrecht erstens (in objektiver Hinsicht) unmittelbar anwendbar ist und ihm zweitens (in subjektiver Hinsicht) eigene subjektive Rechte verleiht. Das kommt vor allem im Bereich von Menschenrechtsabkommen in Betracht, da Menschenrechte gerade dazu da sind, dem Einzelnen individuelle Rechte zu verleihen[234]. Für das Beispiel des S. und die Wirkungen des Konsularrechtsübereinkommens im deutschen Recht (oben § 1 Rn. 11 ff.) hat der Internationale Gerichtshof festgestellt, dass die in Rede stehende völkerrechtliche Bestimmung – Art. 36 Abs. 1 lit. b) des Konsularrechtsübereinkommens[235] – dem Schutz der Rechte des Betroffenen dient[236]; deshalb ist es grundsätzlich möglich, sich auf eine Verletzung dieser Bestimmung im innerstaatlichen Verfahren zu berufen.

18 **Lösung Fall 4: a)** Die Frage ist, welche Aussage sich Art. 3 Abs. 1 KRK für die planerische Abwägung nach § 1 Abs. 7 BauGB entnehmen lässt. Durch das nach Maßgabe von Art. 59 Abs. 2 Satz 1 GG erforderliche Zustimmungsgesetz zur KRK (die KRK ist ein Vertrag, dessen Inhalt teilweise in Gesetzesform umgesetzt werden muss) ist die Konvention Bestandteil der innerstaatlichen Rechtsordnung geworden (innerstaatliche Geltung). Sie ist daher vom Rechtsanwender bei thematischer Einschlägigkeit heranzuziehen, soweit sie unmittelbar anwendbar ist. Da Art. 3 Abs. 1 KRK hinreichend bestimmt und unbedingt die Verpflichtung enthält, bei allen Kinder betreffenden Maßnahmen das Kindeswohl vorrangig zu berücksichtigen, handelt es sich um eine unmittelbar anwendbare Vertragsbestimmung[237], auch wenn das Wohl des Kindes im einzelnen Fall schwer zu bestimmen sein mag. Die planende Gemeinde hätte daher das Kindeswohl als Abwägungsbelang im Sinne von § 1 Abs. 6 BauGB bei der Bauleitplanung berücksichtigen müssen – und zwar vorrangig. Das hat sie nicht getan, vielmehr hat sie das Kindeswohl nur als einen Belang unter vielen angesehen, sie hat die völkerrechtliche Heraushebung aus dem Kreis anderer Belange also nicht erkannt. Diese Heraushebung bedeutet zwar nicht, dass das Kindeswohl durch entgegenstehende Belange nicht überwunden werden kann, doch steht der Planungsträger hierbei wegen der Verpflichtung zur „vorrangigen Berücksichtigung"

---

[234] Gleiches gilt im Grundsatz für das so genannte humanitäre Völkerrecht, d.h. die Regelungen, die für bewaffnete Konflikte insbesondere zum Schutz der Zivilbevölkerung gelten (s. dazu LG Bonn, Urteil vom 11. Dezember 2013, 1 O 460/11, Rn. 50, JZ 2014, S. 411, zum drittschützenden Charakter im Rahmen der Prüfung eines Amtshaftungsanspruchs).

[235] Für den Wortlaut s. oben § 1 Rn. 12.

[236] S. die Nachweise oben Fn. 18.

[237] Dazu im Einzelnen *R.A. Lorz*, Der Vorrang des Kindeswohls nach Art. 3 der UN-Kinderrechtskonvention in der deutschen Rechtsordnung, 2003, S. 18 ff. m.w.N.

unter einer erhöhten Begründungslast. Die planerische Abwägung ist daher fehlerhaft. Der als Satzung ergehende Bebauungsplan (§ 10 Abs. 1 BauGB) ist damit unwirksam, was das Oberverwaltungsgericht im Normenkontrollverfahren nach § 47 VwGO feststellen kann[238].

b) Das Kind kann sich auf Art. 3 Abs. 1 KRK berufen, wenn diese Norm ihm ein subjektives Recht verleiht. Dies ist der Fall, da die Kindeswohlberücksichtigung gerade auch dazu dient, spezifisch die Anliegen von Kindern zu begünstigen, und insofern nicht lediglich im öffentlichen Interesse erfolgt[239]. Verfahrensrechtlich richtet sich die Beteiligung im Planungsverfahren (§ 3 BauGB) nach §§ 11, 12 VwVfG.

Das Fallbeispiel zeigt, dass die Einwirkungen teilweise recht unscheinbarer Konventionen in das innerstaatliche Recht sehr weitgehend sein können. Umso wichtiger ist es, dass den Rechtsanwendern der Stellenwert des Völkerrechts und seine Wirkweisen im innerstaatlichen Recht vertraut sind.

3. Völkergewohnheitsrecht im deutschen Recht

Fall 5: Im Jahr 1999 geriet Argentinien in erhebliche finanzielle Schwierigkeiten, musste Kredite vom Internationalen Währungsfonds (IWF) in Anspruch nehmen und erklärte im Jahr 2002 schließlich seine Zahlungsunfähigkeit und den staatlichen Notstand. Das veranlasste zahlreiche private Gläubiger argentinischer Staatsanleihen weltweit dazu, Argentinien aus den Anleihen auf Rückzahlung in Anspruch zu nehmen. G1 und G2 sind ebenfalls Gläubiger argentinischer Staatsanleihen und haben ihren Wohnsitz in Deutschland. Vor den jeweils zuständigen Landgerichten verklagen die beiden Argentinien auf Rückzahlung eines Betrages in Höhe von je 50 Millionen Euro und verweisen auf Staatsanleihen in Höhe dieses Betrags. G2 verweist zudem auf eine Klausel in seinen Anleihebedingungen, nach der Argentinien auf seine Immunität im Erkenntnis- und Vollstreckungsverfahren verzichtet hat. Die beklagte Republik Argentinien bestreitet die Forderungen dem Grunde nach nicht. Sie wendet aber gegen die Klagen ein, sie habe bereits im Jahr 2002 den Staatsnotstand erklärt, was auch bedeute, dass Anleihen privater Gläubiger nicht mehr bedient werden müssten. Gegen die Forderung des G2 macht sie zusätzlich geltend, der Verzicht auf die Immunität vor den Gerichten anderer Staaten verstoße in dieser allgemeinen Form gegen die völkergewohnheitsrechtlichen Grundsätze über die Staatenimmunität. 19

Was können die Landgerichte hinsichtlich der völkerrechtlichen Aspekte der Streitigkeit tun?

a) Innerstaatliche Geltung und Rang

Nach Art. 25 Satz 1 GG sind die allgemeinen Regeln des Völkerrechts Bestandteil des Bundesrechts. Diese Norm wirkt also als **genereller Rechtsanwendungsbefehl** für alle allgemeinen Regeln des Völkerrechts. Darunter versteht das Grundgesetz sowohl das Völkergewohnheitsrecht als auch die allgemeinen Rechtsgrundsätze (oben Rn. 2). Nach Art. 25 Satz 2 GG stehen die innerstaatlich geltenden allgemeinen Regeln des Völkerrechts im Rang sogar über den Gesetzen, was überwiegend als **Zwischenrang** zwischen den 20

---

[238] S. dazu im Einzelnen *Lorz/Sauer* (Fn. 233), S. 16 ff.

[239] Zur Schutznormlehre im öffentlichen Recht *S. Detterbeck*, Allgemeines Verwaltungsrecht mit Verwaltungsprozessrecht, 14. Aufl. 2016, Rn. 394 ff.

Gesetzen und dem Grundgesetz verstanden wird[240]. Art. 25 GG führt damit zu einer recht weitgehenden, automatischen und den Gesetzen vorgehenden Einwirkung aller allgemeinen Regeln des Völkerrechts in die innerstaatliche Rechtsordnung und wird deshalb als besonderer **Ausdruck der Offenheit und Völkerrechtsfreundlichkeit** des Grundgesetzes verstanden.

b) Unmittelbare Anwendbarkeit und Einklagbarkeit

21 Allgemeine Regeln des Völkerrechts sind unter den gleichen Voraussetzungen **unmittelbar anwendbar** wie völkerrechtliche Vertragsbestimmungen. Tendenziell wird es dem oft relativ vagen Gewohnheitsrecht häufig an der unmittelbaren Anwendbarkeit fehlen, weil ihm exakte Direktiven für die Entscheidung konkreter Rechtsfragen nicht ohne Weiteres entnommen werden können. Das bedeutet allerdings nicht, dass allgemeine Regeln des Völkerrechts nicht auch sehr konkret sein und deshalb für innerstaatliche Rechtsstreitigkeiten Bedeutung erlangen können.

22 Die Anordnung in Art. 25 Satz 2 GG, dass die allgemeinen Regeln des Völkerrechts **Rechte und Pflichten unmittelbar für den Einzelnen** erzeugen, steht nach überwiegender Auffassung unter dem Vorbehalt, dass die konkrete Völkerrechtsnorm eine Berechtigung des Einzelnen entweder bereits selbst begründet (z.B. in Form menschenrechtlicher Garantien – insofern hat Art. 25 Satz 2 GG nur deklaratorische Bedeutung) oder sich nach ihrem Schutzgehalt zumindest für eine Subjektivierung eignet, weil sie zwar nicht selbst eine individuelle Rechtsposition begründet, aber in der Sache doch dem Schutz des Einzelnen dient (wie z.B. bestimmte verfahrensrechtliche Anforderungen im heute allerdings überwiegend durch völkerrechtliche Verträge geregelten Auslieferungsverkehr[241] – insofern hat Art. 25 Satz 2 GG dann konstitutive Bedeutung). Art. 25 Satz 2 GG führt also entgegen seinem etwas missverständlichen Wortlaut nicht dazu, dass auch allein staatengerichtete Regeln wie etwa zur völkerrechtlichen Immunität des Staates vor den Gerichten anderer Staaten[242] oder zum Verbot zwischenstaatlicher Gewaltanwendung (s. oben § 5 Rn. 3 f.) von Einzelnen eingeklagt werden können; ein **Adressatenwechsel** findet hier also nicht statt[243]. Nimmt man einen solchen Adressatenwechsel auch für allein staatengerichtete Regelungen ohne individuellen Schutzgehalt an, so entsteht das Problem, dass man entweder Rechtsbehelfe ohne eigene Betroffenheit als in der Logik von Art. 25 Satz 2 GG liegend hinnehmen muss oder aber zur

[240] So auch BVerfGE 111, 307 (318) – Görgülü.
[241] Dazu *Jarass*, in: ders./Pieroth (Fn. 65), Art. 25 Rn. 13.
[242] Dazu *Herdegen* (Fn. 37), § 37 Rn. 5 ff.
[243] Wie hier *Schweitzer/Dederer* (Fn. 89), Rn. 876 ff.; *Geiger* (Fn. 96), S. 158 f. m.N. auch zur Gegenauffassung; mit eingehender Begründung aus der Entstehungsgeschichte des Art. 25 GG überzeugend BVerwG, Urteil vom 5. April 2016, 1 C 3.15, juris.

Vermeidung von Popularklagen eine individuelle Betroffenheit fordern muss, wie sie in Art. 25 Satz 2 GG eigentlich nicht angelegt ist[244].

Soweit in einem konkreten Fall Zweifel über Inhalt oder Tragweite einer allgemeinen Regel des Völkerrechts bestehen, muss nach Art. 100 Abs. 2 GG das BVerfG angerufen werden. Dieses **Völkerrechtsverifikationsverfahren** begründet ein Entscheidungsmonopol des BVerfG bei Ungewissheit über das Bestehen oder den Inhalt einer allgemeinen Regel des Völkerrechts und soll verhindern, dass Zweifelsfragen des Völkerrechts von den deutschen Fachgerichten uneinheitlich entschieden werden. Das Verfahren hat insofern eine **Gewährleistungsfunktion** für die Beachtung und richtige Anwendung des allgemeinen Völkerrechts[245], womit zugleich Völkerrechtsbrüche der Bundesrepublik vermieden werden sollen. Legt ein Fachgericht trotz bestehender Zweifel über den Inhalt oder die Tragweite einer Regel des allgemeinen Völkerrechts die Frage nicht nach Art. 100 Abs. 2 GG dem BVerfG vor, kann darin eine Entziehung des gesetzlichen Richters und damit ein – verfassungsbeschwerdefähiger – Verstoß gegen Art. 101 Abs. 1 Satz 2 GG liegen[246]. 23

Lösung Fall 5: Die Landgerichte sollten Vorlagen an das BVerfG nach Art. 100 Abs. 2 GG in Betracht ziehen. Eine solche Vorlage ist geboten, wenn in einem Rechtsstreit zweifelhaft ist, ob (und das bedeutet auch: mit welchem Inhalt) eine allgemeine Regel des Völkerrechts Bestandteil des Bundesrechts ist. Ein Ausgangsrechtsstreit ist gegeben. Objektive Zweifel hinsichtlich des allgemeinen Völkerrechts liegen ebenfalls vor, denn es ist nicht ohne Weiteres ersichtlich, ob ein Staat pauschal auf seine Immunität verzichten kann (erste Frage, betreffend G2) und welche Folgen die Erklärung des Staatsnotstands für private Anleihegläubiger hat (zweite Frage, betreffend beide Klagen). Nach dem BVerfG kann eine Vorlage aber nur dann erfolgen, wenn – wie es für die konkrete Normenkontrolle in Art. 100 Abs. 1GG explizit genannt ist – die zweifelhafte allgemeine Regel des Völkerrechts entscheidungserheblich ist. Das ist hier der Fall, denn ohne die völkerrechtlichen Einwendungen der Beklagten, über deren Tragfähigkeit Zweifel bestehen, wäre den Klagen stattzugeben. Vorlagen nach Art. 100 Abs. 2 GG sind also zulässig, soweit die vorlegenden Gerichte die Begründungsanforderungen wahren, wie sie sich aus § 84 i.V.m. § 80 BVerfGG ergeben. 24

Auf die Vorlagen entscheidet das BVerfG, ob und mit welchem Inhalt die fraglichen Regeln Bestandteil des Bundesrechts sind, § 83 Abs. 1 BVerfGG. Auf dieser Basis ent-

---

244 So jüngst das VG Köln zur Frage der Klagebefugnis eines Anwohners der US-amerikanischen Airbase in Ramstein, der die Bundesrepublik Deutschland im Klagewege dazu verpflichten wollte, Kriegsführungen der USA, in denen der Kläger eine Verletzung des Gewaltverbots sah, nicht zu unterstützen bzw. zu hindern (VG Köln, Urteil vom 24. März 2013, 1 K 2822/12, juris; mit gleichem Ergebnis, aber mit differenzierterer Begründung jetzt auch das Revisionsurteil des BVerwG vom 5. April 2016, 1 C 3.15, juris; zum Problem eingehend *B. Kessler/T.R. Salomon*, Die Klagebefugnis aufgrund Völkergewohnheitsrechts im Verwaltungsprozess am Beispiel des Gewaltverbots, DÖV 2014, S. 283); s. in diesem Zusammenhang auch VG Köln, Urteil vom 27. Mai 2015, 3 K 5625/14, juris, zur Zulässigkeit, aber fehlenden Begründetheit einer auf ein deutsches Einschreiten gegen von Ramstein aus gesteuerte Drohnenangriffe gerichteten Klage jemenitischer Staatsangehöriger.

245 BVerfGE 75, 1 (11) – Doppelbestrafungsverbot.

246 S. z.B. BVerfGE 23, 288 (315 ff.) – Kriegsfolgelasten.

scheiden die Fachgerichte dann den jeweiligen Ausgangsrechtsstreit. Im Vorbildfall für den Fall des G2 hat das BVerfG entschieden, dass ein pauschaler Verzicht auf die Vollstreckungsimmunität nach allgemeinem Völkerrecht unwirksam ist[247]. Damit kann die Beklagte hinsichtlich der Klage des G2 zumindest einer Vollstreckung entgehen (gleiches gilt im Ergebnis auch für die Klage von G1, hier war nur kein Immunitätsverzicht erklärt worden). In einem Parallelverfahren hat das BVerfG festgestellt, dass es keine allgemeine Regel des Völkerrechts gibt, nach der gegen die Erfüllung privatrechtlicher Forderungen der Staatsnotstand eingewendet werden kann[248]. Damit haben die Klagen von G1 und G2 zumindest im Erkenntnisverfahren Aussicht auf Erfolg.

Das Beispiel zeigt, dass die vermeintlich so vagen allgemeinen Regeln des Völkerrechts auch Bedeutung für zivilrechtliche Streitigkeiten erlangen können.

4. Zusammenfassung

25 Zusammenfassend seien Unterschiede und Zusammenhänge der innerstaatlichen Geltung, der unmittelbaren Anwendbarkeit und der Einklagbarkeit von Völkerrecht im deutschen Recht anhand des folgenden Schemas dargestellt:

Wirkungen des Völkerrechts im innerstaatlichen Recht I

1. Stufe: Innerstaatliche Geltung

Frage: Ist eine Rechtsnorm Bestandteil der innerstaatlichen Rechtsordnung?

Das ist der Fall, wenn es einen Rechtsanwendungsbefehl für die konkrete völkerrechtliche Rechtsnorm gibt.

→ notwendige, aber nicht hinreichende Bedingung für:

2. Stufe: Unmittelbare Anwendbarkeit

Frage: Kann diese Rechtsnorm auch auf konkrete Fälle angewendet werden?

Das ist der Fall, wenn die Rechtsnorm hinreichend bestimmt gefasst ist (self-executing) und wenn die Anwendung nicht ausnahmsweise auf der völkerrechtlichen Ebene ausgeschlossen wurde.

→ notwendige, aber nicht hinreichende Bedingung für:

3. Stufe: Einklagbarkeit

Frage: Kann der Einzelne sich auf die Rechtsnorm berufen?

Das ist der Fall, wenn die konkrete Völkerrechtsnorm dem Einzelnen ein subjektives Recht verleiht (insbesondere: Menschenrechtsverträge).

247 BVerfGE 117, 141 – Argentinien I
248 BVerfGE 118, 124 – Argentinien II.

III. Die deutsche Einbindung in internationale Organisationen

Fall 6: Nehmen Sie an, im Fall der F. (Einfrieren der Konten wegen Terrorismusverdachts, oben § 1 Rn. 10) beruht das Vorgehen der Bundesbank nicht auf einer Verordnung der EU, sondern auf einer innerstaatlichen Rechtsvorschrift zur Umsetzung der Resolution des UN-Sicherheitsrats. 26

Wie wird das Verwaltungsgericht im Rahmen einer Anfechtungsklage der F. gegen die Anweisung der Kontensperrung durch die Bundesbank gegenüber ihrer Hausbank entscheiden, wenn es davon ausgeht, dass der angegriffene Verwaltungsakt deutsche Grundrechte der F. verletzt?

Fall 7: Was muss der BGH in einem strafrechtlichen Revisionsverfahren tun, wenn der Verurteilte zutreffend geltend macht, während des gesamten Strafverfahrens nicht über sein Recht aus Art. 36 Abs. 1 lit. b) des Wiener Konsularrechtsübereinkommens (zum Wortlaut oben § 1 Rn. 12) belehrt worden zu sein, wonach er konsularischen Beistand seines Heimatstaats in Anspruch nehmen kann? 27

1. Integrationsnormen: Artt. 24 Abs. 1 und 2, 59 Abs. 2 GG

Unter den völkerrechtlichen Verträgen sind solche Verträge besonders hervorzuheben, mit denen Deutschland, wie etwa in den 1950er Jahren mit der Gründung der Europäischen Gemeinschaften oder 1994 mit der Welthandelsorganisation geschehen, zusammen mit anderen Staaten internationale Organisationen gründet oder bereits bestehenden Organisationen beitritt, wie es 1955 für die NATO und 1973 für die Vereinten Nationen erfolgte. In der Regel handelt es sich bei solchen Verträgen, jedenfalls wenn es sich um nicht ganz unbedeutende Organisationen handelt, um **politische Verträge**, die nach Art. 59 Abs. 2 Satz 1 GG der parlamentarischen Zustimmung bedürfen. 28

Ist mit der Gründung der oder dem Beitritt zur Organisation eine **Übertragung von Hoheitsrechten** (oben § 3 Rn. 7) verbunden, folgt die Notwendigkeit eines Zustimmungsgesetzes bereits aus Art. 24 Abs. 1 GG (speziell für die EU gilt Art. 23 Abs. 1 Satz 2 GG). Das ist aber nur der Fall, wenn die Organisation ohne weiteren Umsetzungsakt in den innerstaatlichen Bereich hineinwirken und dort Hoheitsgewalt mit Wirkung für den Einzelnen ausüben kann **(Durchgriffswirkung)**, es sich also um eine **supranationale Organisation** handelt; für den **Regelfall der nicht-supranationalen Organisationen** gilt Art. 24 Abs. 1 GG nicht (oben § 3 Rn. 7). Bei Systemen gegenseitiger kollektiver Sicherheit vollzieht sich die Einbindung Deutschlands auf der Grundlage von Art. 24 Abs. 2 GG. 29

Art. 24 Abs. 1 GG: Übertragung von Hoheitsrechten

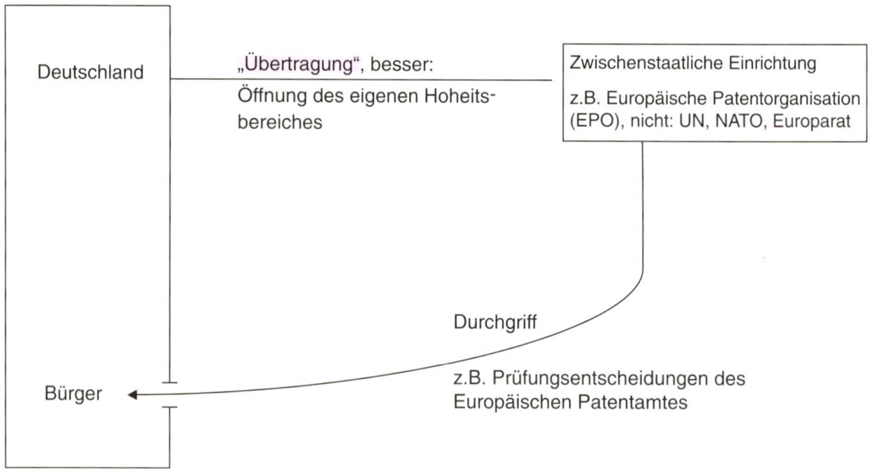

2. Die Integrationsfolgen

a) Sekundäres Völkerrecht im deutschen Recht

30 Von besonderem Interesse ist die Einbindung in internationale Organisationen aus verfassungsrechtlicher Sicht deshalb, weil einigen Organisationen die Befugnis eingeräumt wird, für die Mitgliedstaaten verbindliche Beschlüsse zu fassen oder gar auf bestimmten Gebieten Recht zu setzen. Man kann hier in Anlehnung an die europarechtliche Terminologie von **sekundärem Völkerrecht** sprechen. Unter dem Blickwinkel des Zusammenwirkens von Völkerrecht und staatlichem Recht stellt sich die Frage, ob und wie dieses sekundäre Völkerrecht in den staatlichen Rechtsraum einwirkt. Hierfür ist die Differenzierung zwischen supranationalen und nicht-supranationalen Organisationen von zentraler Bedeutung:

- **Maßnahmen supranationaler Organisationen** entfalten aus sich heraus Wirkungen im deutschen Rechtsraum, einer gesonderten Umsetzung bedarf es hier nicht. In der deutschen Zustimmung zu den supranationalen Handlungs- bzw. Rechtsetzungsbefugnissen liegt ein **vorweggenommener Rechtsanwendungsbefehl** für alle späteren Rechtsakte der Organisation. Besonders klar wird das auf der Ebene des Europarechts für Verordnungen, die nach Art. 288 Abs. 2 AEUV allgemeine Geltung haben und unmittelbar in jedem Mitgliedstaat gelten. Supranationale Befugnisse sind aus der Rechtsschutzperspektive nicht unproblematisch: Denn hier kommt es nicht mehr zu einem zwischen die Maßnahme der Organisation und den Bürger tretenden deutschen Umsetzungsakt, der nach Maßgabe von Art. 19 Abs. 4 GG vor deutschen Gerichten angegriffen werden kann. Das BVerfG geht deshalb nicht nur für supranationale Unionsrechtsakte[249], sondern auch für supranationale Akte anderer Organisationen davon aus, dass diese selbst **Gegenstand einer Verfassungsbeschwerde** sein können, obwohl es sich nicht um deutsche Rechtsakte handelt[250] (zu den verfassungsprozessrechtlichen Fragen und den aktuellen Entwicklungen im Einzelnen unten § 9 Rn. 52). Relevant geworden ist das für Maßnahmen des institutionell von der EU geschiedenen **Europäischen Patentamts**, das supranationale Befugnisse etwa bei der Zulassung von Vertretern aus den mitgliedstaatlichen Rechtsordnungen hat. Nach der Rechtsprechung des BVerfG ist gerade wegen des fehlenden Umsetzungserfordernisses grundsätzlich auch gegenüber solchen Maßnahmen in Deutschland Rechtsschutz zu gewähren. Allerdings kann der Beschwerdeführer auf organisationsinternen Rechtsschutz verwiesen werden, soweit dieser dem Standard des Grundgesetzes im Wesentlichen entspricht[251] (oben § 4 Rn. 7 f.).

- Soweit es wie im völkerrechtlichen Regelfall um **Maßnahmen nicht-supranationaler Organisationen** geht, bedürfen diese stets der **Umsetzung durch einen innerstaatlichen Rechtsakt**, d.h. sie erreichen aus sich heraus die innerstaatliche Rechtsordnung nicht. Die Resolutionen des UN-Sicherheitsrats zur Terrorismusbekämpfung bedürfen in Deutschland beispielsweise der Durchführung durch einen innerstaatlichen Ausführungsrechtsakt[252]. So ist es auch für die Vorgaben des IWF bei der Vergabe von Krediten: In einem weiteren Verfahren aus dem Kontext der argentinischen Finanzkrise hatte sich ein Gläubiger vor dem BVerfG gegen die Politik der Kreditvergabe durch den IWF gewendet, weil diese zu einem rigiden Sparkurs und letztlich dazu führe, dass Argentinien die von ihm gehaltenen Staatsanleihen nicht mehr bedienen könne. Das BVerfG stellte fest, dass der IWF keine supranationalen Befugnisse habe und daher seine Maßnahmen auch nicht tauglicher Gegenstand einer Verfassungsbeschwerde seien[253].

Die folgende Abbildung soll den Unterschied zwischen supranationalen und nicht-supranationalen Rechtsakten internationaler Organisationen ver- **31**

---

[249] BVerfGE 89, 155 (175) – Maastricht.

[250] Dazu sehr lesenswert *C. Walter*, Grundrechtsschutz gegen Hoheitsakte internationaler Organisationen, AöR 129 (2004), S. 39 (50 ff.).

[251] Grundlegend BVerfG, Beschluss der 4. Kammer des Zweiten Senats vom 4. April 2001, 2 BvR 2368/99, NJW 2001, S. 2705 – Europäisches Patentamt I; differenzierend dann BVerfG, Beschluss der 2. Kammer des Zweiten Senats vom 22. Juni 2006, 2 BvR 2093/05, NVwZ 2006, S. 1403 – Europäisches Patentamt IV.

[252] Es gibt allerdings zahlreiche Resolutionen des UN-Sicherheitsrats, die gar nicht auf eine innerstaatliche Anwendung zugeschnitten sind, sondern im zwischenstaatlichen Bereich verbleiben, wie etwa die Feststellung eines Bruchs des Friedens nach Art. 39 der UN-Charta.

[253] BVerfG, Beschluss der 1. Kammer des Zweiten Senats vom 4. Mai 2006, 2 BvR 120/03, NJW 2006, S. 2908 – Internationaler Währungsfonds.

anschaulichen: Während supranationale Akte unmittelbar auf den Bürger durch- und zugreifen können, bedürfen nicht-supranationale Akte stets eines **Vermittlungsakts**, die Rechtssphäre des Bürgers wird also erst durch einen staatlichen Hoheitsakt erreicht.

Supranationale und nicht-supranationale Akte internationaler Organisationen

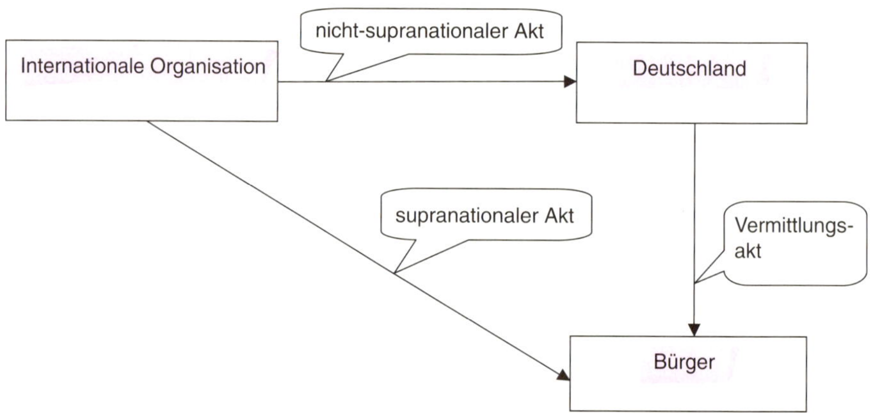

32 **Lösung Fall 6:** Wenn das Verwaltungsgericht davon ausgeht, dass das Einfrieren der Konten gegen deutsche Grundrechte verstößt (in der Praxis besteht das Problem vor allem darin, dass rechtliches Gehör nicht oder nur rudimentär gewährt wird[254]), dann ist der Verwaltungsakt rechtswidrig und verletzt die Klägerin in ihren Rechten, er muss also nach § 113 Abs. 1 Satz 1 VwGO aufgehoben werden. Völkerrechtlich gesehen ist dieses Ergebnis rechtswidrig, weil Deutschland damit gegen seine Pflicht zur Umsetzung von Resolutionen des Sicherheitsrats aus Art. 25 der UN-Charta verstößt; denn bereits die Resolution enthält in ihrem Anhang eine Liste mit Terrorismusverdächtigen, deren Konten eingefroren werden müssen, und auf dieser Liste erscheint auch die Klägerin. Im Kollisionsfall setzen sich innerstaatlich aber die Grundrechte gegen diese völkerrechtliche Verpflichtung durch[255]. Denn die UN-Charta und mit ihr die Resolutionen des Sicherheitsrats haben innerstaatlich nur den Rang einfacher Bundesgesetze (Art. 59 Abs. 2 Satz 1 GG), können also die Grundrechte nicht verdrängen. Dies könnte allenfalls auf der Grundlage des Verfassungsgrundsatzes der Völkerrechtsfreundlichkeit des Grundgesetzes diskutiert werden, weil dieser ein Auseinanderfallen zwischen Verfassungs- und Völkerrechtslage verhindern soll. Aber der Grundsatz der Völkerrechtsfreundlichkeit würde überdehnt, wenn man damit eine vollständige Verdrängung der deutschen Grundrechte begründen wollte[256], die

[254] Zur grundrechtlichen Problematik des so genannten *listing* EuGH, Urteil vom 3. September 2008, Rs. C-402/05 P u.a. (Kadi und Al-Barakaat Foundation), Slg. 2008, S. I–6351, Rn. 333 ff. mit Besprechung von *M. Rossi*, ZJS 2008, S. 551 ff., http://www.zjs-online.com.

[255] S. dazu *B. Fassbender*, Art. 19 Abs. 4 GG als Garantie innerstaatlichen Rechtsschutzes gegen Individualsanktionen des UN-Sicherheitsrats, AöR 132 (2007), S. 257 ff.

[256] Dazu *Sauer* (Fn. 11), S. 3687.

in ihrem Kernbestand sogar durch Art. 79 Abs. 3 GG geschützt werden[257]. Das bedeutet freilich nicht, dass auf der Grundlage der zur Umsetzung der Resolution ergangenen innerstaatlichen Vorschriften die Grundrechte nicht eingeschränkt werden können; hier ist das Verwaltungsgericht aber von einer nicht gerechtfertigten Einschränkung und damit von einer Grundrechtsverletzung ausgegangen.

Vertiefungshinweis: Im oben § 1 Rn. 10 geschilderten Beispielsfall ist die Lage kom- 33
plizierter, weil die Resolutionen des UN-Sicherheitsrats zur Terrorismusbekämpfung auf der Grundlage eines entsprechenden Kompetenzübergangs von den Mitgliedstaaten auf die EU teilweise von dieser umgesetzt werden, und zwar konkret in Form von Verordnungen. Das wirft zwei zusätzliche Probleme auf: Erstens stellt sich die Frage, ob eine deutsche Umsetzungsmaßnahme auch dann anhand der deutschen Grundrechte kontrolliert werden kann, wenn sie eine Verordnung der EU umsetzt, die Vorrang vor dem innerstaatlichen Recht der Mitgliedstaaten genießt (dazu eingehend unten § 9 Rn. 53 ff.). Zweitens ist die Frage aufgeworfen, ob der EuGH im Rahmen von Nichtigkeitsklagen gelisteter Personen oder Organisationen nach Art. 263 Abs. 4 AEUV (dazu unten § 8 Rn. 68 ff.) die Verordnung am Maßstab der Grundrechte der EU kontrollieren kann, wenn diese Verordnung eine Resolution des UN-Sicherheitsrat umsetzt. Das hängt von der im Einzelnen schwierigen und im Rahmen dieses Lehrbuchs nicht näher zu erörternden Frage ab, welche Rechtswirkungen UN-Resolutionen in der Rechtsordnung der EU zukommen[258]. Der EuGH ist überzeugend davon ausgegangen, dass eine grundsätzlich unbeschränkte Kontrolle der Verordnung am Maßstab der EU-Grundrechte erfolgen kann, zumal auf der Ebene der UN kein wirksamer Rechtsschutz gegen die Aufnahme auf eine Terroristenliste besteht[259].

[257] Dazu *Gröpl* (Fn. 61), Rn. 897 m.w.N.

[258] Zu dieser Frage etwa *H. Sauer*, Das Recht der Vereinten Nationen in der Europäischen Union, in: C. Binder u.a. (Hrsg.), Völkerrecht im innerstaatlichen Bereich, 2010, S. 19 ff.

[259] EuGH, Urteil vom 3. September 2008, Rs. C-402/05 P u.a. (Kadi und Al-Barakaat Foundation), Slg. 2008, I–6351, Rn. 278 ff.; dazu *Sauer* (Fn. 11), S. 3685 ff.

Wirkungen des Völkerrechts im deutschen Recht II					
	zustimmungsbedürftige Verträge (Art. 59 Abs. 2 Satz 1 GG)	**nicht zustimmungsbedürftige Verträge (Art. 59 Abs. 2 Satz 1 GG)**	**allgemeines Völkerrecht (Gewohnheitsrecht und allgemeine Rechtsgrundsätze)**	**supranationales sekundäres Völkerrecht**	**nicht-supranationales sekundäres Völkerrecht**
innerstaatliche Geltung	durch im Zustimmungsgesetz enthaltenen Rechtsanwendungsbefehl	Rechtsanwendungsbefehl erforderlich (häufig enthalten z.B. in einer Rechtsverordnung)	auf der Grundlage von Art. 25 Satz 1 GG gegeben	auf der Grundlage einer antizipierten Geltungsanordnung gegeben, ein spezieller Rechtsanwendungsbefehl ist nicht erforderlich	nicht gegeben; es bedarf eines innerstaatlichen Umsetzungsaktes
unmittelbare Anwendbarkeit	bei hinreichender Bestimmtheit der konkreten Vertragsbestimmung	wie	wie	wie	scheidet dementsprechend aus
Einklagbarkeit	wenn die konkrete Vertragsbestimmung dem Betroffenen ein subjektives Recht verleiht	wie	bei individualgerichteten völkerrechtlichen Normen auf der Grundlage von Art. 25 Satz 2 GG	wenn der Rechtsakt dem Betroffenen ein subjektives Recht verleiht	scheidet dementsprechend aus

b) Die Entscheidungen internationaler Gerichte im deutschen Recht

34 Soweit im Rahmen internationaler Organisationen Gerichte mit Rechtsprechungsbefugnissen betraut sind, stellt sich die Frage, welche Wirkungen deren Entscheidungen im innerstaatlichen Rechtsraum entfalten. Besonders wichtig, aber auch speziell gelagert ist diese Frage für Entscheidungen des Europäischen

Gerichtshofs für Menschenrechte (unten § 7 Rn. 15 ff.). Doch auch für die Entscheidungen des Internationalen Gerichtshofs, des Hauptrechtsprechungsorgans der Vereinten Nationen (Art. 92 der UN-Charta), stellt sich die Frage ihrer innerstaatlichen Bedeutung. Muss sich ein innerstaatliches Gericht bei der Feststellung oder der Auslegung von Völkerrecht an solchen Entscheidungen orientieren? Für den Fall des S. (oben § 1 Rn. 11 ff.) hat das BVerfG festgestellt, dass die zu Art. 36 Abs. 1 lit. b) des Konsularrechtsübereinkommens ergangenen Entscheidungen des IGH bei der Frage nach der innerstaatlichen Bedeutung des Belehrungsrechts aus dem Übereinkommen zu „berücksichtigen" seien. Es hat deshalb zweimal hintereinander eine Revisionsentscheidung des BGH aufgehoben[260].

Lösung Fall 7: Der Fall wirft die Frage auf, welche innerstaatlichen Wirkungen das Konsularrechtsübereinkommen in der deutschen Rechtsordnung hat. Auf der Grundlage des Zustimmungsgesetzes vom 26. August 1969[261] ist das Konsularrechtsübereinkommen Bestandteil der deutschen Rechtsordnung geworden (innerstaatliche Geltung). Nach Art. 36 Abs. 1 lit. b) Satz 3 WÜK haben die deutschen Behörden den Festgenommenen unverzüglich über sein Recht auf konsularischen Beistand zu belehren. Diese Verpflichtung ist inhaltlich hinreichend bestimmt und auch unbedingt gefasst, sie bedarf keiner weiteren Umsetzung mehr, um dem Verpflichteten vorgeben zu können, was er zu tun hat. Die fragliche Bestimmung des Konsularrechtsübereinkommens ist mit anderen Worten unmittelbar anwendbar[262]. **35**

Der BGH ist damit nach Art. 20 Abs. 3 GG als innerstaatlicher Rechtsanwender an diese Bestimmung wie an jede andere Bestimmung der deutschen Rechtsordnung gebunden, muss sie also im Revisionsverfahren beachten. Die Verletzung von unmittelbar anwendbarem Völkerrecht kann grundsätzlich einen Revisionsgrund darstellen, denn nach § 337 StPO kann die Revision darauf gestützt werden, dass eine Rechtsnorm nicht oder nicht richtig angewendet worden ist und das angegriffene Strafurteil auf dieser Verletzung beruht.

Hier ist eine nach Art. 20 Abs. 3 GG zu berücksichtigende Rechtsnorm nicht angewendet worden. Bei der Frage, ob das Strafurteil auf dieser Verletzung des Belehrungsrechts aus dem Übereinkommen beruht, muss der BGH nach der Rechtsprechung des BVerfG auch die zu diesem Belehrungsrecht ergangene Rechtsprechung des Internationalen Gerichtshofs „berücksichtigen". Der IGH hat in mehreren zum US-amerikanischen Strafprozessrecht ergangenen Urteilen festgestellt, die Konsequenzen einer Rechtsverletzung im Strafverfahren richteten sich grundsätzlich nach innerstaatlichem Recht; dieses müsse allerdings die Überprüfung ermöglichen, ob dem Betroffenen aus der Rechtsverletzung

---

[260] BVerfG, Beschluss der 1. Kammer des Zweiten Senats vom 19. September 2006, 2 BvR 2115/01 u.a., NJW 2007, S. 499 – Konsularrechtsübereinkommen I; und BVerfG, Beschluss der 2. Kammer des Zweiten Senats vom 8. Juli 2010, 2 BvR 2485/07 u.a., NJW 2011, S. 207 – Konsularrechtsübereinkommen II.

[261] BGBl. 1969 II, S. 1585.

[262] So auch BVerfG, Beschluss der 2. Kammer des Zweiten Senats vom 8. Juli 2010, 2 BvR 2485/07 u.a., NJW 2011, S. 207 (209) – Konsularrechtsübereinkommen II; mit Wirkung zum 1. Januar 2010 wurde die Verpflichtung aus Art. 36 Abs. 1 lit. b) Satz 3 WÜK aus Klarstellungsgründen nunmehr in § 114b Abs. 2 Satz 3 StPO aufgenommen.

im weiteren Verlauf des Verfahrens ein Nachteil entstanden sei[263]. Freilich ist dabei nicht völlig klar, was die „Berücksichtigung" dieser Rechtsprechung des IGH genau bedeutet – zumal wenn man bedenkt, dass die Urteile des IGH zu Fällen aus dem US-amerikanischen Strafprozessrecht ergangen sind, von dem sich das deutsche Revisionsrecht deutlich unterscheidet. In der Sache bleibt erheblicher Spielraum des BGH für die Einpassung der Rechtsprechung des IGH in das deutsche Revisionsrecht[264], das mit der Beruhensprüfung (§ 337 Abs. 1 StPO) recht gut zur Vorgabe des IGH passt, nach der zu prüfen ist, ob dem Verletzten aus der Rechtsverletzung ein Nachteil entstanden ist. Aus der Verfassungsrechtsprechung durfte also nicht etwa gefolgert werden, dass die Revision des S. im dritten Durchgang zwingend erfolgreich sein müsste[265]. Denn der BGH hatte diesen Spielraum nicht durch ein völkerrechtswidriges Ergebnis überdehnt, sondern dadurch, dass er sich mit der Rechtsprechung des IGH nicht ernsthaft auseinandergesetzt hatte[266]. Und tatsächlich hat der BGH die Revision denn auch erneut verworfen[267].

36 **Vertiefungshinweis:** Vielleicht haben Sie sich gefragt, warum auf die – nach der Rechtsprechung des IGH zu bejahende – Frage eines subjektiven Rechts des S. aus Art. 36 Abs. 1 lit. b) Satz 3 WÜK nicht eingegangen wurde. Die Frage der Einklagbarkeit (oben Rn. 17) stellt sich hier deshalb nicht, weil anders als im Verwaltungsprozess, wo eine Klage nur zulässig ist, wenn möglicherweise ein subjektives Recht des Klägers verletzt ist, die strafrechtliche Revision die Verletzung eines subjektiven Rechts nicht voraussetzt. § 337 StPO spricht nicht von der „Verletzung von Rechten des Angeklagten", sondern von der „Verletzung des Gesetzes". Auch der Katalog der absoluten Revisionsgründe in § 338 StPO zeigt, dass es der Revision nicht allein um die Verteidigung von Rechten des Verurteilten, sondern allgemein um ein rechtsstaatliches Strafverfahren geht[268].

IV. Die Völkerrechtsfreundlichkeit des Grundgesetzes als Kollisionsvermeidungsprinzip und das Problem des Treaty Override

37 Die vorstehenden Ausführungen machen deutlich, warum von einer besonderen **Völkerrechtsoffenheit und Völkerrechtsfreundlichkeit** des Grundgesetzes gesprochen wird. Insbesondere über die Erlaubnis in Art. 24

---

263 S. die Nachweise oben Fn. 18; und nochmals in aller Deutlichkeit BVerfG, Beschluss der 2. Kammer des Zweiten Senats vom 8. Juli 2010, 2 BvR 2485/07 u.a., NJW 2011, S. 207 (209) – Konsularrechtsübereinkommen II.

264 S. BVerfG, Beschluss der 2. Kammer des Zweiten Senats vom 8. Juli 2010, 2 BvR 2485/07 u.a., NJW 2011, S. 207 (210) – Konsularrechtsübereinkommen II.

265 S. dazu BVerfG, Beschluss der 2. Kammer des Zweiten Senats vom 8. Juli 2010, 2 BvR 2485/07 u.a., NJW 2011, S. 207 (210 f.) – Konsularrechtsübereinkommen II.

266 Dazu heißt es in BVerfG, Beschluss der 2. Kammer des Zweiten Senats vom 8. Juli 2010, 2 BvR 2485/07 u.a., NJW 2011, S. 207 (209) – Konsularrechtsübereinkommen II: „Die insoweit gebotene völkerrechtliche Einzelfallkontrolle hinsichtlich der Frage des dem Betroffenen aus der fehlenden Belehrung nach Art. 36 I lit. b S. 3 WÜK im weiteren Verfahrensverlauf entstandenen Nachteils hat der BGH nicht gewährleistet."

267 BGH, Beschluss vom 7. Juni 2011, 4 StR 643/10, StV 2011, S. 603.

268 Näher *C. Roxin/B. Schünemann*, Strafverfahrensrecht, 27. Aufl. 2012, § 55 Rn. 8 ff., 38.

Abs. 1 GG, Hoheitsrechte auf internationale Organisationen zu übertragen (oben § 3 Rn. 7), und den generellen Rechtsanwendungsbefehl für alle allgemeinen Regeln des Völkerrechts in Art. 25 GG (oben Rn. 20) öffnet sich die deutsche Rechtsordnung in sehr weitgehender Weise den Einwirkungen des Völkerrechts.

Eine schwierige Frage ist allerdings, welche rechtliche Relevanz ein verfassungsrechtlicher Grundsatz der Völkerrechtsfreundlichkeit haben kann. **38** Handelt es sich nur um einen **deskriptiven Begriff**, d.h. einen bloßen Sammelbegriff für alle hier im Einzelnen dargestellten Normen und Normwirkungen? Oder hat der Verfassungsgrundsatz der Völkerrechtsfreundlichkeit einen **eigenständigen rechtlichen Gehalt**, geht also inhaltlich über die Summe der Einzelnormen hinaus?[269] Hier bestehen – wie stets bei der induktiven Gewinnung übergreifender Grundsätze – noch einige Unsicherheiten.

Zu beachten ist insbesondere, dass völkerrechtliche Verträge über den Verfassungsgrundsatz der Völkerrechtsfreundlichkeit faktisch einen höheren Rang **38a** (nämlich Verfassungsrang) erhalten könnten, als ihnen bei formaler Betrachtung (nämlich Gesetzesrang bei nach Art. 59 Abs. 2 Satz 1 GG zustimmungsbedürftigen Verträgen) eigentlich zukommt. Das Bundesverfassungsgericht geht heute von der Existenz eines eigenständigen Verfassungsgrundsatzes der Völkerrechtsfreundlichkeit der deutschen Rechtsordnung aus, dessen Funktion insbesondere darin liegt, Widersprüche zwischen Völkerrecht und innerstaatlichem Recht und damit einen Völkerrechtsverstoß Deutschlands im Außenverhältnis bestmöglich zu vermeiden[270]. In dieser Funktion stößt der Grundsatz der Völkerrechtsfreundlichkeit in die Lücke, die das Fehlen einer Kollisionsnorm zwischen Völkerrecht und innerstaatlichem Recht hinterlässt: Denn es gibt keine Bestimmung, die mit Wirkung für beide Rechtsordnungen festlegt, welcher im Fall eines inhaltlichen Widerspruchs der Vorrang zukommt (dazu auch unten § 7 Rn. 23a). Eine echte Kollisionsnorm kann der Grundsatz der Völkerrechtsfreundlichkeit zwar nicht ersetzen, weil er nicht etwa dazu führt, dass sich völkerrechtliche Verpflichtungen gegenüber widersprechendem innerstaatlichem Recht stets durchsetzen. Der Grundsatz soll aber immerhin zu einer Verpflichtung führen, Widersprüche zwischen den beiden Rechtsnormen weitgehend zu vermeiden, damit sich das Fehlen einer echten Kollisionsnorm möglichst gar nicht auswirkt.

Unter dieser Prämisse spricht vieles dafür, den lex posterior-Grundsatz, **38b** d.h. die Möglichkeit des Gesetzgebers zur Abweichung von völkerrechtlichen Verträgen durch spätere Gesetzgebung, zurückzudrängen. Und so soll es nach der Rechtsprechung des Bundesverfassungsgerichts auch liegen. Im Fall eines Widerspruchs zwischen Völkervertragsrecht und Gesetzesrecht soll sich

[269] Zu diesem Problem näher *M. Payandeh*, Völkerrechtsfreundlichkeit als Verfassungsprinzip, JöR n.F. 57 (2009), S. 465 ff.

[270] So insbesondere BVerfGE 112, 1 (25) – Ost-Enteignungen.

letzteres auch dann, wenn es zeitlich nach dem Zustimmungsgesetz erlassen wurde, grundsätzlich nicht durchsetzen: „Denn es ist nicht anzunehmen, dass der Gesetzgeber, sofern er dies nicht klar bekundet hat, von völkerrechtlichen Verpflichtungen der Bundesrepublik Deutschland abweichen oder die Verletzung solcher Verpflichtungen ermöglichen will."[271] Das spätere Gesetz soll sich nur dann durchsetzen können, wenn der Gesetzgeber unmissverständlich zum Ausdruck gebracht hat, dass er gegen den Vertrag verstoßen will (so genannter *Treaty Override*).

38c Damit ist mittelbar letztlich doch eine Rangaufwertung des Zustimmungsgesetzes verbunden, d.h. diesem wächst in der Sache Verfassungsrang zu, was insbesondere im Hinblick auf die Europäische Menschenrechtskonvention relevant geworden ist (dazu noch unten § 7 Rn. 15 ff.). In jüngerer Zeit hat diese faktische Rangaufwertung des Völkervertragsrechts jedoch auch außerhalb des Bereichs von Menschenrechtsabkommen Bedeutung erlangt. So hielt der Bundesfinanzhof in Abkehr von seiner früheren Rechtsprechung den gesetzlichen *Treaty Override* für verfassungswidrig und legte dem Bundesverfassungsgericht in zwei Verfahren die steuergesetzliche Abweichung von einem zwischenstaatlichen Doppelbesteuerungsabkommen nach Art. 100 Abs. 1 GG zur Entscheidung vor[272]. Der Gesetzgeber verfüge bei einem Zustimmungsgesetz nach Art. 59 Abs. 2 Satz 1 GG über seine Normsetzungsautorität, sodass auch der ausdrückliche *Treaty Override* gegen das Rechtsstaatsprinzip verstoße, soweit nicht ausnahmsweise Verstöße gegen tragende Verfassungsgrundsätze abzuwenden seien[273]. Der Bundesfinanzhof bleibt damit nur noch in der Formulierung beim Gesetzesrang völkerrechtlicher Verträge, während diese in der Sache aber auf der Grundlage der Völkerrechtsfreundlichkeit bereits an der verfassungsmäßigen Ordnung im Sinne von Art. 20 Abs. 3 GG teilhaben sollen.

38d So sehr der Ansatz des Bundesfinanzhofs im Ergebnis zu begrüßen sein mag, so schwer fällt es doch, in ihm keinen Widerspruch zu erblicken[274]. Anstelle

---

[271] BVerfGE 74, 358 (370) – Unschuldsvermutung.

[272] BFH, Vorlagebeschluss vom 10. Januar 2012, I R 66/09, BFHE 236, 304; und Vorlagebeschluss vom 20. August 2014, I R 86/13, BFHE 246, 486. Der BFH stützt sich für seinen neuen Ansatz ausdrücklich im Kern auf einen Aufsatz von *Klaus Vogel* (*K. Vogel*, Keine Bindung an völkervertragswidrige Gesetze im offenen Verfassungsstaat, in: A. Blankenagel/I. Pernice/H. Schulze-Fielitz [Hrsg.], Verfassung im Diskurs der Welt, Liber Amicorum Peter Häberle, 2004, S. 481 ff.); für eine aus meiner Sicht zutreffende Kritik an der fehlenden Entscheidungserheblichkeit der Vorlagefrage mangels Vertragsverstoß der in Rede stehenden steuerrechtlichen Norm *Fastenrath*, Anmerkung zum Treaty Override-Beschluss des BVerfG, JZ 2016, S. 625 f.

[273] Hierfür beruft sich der BFH im Ausgangspunkt zutreffend auf BVerfGE 111, 307 (319) – Görgülü, wobei die Aussagen in diesem Beschluss wegen seiner besonderen Widersprüchlichkeit nicht auf die Goldwaage gelegt werden sollten.

[274] Im Schrifttum ist der Ansatz des BFH vielfach auf Ablehnung gestoßen, s. exemplarisch *M. Krumm*, Legislativer Völkervertragsbruch im demokratischen Rechtsstaat, AöR 138 (2013), S. 364 ff.; *C. Thiemann*, Anmerkung, JZ 2012, S. 908 ff.

einer „weichen" Rangaufwertung müsste schon nachvollziehbar begründet werden, auf welcher Grundlage man einer in die deutsche Rechtsordnung übernommenen Völkerrechtsnorm denn Verfassungsrang zumisst[275] – wie er selbst für das nach Art. 25 Satz 2 GG ausdrücklich „vorrangige" Völkergewohnheitsrecht entgegen den Vorstellungen im Parlamentarischen Rat ganz überwiegend abgelehnt wird. Das Ergebnis des Bundesfinanzhofs, auch eine ausdrücklich abweichende lex posterior nicht zuzulassen, entspricht in der Sache einer analogen Anwendung der Vorrangregel aus Art. 25 Satz 2 GG für das Völkervertragsrecht; hier – und in dem Hinterfragen des allerdings zementierten Dogmas, nach dem Art. 25 GG für völkerrechtliche Verträge gar nicht gelten soll – läge aus meiner Sicht der richtige Anknüpfungspunkt für das Problem des *Treaty Overrides*.

Das Bundesverfassungsgericht hat in seiner Antwort auf den ersten Vorla- **38e**
gebeschluss des BFH festgestellt, dass der bewusste und gewollte gesetzliche Treaty Override nicht verfassungswidrig ist[276]. Es wertet alle auf die Völkerrechtsfreundlichkeit des Grundgesetzes oder auf das Rechtsstaatsprinzip gestützten Argumente, die auf eine Rangaufwertung völkerrechtlicher Verträge hinauslaufen, als unstatthafte Umgehungen der Art. 59 Abs. 2 GG zugeschriebenen Rangaussage, nach der Völkervertragsrecht im Rang einfacher Bundesgesetze stehe. Mit dieser Rangaussage gehe der lex posterior-Grundsatz zur Kollisionslösung unweigerlich einher: Die Anwendung dieses Grundsatzes könne jedenfalls in Fällen bewusster und gewollter späterer Abweichungen vom völkervertragsrechtlich Vereinbarten nicht ausgeschlossen sein, ohne mit der Rangprämisse in Widerspruch zu geraten[277]. Das ist sicher richtig, solange man diese Rangprämisse teilt – dagegen lässt sich allerdings einwenden, dass sich Art. 59 Abs. 2 GG als Regelung zur Organkompetenzverteilung zwischen Regierung und Parlament zur Frage des Rechtsanwendungsbefehls jedenfalls nicht unmittelbar verhält; und es ist auch weder automatisch richtig, dass dieser im Zustimmungsgesetz liegt, noch dass er dem Vertrag innerstaatlich den Rang eines Bundesgesetzes verleiht. Es würde nach dem Bundesverfassungsgericht außerdem gegen das Demokratieprinzip verstoßen, wenn das Eingehen einer völkervertragsrechtlichen Bindung ein striktes Abweichungsverbot auch für den künftigen Gesetzgeber zur Folge hätte, der es aus Kompetenzverteilungs-

---

[275] Die Antwort auf diese Frage bleibt auch der eher verfassungspolitische Beitrag von *Klaus Vogel* (oben Fn. 272) schuldig, wenngleich der von ihm vorgenommene europäische Verfassungsvergleich zum *Treaty Override* sehr instruktiv ist.

[276] BVerfG, Beschluss des Zweiten Senats vom 15. Dezember 2015, 2 BvL 1/12 – Treaty Override.

[277] BVerfG, Beschluss des Zweiten Senats vom 15. Dezember 2015, 2 BvL 1/12, Rn. 49 ff. – Treaty Override.

gründen ja nicht allein in der Hand hat, sich vom Vertrag auf der völkerrechtlichen Ebene wieder zu lösen (s. dazu oben § 4 Rn. 38c)[278].

39 Aus dem Verfassungsgrundsatz der Völkerrechtsfreundlichkeit folgt auch, sozusagen im Vorfeld möglicher Kollisionen, die Verpflichtung, innerstaatliches Recht **völkerrechtskonform auszulegen**. Dieses Konformauslegungsgebot kann dabei helfen, Völkerrechtsverstöße zu vermeiden, indem man unter mehreren Auslegungsvarianten einer innerstaatlichen Bestimmung derjenigen den Vorzug gibt, die mit völkerrechtlichen Vorgaben im Einklang steht. Zusätzlich kann man unter mehreren völkerrechtskonformen Auslegungsvarianten noch die völkerrechtsfreundlichere wählen. Von Interesse ist die Konformauslegung insbesondere dort, wo eine unmittelbare Anwendung des Völkerrechts mangels hinreichender inhaltlicher Bestimmtheit ausscheidet.

39a **Vertiefungshinweis:** In methodischer Hinsicht handelt es sich bei der völkerrechtskonformen Auslegung ebenso wie bei der verfassungskonformen Auslegung bei genauer Betrachtung gar nicht mehr um **Normauslegung im eigentlichen Sinne**, sondern um **Rechtsfortbildung**, d.h. um die Anpassung eines durch Auslegung ermittelten Norminhalts an die Vorgaben des Völkerrechts[279]. Eine Rechtsfortbildung ist dem Rechtsanwender unter dem Grundgesetz zwar grundsätzlich erlaubt, sie ist aber gesondert erklärungs- und rechtfertigungsbedürftig[280].

40 Insgesamt ist es bei allen methodischen Schwierigkeiten das berechtigte Anliegen eines eigenständigen Verfassungsgrundsatzes der Völkerrechtsfreundlichkeit, die dargestellte Öffnung des Verfassungsstaats nach außen aufzunehmen und ihr bestmöglich Rechnung zu tragen. Dies hat das BVerfG jüngst noch einmal in aller Deutlichkeit bekräftigt:

BVerfG zur Sicherungsverwahrung (2011): „Die Völkerrechtsfreundlichkeit des Grundgesetzes ist damit Ausdruck eines Souveränitätsverständnisses, das einer Einbindung in inter- und supranationale Zusammenhänge sowie deren Weiterentwicklung nicht nur nicht entgegensteht, sondern diese voraussetzt und erwartet."[281]

40a Dabei darf die Völkerrechtsfreundlichkeit des Grundgesetzes jedoch nicht zu einem unreflektiert eingesetzten Argumentationstopos werden, der letztlich dazu dient, in komplexen Formen internationalisierten Zusammenwirkens verfassungsrechtliche Standards mit Blick auf faktische Zwänge preiszugeben. Dass diese Gefahr durchaus besteht, hat das Urteil des Verwaltungsgerichts

[278] BVerfG, Beschluss des Zweiten Senats vom 15. Dezember 2015, 2 BvL 1/12, Rn. 53 ff. – Treaty Override; mit Recht kritisch zu diesem Punkt *Fastenrath*, Anmerkung zum Treaty Override-Beschluss des BVerfG, JZ 2016, S. 625 ff.; für eine weitergehende Auseinandersetzung mit dem Beschluss und der Kritik an ihm s. z.B. *Henrich*, Was kümmert mich meine Zustimmung von gestern?, NVwZ 2016, S. 668; *Payandeh*, Grenzen der Völkerrechtsfreundlichkeit, NJW 2016, S. 1279.

[279] Dazu im Einzelnen *H. Sauer*, Juristische Methodenlehre, in: Krüper (Fn. 28), § 9 Rn. 33.

[280] Näher *H. Sauer*, Juristische Methodenlehre, in: Krüper (Fn. 28), § 9 Rn. 35 ff. m.w.N.

[281] BVerfGE 128, 326 (369) – Sicherungsverwahrung II.

Köln zur Rechtmäßigkeit der Festnahme von Piraten auf Hoher See durch die Bundesmarine gezeigt[282] (oben § 5 Rn. 16a ff.): Hier wurde die Gewährleistung des Art. 104 Abs. 3 GG für Fälle der Freiheitsentziehung unter Hinweis darauf, dass die Reichweite der Grundrechtsbindung „völkerrechtsfreundlich aus dem Grundgesetz zu ermitteln“ sei, bis zur Unkenntlichkeit verändert, indem an die Stelle einer Vorführung vor den deutschen Richter am Tag nach der Festnahme eine Vorführung vor den kenianischen Richter 8 Tage nach der Festnahme trat. Diese „Modifikation“ des Grundrechtsgehalts wurde damit begründet, dass nicht davon ausgegangen werden könne, dass das Grundgesetz eine Beteiligung Deutschlands an „völkerrechtlich erwünschten Maßnahmen der Pirateriebekämpfung“ vereiteln wolle, „indem es den Einsatz grundrechtlichen Vorgaben unterwirft, deren Einhaltung auf Hoher See fernab vom deutschen Hoheitsgebiet schlechthin unmöglich wäre“[283]. Es scheint fast so, als sei dem Gericht die Sprengkraft der eigenen Ausführungen für die Normativität der deutschen Grundrechte gar nicht bewusst gewesen: Zu der erheblichen Relativierung des Schutzgehalts von Art. 104 Abs. 3 GG kommt es hier allein aufgrund (vorgeblicher) faktischer Zwänge. Kann man aber wirklich sagen, dass das Grundgesetz immer dann auf uneingeschränkte Beachtung verzichtet, wenn diese nach den tatsächlichen Gegebenheiten Schwierigkeiten bereitet?

Der Pferdefuß an solchen Argumentationen mit der Völkerrechtsfreund- **40b**
lichkeit liegt darin, dass nicht beachtet wird, dass eine Einschränkung verfassungsrechtlicher Standards aus Gründen der Völkerrechtsfreundlichkeit der deutschen Rechtsordnung nur dann überhaupt erwogen werden kann, wenn es darum geht, Kollisionen zwischen deutschem Verfassungsrecht und völkerrechtlichen Bindungen auszuräumen, um im Außenverhältnis einen Völkerrechtsverstoß Deutschlands zu vermeiden. Der Funktion des Verweises auf die Völkerrechtsfreundlichkeit erschöpft sich im genannten Beispiel dagegen in dem bloßen Hinweis darauf, dass die Pirateriebekämpfung „völkerrechtlich erwünscht“ sei, was aber im hier gegebenen Zusammenhang für sich genommen irrelevant ist. Entscheidend ist, dass eine völkerrechtliche Verpflichtung zur Beteiligung an Maßnahmen der Pirateriebekämpfung nicht bestand – und dass, selbst wenn dies der Fall gewesen wäre, die vollständige Beachtung der verfassungsrechtlichen Anforderungen an die Freiheitsentziehung auch nicht zu einer Kollision mit der Völkerrechtslage hätte führen können. In Wahrheit besteht die Kollision daher allenfalls zwischen faktischen Zwängen der Pirateriebekämpfung auf Hoher See und den verfassungsrechtlichen Anforderungen. Dass hier nicht die Pirateriebekämpfung an die verfassungsrechtlichen Anforderungen angepasst wird, sondern die verfassungsrechtlichen Anforderungen

[282] VG Köln, Urteil vom 11. November 2011, 25 K 4280/09, JZ 2012, S. 366.

[283] VG Köln, Urteil vom 11. November 2011, 25 K 4280/09, JZ 2012, S. 366 (368); dem im Grundsatz zustimmend *Aust* (Fn. 192), S. 487 f.; wie hier kritisch dagegen *Walter/von Ungern-Sternberg* (Fn. 192), S. 865 ff.; *Talmon*, Die Grenzen der Anwendung des Völkerrechts im deutschen Recht, JZ 2013, S. 12 (17 ff.).

mit Blick auf die tatsächlichen Gegebenheiten der Pirateriebekämpfung abgesenkt werden, sollte jedenfalls nicht mit dem unzutreffenden Hinweis auf den Verfassungsgrundsatz der Völkerrechtsfreundlichkeit überdeckt werden. Zu einer inhaltlichen Modifikation verfassungsrechtlicher Vorgaben kann die Völkerrechtsfreundlichkeit des Grundgesetzes in ihrer Funktion als Kollisionsprinzip von Verfassungsrang allenfalls dann führen, wenn überhaupt eine Kollision zwischen Verfassungs- und Völkerrechtslage besteht. Dies muss sorgfältiger geprüft werden als es in der Praxis gelegentlich geschieht.

Wiederholungsfragen zu § 6:

1. Welche Rechtsquellen kennt das Völkerrecht?
2. Was ist ein völkerrechtlicher Vertrag? Wie kommt er zustande?
3. Welche sind die Voraussetzungen für die Entstehung einer Norm des Völkergewohnheitsrechts?
4. Erläutern Sie die Unterschiede zwischen Monismus und Dualismus. Von welchem Verhältnis zwischen deutschem Recht und Völkerrecht geht das Grundgesetz aus?
5. Worin unterscheiden sich Transformations- und Vollzugslehre?
6. Was ist ein Rechtsanwendungsbefehl? Wie verhält er sich zur innerstaatlichen Geltung einer Völkerrechtsnorm?
7. Wie und mit welchem Rang wird die innerstaatliche Geltung völkerrechtlicher Verträge herbeigeführt?
8. Wie und mit welchem Rang wird die innerstaatliche Geltung von Völkergewohnheitsrecht herbeigeführt? An welches verfassungsgerichtliche Verfahren ist in diesem Kontext zu denken, und welche Funktion hat dieses?
9. Was versteht man unter der unmittelbaren Anwendbarkeit einer Völkerrechtsnorm? Unter welchen Voraussetzungen ist diese gegeben?
10. Wann kann der Einzelne sich auf eine Völkerrechtsnorm berufen?
11. Welche Unterscheidung ist bei der Frage der innerstaatlichen Wirkungen von Rechtsakten internationaler Organisationen zu Grunde zu legen?
12. Erläutern Sie Inhalt und Problematik des Verfassungsgrundsatzes der Völkerrechtsfreundlichkeit des Grundgesetzes. Inwiefern hat dieser eine kollisionsvermeidende Funktion?
13. Ist ein gesetzlicher Treaty Override zulässig?

§ 7. Die Europäische Menschenrechtskonvention in der deutschen Rechtsordnung

Literaturhinweise: *C. Grabenwarter/K. Pabel*, Europäische Menschenrechtskonvention, 6. Aufl. 2016, §§ 1 und 3; *G. Lübbe-Wolff*, Der Grundrechtsschutz nach der Europäischen Menschenrechtskonvention bei konfligierenden Individualrechten – Plädoyer für eine

Korridorlösung, in: M. Hochhuth (Hrsg.), Nachdenken über Staat und Recht, Kolloquium zum 60. Geburtstag von Dietrich Murswiek, 2010, S. 193 ff.; *M. Payandeh*, Konventionswidrige Gesetze vor deutschen Gerichten, DÖV 2011, S. 382 ff.; *A. Peters/T. Altwicker*, Europäische Menschenrechtskonvention, 2. Aufl. 2012, §§ 1, 37; *M. Ruffert*, Die Europäische Menschenrechtskonvention und innerstaatliches Recht, EuGRZ 2007, S. 245 ff.; *H. Sauer*, Die neue Schlagkraft der gemeineuropäischen Grundrechtsjudikatur. Zur Bindung deutscher Gerichte an die Entscheidungen des Europäischen Gerichtshofs für Menschenrechte, ZaöRV 65 (2005), S. 35 ff.; *K. Schlaich/S. Korioth*, Das Bundesverfassungsgericht, 10. Aufl. 2015, Rn. 361 ff.; *M. Breuer*, Wirkungen von Urteilen des EGMR nach 60 Jahren: noch klassisches Völkerrecht oder schon Teil eines „ordre constitutionnel européen"?, in: A. Zimmermann (Hrsg.), 60 Jahre Europäische Menschenrechtskonvention, 2014, S. 51 ff.

I. Die Menschenrechtskonvention als Konstitutionalisierungsprozess

Die Europäische Menschenrechtskonvention[284] geht in ihrer Bedeutung und in ihren Wirkungen für die Rechtsordnungen der Mitgliedstaaten über einen normalen völkerrechtlichen Vertrag zur Gewährleistung von Menschenrechten deutlich hinaus. Noch vor dem Hintergrund der Erinnerungen an den Zweiten Weltkrieg war die EMRK ein früher Versuch, für die Staaten des Europarats mit ihrem gemeinsamen Werte- und Rechtsverständnis einen **gemeineuropäischen Mindeststandard** individueller Rechte zu fixieren. Dass die Konvention mit diesem Anliegen eine Erfolgsgeschichte geworden ist, liegt nicht nur an den Garantien und dem gemeinsamen Wertefundament der europäischen Staaten, sondern maßgeblich an dem für völkerrechtliche Verhältnisse **beispiellos effektiven Rechtsschutzsystem**, das sukzessive ausgebaut und an die tatsächlichen Entwicklungen angepasst worden ist, zuletzt insbesondere an die stetig steigende Arbeitslast des Gerichtshofs[285]. Denn Einzelne, die sich in ihren Konventionsrechten verletzt fühlen, können sich mit einer Individualbeschwerde an den Gerichtshof wenden (unten Rn. 5 f.). Weil mit der EMRK damit ein gemeineuropäischer Grundrechtsstandard nicht nur auf dem Papier eines völkerrechtlichen Vertrages, sondern auch in der Realität entwickelt und – mit der Folge von Rechtsveränderungen in den Mitgliedstaaten – effektiv durchgesetzt worden ist, wird die Konvention oft 1

[284] Konvention zum Schutze der Menschenrechte und Grundfreiheiten vom 4. November 1950, BGBl. 1952 II, S. 685, Sartorius I, Nr. 1002/Sartorius II, Nr. 130.

[285] Der EGMR gibt derzeit eine ungefähre Zahl von rund 60.000 neuen Individualbeschwerden pro Jahr an – Tendenz etwas rückläufig. Ende 2014 waren rund 70.000 Beschwerdeverfahren anhängig (Tendenz zuletzt sinkend, s. die Angaben unter „Statistik" auf der Website des Gerichtshofs, http://www.echr.coe.int). Zum Vergleich: Das BVerfG hatte im Jahr 2011 knapp 6.700 neu eingegangene Verfahren zu verzeichnen, davon rund 97 % Verfassungsbeschwerden, s. die Jahresstatistik 2013 des BVerfG, http://www.bverfg.de.

als **Konstitutionalisierungsprozess** oder als **gemeineuropäische Grundrechtsverfassung** bezeichnet[286]. Das bedeutet freilich nicht, dass die Rechtsprechung des EGMR oder auch die Konvention insgesamt nicht gelegentlich auch mit Akzeptanzproblemen in einigen Mitgliedstaaten konfrontiert wäre.

II. Der Inhalt der Konvention im Überblick

1. Konventionsgarantien

2 Die EMRK enthält in Artt. 2–14 einen Kernbestand klassischer Menschenrechte, der knapp, aber recht umfassend ausfällt. Sie enthält:

- **Freiheitsrechte** (Recht auf Leben, Art. 2; Verbot von Folter und unmenschlicher Behandlung, Art. 3; Garantien bei Freiheitsentziehung, Art. 5; Achtung des Privat- und Familienlebens, Art. 8; Religions- und Gewissensfreiheit, Art. 9; Meinungs- und Pressefreiheit, Art. 10; Versammlungs- und Vereinigungsfreiheit, Art. 11); im Unterschied zum Grundgesetz kennt die Konvention keine Garantie der Berufsfreiheit und kein Auffang-Freiheitsrecht wie Art. 2 Abs. 1 GG[287].
- ein **Gleichheitsrecht** (Art. 14), allerdings nicht in Form eines Art. 3 Abs. 1 GG entsprechenden allgemeinen Gleichheitssatzes, sondern in Form eines akzessorischen Diskriminierungsverbots, welches **Diskriminierungen bei der Ausübung von Freiheitsrechten** verbietet und deshalb nur in Verbindung mit einem Freiheitsrecht zum Einsatz kommt[288];
- und zahlreiche und in der Praxis äußerst wichtige **Verfahrensgarantien** (Recht auf ein faires Verfahren, Art. 6; Recht auf wirksame Beschwerde, Art. 13), die jedenfalls textlich teilweise über den Standard des Grundgesetzes hinausgehen (z.B. gewährleisten Art. 6 Abs. 1 Satz 1 EMRK **Rechtsschutz in angemessener Zeit** [dazu unten Rn. 10a] und Art. 6 Abs. 2 EMRK die **Unschuldsvermutung**).

3 Bedeutung haben manche Garantien für das deutsche Recht nicht zuletzt deshalb, weil sie – wie etwa das Verbot von Folter und unmenschlicher Behandlung sowie die Achtung des Privatlebens – im Grundgesetz nicht oder nur zum Teil ausdrücklich genannt sind. Größte Bedeutung gerade für den Strafprozess haben die in Art. 6 EMRK gewährleisteten, oft unter dem Stichwort des „fair trial“ zusammengefassten Verfahrensrechte, auch wenn das BVerfG auch für

---

[286] Nachweise bei *C. Grabenwarter/K. Pabel*, Europäische Menschenrechtskonvention, 6. Aufl. 2016, § 2 Rn. 3.

[287] Dazu etwa *L. Michael/M. Morlok*, Grundrechte, 5. Aufl. 2015, Rn. 435 ff.

[288] Näher *Grabenwarter/Pabel* (Fn. 286), § 26 Rn. 1 ff.; das 12. Zusatzprotokoll zur EMRK, das ein allgemeineres Gleichheitsrecht gewährleistet, hat Deutschland nicht ratifiziert.

das deutsche Verfassungsrecht von der Existenz eines aus Art. 2 Abs. 1 GG in Verbindung mit dem Rechtsstaatsprinzip abgeleiteten Grundrechts auf ein faires Verfahren ausgeht[289].

Die Konventionsrechte sind wie von den deutschen Grundrechten bekannt teilweise vorbehaltlos (z.B. Folterverbot), teilweise unter Schrankenvorbehalt (s. insbesondere jeweils Artt. 8–11 Abs. 2 EMRK) gewährleistet[290]. Der Katalog der Rechte ist in den vergangenen Jahrzehnten durch Zusatzprotokolle (also durch gesonderte völkerrechtliche Verträge) ergänzt worden, die allerdings zum Teil nicht von allen Mitgliedstaaten ratifiziert worden sind (z.B. Eigentumsrecht, 1. Zusatzprotoll; Abschaffung der Todesstrafe, 6. Zusatzprotokoll). Besonders große Bedeutung haben die Protokolle Nr. 11 und das nach langen Verzögerungen im Jahr 2010 in Kraft getretene Protokoll Nr. 14 zur Reform des Rechtsschutzsystems gehabt[291]. 4

2. Rechtsschutzsystem

Eine besondere Bedeutung im Kanon der völkerrechtlichen Menschenrechtsverträge hat die Konvention dadurch erlangt, dass sie dem Einzelnen erlaubt, wegen einer Verletzung von Menschenrechten durch einen Vertragsstaat einen hierfür geschaffenen Gerichtshof anzurufen (**Individualbeschwerde**, Art. 34 EMRK). Es handelt sich der Sache nach um ein Pendant zur Verfassungsbeschwerde, was für das Völkerrecht außergewöhnlich ist. 5

Während dem Gerichtshof in den Anfangsjahrzehnten noch eine Menschenrechts-Kommission vorgeschaltet war, an die sich der Betroffene zunächst wenden musste und gegen deren Entscheidung in Berichtsform der Gerichtshof angerufen werden konnte, gibt es seit Inkrafttreten des 11. Zusatzprotokolls zur Reform des Rechtsschutzsystems im Jahr 1998 nur noch den Europäischen Gerichtshof für Menschenrechte (EGMR) mit Sitz in Straßburg, der von jedermann angerufen werden kann, der sich in einem Konventionsrecht verletzt sieht. Das Ministerkomitee des Europarats als politisches Organ hat nur noch die Aufgabe, die Durchführung der Urteile zu überwachen (Art. 46 Abs. 2 EMRK). 6

Vertiefungshinweis: In den Medien wird der EGMR nicht selten mit dem Gerichtshof der EU (EuGH) verwechselt. Das sollte Ihnen in der mündlichen Prüfung nicht passieren! Der EGMR gehört zum Europarat, und dieser ist eine eigenständige Organisation, die mit 7

---

289 Dazu *Michael/Morlok* (Fn. 287), Rn. 904 ff.

290 Zu den Schranken der Konventionsrechte ausführlich *Grabenwarter/Pabel* (Fn. 286), § 18 Rn. 7 ff.

291 Das 14. Zusatzprotokoll ist am 1. Juni 2010 infolge der Ratifikation durch Russland in Kraft getreten; alle anderen Vertragsparteien hatten das Protokoll bereits vorher ratifiziert und sich sogar über eine vorläufige Anwendung verständigt. Zum Protokoll im Einzelnen *H. Keller/M. Bertschi*, Erfolgspotenziale des 14. Protokolls zur Europäischen Menschenrechtskonvention, EuGRZ 2005, S. 204 ff.

der EU nichts zu tun hat – insbesondere sollten Sie den Europarat nicht mit dem Rat der Europäischen Union und dem Europäischen Rat verwechseln. Die Letztgenannten sind Organe der EU: Der Europäische Rat ist das politische Lenkungsgremium der Staats- und Regierungschefs (Art. 15 EUV), und im Rat der EU treffen sich Regierungsvertreter der Mitgliedstaaten im Wesentlichen zur Gesetzgebung, also – im Verbund mit dem Europäischen Parlament – zum Erlass von sekundärem Unionsrecht (Art. 16 EUV).

8 Zum Verfahren vor dem Gerichtshof mögen folgende Hinweise genügen[292]:

- Für die **Zulässigkeit** von Individualbeschwerden ist insbesondere zu beachten, dass der innerstaatliche Rechtsweg (in Deutschland einschließlich der Verfassungsbeschwerde) erschöpft sein muss und dass die Beschwerde innerhalb von 6 Monaten nach der abschließenden innerstaatlichen Entscheidung einzulegen ist (Art. 35 Abs. 1 EMRK).
- Der Gerichtshof ist mit einem Richter pro Mitgliedstaat besetzt (seit dem 1. Januar 2011 ist die Kölner Völkerrechtsprofessorin *Angelika Nußberger* deutsche Richterin am EGMR).
- Als Spruchkörper kennt der Gerichtshof seit dem Inkrafttreten des 14. Zusatzprotokolls den **Einzelrichter**, die mit 3 Richtern besetzten **Ausschüsse**, die grundsätzlich mit 7 Richtern besetzten und aus insgesamt fünf Sektionen des EGMR gebildeten **Kammern**[293] sowie die mit 17 Richtern besetzte **Große Kammer** (Art. 26 Abs. 1 EMRK).
- Die **Befugnisse der Spruchkörper** gestalten sich wie folgt: Der Einzelrichter hat nach Art. 27 EMRK die Befugnis, Beschwerden als unzulässig zu verwerfen; in der Sache über sie entscheiden darf er im Übrigen nicht. Dies war zuvor den Ausschüssen vorbehalten, die jetzt zusätzlich einer Beschwerde einstimmig stattgeben können, wenn dies auf der Grundlage bestehender Kammerrechtsprechung möglich ist. In der Sache entspricht das der Stattgabekompetenz der Kammern des BVerfG, die nach § 93c Abs. 1 Satz 1 BVerfGG ebenfalls unter den Vorbehalt gestellt ist, dass die maßgebliche verfassungsrechtliche Frage in der Senatsrechtsprechung bereits entschieden ist. Im Übrigen obliegt die Sachentscheidung über Zulässigkeit und Begründetheit einer Beschwerde nach Art. 29 EMRK den Kammern. Diese können nach Art. 30 EMRK Fälle bei grundsätzlicher Bedeutung an die Große Kammer abgeben. Darüber hinaus entscheidet die Große Kammer nach Art. 43 EMRK im Fall eines erfolgreichen **Verweisungsantrags**. Dieser kann in außergewöhnlichen Fällen im Sinne eines Rechtsmittels gegen ein Kammerurteil gestellt werden und muss zunächst von einem Gremium von 5 Richtern angenommen werden. In diesem Fall entscheidet die Große Kammer den Fall mit ihrer besonderen Autorität vollständig neu – und

---

[292] Ausführliche Darstellung bei *Grabenwarter/Pabel* (Fn. 286), §§ 9–13.

[293] Art. 26 Abs. 2 EMRK ermöglicht auf der Grundlage einer einstimmigen Entscheidung des Ministerkomitees des Europarats die Verkleinerung der Kammern auf 5 Richter.

abschließend (so hinsichtlich Deutschlands zuletzt geschehen im Fall *Gäfgen gegen Deutschland* mit Teil-Erfolg für den Beschwerdeführer[294]).

III. Völkerrechtliche Wirkungen der Urteile des EGMR

1. Streitgegenstandsbezogene Umsetzungspflicht aus Art. 46 Abs. 1 EMRK

Wenn der Gerichtshof eine Verletzung der Konvention feststellt, die Beschwerde also begründet ist, ergeht ein **Feststellungsurteil**, welches in seinem Tenor die Konventionsverletzung feststellt[295]. Darüber hinaus besteht nach Art. 41 EMRK die Möglichkeit, dem Verletzten eine gerechte Entschädigung in Geld zuzusprechen. Die ihm entstandenen Kosten der Rechtsverfolgung (also insbesondere Anwaltskosten) erhält der erfolgreiche Beschwerdeführer in jedem Fall vom verurteilten Staat ersetzt; das Verfahren vor dem EGMR selbst ist kostenfrei. 9

Wichtig ist, dass das Urteil des EGMR **kein Gestaltungsurteil** ist: Der Gerichtshof kann etwa ein deutsches Gesetz oder das Urteil eines deutschen Gerichts nicht aufheben, sondern er kann nur feststellen, dass eine solche Maßnahme völkerrechtswidrig ist. Die Wirksamkeit dieser Maßnahme wird, ganz im Sinne der getrennten Betrachtung von völkerrechtlicher und innerstaatlicher Ebene, davon nicht unmittelbar berührt. Der EGMR hat keine supranationalen Befugnisse zur Aufhebung staatlicher Rechtsakte. Hier liegt ein entscheidender Unterschied zum BVerfG, das im Verfahren der Verfassungsbeschwerde verfassungswidrige Gesetze und Einzelakte regelmäßig[296] rechtsgestaltend aufhebt (§§ 95 Abs. 2 und 3 BVerfGG). Vielmehr hat der betroffene Staat selbst die notwendigen Schritte zu ergreifen, um der Konventionsverletzung abzuhelfen. Er ist nach Art. 46 Abs. 1 EMRK völkerrechtlich dazu **verpflichtet**, im innerstaatlichen Recht einen mit der Konvention vereinbaren Rechtszustand herzustellen. Dies kann etwa dadurch erfolgen, dass ein Gesetz geändert, ein 10

---

[294] S. dazu die Besprechungsaufsätze von *C. Grabenwarter*, Androhung von Folter und faires Strafverfahren – Das (vorläufig) letzte Wort aus Straßburg, NJW 2010, S. 3128 ff.; oder *H. Sauer*, Völkerrechtliche Folgenbeseitigung im Strafverfahren, JZ 2011, S. 23 ff.

[295] Alle Urteile des Gerichtshofs sind unter http://www.echr.coe.int unter case-law abrufbar (Eingabe der Beschwerdenummer oder des Namens des Beschwerdeführers). Die Urteile sind in englischer, teilweise auch nur in französischer Sprache erhältlich. Amtliche Übersetzungen ins Deutsche durch den Gerichtshof gibt es nicht. Wichtige Urteile in Verfahren gegen Deutschland werden in der Regel in (nicht-amtlicher) deutscher Übersetzung in Fachzeitschriften wiedergegeben (besonders in der EuGRZ). Eine Übersicht zu deutschen Zeitschriftenfundstellen für Urteile des EGMR bietet die Website http://www.egmr.org.

[296] Zur richterrechtlich entwickelten bloßen Unvereinbarkeitserklärung *K. Schlaich/S. Korioth*, Das Bundesverfassungsgericht, 10. Aufl. 2015, Rn. 405 ff.

Verwaltungsakt (nach Maßgabe von § 48 VwVfG) zurückgenommen oder eine gerichtliche Entscheidung revidiert wird. Grundsätzlich ist es dabei Sache des betroffenen Staates, wie die Konventionsverletzung ausgeräumt wird, wie er also seiner völkerrechtlichen Verpflichtung aus Art. 46 Abs. 1 EMRK nachkommt. Der Gerichtshof trifft hierzu im Regelfall keine Aussage, wobei er in einzelnen Fällen auch bereits konkrete Maßnahmen wie etwa die Freilassung eines Inhaftierten angeordnet hat[297]. Im Fall struktureller Defizite in der Gesetzgebung eines Mitgliedstaats, die zu einer Vielzahl gleichgelagerter Beschwerden führt, ist der Gerichtshof seit einiger Zeit dazu übergegangen, im Wege eines in der Konvention selbst nicht vorgesehenen **Piloturteilsverfahrens** konkrete Änderungen des innerstaatlichen Rechtszustands innerhalb einer bestimmten Frist zu fordern[298].

10a **Vertiefungshinweis:** Der weitaus überwiegende Teil der Verurteilungen Deutschlands wegen Verletzungen der Konvention betrifft Fälle der **überlangen Verfahrensdauer** (Verstoß gegen Art. 6 Abs. 1 Satz 1 EMRK)[299]. Darin sah der Gerichtshof ein strukturelles Problem der deutschen Rechtsordnung, insbesondere auch deshalb, weil den Betroffenen ein effektiver Rechtsbehelf gegen die unangemessene Verzögerung eines gerichtlichen Verfahrens nicht zur Verfügung stand (Verstoß gegen Art. 13 EMRK). Im Fall *Rumpf gegen Deutschland* hat der EGMR deshalb, nachdem sich vorherige Hoffnungen auf eine Rechtsänderung zerschlagen hatten[300], im Jahr 2010 das Piloturteilsverfahren angewendet und eine Verpflichtung der Bundesrepublik Deutschland ausgesprochen, innerhalb eines Jahres nach Ergehen des Urteils einen effektiven Rechtsbehelf für Fälle der überlangen Verfahrensdauer zu schaffen[301]. Daraufhin beschloss der Bundestag Ende 2011 ein Gesetz über den Rechtsschutz bei überlanger Verfahrensdauer[302]. Dieses Gesetz sieht die Möglichkeit einer Verzögerungsrüge sowie eine Entschädigungspflicht in Fällen überlanger Verfahrensdauer vor[303].

10b Die Behebung eines festgestellten Konventionsverstoßes kann allerdings im innerstaatlichen Recht auf Probleme stoßen, insbesondere dort, wo, was regelmäßig der Fall sein wird, konventionswidrige Einzelakte bereits in Be-

[297] S. dazu im Einzelnen *M. Breuer*, in: U. Karpenstein/F.C. Mayer (Hrsg.), EMRK, 2011, Art. 46 Rn. 6 ff.

[298] Zum Piloturteilsverfahren eingehend *M. Breuer*, Zur Fortentwicklung der Piloturteilstechnik durch den EGMR, EuGRZ 2012, S. 1 ff.; und *ders.* (Fn. 297), Art. 46 Rn. 20 ff.

[299] S. dazu die statistischen Angaben in EGMR, Urteil vom 2. September 2010, Rumpf gegen Deutschland, Nr. 46344/06, Ziff. 64 ff.

[300] S. dazu bereits EGMR, Urteil vom 8. Juni 2006, Sürmeli gegen Deutschland, Nr. 75529/01, Ziff. 138 f.

[301] EGMR, Urteil vom 2. September 2010, Rumpf gegen Deutschland, Nr. 46344/06, Ziff. 71 ff.; die Maßstäbe, denen ein solcher Rechtsbehelf genügen muss, ergeben sich aus EGMR, Urteil vom 8. Juni 2006, Sürmeli gegen Deutschland, Nr. 75529/01, Ziff. 97 ff.

[302] Gesetz über den Rechtsschutz bei überlangen Gerichtsverfahren und strafrechtlichen Ermittlungsverfahren vom 24. November 2011, BGBl. I, S. 2302; zu dieser Gesetzgebung etwa *C. Althammer/D. Schäuble*, Effektiver Rechtsschutz bei überlanger Verfahrensdauer – das neue Gesetz aus zivilrechtlicher Perspektive, NJW 2012, S. 1 ff.

[303] S. im Einzelnen §§ 197 ff. GVG.

stands- bzw. Rechtskraft erwachsen sind. Weniger problematisch ist das im Fall konventionswidriger Verwaltungsakte: Hier lässt sich auf der Grundlage der **Völkerrechtsfreundlichkeit** der deutschen Rechtsordnung gut eine Reduzierung des in § 48 Abs. 1 VwVfG gewährten Rücknahmeermessens auf Null vertreten[304] (zum Parallelproblem der Rücknahme europarechtswidriger Verwaltungsakte unten § 8 Rn. 45 ff., 53 ff.). Dem werden die Regelungen zum Vertrauensschutz in § 48 Abs. 2–4 VwVfG kaum entgegenstehen, da es meistens belastende Verwaltungsakte sein werden, die gegen die Konvention verstoßen.

Problematisch ist die Beseitigung der Konventionsverletzung aber häufig für **konventionswidrige Gerichtsurteile**, die bereits in Rechtskraft erwachsen sind; dies ist in aller Regel der Fall, wenn die Entscheidung überhaupt der Rechtskraft fähig ist, weil der Beschwerdeführer zunächst den innerstaatlichen Rechtsweg erschöpfen muss. Dem Urteil des EGMR fehlt die Wirkung der Rechtskraftdurchbrechung, und im innerstaatlichen Recht kann ein Urteil gerade wegen der Rechtskraft an sich nicht mehr aufgehoben werden, auch wenn es sich später als fehlerhaft erweist; dies ist nur im Rahmen des prozessrechtlich nur sehr restriktiv zugelassenen **Wiederaufnahmeverfahrens** möglich. Auf dieses Problem hat der Gesetzgeber reagiert und in den Verfahrensordnungen mittlerweile spezielle Wiederaufnahmegründe für den Fall vorgesehen, dass der EGMR deutsche Gerichtsurteile für konventionswidrig erklärt hat (§ 359 Nr. 6 StPO, § 580 Nr. 8 ZPO[305]). **10c**

Vertiefungshinweis: Art. 46 Abs. 1 EMRK verhält sich nicht zur Wiederaufnahme eines rechtskräftigen innerstaatlichen konventionswidrigen Gerichtsurteils, sodass das innerstaatliche Recht nicht bereits dadurch gegen die Konvention verstößt, dass es eine Wiederaufnahme nicht ermöglicht. Kann der Konventionsverstoß infolge eines fehlenden Wiederaufnahmegrunds im Prozessrecht nicht beseitigt werden, wird aber im Ergebnis durchaus gegen die Umsetzungspflicht aus Art. 46 Abs. 1 EMRK verstoßen, und so wird man nicht umhinkommen, in der ausgeschlossenen Wiederaufnahme auch selbst ein konventionsrechtliches Problem zu sehen. Das Bundesarbeitsgericht hat jüngst in einem Verfahren über die Kündigung eines Kirchenmusikers, in der der EGMR zuvor eine Konventionsverletzung erkannt hatte[306], die Wiederaufnahme des Kündigungsschutzverfahrens unter Hinweis darauf letztinstanzlich abgelehnt, dass nach Maßgabe der Übergangsvorschrift des § 35 EGZPO der Wiederaufnahmegrund aus § 580 Nr. 8 ZPO noch nicht anzuwenden war, weil das innerstaatliche Verfahren vor dem in der Norm genannten Stichtag abgeschlossen war; dies verstoße auch nicht gegen die EMRK[307]. Zu beachten ist allerdings, dass der Gerichtshof im Verfahren *Verein gegen Tierfabriken gegen* **10d**

---

[304] Dazu *H. Sauer*, Die neue Schlagkraft der gemeineuropäischen Grundrechtsjudikatur. Zur Bindung deutscher Gerichte an die Entscheidungen des Europäischen Gerichtshofs für Menschenrechte, ZaöRV 65 (2005), S. 35 (56 f.).

[305] Die Wiederaufnahmegründe der ZPO finden nach § 153 Abs. 1 VwGO auch im Verwaltungsprozess Anwendung.

[306] EGMR, Urteil vom 23. September 2010, Obst gegen Deutschland, Nr. 425/03.

[307] BAG, Urteil vom 22. November 2012, 2 AZR 570/11, NZA-RR 2014, S. 91; zum weiteren Verfahrensgang s. LAG Düsseldorf, Urteil vom 5. Juni 2014, 11 Sa 1484/13, NZA-RR 2014, S. 662.

Schweiz im Jahr 2009 durchaus eine Bereitschaft zu erkennen gegeben hat, den Staaten für die Umsetzung von Urteilen konkretere Vorgaben zu machen. Der EGMR hatte hier in einem ersten Verfahren festgestellt, dass die Weigerung, einen politischen Werbespot im Fernsehen auszustrahlen, gegen Art. 10 EMRK verstoßen habe[308]. Die beschwerdeführende Gesellschaft erreichte auch im Nachgang nicht die Ausstrahlung ihres Werbespots, und zwar auch deshalb, weil das Schweizer Bundesgericht ihren Wiederaufnahmeantrag ablehnte. Darin sah der Gerichtshof in einer neuen Auflage des Verfahrens einen erneuten Verstoß gegen Art. 10 EMRK; den Einwand, dass er für die Umsetzung seiner eigenen Urteile nicht zuständig sei, diese vielmehr nach Art. 46 Abs. 2 EMRK dem Ministerkomitee obliege, wies der Gerichtshof unter Hinweis darauf zurück, dass er im Rahmen der neuen Beschwerde neue Tatsachen prüfe. Zwar könne er auf der Grundlage von Art. 46 Abs. 1 EMRK eine Wiederaufnahme des Verfahrens nicht anordnen, aber doch feststellen, dass die Wiederaufnahme ein geeignetes Mittel darstelle, um der Konventionsverletzung abzuhelfen. Konkret sieht der Gerichtshof den Verstoß gegen Art. 10 EMRK dann letztlich darin, dass das innerstaatliche Gericht die Wiederaufnahme mit einer „übermäßig formalistischen Begründung" abgelehnt habe[309]. Auf dieser Grundlage erscheint es gut vertretbar, einen fortgesetzten materiellen Konventionsverstoß darin zu sehen, dass das innerstaatliche Recht einer Wiederaufnahme und damit einer Beseitigung der Konventionsverletzung entgegensteht. Dem hat jüngst allerdings auch das Bundesverfassungsgericht in einem Kammerbeschluss eine klare Absage erteilt; danach war der deutsche Gesetzgeber weder konventionsrechtlich noch auf der Grundlage der diesbezüglichen Rechtsprechung des Gerichtshofs zur Schaffung von Wiederaufnahmegründen in den Prozessordnungen verpflichtet[310].

2. Umsetzungspflicht in Parallelfällen und Orientierungswirkung von Urteilen des EGMR

11 Zu beachten ist, dass sich die völkerrechtliche Pflicht zur Umsetzung von Urteilen des Gerichtshofs aus Art. 46 Abs. 1 EMRK auf den **Streitgegenstand** beschränkt („in allen Rechtssachen, in denen sie Partei sind"); die Konventi-

---

[308] EGMR, Urteil vom 28. Juni 2001, Verein gegen Tierfabriken gegen Schweiz (Nr. 1), Nr. 24699/94.

[309] EGMR, Urteil der Großen Kammer vom 30. Juni 2009, Verein gegen Tierfabriken gegen Schweiz (Nr. 2), Nr. 32772/02, Ziff. 66 f., 89 ff.; dazu *H.-J. Cremer*, Rechtskraft und Bindungswirkung von Urteilen des EGMR, EuGRZ 2012, S. 493 ff.

[310] BVerfG, Beschluss der 1. Kammer des Zweiten Senats vom 18. August 2013, 2 BvR 1380/08, NJW 2013, S. 3714. Die dort angeführten beiden wesentlichen Argumente überzeugen allerdings nicht: Dass die Modalitäten der Umsetzung von Urteilen des Gerichtshofs nach Art. 46 Abs. 1 EMRK grundsätzlich den Vertragsstaaten überlassen sind, bedeutet nicht, dass auch die Freiheit zu einer Gestaltung der innerstaatlichen Rechtsordnung besteht, die der Umsetzung eines Urteils entgegensteht. Und auch die Möglichkeit des Gerichtshofs, nach Art. 41 EMRK eine Entschädigung zuzusprechen, wenn das innerstaatliche Recht nur eine unvollkommene Wiedergutmachung für die Folgen der Verletzung ermöglicht, bedeutet nicht, dass die Konvention die Nichtumsetzung eines Urteils im Einzelfall hinnehmen würde; vielmehr können die Folgen einer in der Vergangenheit liegenden Verletzung nicht selten ihrer Natur nach nicht vollständig ausgeräumt werden – darin liegt der Sinn der Parallelität von Umsetzungs- und Entschädigungspflicht.

onsverletzung muss also zunächst einmal für den konkreten Fall des Beschwerdeführers abgestellt werden. Allerdings kann man diese Bindungswirkung mit guten Gründen auf **Parallelfälle** erstrecken, wenn ein vom Gerichtshof für konventionswidrig erklärtes Gesetz nicht nur auf den Beschwerdeführer, sondern auf gleich gelagerte Fälle angewendet wurde[311]; denn aus dem Urteil des Gerichtshofs lässt sich erkennen, dass der Konventionsverstoß auch in diesen Parallelfällen vorliegt. Eine Behebung des Verstoßes kommt hier letztlich nur weiteren Verurteilungen durch den Gerichtshof zuvor. Erfasst sind hiervon aber nur echte Parallelfälle im verklagten Staat und nicht Fälle vergleichbarer Regelungen bzw. Maßnahmen in anderen Vertragsstaaten.

Damit ist die Frage einer über die Umsetzungspflicht aus Art. 46 Abs. 1 **11a** EMRK hinausgehenden **Orientierungswirkung** von Urteilen des EGMR aufgeworfen: Welche Bedeutung hat etwa die Verurteilung Frankreichs wegen einer Konventionsverletzung für Deutschland, wenn das deutsche Recht eine vergleichbare Regelung enthält? Wenn man die Streitgegenstandsbezogenheit der Bindungswirkung aus Art. 46 Abs. 1 EMRK ernst nimmt, wird man in einem solchen Fall keine völkerrechtliche Verpflichtung Deutschlands annehmen können, die Regelung von sich aus zu ändern. Zu beachten ist allerdings, dass dem Gerichtshof bei der Auslegung und Anwendung der Konventionsrechte eine Konkretisierungsermächtigung zukommt: Die Garantien können erst in ihrer Anwendung auf konkrete Fälle zum Leben erweckt werden, und dies ist im Rechtsschutzsystem der Konvention die Aufgabe des Gerichtshofs. Damit besteht bereits von Völkerrechts wegen – also unabhängig von der sogleich zu erörternden verfassungsrechtlichen Berücksichtigungspflicht zu Gunsten der Rechtsprechung des EGMR (unten Rn. 15 ff.) – eine Verpflichtung der mitgliedstaatlichen Stellen, bei der Auslegung und Anwendung der Konvention die dazu ergangene Rechtsprechung des Gerichtshofs zu berücksichtigen[312]. Dies kann als Orientierungswirkung der Konvention bezeichnet werden[313]. Sie wird in erster Linie für die nationalen Gerichte relevant. Für den Beispielsfall bedeutet das, dass in einem innerstaatlichen Verfahren über die Vereinbarkeit des deutschen Rechtsakts mit der Konvention diese Frage unter Berücksichtigung des Urteils zu beantworten ist, das zu der vergleichbaren Maßnahme gegen Frankreich ergangen ist. Dadurch wird zugleich vermieden, dass auch Deutschland wegen eines vergleichbaren Konventionsverstoßes verurteilt wird.

---

[311] Dazu *C. Grabenwarter*, Wirkungen eines Urteils des Europäischen Gerichtshofs für Menschenrechte – am Beispiel des Falls M. gegen Deutschland, JZ 2010, S. 857 (861); gegen eine Erstreckung der Bindungswirkung auf echte Parallelfälle *Breuer* (Fn. 297), Art. 46 Rn. 46.

[312] S. dazu auch *Schlaich/Korioth* (Fn. 296), Rn. 365 m.w.N.

[313] S. dazu etwa *Breuer* (Fn. 297), Art. 46 Rn. 45; *Grabenwarter/Pabel* (Fn. 286), § 16 Rn. 8 f.

IV. Wirkungen der EMRK sowie der Urteile des EGMR im deutschen Recht

12 **Fall 8:** Nach dem Urteil des EGMR in Sachen M. gegen Deutschland (zum Ausgangssachverhalt oben § 1 Rn. 9) beantragt M. auf der Grundlage der Feststellung, dass seine Unterbringung in der Sicherungsverwahrung gegen Artt. 5 Abs. 1 und 7 Abs. 1 EMRK verstößt, die sofortige Freilassung. Die Strafvollstreckungskammer ist der Auffassung, dass sie den Vorgaben des Gerichtshofs auf der Basis des geltenden Rechts nicht Rechnung tragen könne. Da für M. infolge seines Hanges noch immer die Gefahr der Begehung erheblicher Straftaten bestehe, sei nach Maßgabe von §§ 67d Abs. 3, 2 Abs. 6 StGB die Fortdauer der Sicherungsverwahrung anzuordnen. Diese Vorschriften ließen keinerlei Auslegungsspielraum, zumal – was zutrifft – der Gesetzgeber die Rückwirkung des Entfalls der vormaligen Höchstdauer der Sicherungsverordnung beabsichtigt habe. Dabei sei auch zu berücksichtigen, dass das BVerfG im Jahr 2004 bereits festgestellt habe, dass die später vom EGMR beanstandeten Vorschriften mit dem Grundgesetz vereinbar und damit weiter anzuwenden seien. So sei es dem Gesetzgeber überlassen, eine menschenrechtskonforme Reform des Rechts der Sicherungsverwahrung herbeizuführen. Aus diesen Gründen wird die Fortdauer der Unterbringung angeordnet, Rechtsbehelfe des M. bleiben erfolglos.

Daraufhin erhebt M. Verfassungsbeschwerde gegen die strafgerichtlichen Entscheidungen. Er macht geltend, die Strafgerichte hätten den Vorgaben des EGMR nicht in hinreichender Weise Rechnung getragen. Die Konvention sei in der Gestalt, die sie durch das Urteil des Gerichtshofs in seinem Verfahren erhalten habe, eine „abweichende gesetzliche Bestimmung" im Sinne des § 2 Abs. 6 StGB. Unabhängig davon verletze die Aufrechterhaltung der Sicherungsverwahrung das Freiheitsgrundrecht, weil dies nunmehr im Einklang mit dem Vorgaben des EGMR auszulegen sei.

a) Steht das Urteil des BVerfG aus dem Jahr 2004 einer erneuten Verfassungsbeschwerde des M. entgegen?

b) Haben die Strafgerichte ihre verfassungsrechtliche Pflicht verletzt, der Feststellung der Völkerrechtswidrigkeit der Sicherungsverwahrung im Fall des M. bei der Auslegung des StGB bzw. bei der Anwendung des Freiheitsgrundrechts Rechnung zu tragen?

1. Geltung, Rang, unmittelbare Anwendbarkeit und Einklagbarkeit der EMRK

13 Die Bedeutung der Konvention mit ihren erheblichen Folgen für die innerstaatlichen Rechtsordnungen macht eine gesonderte Betrachtung der EMRK notwendig, obwohl die Übernahme der Konvention ins deutsche Recht rechtstechnisch gesehen keine Besonderheiten aufweist: Die **innerstaatliche Geltung** der Konvention wurde durch das nach Art. 59 Abs. 2 Satz 1 GG erforderliche Zustimmungsgesetz aus dem Jahr 1952 hergestellt[314]. Damit gilt die Konvention innerstaatlich zunächst einmal im Rang eines Bundesgesetzes. Zwar werden im Schrifttum viele unterschiedliche Ansätze zur Begründung eines Verfassungsrangs der Menschenrechtskonvention in Deutschland vertreten, etwa unter Hinweis auf Art. 1 Abs. 2 GG, Art. 25 GG oder die Völker-

[314] Gesetz über die Konvention zum Schutz der Menschenrechte und Grundfreiheiten vom 7. August 1952, BGBl. II, S. 685.

rechtsfreundlichkeit des Grundgesetzes[315]. Ganz überwiegend wird aber im Grundsatz am Gesetzesrang der Konvention festgehalten.

Da die einzelnen Konventionsgarantien – trotz der im Bereich von Grund- 14
und Menschenrechten üblichen offenen Tatbestands- und Schrankenfassungen – überwiegend hinreichend bestimmt gefasst und damit innerstaatlich **unmittelbar anwendbar** sind, muss der Rechtsanwender die Garantien der EMRK grundsätzlich **bei jeder Rechtsfrage beachten** und seine Entscheidung an ihnen ausrichten. Weil die Konvention den dargestellten Vollkatalog klassischer Menschenrechte enthält, führt das zu einer ganz erheblichen praktischen Bedeutung: Potenziell kann die EMRK nämlich **für jede Rechtsfrage**, sei es im Bereich von Sorgerechtsstreitigkeiten (Fall *Görgülü gegen Deutschland*[316]), bei der Kollision zwischen Persönlichkeitsschutz und Pressefreiheit (Fall *Caroline von Hannover gegen Deutschland*[317]) oder, wie jüngst relevant geworden, für Kündigungen von kirchlichen Arbeitsverhältnissen (Fall *Obst gegen Deutschland* u.a.[318]) Bedeutung haben. In der deutschen Rechtsordnung beanspruchen also neben den Grundrechten des Grundgesetzes stets auch die Menschenrechte der Konvention Beachtung; es kommt dadurch für die deutschen Hoheitsträger zu einer **doppelten Grundrechtsbindung** an die Grundrechte des Grundgesetzes und der EMRK, aus der Sicht der Grundrechtsberechtigten zu einer **Verdopplung des Grundrechtsschutzes**[319]. Diese Verdopplung wirkt sich grundsätzlich als Verstärkung aus, sie macht den Grundrechtsschutz aber auch zweifellos komplizierter. An der **Einklagbarkeit** der Konventionsgarantien besteht nach den allgemeinen Grundsätzen (oben § 6 Rn. 17) kein Zweifel.

2. Die Aufwertung der EMRK durch die Verfassungsrechtsprechung

a) Die Konvention zwischen Gesetzes- und Verfassungsrang

An sich müssten nach 1952 erlassene Gesetze nach dem Grundsatz *lex posterior* 15
derogat legi priori (das spätere Gesetz geht dem früheren Gesetz vor) im Kollisionsfall (falls sie also der Konvention widersprechen) innerstaatlich der EMRK vorgehen; konventionswidrige spätere Gesetze würden also die Konvention verdrängen. Damit würde aber Deutschland in jedem einzelnen Fall einen

---

[315] S. im Einzelnen *Grabenwarter/Pabel* (Fn. 286), § 3 Rn. 9.

[316] EGMR, Urteil vom 26. Februar 2004, Görgülü gegen Deutschland, Nr. 74969/01.

[317] EGMR, Urteil vom 24. Juni 2004, von Hannover gegen Deutschland, Nr. 59320/00.

[318] EGMR, Urteil vom 23. September 2010, Obst gegen Deutschland, Nr. 425/03; Urteil vom 23. September 2010, Schüth gegen Deutschland, Nr. 1620/03; und Urteil vom 3. Februar 2011, Siebenhaar gegen Deutschland, Nr. 18136/02.

[319] Die mögliche dritte Ebene des Grundrechtsschutzes in Form einer Bindung der Mitgliedstaaten an die Grundrechte der EU nach Maßgabe von Art. 51 Abs. 1 Satz 1 der Grundrechte-Charta soll hier außer Betracht bleiben (s. unten § 9 Rn. 56a).

Völkerrechtsverstoß begehen, was die Frage aufwirft, wie dieses Ergebnis vermieden werden kann. Es kann aber nicht nur zu Widersprüchen zwischen deutschen Gesetzen und der Konvention, sondern auch zwischen deutschen Grundrechten und der Konvention kommen. Solche Widersprüche können insbesondere dann entstehen, wenn in mehrpoligen Rechtsverhältnissen, also bei Beteiligung mehrerer widerstreitender Grundrechtspositionen, der Widerstreit unter dem Grundgesetz anders aufgelöst wird als nach dem Maßstab der Konvention. Auch solche Widersprüche können dazu führen, dass Deutschland gegen die EMRK verstößt.

16 Zu diesen Problemen hat das BVerfG erstmals in einer Entscheidung zur Unschuldsvermutung Folgendes festgestellt:

17 **BVerfG zur Unschuldsvermutung (1987):** „Wenn das Bundesverfassungsgericht sich zur Definition der Unschuldsvermutung auf den Wortlaut des Art. 6 Abs. 2 EMRK bezogen hat (BVerfGE 35, 311 [320]), der in der Bundesrepublik den Rang von Verfassungsrecht nicht genießt, so beruht dies auf der rechtlichen Wirkung, die das Inkrafttreten der Konvention auf das Verhältnis zwischen den Grundrechten des Grundgesetzes und ihnen verwandten Menschenrechten der Konvention hat. Bei der Auslegung des Grundgesetzes sind auch Inhalt und Entwicklungsstand der Europäischen Menschenrechtskonvention in Betracht zu ziehen, sofern dies nicht zu einer Einschränkung oder Minderung des Grundrechtsschutzes nach dem Grundgesetz führt, eine Wirkung, die die Konvention indes selbst ausgeschlossen wissen will (Art. 60 [*jetzt Art. 53*] EMRK). Deshalb dient insoweit auch die Rechtsprechung des Europäischen Gerichtshofs für Menschenrechte als Auslegungshilfe für die Bestimmung von Inhalt und Reichweite von Grundrechten und rechtsstaatlichen Grundsätzen des Grundgesetzes. Auch Gesetze – hier die Strafprozessordnung – sind im Einklang mit den völkerrechtlichen Verpflichtungen der Bundesrepublik Deutschland auszulegen und anzuwenden, selbst wenn sie zeitlich später erlassen worden sind als ein geltender völkerrechtlicher Vertrag; denn es ist nicht anzunehmen, dass der Gesetzgeber, sofern er dies nicht klar bekundet hat, von völkerrechtlichen Verpflichtungen der Bundesrepublik Deutschland abweichen oder die Verletzung solcher Verpflichtungen ermöglichen will.“[320]

18 Mit diesen knappen Worten beschreibt das BVerfG **drei Besonderheiten** der innerstaatlichen Wirkung der Konvention:

- Erstens: **Jedes Gesetz**, auch wenn es nach der innerstaatlichen Geltung der EMRK erlassen wurde, ist im Einklang mit den Konventionsrechten auszulegen und anzuwenden; der *lex posterior*-Grundsatz, nach dem ein der EMRK widersprechendes Gesetz sich gegen diese durchsetzen würde, gilt also nicht. Dieses Gebot der konventionskonformen Auslegung und Anwendung deutschen Gesetzesrechts führt zwar nicht normlogisch, aber doch **der Sache nach** zu einem **Übergesetzesrang** der EMRK. Anders liegt es nur dann, wenn der Gesetzgeber ausdrücklich klargestellt hat, dass er gegen die Konvention verstoßen will, was in der Praxis aber kaum vorkommen wird[321].

---

[320] BVerfGE 74, 358 (370) – Unschuldsvermutung.

[321] S. dazu *M. Payandeh*, Konventionswidrige Gesetze vor deutschen Gerichten, DÖV 2011, S. 382 ff. s. auch bereits oben § 6 Rn. 38a ff.

- Zweitens: Auch die **deutschen Grundrechte** werden im Lichte paralleler Konventionsrechte ausgelegt, d.h. die EMRK ist bei der Auslegung und Anwendung der deutschen Grundrechte zu berücksichtigen. Hierin liegt das ungelöste und wohl auch unlösbare **normlogische Rätsel**[322] der Verfassungsrechtsprechung: Wie können im Rang dem Grundgesetz nachgehende Bestimmungen die Verfassungsinterpretation steuern? Widerspricht das nicht gerade dem Vorrang der Verfassung, auf den sonst so großer Wert gelegt wird[323]? Dieses schwer greifbare **Hin- und Herschwanken der Konvention zwischen Verfassungsrang und Gesetzesrang** erklärt sich dadurch, dass sie formal betrachtet lediglich Gesetzesrang hat, durch die Völkerrechtsfreundlichkeit des Grundgesetzes, vor allem infolge des verfassungsrechtlichen Anliegens, Völkerrechtsverstöße zu vermeiden, aber de facto einen höheren Rang erhält. Man kann insofern sagen, dass die Konvention vom Verfassungsgrundsatz der Völkerrechtsfreundlichkeit selbst ein Stück weit in Verfassungsrang erhoben wird.
- Drittens: Zu berücksichtigen bei der Auslegung der deutschen Grundrechte und des übrigen deutschen Rechts sind aber nicht nur die Garantien der Konvention, sondern auch die dazu ergangenen **Urteile des EGMR**. Hiermit ist mehr gemeint als die völkerrechtlich ohnehin verpflichtende Umsetzung von gegen Deutschland ergangenen Entscheidungen im Rahmen von Art. 46 Abs. 1 EMRK. Denn es geht dem BVerfG hier nicht um die Behebung festgestellter Völkerrechtsverletzungen, sondern um die allgemeine **Orientierungswirkung** der Straßburger Rechtsprechung. Das ist überzeugend, wenn man bedenkt, dass die Konvention zunächst einmal offen formulierte Menschenrechte gewährleistet, die im Einzelnen der Konkretisierung und Ausgestaltung durch den hierzu befugten Gerichtshof bedürfen (oben Rn. 11a). Insofern ist es konsequent, wenn das BVerfG in seinem Urteil zur Sicherungsverwahrung jetzt von einer „zumindest faktischen Präzedenzwirkung" der Entscheidungen des EGMR spricht[324].

Zusammengefasst bedeutet das: Jeder Rechtsanwender muss in jedem einzelnen Fall mit grundrechtlicher Relevanz neben den deutschen Grundrechten auch die Rechte der EMRK berücksichtigen und muss das gesamte deutsche Recht einschließlich der Grundrechte im Lichte der Konventionsrechte und der Rechtsprechung des EGMR auslegen.

---

[322] S. insoweit auch *M. Hong*, Caroline von Hannover und die Folgen: Meinungsfreiheit im Mehrebenensystem zwischen Konflikt und Kohärenz, in: ders./N. Matz-Lück (Hrsg.), Grundrechte und Grundfreiheiten im Mehrebenensystem: Konkurrenzen und Interferenzen, 2011, S. 251 (257).

[323] Dazu *Gröpl* (Fn. 61), Rn. 470 f.

[324] BVerfGE 128, 326 (368) – Sicherungsverwahrung II.

b) Probleme der verfassungsrechtlichen Berücksichtigungspflicht zu Gunsten der EMRK

19 Im berühmt gewordenen *Görgülü*-Beschluss aus dem Jahr 2004[325] hat das BVerfG seine Rechtsprechung zur EMRK ausgebaut und zum Teil präzisiert. Es hat festgestellt, dass die Berücksichtigung der Konvention und der Straßburger Rechtsprechung zur Bindung jedes Rechtsanwenders an Recht und Gesetz (Art. 20 Abs. 3 GG) gehört. Begründet wird das im Wesentlichen mit dem **Verfassungsgrundsatz der Völkerrechtsfreundlichkeit** (oben § 6 Rn. 37 ff.), der vor allem die Funktion habe, ein Auseinanderfallen zwischen Verfassungs- und Völkerrechtslage und damit verbundene Völkerrechtsbrüche Deutschlands zu vermeiden[326]. Dieser **Vermeidungsfunktion** kommt im Urteil des BVerfG zur Sicherungsverwahrung[327] erneut sehr große Bedeutung zu. Doch was genau ist mit dem „Berücksichtigen" der Konvention und der Rechtsprechung des EGMR eigentlich gemeint? Bei dieser Frage ist zu differenzieren nach dem **Inhalt**, nach der **methodengerechten Umsetzung** und nach der **Reichweite** der Berücksichtigungspflicht.

20 Die Bestimmung des **Inhalts der Berücksichtigungspflicht** bereitet erhebliche Probleme, weil der Begriff der Berücksichtigung relativ undeutlich ist. Berücksichtigen bedeutet zunächst einmal, dass sich der Rechtsanwender mit dem Einfluss der Konvention und den einschlägigen Entscheidungen des EGMR erkennbar auseinandersetzen muss[328]. Jede behördliche oder gerichtliche Entscheidung, die die Relevanz der EMRK für einen Rechtsstreit verkennt, ist damit **rechts- und zugleich verfassungswidrig** und unterliegt der Aufhebung. Die Pflicht zur Berücksichtigung der EMRK erschöpft sich aber nicht in einer bloßen „Abarbeitung" der Konvention. Die Schwierigkeit der Berücksichtigungspflicht liegt gerade darin, dass das Berücksichtigen zwar mehr ist als eine bloße Kenntnisnahme, dass sie aber **keine strikte Bindung** im Sinn eines unbedingten Vorrangs der Konvention und der zu ihr ergangenen Straßburger Rechtsprechung gegenüber deutschen Rechtsvorschriften meint. Vielmehr hat das BVerfG festgestellt, dass eine „schematische Vollstreckung" von Entscheidungen des EGMR ihrerseits das Grundgesetz verletzen könne[329]. Gerade in mehrpoligen Grundrechtsverhältnissen komme es auf sensible Abwägungen an, für die nicht einfach die Lösung des EGMR übernommen werden dürfe[330]; vielmehr könne hier das Bedürfnis bestehen, die Rechtspre-

[325] BVerfGE 111, 307 – Görgülü.
[326] BVerfGE 111, 307 (328) – Görgülü.
[327] BVerfGE 128, 326 – Sicherungsverwahrung II.
[328] BVerfGE 111, 307 (324) – Görgülü.
[329] Zur treffenden Kritik an dieser Aussage *B.-O. Bryde*, Transnationale Rechtsstaatlichkeit, in: C. Hohmann-Dennhardt u.a. (Hrsg.), Grundrechte und Solidarität, Festschrift für Renate Jaeger, 2011, S. 65 (66 ff.).
[330] BVerfGE 111, 303 (323 f.) – Görgülü.

chung des Gerichtshofs in ausbalancierte „Teilrechtssysteme" einzupassen[331]. Im Urteil zur Sicherungsverwahrung erklärt das BVerfG diesen oft kritisierten Vorbehalt damit, dass schon die Konvention selbst nicht auf eine „schematische Parallelisierung einzelner verfassungsrechtlicher Begriffe" ziele und eine „Harmonisierung" von Völkerrechts wegen nicht zwingend sei[332]. Die inhaltliche Vorgabe der Berücksichtigungspflicht für den deutschen Rechtsanwender lässt sich damit wie folgt zusammenfassen: Ein einschlägiges Konventionsrecht muss bei der Entscheidung über einen Rechtsstreit einschließlich der dazu ergangenen Straßburger Rechtsprechung zur Kenntnis genommen werden. Eine Abweichung von diesen völkerrechtlichen Anforderungen ist zwar möglich, sie muss aber nachvollziehbar begründet werden.

Das führt zur Frage nach der **methodengerechten Umsetzung** der Be- 21
rücksichtigungspflicht: Wie ist sie methodisch in den Prozess der Auslegung und Anwendung deutscher Gesetze oder auch der Grundrechte des Grundgesetzes zu integrieren? Das Problem liegt hier darin, dass der EGMR keine Aussagen zum deutschen Recht, sondern zu inhaltlich vergleichbaren Konventionsrechten trifft. Hinzu kommt, dass diese weniger allgemeine Aussagen zu den Konventionsrechten als vielmehr **fallabhängige** – und deshalb auch fallspezifische – **Konkretisierungen** der Konventionsrechte, unter Umständen bereits im Ausgleich mit horizontal kollidierenden Rechten, darstellen. Die Berücksichtigungspflicht verlangt nun vom deutschen Rechtsanwender, diese Aussagen in ein anderes grundrechtliches System mit eigener Dogmatik und in einen anderen Fallkontext einzupassen[333], was dem deutschen, nicht in einem System des case law geschulten Rechtsanwender naturgemäß besondere Schwierigkeiten bereitet. Das Urteil zur Sicherungsverwahrung versucht, diesen Schwierigkeiten Rechnung zu tragen: Das BVerfG weist darauf hin, die Konventionsgarantien müssten „im Rahmen eines aktiven (Rezeptions-)Vorgangs in den Kontext der jeweils aufnehmenden Verfassungsordnung 'umgedacht' werden"[334]. Damit sind die Methodenfragen der Berücksichtigungspflicht indes nicht vollständig beantwortet. *Lothar Michael* hat das geforderte Vorgehen als „doppelte praktische Konkordanz" bezeichnet[335]: In Einklang zu bringen sind danach zunächst innerhalb des deutschen Verfassungsrechts kollidierende Grundrechtspositionen im klassischen Sinne der praktischen Konkordanz (erster Schritt). Dieser Ausgleich ist dann abzugleichen mit der Sichtweise der konkreten Vorrangrelation im Rahmen der EMRK (zweiter Schritt).

---

331 BVerfGE 111, 303 (327) – Görgülü.
332 BVerfGE 128, 326 (370) – Sicherungsverwahrung II.
333 Näher hierzu *Hong* (Fn. 322), S. 251 ff.
334 BVerfGE 128, 326 (370) – Sicherungsverwahrung II.
335 *Michael/Morlok* (Fn. 287), Rn. 740.

c) Reichweite der Berücksichtigungspflicht und Kollisionsprobleme in mehrpoligen Grundrechtsverhältnissen

22 Dass die Berücksichtigungspflicht wie dargestellt auch die Option einer Abweichung von der Rechtsprechung des Gerichtshofs beinhaltet, kann zu Kollisionsproblemen zwischen dem Grundgesetz und der Menschenrechtskonvention führen. Im *Görgülü*-Beschluss heißt es, die Berücksichtigungspflicht finde dort ihre Grenze, wo die Berücksichtigung der Rechtsprechung des EGMR gegen **Grundrechte Dritter** verstoße[336]. Im Urteil zur Sicherungsverwahrung hält das BVerfG an dieser Begrenzung fest; die Berücksichtigungspflicht dürfe nicht dazu führen, dass der Grundrechtsschutz nach dem Grundgesetz eingeschränkt werde. Das BVerfG betont sogar, dass damit ein „Rezeptionshemmnis" verbunden sei, das vor allem in mehrpoligen Grundrechtsverhältnissen relevant werden könne[337]. Solche Grenzen der Berücksichtigungspflicht können völkerrechtlich problematisch sein, weil sie der Umsetzung von Urteilen des EGMR entgegenstehen können, zu der Deutschland nach Art. 46 Abs. 1 EMRK völkerrechtlich verpflichtet ist (oben Rn. 9 ff.).

23 Dabei ist die Absage des BVerfG an eine „schematische Vollstreckung" der Rechtsprechung des Straßburger Gerichtshofs namentlich auf Konstellationen **mehrpoliger Grundrechtsverhältnisse** gemünzt[338]. Hier werfen allgemein das Zusammenspiel von Grundgesetz und EMRK und konkret die Begrenzung der verfassungsrechtlichen Berücksichtigungspflicht Schwierigkeiten auf. Ein Auseinanderfallen des grundrechtlichen Schutzstandards zwischen der Konvention und dem Grundgesetz führt in Konstellationen, in denen sich Staat und Bürger gegenüberstehen, grundsätzlich nicht zu Problemen: Denn keine der beiden Grundrechtsordnungen steht einem höheren Schutzstandard der jeweils anderen Ordnung entgegen, wie es die Konvention in Art. 53 EMRK sogar ausdrücklich festhält. In mehrpoligen Grundrechtsverhältnissen kommt man aber mit dem Hinweis darauf, dass jeweils nur ein grundrechtlicher **Min-**

---

[336] BVerfGE 111, 307 (328 f.) – Görgülü.

[337] BVerfGE 128, 326 (371) – Sicherungsverwahrung II.

[338] Die Konstellationen möglicher Kollisionen beschränken sich allerdings nicht hierauf: Eine weitere Problemlage besteht derzeit im Hinblick auf das Streikrecht für Beamte. Nach der Rechtsprechung des EGMR ist ein generelles Streikverbot für Beamte im Hinblick auf Art. 11 EMRK nur zulässig, wenn sie wie etwa Polizisten nach einem engen Verständnis Hoheitsgewalt ausüben (EGMR, Urteil vom 21. April 2009, Enerji Yapi-Yol Sen gegen Türkei, Nr. 68959/01, Ziff. 32). Demgegenüber hat das Bundesverwaltungsgericht ausgeführt, das generelle Streikverbot für alle Beamten sei Bestandteil der hergebrachten Grundsätze des Berufsbeamtentums, die nach Art. 33 Abs. 5 GG Verfassungsrang genössen. Dieser Widerspruch zwischen Konvention und Grundgesetz könne nur und müsse dementsprechend auch vom Gesetzgeber aufgelöst werden; eine konventionskonforme Verfassungsauslegung lehnt das Gericht mit nicht unbedingt überzeugenden Argumenten ab (BVerwGE 149, 117 [133 ff.]).

deststandard vorgeschrieben wird, nicht weiter[339]. Denn hier stehen sich die Grundrechte mehrerer privater Beteiligter kollidierend gegenüber, sodass beim Ausgleich der kollidierenden Rechte ein Mehr an Grundrechtsschutz für einen Beteiligten unweigerlich mit einem Weniger an Grundrechtsschutz für den anderen Beteiligten verbunden ist. Hier ist es möglich, dass die Konvention für einen konkreten Fall, in dem kollidierende Grundrechtspositionen mehrerer Beteiligter in Ausgleich zu bringen sind, als Ergebnis genau das Gegenteil von dem vorsieht, was den deutschen Grundrechten zu entnehmen ist, oder genauer gesagt: dass zwischen kollidierenden Rechten unter der Konvention eine andere konkrete Vorrangrelation gebildet wird als unter dem Grundgesetz.

Solche Fälle einander widersprechender Vorrangrelationen nach Verfas- **23a**
sungsrecht und nach Völkerrecht sind derzeit kaum befriedigend lösbar. Sicherlich würde eine „Berücksichtigungspflicht" mit der Annahme einer Verpflichtung zur Übernahme und Umsetzung einer abweichenden Vorrangrelation im konkreten Fall überdehnt, was das Bundesverfassungsgericht mit seinem Hinweis darauf, dass die Berücksichtigungspflicht in Grundrechten Dritter ihre Grenze finde, ja auch unmissverständlich ausgesprochen hat. Andererseits aber bleibt es bei der völkerrechtlichen Pflicht aus Art. 46 Abs. 1 EMRK, dem Urteil des Gerichtshofs nachzukommen, sodass gerade die Begrenzung der verfassungsrechtlichen Berücksichtigungspflicht zu einem Völkerrechtsverstoß Deutschlands führt. Hier und nur hier spitzt sich das Konfliktpotenzial zwischen Grundgesetz und EMRK, das daraus resultiert, dass es im Verhältnis zwischen den beiden Rechtsordnungen keine allseitige Kollisionsnorm gibt (oben § 6 Rn. 38), zu: Ein innerstaatlicher Vorrang der Verfassung vor der Konvention ist völkerrechtlich unbeachtlich, aber der völkerrechtliche Achtungsanspruch der Konvention schlägt auch nicht unmittelbar auf das innerstaatliche Recht durch[340].

Die Bedeutung der Problematik in mehrpoligen Grundrechtsverhältnissen **24**
lässt sich anhand des berühmten gewordenen Falls *Caroline von Hannover gegen Deutschland* veranschaulichen: Es ging dabei um die Presseveröffentlichung von Fotos aus dem Privatleben der Prinzessin. Das BVerfG hatte in zivilgerichtlichen Urteilen, die diese Veröffentlichungen gebilligt hatten, auf der Basis eines tendenziell weiten Verständnisses der Pressefreiheit überwiegend keine Verletzung des allgemeinen Persönlichkeitsrechts erkannt und die in der Sache zugunsten der Presse ergangenen Urteile des BGH deshalb nicht verfassungsrechtlich beanstandet[341]. Daraufhin erhob die Prinzessin eine Individualbeschwerde vor dem EGMR. Der Gerichtshof stellte eine Verletzung der Beschwerdeführerin in ihrem Recht auf Privatleben unter Hinweis darauf fest,

---

[339] Zu dieser begrenzten Wirkkraft grundrechtlicher Mindeststandards näher *H. Sauer*, Grundrechtskollisionsrecht für das europäische Mehrebenensystem, in: Hong/Matz-Lück (Fn. 322), S. 1 (41 ff.).

[340] Dazu näher *Sauer* (Fn. 339), S. 66 f.

[341] BVerfGE 101, 361 – Caroline von Monaco.

dass ihre Persönlichkeitsrechte von den deutschen Gerichten nicht hinreichend beachtet und gewichtet worden waren[342]; dabei kritisierte der EGMR das Abwägungskonzept der deutschen Rechtsprechung insbesondere im Hinblick auf die Figur der absoluten Person der Zeitgeschichte, die Persönlichkeitsschutz außerhalb des eigenen Zuhauses letztlich nur in Situationen örtlicher Abgeschiedenheit genieße, als unzureichend[343].

25 Das Beispiel zeigt, dass in mehrpoligen Grundrechtsverhältnisse **die Gefahr eines rechtlich unbefriedigenden Auseinanderfallens von Konventions- und Verfassungsrechtslage besteht**. Dagegen müssen nicht zuletzt vor dem Hintergrund des Kollisionsvermeidungsanliegens des Verfassungsgrundsatzes der Völkerrechtsfreundlichkeit (oben § 6 Rn. 38 ff.) Vorkehrungen getroffen werden; allerdings muss in Abwesenheit einer Kollisionsnorm zwischen dem Grundgesetz und der Konvention auch der EGMR einen Beitrag zur Konfliktvermeidung leisten. Insbesondere wäre es problematisch, wenn der Gerichtshof bei komplexen Abwägungsprozessen zum Ausgleich horizontal kollidierender Grundrechte die praktische Konkordanz im Einzelfall selbst herstellte. In solchen Fällen besteht die Aufgabe des Gerichtshofs nicht darin, die relative Vorrangrelation zwischen den kollidierenden Konventionsrechten selbst vorzugeben, den Fall also sozusagen „menschenrechtlich durchzuentscheiden". Vielmehr hat er zu prüfen, ob im Abwägungsprozess alle betroffenen Konventionsrechte in hinreichender Weise berücksichtigt worden sind; die Bildung der konkreten Vorrangrelation ist aber Sache der nationalen Gerichte und nicht des EGMR. Mit dem Abwägungsvorgang beanstandet der Gerichtshof zwar immer auch das Abwägungsergebnis; entscheidend ist aber, dass er nicht selbst vorgibt, wie im Fall einer neuen, den Anforderungen der Konvention genügenden Abwägung das Ergebnis auszusehen hat.

25a Solche und ähnliche Ansätze einer Beschränkung der Kontrolldichte des Gerichtshofs in mehrpoligen Grundrechtsverhältnissen unter Hinweis auf die *margin of appreciation* („Einschätzungsspielraum") der Staaten[344] werden in letzter Zeit unter dem Stichwort der **Korridorlösung** vermehrt diskutiert. Danach besteht in solchen Fällen ein Korridor verschiedener Auflösungen kollidierender Rechtspositionen, die aus der Sicht der Konvention gleichermaßen vertretbar sind[345]. Die Bildung einer Vorrangrelation im konkreten

[342] EGMR, Urteil vom 24. Juni 2004, Caroline von Hannover gegen Deutschland, Nr. 59320/00.

[343] EGMR, Urteil vom 24. Juni 2004, Caroline von Hannover gegen Deutschland, Nr. 59320/00, Ziff. 61 ff.

[344] Dazu allgemein *Grabenwarter/Pabel* (Fn. 286), § 18 Rn. 20 ff.

[345] Dazu insbesondere *W. Hoffmann-Riem*, Kontrolldichte und Kontrollfolgen beim nationalen und europäischen Schutz von Freiheitsrechten in mehrpoligen Rechtsverhältnissen, EuGRZ 2006, S. 492 ff.; *G. Lübbe-Wolff*, Der Grundrechtsschutz nach der Europäischen Menschenrechtskonvention bei konfligierenden Individualrechten – Plädoyer für eine Korridorlösung, in: M. Hochhuth (Hrsg.), Nachdenken über Staat und Recht, Kolloquium zum 60. Geburtstag von Dietrich Murswiek, 2010, S. 193 ff.; *L. Wildhaber*,

Fall[346] ist also von der EMRK grundsätzlich nicht determiniert; diese verlangt nur, dass die Mindeststandards aller betroffenen Rechte gewahrt bleiben.

Vertiefungshinweis: Dieser Anforderung wird der Gerichtshof in seiner Rechtsprechungspraxis in aller Regel auch gerecht: Auch in seinem als Beispiel angeführten ersten *Caroline*-Urteil aus dem Jahr 2004 hat der Gerichtshof nicht etwa vorgegeben, dass der Privatsphärenschutz in der konkreten Konstellation der Veröffentlichung von Fotos aus dem Privatleben der Pressefreiheit zwingend hätte vorgehen müssen; vielmehr hat er die Abwägung beanstandet, weil die deutschen Gerichte im Hinblick auf die Figur der absoluten Person der Zeitgeschichte dem Privatsphärenschutz der beschwerdeführenden Prinzessin kein hinreichendes Gewicht eingeräumt hätten. Im Nachgang zu diesem Urteil hat der Bundesgerichtshof ein abgestuftes Schutzkonzept zum Ausgleich der kollidierenden Rechte entwickelt. Dieses greift das Gewicht der in Rede stehenden Publikation für eine im allgemeinen Interesse liegende öffentliche Auseinandersetzung auf, das nach Auffassung des EGMR für die Abwägung bedeutsam ist. Das Bundesverfassungsgericht hat dieses Schutzkonzept im Jahr 2008 gebilligt[347]. Im jüngst ergangenen zweiten *Caroline*-Urteil hat die Große Kammer des Gerichtshofs diese deutsche Rechtsprechungsentwicklung ausdrücklich begrüßt und in den beanstandeten Presseveröffentlichungen einstimmig keine Konventionsverletzung gesehen. Dabei betont der Gerichtshof den Einschätzungsspielraum der Staaten beim Ausgleich zwischen kollidierenden Rechten und nimmt auf dieser Grundlage nur noch eine Vertretbarkeitskontrolle vor[348]. **25b**

Kollisionen zwischen der Konvention und dem Recht der Mitgliedstaaten **26** können damit nur im Zusammenwirken von EGMR und nationalen Gerichten wirksam vermieden werden. Für Deutschland kommt es den innerstaatlichen Gerichten und hier namentlich dem Bundesverfassungsgericht zu, der Rechtsprechung des Gerichtshofs zu den Konventionsrechten auch in mehrpoligen Grundrechtsverhältnissen Rechnung zu tragen. Es kann deshalb nicht überzeugen, dass die verfassungsrechtliche Berücksichtigungspflicht ihre Grenze stets in Grundrechten Dritter finden soll; denn dann hätte die Berücksichtigungspflicht gerade dort überhaupt keine Bedeutung, wo ihre maßgebliche Zielrichtung, Konflikte zwischen der Konvention und dem deutschen Recht und damit einen Völkerrechtsbruch Deutschlands im Außenverhältnis zu vermeiden, von besonderer Bedeutung ist. Den Grundrechten Dritter kann zumindest nicht automatisch und in allen Fällen der Vorrang zukommen, weil eine Kollision zwischen dem Verfassungsgrundsatz der Völkerrechtsfreundlichkeit und den Grundrechten Dritter und damit zwischen ranggleicher Normen vorliegt. An die Stelle eines automatischen Vorrangs kollidierenden Verfassungsrechts hat deshalb eine einzelfallbezogene Abwägung zwischen dem verfassungsrecht-

---

Eine verfassungsrechtliche Zukunft für den Europäischen Gerichtshof für Menschenrechte?, EuGRZ 2002, S. 569 (570); und *H. Sauer*, Bausteine eines Grundrechtskollisionsrechts für das europäische Mehrebenensystem, EuGRZ 2011, S. 195 (198).

[346] Das Verständnis der Bildung relativer Vorrangrelationen geht zurück auf *R. Alexy*, Theorie der Grundrechte, 3. Aufl. 1996, S. 77 ff.

[347] BVerfGE 120, 180 (199 ff.) – Caroline von Hannover.

[348] EGMR, Urteil der Großen Kammer vom 7. Februar 2012, Caroline von Hannover gegen Deutschland (Nr. 2), Nr. 40660/08 und Nr. 60641/08, Ziff. 124 ff.

lichen Anliegen, Verletzungen der Konvention möglichst zu vermeiden, und denjenigen Verfassungsbestimmungen zu treten, die im konkreten Fall einer Beachtung der völkerrechtlichen Befolgungspflicht entgegenstehen. Zuzugeben ist freilich, dass es bisher kaum gelungen ist, für die Auflösung dieser Kollision allgemeingültige Maßstäbe zu entwickeln[349].

3. Fazit

27 Wie auch immer mögliche Konflikte im Einzelfall zu lösen sind – es sollte sich gezeigt haben, dass man die Wirkungen der Konvention unter Verweis auf ihren formalen Gesetzesrang heute nicht mehr angemessen beschreiben kann[350]. Behörden, Justiz und Anwaltschaft sind aufgrund der dargestellten Konventionsbindung und der Berücksichtigungspflicht mittlerweile ständig mit Fragen der Konvention und ihrer Auslegung beschäftigt. Immer wieder haben Rechtsprechungslinien des EGMR wie in jüngerer Zeit insbesondere in Sorge- und Umgangsrechtsfragen[351] weitreichende Einflüsse auf das deutsche Recht gehabt[352].

28 **Lösung Fall 8: a)** Die Rechtskraft der Entscheidung des BVerfG aus dem Jahr 2004 steht einer neuen Verfassungsbeschwerde gegen die gleichen Vorschriften eigentlich entgegen. Zu beachten ist hier jedoch zweierlei: Erstens wendet sich M. nicht gegen die seiner-

---

[349] Im Schrifttum ist etwa vorgeschlagen worden, die Begrenzung der Berücksichtigungspflicht vor dem Hintergrund der Völkerrechtsfreundlichkeit enger zu verstehen und beispielsweise auf Fälle der Berührung der in Art. 79 Abs. 3 GG für unantastbar erklärten Belange zu beschränken (dazu etwa *Sauer* [Fn. 304], S. 51 ff.).

[350] Unbedingt lesenswert zum Ganzen *M. Ruffert*, Die Europäische Menschenrechtskonvention und innerstaatliches Recht, EuGRZ 2007, S. 245 ff.

[351] Zuletzt etwa EGMR, Urteil vom 3. Dezember 2009, Zaunegger gegen Deutschland, Nr. 22028/04 mit dem Erfordernis der Änderung der Sorgerechtsregelung in § 1626a BGB; und Urteil vom 21. Dezember 2010, Anayo gegen Deutschland, Nr. 20578/07 mit der Feststellung einer Konventionsverletzung dadurch, dass dem Beschwerdeführer als biologischem Vater ehelich geborener Zwillinge der Umgang mit seinen Kindern verweigert worden war; ebenfalls zu einer Konventionsverletzung durch Ablehnung eines Umgangsrechts des biologischen Vaters EGMR, Urteil vom 15. September 2011, Schneider gegen Deutschland, Nr. 17080/07.

[352] Von besonderem Interesse ist hier ein Beschluss des VGH München im einstweiligen Rechtsschutz: Nachdem der EGMR einige Vorschriften des Bundesjagdgesetzes für unvereinbar mit der Konvention erklärt hatte (EGMR, Urteil der Großen Kammer vom 26. Juni 2012, Herrmann gegen Deutschland, Nr. 9300/07), setzte der VGH diese Vorschriften im Vorgriff auf eine gesetzliche Neuregelung einstweilen aus, um den Vorgaben der Konvention Rechnung zu tragen (VGH München, Beschluss vom 30. Januar 2013, 19 AE 12.2123, DVBl. 2013, S. 461). Andere Verwaltungsgerichte verwiesen in der gleichen Konstellation dagegen darauf, sie seien keine vorläufigen Ersatz-Gesetzgeber und die Geltung gesetzlicher Vorschriften werde durch die Feststellung ihrer Konventionswidrigkeit nicht berührt. Dieses Problem kollidierender Bindungsanforderungen aus Art. 20 Abs. 3 GG ist derzeit noch weitgehend unbewältigt.

zeit bereits verfassungsrechtlich nicht beanstandeten Vorschriften über das rückwirkende Entfallen der Höchstdauer der Sicherungsverwahrung, sondern gegen die nach dem Urteil des EGMR ergangenen strafgerichtlichen Entscheidungen. Selbst wenn sich M. erneut gegen die gleichen gesetzlichen Vorschriften wenden würde, so ist hier zweitens durch das Urteil des EGMR eine rechtserhebliche Änderung der Sachlage eingetreten, weshalb die Rechtskraft des Urteils des BVerfG aus dem Jahr 2004 einer erneuten Befassung mit dem gleichen Gegenstand nicht entgegensteht[353].

b) Fraglich ist, ob die Strafgerichte durch die Feststellung, dass dem Urteil des EGMR im Rahmen des geltenden Rechts nicht Rechnung getragen werden könne, ihre maßgeblich aus dem Verfassungsgrundsatz der Völkerrechtsfreundlichkeit folgende Pflicht zur Berücksichtigung des Urteils des EGMR in Sachen M. gegen Deutschland verletzt haben. Diese Berücksichtigungspflicht ist hier deshalb von besonderer Bedeutung, weil die Deutschland aus Art. 46 Abs. 1 EMRK bereits eine völkerrechtliche Pflicht zur Umsetzung der Vorgaben dieses Urteils und damit zur Behebung der Konventionsverletzung trifft. Deshalb muss der Vollzug der Sicherungsverwahrung im Fall des M. beendet werden oder die Freiheitsentziehung muss auf eine neue Grundlage gestellt werden, welche mit den Vorgaben aus Artt. 5 Abs. 1, 7 Abs. 1 EMRK im Einklang steht. Die Verletzung der Berücksichtigungspflicht kann M. nach dem *Görgülü*-Beschluss im Rahmen des einschlägigen Grundrechts – dies ist hier das Grundrecht auf Freiheit der Person nach Art. 2 Abs. 2 Satz 2 GG – mit der Verfassungsbeschwerde geltend machen[354]. Tatsächlich verletzen die strafgerichtlichen Entscheidungen hier das Freiheitsgrundrecht, denn auch im Rahmen des geltenden Rechts war es den Strafgerichten möglich, die Vorgaben des Gerichtshofs zu berücksichtigen:

Zum einen ist in der Rechtsprechung diskutiert worden, ob der Vorbehalt einer abweichenden gesetzlichen Bestimmung in § 2 Abs. 6 StGB, wonach auf Maßregeln das zum Entscheidungszeitpunkt geltende Recht anzuwenden ist, als Ansatzpunkt für eine Berücksichtigung der Straßburger Rechtsprechung genutzt werden kann[355]. Denkbar wäre dies insoweit, als man die im Rang von Bundesrecht geltende Konvention – in ihrer konkreten Auslegung durch den Gerichtshof – im Grundsatz als anderweitige gesetzliche Bestimmung ansehen kann. Dies ist neben der nicht ganz passenden Gleichsetzung von Konvention und Rechtsprechung allerdings insofern problematisch, als der Gesetzgeber sich ausdrücklich für eine Rückwirkung entschieden hat und der Vorbehalt in § 2 Abs. 6 StGB für Fälle gedacht ist, in denen der Gesetzgeber bewusst abweichende Sonderregelungen geschaffen hat. Aus diesen Gründen hat das BVerfG in seinem Urteil zur Sicherungsverwahrung diesen Lösungsweg abgelehnt[356].

Selbst wenn aber den Anforderungen der EMRK im Rahmen der Regelungen über die Sicherungsverwahrung nicht Rechnung getragen werden kann, bleibt es dabei, dass die von M. angegriffenen Entscheidungen der Strafgerichte mit den Anforderungen des Grundgesetzes, namentlich mit den Grundrechten des M. im Einklang stehen müssen. Und diese können – und müssen – nach der Rechtsprechung des BVerfG möglichst im Einklang mit der Menschenrechtskonvention ausgelegt werden. Wie diese Vorgabe der

---

[353] So BVerfGE 128, 326 (364 f.) – Sicherungsverwahrung II.

[354] BVerfGE 111, 307 (329 f.) – Görgülü.

[355] Während einige Strafgerichte diese Lösung gewählt haben, haben sich andere dagegen ausgesprochen; die Rechtsunsicherheit war groß. S. dazu die Darstellung der Rechtsprechung in BGH, Beschluss vom 9. November 2010, 5 StR 394/10 u.a., NJW 2011, S. 240. Für die Lösung über § 2 Abs. 6 StGB auch *Grabenwarter* (Fn. 311), S. 865 ff.

[356] BVerfGE 128, 326 (402 f.) – Sicherungsverwahrung II.

verfassungsrechtlichen Berücksichtigungspflicht für das Problem der Sicherungsverwahrung umzusetzen ist, hat das BVerfG nunmehr in seinem Urteil vom 4. Mai 2011 gezeigt: In der Feststellung eines Verstoßes gegen das in Art. 103 Abs. 2 GG verankerte strafrechtliche Rückwirkungsverbot folgt das BVerfG dem EGMR zwar nicht, nachdem es bereits vor der Entscheidung des EGMR einen solchen Verstoß verneint hatte[357]. Aber das BVerfG findet eine andere Lösung, mit der auf verfassungsrechtlicher Grundlage die Vorgaben des EGMR weitgehend umgesetzt werden können: Das BVerfG sieht in dem rückwirkenden Fortfall der ursprünglichen zehnjährigen Höchstfrist einer erstmaligen Sicherungsverwahrung ein Vertrauensschutzproblem und damit einen Eingriff in das Freiheitsgrundrecht aus Art. 2 Abs. 2 Satz 2 GG in Verbindung mit dem Rechtsstaatsprinzip[358]. Hier nähere sich der Vertrauensschutz gerade unter Berücksichtigung der Rechtsprechung des EGMR einem „absoluten Vertrauensschutz" an[359]. Deshalb sei der weitere Vollzug der Sicherungsverwahrung nur möglich, soweit ein hinreichender Unterschied zwischen Strafvollstreckung und Sicherungsverwahrung gewahrt werde, die hochgradige Gefahr schwerster Gewalt- oder Sexualstraftaten bestehe und die Voraussetzungen des Art. 5 Abs. 1 Satz 2 lit. e) EMRK erfüllt seien[360]. Damit belässt das BVerfG mit Blick auf die Straßburger Vorgaben einerseits und die staatliche Schutzpflicht für die Sicherheit der Bürger[361] andererseits nur noch einen äußerst engen Spielraum dafür, im Fall des M. sowie in Parallelfällen den Vollzug der Sicherungsverwahrung fortzusetzen. Diesen Anforderungen an die Berücksichtigung der Rechtsprechung des EGMR bei der Prüfung des Freiheitsgrundrechts haben die Strafgerichte nicht Rechnung getragen, sodass ihre Entscheidungen das Grundrecht verletzen und damit aufzuheben sind. Soweit ein Fachgericht davon ausgeht, den Anforderungen der Konvention im Rahmen eines geltenden Gesetzes nicht Rechnung tragen zu können, kann sich dieses unter Umständen als verfassungswidrig erweisen, so dass eine Vorlage nach Art. 100 Abs. 1 GG an das BVerfG geboten ist.

29 **Vertiefungshinweis:** Neben den konkreten Vertrauensschutzproblemen in der vorstehenden Fallkonstellation sowie in der Konstellation der nachträglichen Sicherungsverwahrung[362] hat das BVerfG sämtliche Vorschriften über die Sicherungsverwahrung für mit dem Grundgesetz unvereinbar erklärt, weil die verfassungsrechtlichen Anforderungen an einen freiheitsorientierten und therapiegerichteten Vollzug – in deutlicher Abgrenzung zur Vollstreckung von Freiheitsstrafen („Abstandsgebot") – nicht gewahrt sei[363]. Dem Gesetzgeber war bis Ende Mai 2013 aufgegeben, eine grundlegende Reform des Rechts der Sicherungsverwahrung anzugehen. Im Dezember 2012 kam es dann zu einer Neure-

[357] BVerfGE 128, 326 (392 f.) – Sicherungsverwahrung II; s. bereits BVerfGE 109, 133 (176) – Sicherungsverwahrung I.

[358] BVerfGE 128, 326 (389 ff.) – Sicherungsverwahrung II.

[359] BVerfGE 128, 326 (391 ff.) – Sicherungsverwahrung II.

[360] BVerfGE 128, 326 (393 ff.) – Sicherungsverwahrung II.

[361] Interessanterweise wurden diese im Kontext der Sicherungsverwahrung vom EGMR erstmals kurz vor der zu erwartenden Entscheidung des BVerfG erwähnt, s. EGMR, Urteil vom 14. April 2011, Jendrowiak gegen Deutschland, Nr. 30060/04, Ziff. 36 ff.

[362] Am Maßstab der Konvention beanstandet durch EGMR, Urteil vom 13. Januar 2011, Haidn gegen Deutschland, Nr. 6587/04; zur nachträglichen Sicherungsverwahrung BVerfGE 129, 37 – Sicherungsverwahrung III.

[363] Für eine an Studierende gerichtete Besprechung des Urteils s. etwa *Payandeh/Sauer* (Fn. 1), S. 289 ff.

gelung, soweit sie in der Zuständigkeit des Bundes liegt[364]; der Vollzug der Unterbringung ist demgegenüber Sache der Länder, die ihrerseits Gesetze erlassen müssen[365].

Wiederholungsfragen zu § 7:

1. Inwiefern lässt sich die EMRK als Konstitutionalisierungsprozess bezeichnen?
2. Nennen Sie Unterschiede zwischen EMRK und GG im Gewährleistungsinhalt.
3. Welche Spruchkörper gibt es am EGMR? Wie sind diese besetzt und welche Befugnisse haben sie?
4. Welche Wirkungen haben Urteile des EGMR völkerrechtlich?
5. Welcher Rang kommt der EMRK formal gesehen in der deutschen Rechtsordnung zu?
6. Inwieweit kann man davon sprechen, dass die Rechtsprechung des BVerfG die Konvention und ihre Wirkungen in der deutschen Rechtsordnung aufgewertet hat?
7. Was versteht das BVerfG unter der Pflicht des deutschen Rechtsanwenders, die Konvention einschließlich der Urteile des Gerichtshofs zu „berücksichtigen"?
8. In welchen Konstellationen stellt sich vor allem die Frage, ob und wie diese Berücksichtigungspflicht zu begrenzen ist? Wie kann diese Frage beantwortet werden?

---

364 Gesetz zur bundesrechtlichen Umsetzung des Abstandsgebotes im Recht der Sicherungsverwahrung vom 5. Dezember 2012, BGBl. I, S. 2425; s. auch bereits das Gesetz zur Neuordnung des Rechts der Sicherungsverwahrung vom 22. Dezember 2010 mit dem Therapieunterbringungsgesetz als zentralem Bestandteil (zu dessen Verfassungsmäßigkeit nunmehr BVerfGE 134, 33 – Therapieunterbringungsgesetz).

365 Zur Frage der Verteilung der Gesetzgebungskompetenzen *Payandeh/Sauer* (Fn. 1), S. 297 f.; s. dazu jetzt auch das Sondervotum des Richters *Huber* zum Beschluss des Zweiten Senats des BVerfG zum Therapieunterbringungsgesetz, BVerfGE 134, 33 (95 ff.).

Teil 4. Grundgesetz und Europarecht

§ 8. Wirkungen des Europarechts in der deutschen Rechtsordnung

Literaturhinweise: *C. Calliess*, Staatsrecht III, 2014, S. 290 ff.; *R. Geiger*, Grundgesetz und Völkerrecht, 6. Aufl. 2013, S. 232–245; *U. Haltern*, Europarecht. Dogmatik im Kontext, 2. Aufl. 2007, §§ 6–8; *M. Herdegen*, Europarecht, 17. Aufl. 2015, § 10; *C. Herrmann*, Examens-Repetitorium Europarecht/Staatsrecht III, 4. Aufl. 2013, §§ 1–2; *M. Schweitzer/H.-G. Dederer*, Staatsrecht III, 11. Aufl. 2016, Rn. 71 ff.

1 Das Zusammenspiel des Europarechts mit dem innerstaatlichen Recht kann mit den allgemeinen Grundsätzen des Zusammenspiels von Völkerrecht und staatlichem Recht nicht erfasst werden. Zwar hat die EU formal betrachtet einen völkerrechtlichen Ursprung, denn sie wurde als internationale Organisation durch völkerrechtliche Verträge ihrer Mitgliedstaaten gegründet. Wegen ihrer Kompetenzfülle, ihrer supranationalen Befugnisse und nicht zuletzt wegen der weitgehenden Regelung des Verhältnisses zwischen Europarecht und nationalem Recht durch das Europarecht selbst (oben § 3 Rn. 4 f.) gelten für die Union aber besondere Grundsätze. Verfassungsrechtlich wird das dadurch abgebildet, dass das Grundgesetz seit 1993 in Art. 23 Abs. 1 GG einen **Integrationshebel** speziell für die EU enthält. Dieser beinhaltet gewisse **Strukturvorgaben für den europäischen Integrationsprozess**, erhebt die Mitwirkung Deutschlands an diesem Prozess zum Staatsziel und erlaubt den deutschen Staatsorganen bis zur Grenze des Art. 79 Abs. 3 GG eine Abweichung von den Anforderungen des Grundgesetzes (oben § 3 Rn. 7, § 4 Rn. 8a ff.). Dass die europäische Integration damit ein besonderes Anliegen der deutschen Verfassung ist, wie es bereits die Präambel zum Ausdruck bringt, kann auch in Klausuren als Argument herangezogen werden. Im Folgenden werden rein europarechtliche Zusammenhänge nur dort erklärt, wo es für das Verständnis der Wirkungen des Unionsrechts im deutschen Recht unbedingt erforderlich ist. Für die europarechtlichen Grundlagen insbesondere zu den Organen und ihrem Verhältnis zueinander sowie zu den besonders wichtigen Grundfreiheiten (zur Examensrelevanz dieser Grundlagen des Europarechts oben § 1 Rn. 4) sei auf die europarechtlichen Lehrbücher verwiesen[366].

---

[366] Besonders empfehlenswert zum Verständnis der Institutionenarchitektur *U. Haltern*, Europarecht. Dogmatik im Kontext, 2. Aufl. 2007, Rn. 147 ff.; zu den Grundfreiheiten *C. Herrmann*, Examensrepetitorium Europarecht/Staatsrecht III, 4. Aufl. 2013, Rn. 144 ff.

I. Rechtsquellen des Europarechts

1. Primärrecht: EUV, AEUV und allgemeine Rechtsgrundsätze

Bei den Rechtsquellen des Europarechts muss zwischen dem **primären und dem sekundären Unionsrecht** (früher: Gemeinschaftsrecht, oben § 1 Rn. 6) unterschieden werden. Das Primärrecht setzt sich aus den Gründungsverträgen der Union zusammen. Das sind nach der Reform durch den **Vertrag von Lissabon** im Wesentlichen der Vertrag über die Europäische Union (EUV) und der Vertrag über die Arbeitsweise der Europäischen Union (AEUV); Protokolle zu den Verträgen gelten als Vertragsbestandteile (Art. 51 EUV). Im EUV finden sich die **Grundlagenbestimmungen** zum Wesen der EU, zu ihren Zielen und Grundsätzen sowie zu den Organen, während die Einzelheiten sowie die Grundfreiheiten und die einzelnen Politikfelder (z.B. Wirtschaft und Wettbewerb, Inneres und Justiz) im AEUV geregelt sind. Sachfremd, aber historisch aus dem früheren Unionsvertrag und den mitgliedstaatlichen Vorbehalten gegenüber einer vollständigen Überführung in die supranationalen Strukturen der Union zu erklären, ist die Gemeinsame Außen- und Sicherheitspolitik noch immer im EUV geregelt (Artt. 21–46 EUV). 2

Zum Primärrecht zählen neben den Verträgen die (ungeschriebenen) **allgemeinen Rechtsgrundsätze**. Damit sind wie im Völkerrecht (oben § 6 Rn. 2) allgemeine Grundsätze gemeint, die den Rechtsordnungen der Mitgliedstaaten gemeinsam sind und deshalb auch als Bestandteile der EU-Rechtsordnung angesehen werden (z.B. Grundsatz der Verhältnismäßigkeit etc.). Vor dem Inkrafttreten der EU-Grundrechtecharta waren in diesem Bereich die **Grundrechte** von besonderer Bedeutung: Da die Gründungsverträge keinen Grundrechtskatalog enthielten, hatte der EuGH seit Beginn der 1970er Jahre die früher so genannten Gemeinschaftsgrundrechte als allgemeine Rechtsgrundsätze entwickelt[367]. Dabei orientierte er sich an den mitgliedstaatlichen Verfassungstraditionen sowie an der EMRK als von allen Mitgliedstaaten ratifizierter Menschenrechtsvertrag. Durch den Vertrag von Lissabon sind die Grundrechte zwar auch in Form der allgemeinen Rechtsgrundsätze Bestandteile des Unionsrechts geblieben (Art. 6 Abs. 3 EUV). Diese richterrechtliche Grundrechtsentwicklung hat allerdings dadurch an Bedeutung abgenommen, dass die **Grundrechte-Charta** der EU seit dem Lissaboner Vertrag rechtsverbindlich und damit Teil des europäischen Primärrechts geworden ist (Art. 6 Abs. 1 EUV). An die EMRK ist die Union zwar bis heute nicht förmlich gebunden. Auf der Grundlage des neuen Auftrags in Art. 6 Abs. 2 EUV und einer entsprechenden Änderung der Konvention durch das 14. Zusatzprotokoll (jetzt: Art. 59 Abs. 2 EMRK) wird derzeit aber ein **Konventionsbeitritt der** 3

[367] Überblick bei *Herdegen* (Fn. 27), § 8 Rn. 15 ff.

EU vorbereitet; dabei gibt es allerdings noch zahlreiche politische und rechtstechnische Hürden zu bewältigen[368].

2. Sekundärrecht

a) Die Kompetenzverteilung zwischen EU und Mitgliedstaaten

4 Die Sonderstellung der EU gegenüber übrigen internationalen Organisationen zeichnet sich vor allem dadurch aus, dass sie – in der Folge der **Übertragung von Hoheitsrechten** ihrer Mitglieder (oben § 3 Rn. 7), also in Folge der Übertragung von Kompetenzen auf die Union – heute über eine **Fülle von Rechtsetzungsbefugnissen** in nahezu allen Politikbereichen verfügt (bis hin zum Strafrecht, s. Art. 83 AEUV). In diesen Bereichen kann die EU durch ihre Organe, d.h. im Wesentlichen im Zusammenspiel von Kommission, Rat und Parlament (s. im Einzelnen Artt. 289, 294 AEUV), Recht setzen, an das die Mitgliedstaaten gebunden sind. Dabei ist es durch **Mehrheitsabstimmungen im Rat** (Art. 238 AEUV) durchaus möglich, dass eine Bindung gegen den Willen einzelner Mitgliedstaaten eintritt.

5 Nach dem **Grundsatz der begrenzten Einzelermächtigung** (Artt. 4 Abs. 1, 5 Abs. 1 und 2 EUV) ist Rechtsetzung durch die EU aber nur dort möglich, wo die Verträge Rechtsetzungsbefugnisse der Union eigens vorsehen; eine **Kompetenz-Kompetenz**, d.h. die Befugnis, sich aus eigenem Recht neue Zuständigkeiten zu schaffen, kommt der EU nämlich nicht zu und darf ihr aus verfassungsrechtlichen Gründen auch nicht zukommen (unten § 9 Rn. 16a). Aus der Sicht der Mitgliedstaaten ist es deshalb von großer Bedeutung, dass die Organe der EU sich stets im Rahmen der ihnen durch die Verträge eingeräumten Kompetenzen halten. Bedeutsam für die Wahrnehmung der Kompetenzen der EU ist schließlich, dass im Bereich der geteilten Zuständigkeiten nach Art. 4 AEUV (das entspricht der konkurrierenden Gesetzgebungskompetenz nach Art. 72 GG) Kompetenzen auf der Ebene der EU nur nach Maßgabe des **Subsidiaritätsprinzips** (Art. 5 Abs. 3 EUV) ausgeübt werden dürfen. Damit wird ein grundsätzlicher Vorrang der mitgliedstaatlichen Ebene begründet; die EU darf nur tätig werden, wenn ein Vorhaben auf dieser Ebene nicht hinreichend verwirklicht werden kann und es auf Ebene der EU besser zu verwirklichen ist.

6 **Vertiefungshinweis:** Das Subsidiaritätsprinzip wurde im Zuge des Vertrags von Lissabon verfahrensrechtlich mit einem so genannten **Frühwarnmechanismus** flankiert. Danach ist den mitgliedstaatlichen Parlamenten frühzeitig Gelegenheit zu geben, zur Wahrung des Subsidiaritätsprinzips durch ein geplantes Gesetzgebungsvorhaben Stellung zu

[368] Dazu im Überblick *C. Calliess*, Die neue Europäische Union nach dem Vertrag von Lissabon, 2010, S. 328 ff.; einen erheblichen Dämpfer haben die Beitrittsbemühungen allerdings jüngst durch das Gutachten der EuGH zum geplanten Beitrittsabkommen erhalten (EuGH, Gutachten 2/13 vom 18. Dezember 2014).

nehmen; im Einzelnen kann das zu erhöhten Begründungshürden und ggf. später zu einer Nichtigkeitsklage (unten Rn. 69) wegen Verletzung des Subsidiaritätsprinzips führen[369].

Vertiefungshinweis: In gewisser Hinsicht wird die fehlende Kompetenz-Kompetenz der Union dadurch in Frage gestellt, dass Art. 352 AEUV eine so genannte **Vertragsabrundungskompetenz** enthält. Danach können – allerdings nur mit Einstimmigkeit im Rat – Vorschriften erlassen werden, wenn ein Tätigwerden der Union zur Verwirklichung ihrer Ziele erforderlich erscheint. Darin liegt eine verhältnismäßig vage Ermächtigung zur Zuständigkeitsausdehnung, die allerdings nicht für die GASP gilt und nicht zu einer vertraglich ausgeschlossenen Harmonisierung führen darf (Art. 352 Abs. 3 und 4 AEUV) und über die in der Vergangenheit häufig gestritten wurde. Nach § 8 IntVG (oben § 4 Rn. 41) darf der deutsche Vertreter im Rat einer auf Art. 352 AEUV gestützten Rechtsetzung nur zustimmen, wenn der Deutsche Bundestag zuvor ein Gesetz nach Maßgabe von Art. 23 Abs. 1 GG erlassen hat. Das IntVG sieht die „Vertragsabrundung“ also mit guten Gründen als zusätzliche Hoheitsrechtsübertragung an. 7

b) Verordnungen, Richtlinien und Beschlüsse

Die einzelnen Formen von Sekundärrechtsakten sind in Art. 288 AEUV geregelt. Während **Empfehlungen und Stellungnahmen** als nicht rechtsverbindliche Rechtsakte (Art. 288 Abs. 5) nicht weiter behandelt werden sollen, bedürfen Verordnungen, Richtlinien und Beschlüsse genauerer Betrachtung. Die frühere Handlungsform des **Rahmenbeschlusses**, die aufgrund des Rahmenbeschlusses über den europäischen Haftbefehl und des hierzu ergangenen Urteils des BVerfG[370] einige Bekanntheit erlangt hat, ist mit dem Vertrag von Lissabon und der Überführung der früheren dritten Säule (der polizeilich-justiziellen Zusammenarbeit in Strafsachen) in die supranationalen Handlungs- und Entscheidungsstrukturen der EU weggefallen[371]. 8

- **Verordnungen** werden häufig als „europäische Gesetze“ bezeichnet. Ihr Wesen liegt darin, dass sie nach Art. 288 Abs. 2 AEUV aus sich heraus in den mitgliedstaatlichen Rechtsordnungen **unmittelbar gelten**. Es bedarf also keiner Umsetzung durch einen mitgliedstaatlichen Gesetzgebungsakt mehr. Die Supranationalität der EU, ihre Durchgriffswirkung gegenüber dem Einzelnen (oben § 3 Rn. 7), wird in der Rechtsform der Verordnung am deutlichsten greifbar.
- **Richtlinien** sind dagegen Rechtsnormen, die grundsätzlich noch der Ausführung und Ausfüllung durch die Mitgliedstaaten bedürfen. Sie sind nach Art. 288 Abs. 3 AEUV nur hinsichtlich ihres Zieles verbindlich, überlassen den Mitgliedstaaten aber die Wahl der Mittel, mit denen sie dieses Ziel im

---

[369] Die Einzelheiten ergeben sich aus dem Protokoll zum Vertrag von Lissabon zur Anwendung der Grundsätze der Subsidiarität und der Verhältnismäßigkeit (ABl. EU 2007, C 306, S. 150); es ist in den europarechtlichen Textsammlungen abgedruckt.

[370] BVerfGE 113, 273 – Europäischer Haftbefehl I; dazu *U. Hufeld*, Der europäische Haftbefehl vor dem BVerfG, JuS 2005, S. 865 ff.

[371] Dazu *Herrmann* (Fn. 366), Rn. 26; die vor dem Inkrafttreten des Vertrags von Lissabon erlassenen Rahmenbeschlüsse bleiben von der Änderung aber grundsätzlich unberührt.

innerstaatlichen Recht erreichen; hierfür wird den Mitgliedstaaten in der Richtlinie eine Umsetzungsfrist gesetzt. In der Regel werden Richtlinien in Deutschland durch Gesetz umgesetzt, es handelt sich bei der Richtlinie also um ein **Instrument zweistufiger Rechtsetzung**. Bekannte und praxisrelevante Beispiele sind die mittlerweile ins BGB überführten Gesetze zum Widerruf von Haustürgeschäften und zu Verbraucherkrediten (§§ 312 ff., 355 ff. BGB); auch die Bestimmungen über den Verbraucherkauf (§§ 474 ff. BGB) sowie das Allgemeine Gleichbehandlungsgesetz (AGG)[372] beruhen auf EU-Richtlinien.

- Die Handlungsform des **Beschlusses** fasst verschiedene Rechtsakte zusammen. Wichtig ist dabei insbesondere, dass Beschlüsse, die hauptsächlich von der Kommission erlassen werden, nach Art. 288 Abs. 4 AEUV an einzelne Adressaten gerichtet werden können. In dieser Form übernehmen Beschlüsse die Funktion eines **„europäischen Verwaltungsakts"** (früher: **Entscheidungen** nach Art. 249 Abs. 4 EG). Denkbar ist hier etwa ein an die Bundesrepublik gerichteter Beschluss, nach dem eine europarechtswidrige Subvention vom Empfänger zurückgefordert werden muss. Die zuständige Stelle kommt dem durch Rücknahme des Bewilligungsbescheids auf der Grundlage von § 48 VwVfG und Rückforderung der Subvention nach § 49a Abs. 1 VwVfG nach (beliebte Klausurkonstellation, unten Rn. 45 ff.).
  Soweit, was die Ausnahme darstellt (z.B. im Wettbewerbsrecht, Artt. 101 ff. AEUV), das Unionsrecht von der EU selbst vollzogen wird, sind auch an einzelne Marktteilnehmer gerichtete Beschlüsse denkbar, z.B. in Form der Verhängung eines Bußgelds für Kartellrechtsverstöße; hier tritt die EU-Kommission dem Bürger also in gleicher Weise gegenüber wie eine nationale Behörde. Überwiegend ist der Vollzug des Unionsrechts allerdings Aufgabe der mitgliedstaatlichen Behörden, was zu einer besonders engen Verzahnung von Europarecht und mitgliedstaatlichem Recht führt. Hier obliegt die Anwendung des europäischen Rechts, etwa in Form von Verordnungen im Landwirtschaftsrecht, den nationalen Behörden, die beispielsweise auf Verordnungsbestimmungen gestützte Verwaltungsakte erlassen.

9 Deutschland wirkt als Mitgliedstaat über den **deutschen Vertreter im Rat** der Europäischen Union an der europäischen Rechtsetzung mit. Dieser Vertreter, in der Regel der deutsche Außenminister oder ein Fachminister (Art. 16 Abs. 2 EUV), agiert dabei trotz seiner Eingliederung in ein supranationales Entscheidungsgremium als Staatenvertreter der Bundesrepublik Deutschland; anders ist es beim deutschen Mitglied der EU-Kommission (also beim deutschen Kommissar), der nach Art. 17 Abs. 3 UAbs. 3 EUV von der Bundesregierung unabhängig ist und von ihr **keine Weisungen** entgegennehmen darf. Deshalb übt der deutsche Vertreter im Rat anders als der deutsche Kommissar **deutsche Hoheitsgewalt** aus, die auf der Grundlage von Artt. 1 Abs. 3, 20

[372] Vom 14. August 2006, BGBl. I, S. 1897, Schönfelder Nr. 34.

Abs. 3 GG jedenfalls im Grundsatz an das Grundgesetz gebunden ist[373]. Die Reichweite dieser Bindung ist allerdings im Einzelnen umstritten, weil Art. 23 Abs. 1 GG als Folge der Hoheitsrechtsübertragung inhaltliche Abweichungen vom Grundgesetz erlaubt[374] (oben § 4 Rn. 8a f.).

Vertiefungshinweis: Im Hinblick auf den Rechtsschutz stellt sich die Frage, ob die Zustimmung des deutschen Vertreters zu einem Rechtsakt im Rat durch eine Verfassungsbeschwerde gegen den der Zustimmung zu Grunde liegenden Beschluss der Bundesregierung in Verbindung mit einer einstweiligen Anordnung (§ 32 BVerfGG) gegen das geplante Abstimmungsverhalten verhindert werden kann. Das Problem besteht dabei darin, dass der später durch den Rechtsetzungsakt Betroffene durch die Zustimmung im Rat eigentlich noch nicht unmittelbar und gegenwärtig in seinen Grundrechten betroffen ist. Angesichts dessen, dass das BVerfG weder sekundäres Unionsrecht noch unionsrechtlich determiniertes deutsches Umsetzungsrecht am Maßstab der Grundrechte prüft (unten § 9 Rn. 52 ff.), ließe sich aber vertreten, dass der Grundrechtsschutz in dieser Konstellation vorverlagert werden muss; insofern wäre das deutsche Abstimmungsverhalten der letzte jedenfalls im Grundsatz an die deutschen Grundrechte gebundene Hoheitsakt[375]. Das BVerfG hat allerdings durchblicken lassen, dass es nicht geneigt ist, der Vorverlagerungsthese zu folgen[376]. 10

Rechtsquellen des Unionsrechts	
Primärrecht: • EUV • AEUV • Grundrechte-Charta (über Art. 6 Abs. 1 EUV) • allgemeine Rechtsgrundsätze • Euratom-Vertrag	**Sekundärrecht:** • Verordnungen (allgemeine und unmittelbare Geltung) • Richtlinien (zweistufige Rechtsetzungsakte) • Beschlüsse (vor allem: „europäische Verwaltungsakte“ der Kommission)

---

373 S. BVerfGE 92, 203 (227 f.) – EG-Fernsehrichtlinie. In BVerfGE 129, 124 (175) – Griechenland-Hilfen und vorläufiger Euro-Rettungsschirm heißt es, Mitwirkungshandlungen der Bundesregierung im Hinblick auf die Beschlussfassung im Rat stellten keine mit der Verfassungsbeschwerde angreifbaren Akte öffentlicher Gewalt gegenüber den Beschwerdeführern dar; diese etwas missverständliche Formulierung (auf diese Unklarheit weist auch *M. Nettesheim*, „Euro-Rettung“ und Grundgesetz, EuR 2011, S. 765 [770] hin) dürfte die Angreifbarkeit nicht allgemein ausschließen, sondern eine Angreifbarkeit durch die Beschwerdeführer mangels unmittelbarer Betroffenheit ausschließen wollen. Im verfassungsrechtlichen Schrifttum ist die Frage nach einer Bindung des Ratsvertreters sowie nach der Reichweite einer möglichen Bindung umstritten, s. dazu eingehend *Herdegen* (Fn. 27), § 7 Rn. 35 ff. m.w.N.

374 Dazu *Jarass*, in: ders./Pieroth (Fn. 65), Art. 23 Rn. 45; *Herdegen* (Fn. 27), § 7 Rn. 39.

375 So z.B. *Herdegen* (Fn. 27), § 7 Rn. 44.

376 BVerfG, Beschluss der 2. Kammer des Zweiten Senats vom 12. Mai 1989, 2 BvQ 3/89, EuGRZ 1989, S. 339 (340) – Tabaketikettierungsrichtlinie; BVerfG, Beschluss der 1. Kammer des Ersten Senats vom 16. Oktober 2003, 1 BvR 2075/03, NVwZ 2004, S. 209 – Energiesteuer-Richtlinie; s. jetzt auch BVerfGE 129, 124 (174 f.) – Griechenland-Hilfen und vorläufiger Euro-Rettungsschirm: Hier heißt es, durch die Mitwirkung der Bundesregierung an Beschlussfassungen im Rat seien die Beschwerdeführer nicht unmittelbar beschwert.

II. Wirkungen des Europarechts im innerstaatlichen Recht

11 Aufgrund dieser Fülle von Rechtsetzungsermächtigungen und der Vielzahl tatsächlich von der EU erlassener Rechtsakte stellt sich die Frage nach den **innerstaatlichen Wirkungen** des Unionsrechts mit besonderer Dringlichkeit. Gerade weil die Anwendung und Ausführung des EU-Rechts maßgeblich den mitgliedstaatlichen Stellen obliegt, müssen heute jede deutsche Behörde und jedes deutsche Gericht mit den Wirkungen des Unionsrechts und den dadurch hervorgerufenen Modifikationen des deutschen Rechts vertraut sein.

1. Primärrecht: EUV und AEUV im deutschen Recht

a) Unmittelbare Geltung und unmittelbare Anwendbarkeit

12 Hinsichtlich der innerstaatlichen Wirkungen der Gründungsverträge gilt im Ausgangspunkt das Gleiche wie für sonstige völkerrechtliche Verträge (oben § 6 Rn. 13 ff. und das Schaubild § 6 Rn. 25). Das nach Maßgabe von Art. 23 Abs. 1 Satz 2 GG (früher: Art. 24 Abs. 1 GG) erforderliche Zustimmungsgesetz enthält den Rechtsanwendungsbefehl für die Verträge, führt also zur **innerstaatlichen Geltung** von EUV und AEUV. Deshalb muss das europäische Primärrecht nach Maßgabe von Art. 20 Abs. 3 GG vom Rechtsanwender beachtet und herangezogen werden, wenn die konkret in Rede stehende Bestimmung nach den allgemeinen Grundsätzen unmittelbar anwendbar, also inhaltlich **hinreichend bestimmt** ist. Hier gilt:

- Vielfach enthalten die Unionsverträge ausfüllungsbedürftige Zielbestimmungen (z.B. Artt. 2, 3 EUV) oder lediglich Kompetenznormen und Rechtsetzungsermächtigungen, die sich von vornherein nicht an den innerstaatlichen Rechtsanwender richten. Die unmittelbare Anwendung solcher Bestimmungen kommt nicht in Betracht.
- Die Verträge enthalten aber auch inhaltliche Grundsätze, die bereits ohne Konkretisierung durch Sekundärrechtsakte hinreichend bestimmt und damit unmittelbar anwendbar sind und deshalb vom mitgliedstaatlichen Rechtsanwender beachtet werden müssen. Von herausragender Bedeutung sind hier die **Grundfreiheiten** des AEUV (Art. 34 AEUV: Warenverkehrsfreiheit, Art. 45 AEUV: Arbeitnehmerfreizügigkeit, Art. 49 AEUV: Niederlassungsfreiheit, Art. 56 AEUV: Dienstleistungsfreiheit, Art. 63 AEUV: Kapitalverkehrsfreiheit), das **allgemeine Diskriminierungsverbot** (Art. 18 AEUV) sowie das – allerdings teilweise sekundärrechtlich ausdifferenzierte – EU-Wettbewerbsrecht (Artt. 101 ff. AEUV).

Das primäre Unionsrecht ist insbesondere deshalb häufiger unmittelbar anwendbar als das allgemeine Völkervertragsrecht, weil es nicht nur die Mitgliedstaaten, sondern auch deren Bürger als Subjekte der Unionsrechtsordnung begreift[377].

b) Einklagbarkeit

Unter welchen Voraussetzungen der Einzelne sich auf unmittelbar anwendbares Primärrecht berufen kann, ist noch nicht abschließend geklärt. An sich wäre hierfür nach deutschem Recht erforderlich, dass die geltend gemachte unionsrechtliche Bestimmung nach Maßgabe der Schutznormlehre ein subjektives Recht des Betroffenen enthält; das ist etwa für die Grundfreiheiten und das allgemeine Diskriminierungsverbot der Fall. Zu beachten ist allerdings, dass im Unionsrecht selbst das subjektive Recht von ungleich geringerer Bedeutung ist als im deutschen Recht, da der unionsrechtliche Rechtsschutz eher in der Tradition eines objektiven Rechtsschutzes nach französischem Vorbild steht. Es könnte somit die Durchsetzung des Unionsrechts behindern, wenn sich der Einzelne auf unionsrechtliche Bestimmungen in Deutschland nur dann berufen könnte, wenn ihnen nach Maßgabe der Schutznormlehre ein subjektives Recht zu entnehmen ist; hier ist deshalb großzügiger zu verfahren als bei Vorschriften des deutschen Verwaltungsrechts (im Einzelnen unten Rn. 43 f.). 13

2. Sekundärrecht

Fall 9: Die EU erlässt eine weitere Verbraucherschutzrichtlinie und regelt darin Widerrufsmöglichkeiten für Börsengeschäfte. Nach Art. 4 der Richtlinie können im Einzelnen aufgeführte Börsengeschäfte innerhalb eines Monats ohne Angabe von Gründen widerrufen werden. R. hat ein Geschäft getätigt, von dem er sich lieber wieder lösen würde, was nach Art. 4 der Richtlinie auch möglich wäre. Allerdings wurde die Richtlinie trotz Ablaufs der Umsetzungsfrist in Deutschland noch nicht umgesetzt. 14

Kann R. einen Widerruf des Geschäfts direkt auf Art. 4 der Richtlinie stützen?

Fall 10: Die Verordnung 1881/2006 zur Festsetzung der Höchstgehalte für bestimmte Kontaminanten in Lebensmitteln enthält Grenzwerte für die Belastung von Lebensmitteln mit Schwermetallen und anderen Giften. Nach dem Anhang dieser Verordnung gelten auch für Fleisch und für Hühnereier bestimmte Grenzwerte. Art. 1 Abs. 1 der Verordnung 1881/2006 legt fest, dass Lebensmittel nicht in den Verkehr gebracht werden dürfen, wenn sie die in der Verordnung vorgeschriebenen Grenzwerte überschreiten. 15

Anfang 2011 wurde als Folge der Beimischung von Industriefetten in Tierfutter in zahlreichen deutschen Betrieben eine massive Überschreitung der Dioxin-Grenzwerte in Eiern und in Hühner- sowie Schweinefleisch festgestellt.

Was kann eine deutsche Ordnungsbehörde tun, die ein Inverkehrbringen belasteter Erzeugnisse in ihrem Zuständigkeitsbereich verhindern will?

Hinsichtlich der innerstaatlichen Wirkungen ist das **supranationale vom nicht-supranationalen** Sekundärrecht zu unterscheiden: 16

[377] Grundlegend EuGH, Urteil vom 5. Februar 1963, Rs. 26/62 (van Gend & Loos), Slg. 1963, S. 1 (24 f.).

a) Supranationales Sekundärrecht: Verordnungen und individualgerichtete Beschlüsse im deutschen Recht

17 Supranationales Unionsrecht, also neben den **Verordnungen** die **an einzelne Adressaten gerichteten Beschlüsse**, zeichnet sich angesichts seiner **Supranationalität** gerade durch **unmittelbare Geltung** in den mitgliedstaatlichen Rechtsordnungen aus. Eines irgendwie gearteten nationalen Durchführungsakts bedarf es hierfür nicht. Insofern kann man sagen, dass die deutsche Zustimmung zum AEUV und den darin enthaltenen Ermächtigungen zum Erlass von Verordnungen und Beschlüssen einen **antizipierten Rechtsanwendungsbefehl** für alle kompetenzgemäß erlassenen Verordnungen und individualgerichteten Beschlüsse enthält. Verordnungsbestimmungen müssen deshalb vom Rechtsanwender herangezogen, vor allem auch vollzogen werden, soweit sie **unmittelbar anwendbar** sind, was bei Verordnungsbestimmungen angesichts ihrer Detailgenauigkeit ebenso wie bei individualgerichteten Beschlüssen in aller Regel der Fall ist. Der Bürger muss deshalb sein Verhalten an Verordnungen und an Beschlüssen, die an ihn gerichtet sind, ebenso ausrichten wie an deutschen Gesetzen, Verordnungen und Verwaltungsakten. Das zeigt die besondere Qualität der Einwirkung und des Durchgriffs der EU in den innerstaatlichen Rechtsordnungen. Hinsichtlich der Einklagbarkeit gilt für unmittelbar anwendbares Sekundärrecht grundsätzlich nichts anderes als für unmittelbar anwendbares Primärrecht (oben Rn. 13); Besonderheiten gelten allerdings bei der Direktwirkung von Richtlinien (unten Rn. 19 ff.).

b) Nicht-supranationales Sekundärrecht: Richtlinien und nicht-individualgerichtete Beschlüsse im deutschen Recht

18 Nicht-supranationales Unionsrecht gilt dagegen grundsätzlich nicht unmittelbar, d.h. es bedarf stets eines **deutschen Ausführungs- oder Umsetzungsrechtsakts**. Die Richtlinie bedarf eines Umsetzungsakts, und Beschlüsse, die an die Mitgliedstaaten gerichtet werden, müssen ebenfalls erst durchgeführt werden, um dann den Einzelnen betreffen zu können (etwa durch Rückforderung einer unionsrechtswidrigen Subvention als Ausführung eines an den betroffenen Mitgliedstaat gerichteten Beschlusses der Kommission auf der Grundlage von Art. 108 Abs. 2 UAbs. 1 AEUV).

c) Die Direktwirkung von Richtlinien

19 Allerdings ergibt sich aus der Rechtsprechung des EuGH, dass Richtlinien ausnahmsweise auch ohne Umsetzungsakt im innerstaatlichen Recht heranzuziehen sein können[378]. Dahinter steckt der Gedanke, dass die Mitgliedstaaten eine Geltung unliebsamer Richtlinien, gegen die sie womöglich im Rat gestimmt haben, aber überstimmt worden sind, nicht dadurch sollen

---

[378] Dazu im Einzelnen *Herrmann* (Fn. 366), Rn. 45 ff.; eingehend *Haltern* (Fn. 366), Rn. 665 ff.

verhindern können, dass sie sie einfach nicht umsetzen (und dadurch riskieren, von der Kommission im Vertragsverletzungsverfahren nach Art. 258 AEUV verklagt zu werden, unter Umständen mit der Folge eines vom EuGH auf der Grundlage von Art. 260 AEUV verhängten Zwangsgelds). Deshalb hat der Gerichtshof unter Hinweis auf die praktische Wirksamkeit des Unionsrechts **(effet utile)** und den Gesichtspunkt, dass umsetzungssäumige Staaten keine Vorteile aus ihrer eigenen Umsetzungssäumnis ziehen sollen, festgestellt, dass eine **Direktwirkung von Richtlinien** ausnahmsweise möglich ist; der Wortlautunterschied zwischen Art. 288 Abs. 2 und Art. 288 Abs. 3 AEUV stehe dem nicht grundsätzlich entgegen. Das BVerfG hat diese Rechtsprechung zur Effektivierung von Richtlinien ausdrücklich gebilligt[379].

Die Terminologie ist uneinheitlich: Der hier gewählte Begriff der **Direktwirkung** wird vorgeschlagen, weil die gebräuchlichere Wendung von der **unmittelbaren Anwendbarkeit** von Richtlinien ungenau ist. Denn bei genauer Betrachtung geht es bei der Direktwirkung von Richtlinien um eine **Kombination** aus unmittelbarer Geltung und unmittelbarer Anwendbarkeit; nur wenn **beides** vorliegt, kann die Richtlinie in einem innerstaatlichen Rechtsstreit direkt zur Anwendung kommen. **20**

Die Direktwirkung von Richtlinien hat die folgenden Voraussetzungen: **21**

- Das Verstreichen der Umsetzungsfrist ohne hinreichende Richtlinienumsetzung, d.h. die Richtlinie ist nicht oder nicht richtig bzw. nicht vollständig umgesetzt (das ist der Verstoß des Mitgliedstaats gegen die Umsetzungspflicht, der die **unmittelbare Geltung** auslöst);
- Die Richtlinienbestimmung, um die es konkret geht (eine Richtlinie kann also auch nur zum Teil direkt wirken!), muss ferner hinreichend bestimmt und unbedingt gefasst sein (als „normale" Voraussetzung der **unmittelbaren Anwendbarkeit** einer Norm).
- Teilweise wird darüber hinaus gefordert, dass die Richtlinie dem Einzelnen Rechte verleihen, also **subjektive Rechte** enthalten müsse[380]. Die Rechtsprechung des EuGH hat diese Frage bislang nicht eindeutig entschieden. Vieles spricht dafür, dass die Individualbegünstigung durch die fragliche Richtlinienbestimmung nicht Voraussetzung der Direktwirkung ist, sondern erst in prozessualer Hinsicht erforderlich ist: Wenn sich etwa ein Betroffener im Verwaltungsprozess für die von ihm begehrte Akteneinsicht auf eine Richtlinie über Informationszugangsrechte gegenüber der Verwaltung beruft, ist er nach den allgemeinen Grundsätzen nur klagebefugt, wenn ihm die fragliche Richtlinienbestimmung, um deren unmittelbare Anwendung es geht, ein subjektives Recht verleiht (das folgt für die Leistungsklage aus

---

[379] BVerfGE 75, 223 (235 ff.) – Kloppenburg.

[380] Zur Diskussion dieser Streitfrage *M. Ruffert*, in: C. Calliess/ders. (Hrsg.), EUV/AEUV, Kommentar, 4. Aufl. 2011, Art. 288 AEUV Rn. 66 ff. m.w.N.

einer analogen Anwendung von § 42 Abs. 2 VwGO[381]). Allerdings reicht bei europarechtlichen Bestimmungen eine nicht-finale Begünstigung des Betroffenen aus (unten Rn. 43 f.).

22 Hinsichtlich der Direktwirkung von Richtlinien müssen die folgenden Konstellationen unterschieden werden:

- **Vertikale Direktwirkung:** Dabei geht es um die Berufung des Bürgers auf die Richtlinie zu seinen Gunsten gegenüber dem Staat (etwa in dem vorstehenden Beispiel zur Akteneinsicht). Für diese Konstellation ist die Direktwirkung ursprünglich entwickelt worden.
- **Umgekehrt vertikale Direktwirkung:** Eine Berufung des Staates auf nicht umgesetzte Richtlinien zu Lasten des Bürgers kommt nicht in Betracht. Beispielsweise kann ein Finanzamt gegenüber der Inanspruchnahme einer Steuerbefreiung nicht geltend machen, diese verstoße gegen eine noch nicht umgesetzte Richtlinie. Der Staat soll keine Vorteile aus seiner eigenen Umsetzungssäumnis ziehen. Er kann – und muss – die Richtlinie umsetzen, wenn er sich auf diese berufen will.
- **Horizontale Direktwirkung:** Grundsätzlich kommt nach der Rechtsprechung des EuGH eine Direktwirkung von Richtlinien im Horizontalverhältnis, also in **Rechtsstreitigkeiten zwischen Privaten**, nicht in Betracht. Der Gerichtshof begründet das vorwiegend mit Argumenten der Rechtssicherheit: Sieht beispielsweise das nationale Verbraucherschutzrecht für einen bestimmten Vertrag ein Widerrufsrecht nicht vor, dann sollen sich die Vertragspartner auf die Gültigkeit des Vertragsschlusses verlassen können. Dies würde unterlaufen, wenn es einer Vertragspartei gestattet wäre, sich hinsichtlich des Widerrufsrechts unmittelbar auf eine fehlerhaft noch nicht umgesetzte Richtlinie zu berufen. Denn die andere Vertragspartei hat die fehlerhafte Richtlinienumsetzung – anders als in der Konstellation der vertikalen Direktwirkung – nicht zu vertreten.
- **Mittelbare horizontale Direktwirkung:** Unsicherheit haben in der letzten Zeit Entscheidungen des EuGH hervorgerufen, die eine horizontale Direktwirkung letztlich – wenn auch nur mittelbar – doch zugelassen haben[382]. Während der Gerichtshof die direkte Berufung auf die Richtlinie im Privatrechtsverhältnis ablehnt, hat er in einigen Fällen zugelassen, die Unanwendbarkeit nationaler Vorschriften im Privatrechtsverhältnis geltend zu machen, weil diese Vorschriften gegen fehlerhaft nicht umgesetzte Richtlinien verstießen[383]. Formal mag man zwischen diesen Fallkonstellationen

---

[381] S. nur *Detterbeck* (Fn. 239), Rn. 1392.

[382] Dazu *A. Haratsch/C. Koenig/M. Pechstein*, Europarecht, 10. Aufl. 2016, Rn. 394 f.

[383] Teilweise werden in diesem Kontext auch die Entscheidungen in Sachen *Mangold* und *Kücükdeveci* angeführt (EuGH, Urteil vom 22. November 2005, Rs. C-144/04 [Mangold], Slg. 2005, S. I–9981; und EuGH, Urteil vom 19. Januar 2010, Rs. C-555/07 [Kücükdeveci], Slg. 2010, S. I–365); diese sind allerdings insofern speziell gelagert, als die Belastung des Vertragsgegners aus einer im Einzelnen schwer zu fassenden Kombination

differenzieren können, weil in einem Fall die Rechtsfolge **unmittelbar aus der Richtlinie** folgen würde, was nicht möglich sein soll, während im anderen Fall die Rechtsfolge **unmittelbar aus dem nationalen Recht** selbst kommt – das allerdings zuvor mit Blick auf die Richtlinie europarechtskonform umgestaltet wird. Es ist allerdings schwer erkennbar, worin gerade mit Blick auf die Frage der Rechtssicherheit und auf die Rechtsposition des Vertragsgegners ein relevanter Unterschied zwischen den Konstellationen der unmittelbaren und der mittelbaren Horizontalwirkung liegen soll[384].

Lösung Fall 9: Eine EU-Richtlinie muss grundsätzlich zunächst in einen Rechtsakt des innerstaatlichen Rechts umgesetzt werden, um dort Wirkung zu entfalten. Nach der Rechtsprechung des EuGH können Richtlinien aber ausnahmsweise auch direkt herangezogen werden. Voraussetzung ist, da es sich letztlich um eine Sanktion gegen den säumigen Mitgliedstaat handelt, dass eine Richtlinie trotz Ablaufs der Umsetzungsfrist nicht oder nicht richtig umgesetzt wurde, was hier der Fall ist. Voraussetzung ist des Weiteren, dass die Richtlinie hinreichend bestimmt und unbedingt ist („self-executing") und zusätzlich u.U. (str.), dass sie subjektive Rechte enthält. Beides ist hier der Fall, da das den R. begünstigende Widerrufsrecht in Art. 4 der Richtlinie bereits detailliert geregelt ist und von keinen weiteren Voraussetzungen abhängig gemacht werden darf. 23

Allerdings kommt eine direkte Richtlinienanwendung im Verhältnis zwischen zwei Privatrechtssubjekten grundsätzlich nicht in Frage. Hier soll der Geschäftspartner der R. nicht die Folgen der Umsetzungssäumnis Deutschlands tragen. Also kann R. einen Widerruf des Vertrages hier nicht direkt auf die Richtlinie stützen. Allerdings hat R. die Möglichkeit, wegen der Nichtumsetzung der Richtlinie einen Staatshaftungsanspruch gegen Deutschland geltend zu machen (unten Rn. 61 ff.).

Lösung Fall 10: Bereits aufgrund von Art. 1 Abs. 1 der Verordnung 1881/2006 gilt ein Verkehrsverbot für die von der erhöhten Dioxin-Belastung betroffenen Lebensmittel. Fraglich ist aber, ob sich bereits auf das Verkehrsverbot ein Einschreiten der Behörden stützen lässt. Wenn die Verordnung über Maßnahmen der Behörden schweigt, richten sich diese Maßnahmen nach nationalem Recht. Die Verbindung zwischen dem deutschen Gefahrenabwehrrecht und der Verordnung der EU liegt darin, dass der Verstoß gegen das Verkehrsverbot eine Gefahr für die öffentliche Sicherheit im Sinne der polizei- bzw. ordnungsrechtlichen Generalklausel begründet. Denn die Gesamtheit der objektiven Rechtsordnung ist unter dem Begriff der öffentlichen Sicherheit geschützt, und hierzu gehören auch die in Deutschland geltenden Verordnungen der Union. Die Ordnungsbehörden könnten deshalb grundsätzlich Maßnahmen wie vorübergehende Betriebsschließungen etc. auf die ordnungsrechtliche Generalklausel (für NRW: § 14 Abs. 1 OBG) stützen. Allerdings sind die Befugnisse der Lebensmittelaufsichtsbehörden sonderordnungsrechtlich geregelt, und zwar in § 39 des Lebens- und Futtermittelgesetzbuchs[385]. Das Beispiel soll die beträchtliche Bedeutung europäischen Sekundärrechts im deutschen Rechtsalltag verdeutlichen. 24

---

zwischen einer Richtlinie einerseits und einem primärrechtlichen allgemeinen Rechtsgrundsatz andererseits folgte.

[384] S. auch *Herrmann* (Fn. 366), Rn. 50 f.

[385] Sartorius-Ergänzungsband Nr. 820.

Wirkungen des EU-Rechts im deutschen Recht				
	Primärrecht	**Verordnungen**	**Richtlinien**	**Beschlüsse**
innerstaatliche Geltung	durch den Rechtsanwendungsbefehl zu den Verträgen gegeben	nach Art. 288 Abs. 2 AEUV gegeben (Zustimmung dazu enthält antizipierten Rechtsanwendungsbefehl für alle Verordnungen)	grundsätzlich nicht gegeben (Ausnahmen: Direktwirkung von Richtlinien)	bei individualgerichteten Beschlüssen gegeben (nicht bei Beschlüssen an Mitgliedstaaten)
unmittelbare Anwendbarkeit	je nach hinreichender Bestimmtheit und Unbedingtheit der konkreten Vertragsbestimmung	wie ←	grundsätzlich nicht gegeben (Ausnahmen: Direktwirkung von Richtlinien; dann kommt es auf die unmittelbare Anwendbarkeit der konkreten Richtlinienbestimmung an)	bei individualgerichteten Beschlüssen je nach hinreichender Bestimmtheit (in der Regel gegeben)
Einklagbarkeit	wenn die konkrete Bestimmung den Einzelnen begünstigt	wie ←	grundsätzlich nicht gegeben (Ausnahmen: Direktwirkung von Richtlinien; dann kommt es auf die Einklagbarkeit der konkreten Richtlinienbestimmung an)	wenn die konkrete Bestimmung den Einzelnen begünstigt

III. Der Anwendungsvorrang des Unionsrechts

25 **Fall 11:** H. kauft als Verbraucher im Jahr 2002 einen Herd. Nach einem Jahr löst sich die Emaille-Schicht im Backofen. H. macht dies gegenüber dem Verkäufer geltend und erhält im Wege der Nacherfüllung Ende 2003 einen neuen Herd. Der Verkäufer verlangt von H. 75 EUR als Wertersatz für die mehr als einjährige Nutzung des Herds.

Ist der Anspruch des Verkäufers begründet? Gehen Sie dabei davon aus, dass
a) der Anspruch der Höhe nach angemessen ist
b) § 474 Abs. 2 Satz 1 BGB auf den Fall nicht anzuwenden ist und
c) eine Bestimmung der EU-Richtlinie zum Verbrauchsgüterkauf besagt, dass der Verbraucher „ohne erhebliche Unannehmlichkeiten" im Falle eines Mangels der gelieferten Sache eine „unentgeltliche Ersatzlieferung" verlangen kann[386].

Fall 12: Gehen Sie im Fall zur Altersdiskriminierung (oben § 1 Rn. 14) von folgender Situation aus: Nach dem *Mangold*-Urteil des EuGH verstößt § 14 Abs. 3 Satz 4 TzBfG a.F., wonach sachgrundlose Befristungen von Arbeitsverträgen mit Arbeitnehmern ab dem 52. Lebensjahr möglich waren, gegen den europarechtlichen Grundsatz des Verbots der Altersdiskriminierung. Diesen Grundsatz ermittelt der Gerichtshof aus der Kombination einer Gleichbehandlungsrichtlinie mit einem allgemeinen Rechtsgrundsatz des Unionsrechts. 26

Was muss das Arbeitsgericht tun, wenn ein Arbeitnehmer auf die Entfristung eines auf § 14 Abs. 3 Satz 4 TzBfG gestützten, sachgrundlos befristeten Arbeitsvertrags klagt?

Gehen Sie dabei davon aus, dass eine Klage auf Entfristung eines Arbeitsvertrags grundsätzlich möglich ist (§ 17 TzBfG) und dass das Arbeitsrecht normalerweise sachliche Gründe für befristete Arbeitsverträge verlangt (§ 14 Abs. 1 Satz 1 TzBfG).

1. Grundlagen

Hinsichtlich des Rangs der Unionsverträge im deutschen Recht bleibt es 27 formal dabei, dass sie im **Rang von Bundesgesetzen** stehen. Dann kann das europäische Sekundärrecht an sich auch nicht höherrangig sein (zum Rang des völkerrechtlichen Sekundärrechts oben § 6 Rn. 30 f.). Diese Rangzuweisung des Europarechts unterhalb des deutschen Verfassungsrechts und im Rang von Gesetzesrecht würde aber bedeuten, dass erstens der Gesetzgeber durch spätere Gesetze vom Unionsrecht abweichen könnte (nach dem allgemeinen Grundsatz lex posterior derogat legi priori) und dass sich zweitens im Konflikt zwischen Verfassung (Grundrechte!) und Unionsrecht stets das Grundgesetz durchsetzen würde. Bedenkt man, dass die Verfassungsrechtslage in den derzeit noch 28 Mitgliedstaaten sehr unterschiedlich ist, kann es bei dieser Rangzuweisung kaum bleiben. Denn dann wäre die EU keine **Rechtsgemeinschaft**, die sich gerade durch in allen Mitgliedstaaten einheitlich geltendes und anwendbares Recht auszeichnet; das Unionsrecht wäre vielmehr ein von Mitgliedstaat zu Mitgliedstaat variierender und fragmentarischer Flickenteppich unter nationalem Verfassungsvorbehalt. Damit ist der wesentliche Grund dafür bezeichnet, dass der EuGH in seiner Rechtsprechung bereits früh den in den Gründungsverträgen nicht geregelten **Anwendungsvorrang** des früheren Gemeinschafts- und heutigen Unionsrechts durch eine dynamisch-teleologische Auslegung der Verträge und unter Rekurs auf das Wesen der Rechtsgemeinschaft

[386] Konkret geht es um die Richtlinie 1999/54/EG des Rates vom 25. Mai 1999 zu bestimmten Aspekten des Verbrauchsgüterkaufs und der Garantie für Verbrauchsgüter, ABl. EG 1999, L 171, S. 12.

entwickelt hat, wobei gerade solche Begründungen wegen ihrer besonderen vorverständnisbedingtheit angreifbar sind. Er hat hierzu in der Entscheidung *Costa/ENEL* ausgeführt:

28 **EuGH in Costa/ENEL (1964):** „Zum Unterschied von gewöhnlichen internationalen Verträgen hat der EWG-Vertrag eine eigene Rechtsordnung geschaffen, die bei seinem Inkrafttreten in die Rechtsordnungen der Mitgliedstaaten aufgenommen worden und von ihren Gerichten anzuwenden ist. Durch die Gründung einer Gemeinschaft für unbegrenzte Zeit, die mit eigenen Organen, mit der Rechts- und Geschäftsfähigkeit, mit internationaler Handlungsfähigkeit und insbesondere mit echten, aus der Beschränkung der Zuständigkeit der Mitgliedstaaten oder der Übertragung von Hoheitsrechten der Mitgliedstaaten auf die Gemeinschaft herrührenden Hoheitsrechten ausgestattet ist, haben die Mitgliedstaaten ihre Souveränitätsrechte beschränkt und so einen Rechtskörper geschaffen, der für ihre Angehörigen und sie selbst verbindlich ist. Diese Aufnahme der Bestimmungen des Gemeinschaftsrechts in das Recht der einzelnen Mitgliedstaaten und, allgemeiner, Wortlaut und Geist des Vertrages haben zur Folge, dass es den Staaten unmöglich ist, gegen die von ihnen auf der Grundlage der Gegenseitigkeit angenommene Rechtsordnung nachträgliche einseitige Maßnahmen ins Feld zu führen. Solche Maßnahmen stehen der Anwendbarkeit der Gemeinschaftsrechtsordnung daher nicht entgegen. Dem vom Vertrag geschaffenen, somit aus einer autonomen Rechtsquelle fließenden Recht können wegen dieser seiner Eigenständigkeit keine wie immer gearteten innerstaatlichen Rechtsvorschriften vorgehen, wenn ihm nicht sein Charakter als Gemeinschaftsrecht aberkannt und wenn nicht die Rechtsgrundlage der Gemeinschaft selbst in Frage gestellt werden soll."[387]

29 Dieser Anwendungsvorrang des Unionsrechts führt dazu, dass sich das gesamte Unionsrecht gegenüber kollidierendem innerstaatlichem Recht durchsetzt, und zwar **auch gegenüber dem Verfassungsrecht** (zu den abweichenden Konzeptionen des Bundesverfassungsgerichts und anderer mitgliedstaatlicher Höchstgerichte s. ausführlich unten § 9). Die *Costa/ENEL*-Entscheidung ist – zusammen mit dem Urteil *van Gend & Loos*, in dem der Gerichtshof mit der Annahme der unmittelbaren Geltung des Unionsrechts in den mitgliedstaatlichen Rechtsordnungen das Kollisions- und Vorrangproblem überhaupt erst aufgebracht hatte[388] – aufgrund ihrer Stärkung des Europarechts gegenüber den Mitgliedstaaten eine der Entscheidungen, die dazu geführt hat, dass der Gerichtshof immer wieder als **Motor der Integration** bezeichnet worden ist.

2. Vorrang als Kollisionsnorm

30 Für das Verständnis wichtig ist die Funktion des Vorrangprinzips als **Kollisionsnorm:** Es geht dem Vorrang des Unionsrechts nicht um eine allgemeine hierarchische Überordnung des EU-Rechts über das mitgliedstaatliche Recht. Dem Vorrangprinzip geht es vielmehr darum, **Normenkollisionen** zwischen

---

[387] EuGH, Urteil vom 15. Juli 1964, Rs. 6/64 (Costa/ENEL), Slg. 1964, S. 1253 (1269 f.).

[388] EuGH, Urteil vom 5. Februar 1963, Rs. 26/62 (van Gend & Loos), Slg. 1963, S. 1 (24 f.).

EU-Recht und nationalem Recht aufzulösen, also Widersprüche, die dadurch entstehen, dass eine Norm des Unionsrechts und eine Norm des innerstaatlichen Rechts gleichermaßen auf einen konkreten Fall anwendbar sind und zu unterschiedlichen Ergebnissen führen. Dieser Widerspruch wird durch den Vorrang zu Gunsten des Unionsrechts aufgelöst: Wenn also eine EU-Verordnung gegen deutsche Grundrechte oder deutsches Gesetzesrecht verstößt oder ein europäischer Beschluss Grundsätze des Vertrauensschutzes verletzt, setzt sich in diesen Kollisionsfällen stets das Unionsrecht durch. Das innerstaatliche Recht wird verdrängt, kann also im konkreten Fall nicht mehr angewendet werden; dadurch wird die Normenkollision beseitigt. Das dem Europarecht widersprechende deutsche Recht ist aber nicht nichtig (wie es Art. 31 GG für bundesrechtswidriges Landesrecht anordnet[389]), sondern nur im konkreten Fall **unanwendbar**. Es kann in anderen Fällen (oder auch im Ausgangsfall nach einer Änderung des Unionsrechts) weiter angewendet werden.

Das Vorrangprinzip ist radikal, weil es zu einer Überlagerung und der Sache **31** nach zu einer Außerkraftsetzung auch wesentlicher Prinzipien der deutschen Rechtsordnung führen kann, etwa zu einer Lösung von der Bindung an das (unionsrechtswidrige) Parlamentsgesetz (entgegen dem Grundsatz des Art. 20 Abs. 3 GG) oder zu Grundrechtsverletzungen. Deshalb ist der Vorrang des Unionsrechts auch nicht in allen Mitgliedstaaten uneingeschränkt akzeptiert worden, wie insbesondere die Rechtsprechung des BVerfG zeigt, die von unterschiedlichen theoretischen Prämissen über die innerstaatliche Geltung des Unionsrechts ausgeht (im Einzelnen unten § 9). Im Grundsatz ist der Vorrang des Unionsrechts heute aber unbestritten, und er wird tagtäglich in einer Fülle von Rechtsverhältnissen beachtet und durchgesetzt.

Der Versuch, den Vorrang des Unionsrechts im Zuge des Vertrags von **32** Lissabon im neuen EUV ausdrücklich zu verankern (so wie es im Entwurf des Verfassungsvertrags der Fall war), scheiterte zwar erneut aus politischen Gründen; den Verträgen wurde aber eine Erklärung zum Vorrang nach Maßgabe der EuGH-Rechtsprechung beigefügt[390]. Der Unterschied einer solchen Erklärung zur einer Vertragsbestimmung besteht darin, dass Erklärungen der Regierungskonferenz ungeachtet ihrer hohen politischen Bedeutung selbst nicht unmittelbar rechtsverbindlich sind, aber bei der Auslegung der Verträge herangezogen werden können[391].

Die Erklärung zum Vorrang lautet: Die Konferenz weist darauf hin, dass die Ver- **33** träge und das von der Union auf der Grundlage der Verträge gesetzte Recht im Einklang mit der ständigen Rechtsprechung des Gerichtshofs der Europäischen Union unter den in dieser Rechtsprechung festgelegten Bedingungen Vorrang vor dem Recht der Mitgliedstaaten haben.

---

[389] Für die Einzelheiten *Gröpl* (Fn. 61), Rn. 645 ff.

[390] Erklärung zum Vorrang, ABl. EU 2007, C 306, S. 256.

[391] Dazu *R. Geiger*, in: ders./D.-E. Khan/M. Kotzur, EUV/AEUV, Kommentar, 5. Aufl. 2010, Art. 51 EUV Rn. 4 f.

3. Unionsrechtskonforme und richtlinienkonforme Auslegung

34 Unmittelbare Folge des Vorrangprinzips ist das Gebot der unionsrechtskonformen Auslegung nationalen Rechts, das der EuGH vor allem unter Rückgriff auf das Loyalitätsgebot (**„Unionstreue“**) aus Art. 4 Abs. 3 EUV entwickelt hat. Soweit nationales Recht Auslegungsspielräume enthält und dadurch im Einklang mit unionsrechtlichen Vorgaben ausgelegt werden kann, kommt es gar nicht erst zu einer Normenkollision, die dann unter Rückgriff auf das Vorrangprinzip aufgelöst werden müsste. Das Gebot der Konformauslegung wirkt insofern **kollisionsvermeidend** und ist auf den ersten Blick auch schonender für das dann nicht verdrängte nationale Recht. Allerdings teilt dieses Gebot die methodischen Probleme, die bei jeder so bewirkten Rechtsfortbildung bestehen (oben § 6 Rn. 39).

35 Spezielle Ausprägung dieses Gebots und für die Praxis besonders wichtig ist das Gebot der **richtlinienkonformen Auslegung** nationalen Rechts. Nach der Rechtsprechung des EuGH müssen die nationalen Gerichte sich mit Blick auf ihre Umsetzungsverpflichtung aus Art. 288 Abs. 3 AEUV und das bereits angesprochene Loyalitätsgebot bei der Auslegung und Anwendung des nationalen Rechts soweit wie möglich an den Zielen und Vorgaben von Richtlinien orientieren[392]. Problematisch ist daran, dass deutsche Gerichte unter Rückgriff auf die so genannte richtlinienkonforme Auslegung teilweise zu „Auslegungsergebnissen“ gekommen sind, gegen die Wortsinn und gesetzgeberische Zwecksetzung sprachen, sodass es sich hier teilweise um unzulässige Rechtsfortbildungen handelt. Das kann zu unvorhersehbaren Belastungen im Privatrechtsverhältnis führen. Von Bedeutung ist das Gebot zur richtlinienkonformen Auslegung insbesondere dann, wenn eine unmittelbare Anwendung der Richtlinie nicht in Betracht kommt.

Vorrang des Unionsrechts	
Aussage:	Unionsrecht jeder Rangstufe geht mitgliedstaatlichem Recht jeder Rangstufe vor.
Inhalt:	Damit ist keine hierarchische Überordnung des Unionsrechts gemeint, sondern der Anwendungsvorrang fungiert als **Kollisionsnorm**, wenn Unionsrecht und nationales Recht auf einen Sachverhalt zur Anwendung kommen und zu sich widersprechenden Ergebnissen führen.
Folge:	Wenn die Kollision nicht durch **unionsrechtskonforme Auslegung** ausgeräumt bzw. vermieden werden kann (nach Maßgabe der einschlägigen methodischen Grundsätze), wird die dem Unionsrecht widersprechende innerstaatliche Rechtsnorm verdrängt. Sie bleibt unangewendet, wird aber nicht nichtig.

[392] Dazu *Herrmann* (Fn. 366), Rn. 74 ff.; und *Herdegen* (Fn. 27), § 8 Rn. 41 ff.

Lösung Fall 11: Auf der Basis der heutigen Rechtslage ist der Fall schnell gelöst: Nach § 439 Abs. 4 BGB kann der Verkäufer bei Lieferung einer mangelfreien Sache im Wege der Nacherfüllung Rückgewähr nach Maßgabe von §§ 346 ff. BGB verlangen. Seit einer Gesetzesänderung aus dem Jahr 2008 ist § 439 Abs. 4 BGB beim Verbrauchsgüterkauf gemäß § 474 Abs. 2 Satz 1 BGB allerdings nur noch mit der Maßgabe anzuwenden, dass Nutzungen nicht herauszugeben sind bzw. Wertersatz für sie zu leisten ist. Danach stünde dem Verkäufer der geltend gemachte Anspruch nicht zu. 36

Auf den Fall ist § 474 Abs. 2 Satz 1 BGB indes noch nicht anwendbar, d.h. an sich müssten §§ 439 Abs. 4, 346 Abs. 2 Nr. 1, 100 BGB zur Anwendung kommen, wonach H. den in der Höhe angemessenen Wertersatz in Höhe von 75 EUR zu leisten hätte.

Fraglich ist aber, ob das mit der genannten Richtlinienbestimmung vereinbar ist, denn danach hat H. einen Anspruch auf „unentgeltliche Nachlieferung", und zwar „ohne erhebliche Unannehmlichkeiten". Die Nachlieferung selbst erfolgt hier unentgeltlich, sodass ein Wertersatzanspruch des Verkäufers mit dieser Anforderung nicht unvereinbar ist. Allerdings stellt sich die Frage, ob ein Wertersatzanspruch nicht zu einer „erheblichen Unannehmlichkeit" für den Verbraucher führen kann. Der EuGH hat auf eine Vorlage des BGH entschieden, dass die Anwendung der §§ 439 Abs. 4, 346 Abs. 2 Nr. 1, 100 BGB mit der Folge eines Wertersatzanspruchs des nachliefernden Verkäufers mit der Richtlinie zum Verbrauchsgüterkauf unvereinbar sei; denn ein Wertersatzverlangen des Verkäufers könne dazu führen, dass dieser davon abgehalten werde, seine Verbraucherrechte aus der Richtlinie geltend zu machen[393].

Dass der Wertersatzanspruch nach dem BGB vor der Änderung des § 474 Abs. 2 Satz 1 BGB (diese Rechtsänderung erfolgte in Reaktion auf das Urteil des EuGH) gegen die Richtlinie verstößt, bedeutet allerdings noch nicht, dass ein Anspruch des Verkäufers nicht gegeben ist. Zu verneinen wäre der Anspruch vielmehr nur, wenn das BGB entweder richtlinienkonform so auszulegen wäre, dass der Verkäufer keinen Nutzungsersatzanspruch hat, oder wenn sich in der Kollision zwischen BGB und Richtlinie letztere aufgrund des Anwendungsvorrangs durchsetzen würde.

Für eine richtlinienkonforme Auslegung im eigentlichen Sinne lässt das BGB keinen Raum; denn es gibt keine unbestimmten Tatbestandsmerkmale oder Ausnahmen, die unionsrechtskonform ausgefüllt werden könnten. Der BGH hat aber in Reaktion auf die Vorabentscheidung des EuGH festgestellt, dass das innerstaatliche Recht nötigenfalls auch richtlinienkonform fortzubilden sei[394]. Im konkreten Fall hat er durch eine teleologische Reduktion des Verweises in § 439 Abs. 4 BGB erreicht, dass ein Wertersatzanspruch des Verkäufers nicht begründet war. Diese teleologische Reduktion stehe im Einklang mit dem Willen des Gesetzgebers, der ausweislich der Gesetzesmaterialien richtlinienkonform habe handeln wollen[395].

Die richtlinienkonforme Rechtsfortbildung ist nicht grundsätzlich ein Problem, wenn dabei die Voraussetzungen einer zulässigen Rechtsfortbildung gegeben sind[396]. Problematisch ist an dem vom BGH entschiedenen Fall allerdings, dass der Gesetzgeber zwar grundsätzlich richtlinienkonform handeln wollte, dass er sich aber ausweislich der Materialien zunächst klar dazu geäußert hat, in der fraglichen Konstellation einen Nutzungsersatzanspruch vorsehen zu wollen. Erst danach findet sich die Einschätzung, dass dieser Anspruch mit der Richtlinie vereinbar ist[397]. Es liegt also eher ein Wille des Gesetzgebers

---

393 EuGH, Urteil vom 17. April 2008, Rs. C-404/06 (Quelle), Slg. 2008, S. I–2685.

394 BGH, Urteil vom 26. November 2008, VIII ZR 200/05, NJW 2009, S. 427 (428 f.).

395 BGH, Urteil vom 26. November 2008, VIII ZR 200/05, NJW 2009, S. 427 (429).

396 Dazu *H. Sauer*, Juristische Methodenlehre, in: Krüper (Fn. 28), § 9 Rn. 35 ff. m.w.N.

397 S. BT-Drucks. 14/6040, S. 232 f.

zur Schaffung des Wertersatzanspruchs in Verbindung mit einem Irrtum über den genauen Inhalt der Richtlinie vor. Da aber der Wille des Gesetzgebers die Grenze jeder Rechtsfortbildung darstellt, war der Weg zu einer richtlinienkonformen Rechtsfortbildung im Wege einer teleologischen Reduktion von § 439 Abs. 4 BGB verschlossen[398].

Kommt also eine richtlinienkonforme Handhabung des BGB entgegen der Ansicht des BGH nicht in Betracht, stellt sich abschließend die Frage, ob die einen Nutzungsersatzanspruch begründenden Normen des BGB hier infolge des Anwendungsvorrangs des Unionsrechts wegen einer Kollision mit der Richtlinie verdrängt werden. Zu beachten ist dabei allerdings, dass eine vom Vorrang aufzulösende Normenkollision nur dann besteht, wenn mehrere auf einen konkreten Fall anwendbare Normen zu unterschiedlichen Ergebnissen kommen. Diese Voraussetzung wäre hier nur dann erfüllt, wenn die kollidierende Richtlinienbestimmung unmittelbar anwendbar wäre (zu den Voraussetzungen oben Rn. 19 ff.).

Zwar hat Deutschland die Richtlinie bei Ablauf der Umsetzungsfrist wie gesehen fehlerhaft umgesetzt, und die fragliche Richtlinienbestimmung wird man jedenfalls in Verbindung mit dem konkretisierenden Urteil des EuGH für hinreichend bestimmt und unbedingt halten können; auch eine Begünstigung des H. ist zu bejahen. Eine unmittelbare Anwendung der Richtlinie scheidet hier aber aus, weil es um ein Rechtsverhältnis zwischen Privaten geht. Allenfalls könnte man überlegen, ob ein Fall der mittelbaren Horizontalwirkung vorliegt. Dagegen spricht, dass es zwar darum geht, eine Norm des innerstaatlichen Rechts durch die Berufung auf eine Richtlinie „auszuhebeln“, dass aber die Rechtsfolge, von einem Anspruch gerade frei gehalten zu werden, direkt aus der Richtlinie folgt und der Fall daher einer unmittelbaren Horizontalwirkung näher steht.

Im Ergebnis ist der Anspruch des Verkäufers damit begründet. Die Entscheidung des BGH ist im Schrifttum viel kritisiert worden, nicht zuletzt unter Hinweis darauf, dass sie letztlich auf eine horizontale Direktwirkung der Richtlinie hinauslaufe[399].

37 **Lösung Fall 12:** Das Arbeitsgericht muss bei seiner Entscheidung über die Entfristungsklage § 14 Abs. 3 Satz 4 a.F. TzBfG unangewendet lassen. Das ist eine direkte Konsequenz aus dem Anwendungsvorrang des EU-Rechts. Denn nach der insoweit maßgeblichen Auffassung des EuGH besteht eine Kollision zwischen dem TzBfG, das sachgrundlose Befristungen mit älteren Arbeitnehmern erlaubte, mit dem europarechtlichen Verbot der Altersdiskriminierung. Da dieser Grundsatz der Altersdiskriminierung vom Gerichtshof nicht allein einer Gleichbehandlungsrichtlinie, sondern auch einem allgemeinen Rechtsgrundsatz entnommen wurde, scheitert das Vorliegen einer Kollision anders als im Fall 11 nicht daran, dass eine unmittelbare Anwendung der Richtlinie im Privatrechtsverhältnis nicht möglich ist. Diese Kollision löst der Anwendungsvorrang zu Gunsten des Europarechts. Die Entfristungsklage des A hat daher Erfolg, weil der grundsätzlich erforderliche sachliche Grund für die Befristung nicht gegeben ist. Der Arbeitgeber hat nur noch die Möglichkeit, sich durch eine Kündigung nach Maßgabe des geltenden Arbeitsrechts von dem unbefristeten Arbeitsverhältnis zu lösen.

---

[398] S. auch die Kritik bei *D. Hummel*, Zum Anwendungsvorrang von EG-Richtlinien im Zivilrecht, EuZW 2007, S. 268 ff.

[399] S. nochmals die Kritik bei *Hummel* (Fn. 398), S. 268 ff.

IV. Unionsrechtliche Vollzugsvorgaben

Fall 13: Der europaweit tätige Unternehmer U. erhält vom Bundeswirtschaftsminister eine einmalige nicht rückzahlbare Subvention in Höhe von 2 Millionen EUR. Als die darüber nicht informierte EU-Kommission das erfährt, fordert sie einige Jahre später die Bundesregierung durch einen Beschluss zur Rückforderung des Zuschusses auf. Ein halbes Jahr später fordert der Bundeswirtschaftsminister den U. nach einer Anhörung unter Aufhebung des Ausgangsbescheids zur Rückzahlung des Geldes auf; er verweist darauf, dass ihm das Europarecht keine andere Wahl lasse. 38

a) Wäre eine Klage des U. gegen diesen Bescheid des Wirtschaftsministers begründet, wenn U. mit Recht einwendet, der Kommissionsbeschluss sei formell nicht ordnungsgemäß zustande gekommen, er habe von der Nichtbefassung der Kommission nichts gewusst, den Zuschuss ersatzlos aufgebraucht und überdies darauf vertraut, das Geld behalten zu dürfen?

b) Wäre eine fristgemäß erhobene Klage eines Konkurrenten des U. gegen den ursprünglichen Subventionsbescheid des Bundeswirtschaftsministers zulässig gewesen?

Fall 14: Gehen Sie davon aus, dass dem R. im Fall 9 (oben Rn. 14) aus dem Börsengeschäft ein Verlust in Höhe von 50.000 EUR entstanden ist. Kann er den Ersatz dieses Schadens von der Bundesrepublik Deutschland mit der Begründung ersetzt verlangen, dass er seine auf den Abschluss des Geschäfts gerichtete Willenserklärung widerrufen hätte, wenn die Verbraucherschutzrichtlinie nach Maßgabe der unionsrechtlichen Verpflichtung von Deutschland umgesetzt worden wäre? 39

1. Grundlagen

Während das materielle Recht heute bis ins Zivilrecht hinein in vielfältiger Weise durch europarechtliche Vorgaben geprägt ist, gibt es bislang nur wenige allgemeine Vorgaben des Unionsrechts für das innerstaatliche **Verfahrens- und Prozessrecht**. Das bedeutet, dass der Vollzug des Unionsrechts, der maßgeblich den Behörden und Gerichten der Mitgliedstaaten obliegt, sich im Grundsatz auch nach innerstaatlichem Verfahrens- und Prozessrecht richtet (in Deutschland also in der Regel nach dem VwVfG und der VwGO); es gilt der Grundsatz der **Verfahrensautonomie** der Mitgliedstaaten. Der EuGH hat den Grundsatz der Anwendbarkeit des mitgliedstaatlichen Verfahrens- und Prozessrechts auf den Vollzug des Unionsrechts allerdings auf der Grundlage von Art. 4 Abs. 3 EUV dadurch modifiziert, dass die staatlichen Behörden und Gerichte dabei das unionsrechtliche **Effektivitätgebot** und das **Diskriminierungsverbot** beachten müssen. Darüber hinaus hat der Gerichtshof in seiner Rechtsprechung eine **Haftung der Mitgliedstaaten für Unionsrechtsverstöße** unabhängig von der Ausgestaltung des jeweiligen nationalen Staatshaftungsrechts entwickelt. 40

2. Das Diskriminierungsverbot

41 Das **Diskriminierungsverbot** (oder auch **Äquivalenzgebot**) besagt, dass Betroffene bei der Durchsetzung von Unionsrecht nicht schlechter gestellt werden dürfen als bei der Durchsetzung vergleichbarer Garantien aus dem nationalen Recht. Soweit – was in Deutschland überwiegend nicht der Fall ist – Sondervorschriften für den Vollzug von Unionsrecht bestehen, dürfen diese die Durchsetzung des Unionsrechts im Vergleich zu den allgemeinen Regeln des innerstaatlichen Rechts nicht erschweren.

3. Das Effektivitätsgebot

42 Von wesentlich größerer Bedeutung vor allem in der Fallbearbeitung ist das **Effektivitätsgebot:** Danach darf die Durchsetzung des Unionsrechts durch das nationale Verfahrens- und Prozessrecht nicht übermäßig erschwert oder praktisch unmöglich gemacht werden (s. auch Art. 291 Abs. 1 AEUV). Diese Vorgabe eines effizienten Unionsrechtsvollzugs bringt es mit sich, dass das innerstaatliche Verfahrens- und Prozessrecht – etwa über Ausschlussfristen, die Bestandskraft oder den Vertrauensschutz – im Einzelnen **erheblich unionsrechtlich überlagert und modifiziert werden kann**. Denn soweit es zu einer **Kollision** zwischen mitgliedstaatlichem Verfahrens- oder Prozessrecht einerseits und der unionsrechtlichen Vorgabe eines effektiven Vollzugs andererseits kommt, setzt letztere sich infolge des Anwendungsvorrangs durch, was zur **Anpassung** des innerstaatlichen Rechts an die unionsrechtlichen Vollzugsbedürfnisse führt – im Wege der unionsrechtskonformen Auslegung oder nötigenfalls im Wege der partiellen Nichtanwendung deutschen Verfahrens- bzw. Prozessrechts. Hierzu sollten einige gängige – und klausurwichtige – Beispiele bekannt sein:

a) Die Durchsetzung von Unionsrecht und das subjektive Recht

43 Damit ein Betroffener eine unionsrechtliche Bestimmung im Rahmen des deutschen Verwaltungs- und Verwaltungsprozessrechts durchsetzen kann, ist es nach allgemeinen Grundsätzen erforderlich, dass diese ihm ein **subjektives Recht** verleiht. Das wäre jedenfalls erforderlich für eine Verpflichtungsklage oder eine Leistungsklage zur Durchsetzung einer unionsrechtlichen Rechtsposition; denn hierfür benötigt der Betroffene eine **Anspruchsgrundlage**, und das ist – vereinfacht gesagt – nichts anderes als eine Rechtsnorm, die ein **subjektives Recht** enthält. Während sich die Klagebefugnis (§ 42 Abs. 2 VwGO) des Adressaten zur Anfechtung eines gegen Unionsrecht verstoßenden Verwaltungsakts bereits aus der **Adressatentheorie**, also aus der möglichen Verletzung jedenfalls im Auffangfreiheitsrecht des Art. 2 Abs. 1 GG ergibt, weil der unionsrechtswidrige Verwaltungsakt nicht zur verfassungsmäßi-

gen Ordnung gehört[400], wird für die Anfechtung eines unionsrechtswidrigen Verwaltungsakts durch einen Dritten ebenfalls ein subjektives Recht aus der unionsrechtlichen Bestimmung benötigt.

Allerdings bestehen nach der deutschen **Schutznormlehre** relativ hohe Anforderungen an ein subjektives Recht, weil die fragliche Bestimmung (zumindest auch) dazu **bestimmt** sein muss, dem Schutz des Einzelnen zu dienen[401]. 44
Diese restriktive Handhabung des subjektiven Rechts könnte aber dazu führen, dass die Durchsetzung des Unionsrechts auf der prozessualen Ebene häufig scheitert, dass also die effektive Durchsetzung des Unionsrechts in den Mitgliedstaaten beeinträchtigt würde[402]. Da aber der Rechtsschutz des Einzelnen gerade ein wichtiges Mittel **dezentraler Vollzugskontrolle** des Unionsrechts darstellt, er also mit anderen Worten zwar individuelle Rechtspositionen geltend macht, dadurch aber **zugleich** das Unionsrecht im öffentlichen Interesse durchsetzt **(funktionale Subjektivierung)**, darf die Durchsetzung von Unionsrecht nicht davon abhängen, dass die fragliche Bestimmung ein subjektives Recht nach Maßgabe der Schutznormlehre enthält[403]. Der Unterschied des deutschen Rechts zwischen finalen Begünstigungen einerseits und bloßen begünstigenden Rechtsreflexen andererseits ist dem Europarecht so nicht bekannt[404]. Es reicht deshalb aus, dass der in Rede stehenden Bestimmung des Unionsrechts eine irgendwie geartete **Individualbegünstigung** entnommen werden kann, ohne dass diese sich zu einem echten subjektiven Recht verdichtet haben muss[405]. Hier kommt es also zu einer Modifikation deutscher verwaltungsrechtlicher Dogmatik und dadurch zu einer unionsrechtskonformen Auslegung der von den einschlägigen Bestimmungen insbesondere der VwGO geforderten Verletzung in eigenen Rechten. Vertretbar ist es auch, diese Modifikation als Anwendungsfall der vom Erfordernis eines subjektiven Rechts „abweichenden gesetzlichen Bestimmung" in § 42 Abs. 2 VwGO anzusehen[406].

Vertiefungshinweis: Das Bundesverwaltungsgericht hat kürzlich in einer Aufsehen 44a
erregenden Entscheidung die Klagebefugnis eines anerkannten Umweltverbands im Be-

---

[400] Dazu allgemein BVerfGE 6, 32 (41); *Detterbeck* (Fn. 239), Rn. 1352.

[401] S. *Detterbeck* (Fn. 239), Rn. 394 ff.

[402] Vgl. insoweit auch EuGH, Urteil vom 12. Mai 2011, Rs. C-115/09 (Trianel), NJW 2011, S. 2779 zu den Anforderungen an Rechtsbehelfe von Umweltverbänden aus einer hierauf bezogenen Richtlinie; dazu und zum Problem im Allgemeinen *M. Hong*, Subjektive Rechte und Schutznormtheorie im europäischen Verwaltungsrechtsraum, JZ 2012, S. 380 ff.

[403] S. *Herdegen* (Fn. 27), § 10 Rn. 46.

[404] S. etwa EuGH, Urteil vom 19. Januar 1982, Rs. 8/81 (Becker), Slg. 1982, S. 53 Rn. 25.

[405] S. im Einzelnen *W.-R. Schenke*, Verwaltungsprozessrecht, 14. Aufl. 2014, Rn. 531a ff.; *D. Dörr*, Der europäisierte Rechtsschutzauftrag deutscher Gerichte, 2003, S. 184 ff.

[406] So z.B. *R. Wahl*, in: F. Schoch/J.P. Schneider/W. Bier (Hrsg.), VwGO, Loseblatt-Kommentar, vor § 42 Abs. 2 Rn. 127 f.

reich der Luftreinhaltung bejaht, in dem ein Verbandsklagerecht positiv-rechtlich an sich gar nicht vorgesehen ist[407]. Dazu fühlte es sich aus unionsrechtlichen Gründen, genauer gesagt durch das Urteil des Gerichtshofs der Union zum slowakischen Braunbären[408], verpflichtet. Dieser hatte den Mitgliedstaaten aufgegeben, umweltrechtliche Klagerechte von Verbänden möglichst weitgehend anzunehmen. Damit sah sich das Bundesverwaltungsgericht wohl in einer Zwickmühle: Ein Verbandsklagerecht, mit dem der Gesetzgeber durch „anderweitige gesetzliche Bestimmung" im Sinne von § 42 Abs. 2 *Alternative 1* VwGO die Klagebefugnis teilweise begründet hat, war nämlich nicht einschlägig. Dieses Problem wird durch einen systemstürzenden Kunstgriff überwunden: Denn § 47 Abs. 1 BImSchG begründet in der Lesart des Bundesverwaltungsgerichts das Recht eines anerkannten Umweltverbands, einen ordnungsgemäßen Luftreinhalteplan zu verlangen, obwohl diese Norm nach ihrem Wortlaut eines solchen Inhalts ziemlich unverdächtig ist. In unionsrechtskonformer Auslegung müsse *dieses* Recht als subjektives Recht des klagenden Verbands im Sinne von § 42 Abs. 2 *Alternative 2* VwGO angesehen werden[409]. So sehr dabei das Bemühen des Bundesverwaltungsgerichts erkennbar und auch zu begrüßen ist, dem Veränderungsdruck, dem die deutsche Dogmatik des subjektiv-öffentlichen Rechts unionsrechtlich und im Hinblick auf die Århus-Konvention sowie auf Menschenrechtsabkommen mehr und mehr auch völkerrechtlich ausgesetzt ist, Rechnung zu tragen, so ist doch kaum zu übersehen, dass diese Entscheidung die Grenzen der Rechtsfortbildung herausfordert[410].

b) Die Rückforderung unionsrechtswidriger Beihilfen

45 Die Rückforderung einer gegen Unionsrecht verstoßenden Beihilfe (Subvention) stützt sich im deutschen Recht auf §§ 48 Abs. 1, 49a Abs. 1 VwVfG, denn es handelt sich um die Aufhebung eines **rechtswidrigen begünstigenden Verwaltungsakts**. Während § 48 Abs. 1 VwVfG die Grundlage für die **Rücknahme** des ursprünglichen Bescheids über die Zuwendung darstellt, richtet sich die **Rückforderung** nach § 49a Abs. 1 VwVfG, der eine Spezialnormierung des **öffentlich-rechtlichen Erstattungsanspruchs**[411] enthält. Der Ursprungsbescheid muss zurückgenommen werden, da er einen **Rechtsgrund** für die Zuwendung darstellt und diese nur zurückgefordert werden

[407] BVerwGE 147, 312 (323 ff.); etwas zurückhaltender dann aber BVerwGE 150, 294.

[408] EuGH, Urteil vom 8. März 2011, Rs. C-240/09 („Slowakischer Braunbär"), Slg. 2011, S. I-1255; s. jetzt auch EuGH, Urteil vom 15. Oktober 2015, Rs. C-137/14 (Kommission/Deutschland) zur unionsrechtlichen Bewertung von § 113 Abs. 1 Satz 1 VwGO und § 46 VwVfG; dazu *Ruffert*, Verbandsklage und Individualrechtsschutz im EU-Umweltrecht, JuS 2015, S. 1138.

[409] Tendenziell restriktiver jetzt BVerwG NN.

[410] S. dazu auch *C. Franzius*, Möglichkeiten und Grenzen richterlicher Rechtsfortbildung zur Bestimmung der Klagebefugnis im Umweltrecht, DVBl. 2014, S. 543 ff.; aufgeschlossener *K.F. Gärditz*, Die Resubjektivierung der Umweltverbandsklage zwischen prozessualem Vorbehalt des Gesetzes und unionsrechtlicher Rechtsschutzeffektuierung, EurUP 2014, S. 39 ff.

[411] Zu den Tatbestandsvoraussetzungen des Erstattungsanspruchs *Detterbeck* (Fn. 239), Rn. 1240 ff.

kann, wenn zuvor der Rechtsgrund beseitigt wurde (es ergehen also zwei Verwaltungsakte)[412].

Nach Art. 107 Abs. 1 AEUV sind staatliche Beihilfen unter den dort genannten Bedingungen **grundsätzlich verboten**. Art. 107 Abs. 2 und 3 AEUV nimmt bestimmte Beihilfen vom Verbot aus bzw. ermöglicht es, dies auf der Basis der Ermächtigung in Art. 109 AEUV durch Sekundärrecht zu tun. Art. 108 AEUV etabliert ein Verfahren der **präventiven Kontrolle** durch die Kommission. Zentral ist für diese präventive Kontrolle die Pflicht der Mitgliedstaaten, der Kommission jede beabsichtigte Beihilfe vorab zur Prüfung vorzulegen; das ist die so genannte **Notifizierung** (Art. 108 Abs. 3 Satz 1 AEUV). Während dieser Prüfung durch die Kommission darf die Beihilfe nicht gewährt werden (Art. 108 Abs. 3 Satz 3 AEUV). Unterbleibt die Notifizierung, ist die Beihilfe also formell rechtswidrig. 46

Ist eine Beihilfe **formell** (also mangels Notifizierung) oder **materiell** (d.h. weil sie unvereinbar ist mit dem Beihilfenrecht der EU) europarechtswidrig gewährt worden, ergeht in der Regel ein an die Bundes- bzw. Landesregierung gerichteter Beschluss der Kommission auf der Grundlage von Art. 108 Abs. 2 UAbs. 1 AEUV, nach dem die Beihilfe wegen des Europarechtsverstoßes **zurückgefordert** werden muss. 47

Klausurhinweis: Bereits ein Verstoß gegen die Pflicht zur vorherigen Mitteilung an die Kommission macht die Beihilfe rechtswidrig und führt dazu, dass die Kommission ihre Rückforderung verlangt. Das ist insbesondere deshalb wichtig, weil im Pflichtfach nicht von Ihnen verlangt werden wird, materielles Beihilfenrecht zu prüfen. 48

Weil rechtswidrige Beihilfen den Wettbewerb im Binnenmarkt verzerren, ist es aus unionsrechtlicher Sicht von überragender Bedeutung, dass solche Beihilfen auch tatsächlich rückabgewickelt werden, der Beihilfeempfänger das Geleistete also zurückerstattet. Die Aufhebung des europarechtswidrigen Bescheids durch die zuwendende Stelle richtet sich im deutschen Recht nach § 48 VwVfG. Allerdings sehen § 48 Abs. 2–4 VwVfG Schutzbestimmungen zu Gunsten desjenigen vor, der auf den Bestand eines begünstigenden Geldleistungs-Verwaltungsakts vertraut hat; diese Bestimmungen sind Ausprägungen des **verfassungsrechtlichen Vertrauensschutzes**. Diese Schutzbestimmungen könnten nun in vielen Fällen eine Rückabwicklung der Beihilfe und damit den effektiven Vollzug des Unionsrechts verhindern, etwa weil der Begünstigte auf den Bestand des Verwaltungsakts vertraut hat oder weil die Rücknahmefrist nach § 48 Abs. 4 VwVfG verstrichen ist. Wo sich diese Schutzbestimmungen im Widerspruch zur unionsrechtlichen Vorgabe eines effektiven Vollzugs des Beihilfenrechts befinden, werden sie aufgrund des Vorrangs des Unionsrechts überlagert, d.h. sie sind unionsrechtskonform auszulegen oder kommen, soweit das nicht möglich ist, nicht zur Anwendung. Deshalb kommt 49

[412] S. *Detterbeck* (Fn. 239), Rn. 733.

es in den Beihilfenrückforderungsfällen bei der Prüfung des § 48 VwVfG zu **erheblichen Modifikationen**[413]. Für die Klausur bedeutet das,

- dass zu diskutieren ist, ob der Empfänger der Beihilfe schon nach Maßgabe von § 48 Abs. 2 Satz 3 Nr. 3 VwVfG als **nicht schutzwürdig** zu behandeln ist, weil er die Europarechtswidrigkeit der Beihilfe kannte bzw. kennen musste. Der EuGH geht in seiner Rechtsprechung davon aus, dass ein europaweit agierendes Unternehmen möglicherweise bereits dann grob fahrlässig handelt, wenn es sich hinsichtlich der Notifizierung der Beihilfe an die Kommission nicht kundig macht[414]. Das BVerwG hat die Annahme grober Fahrlässigkeit allerdings abgelehnt, weil damit letztlich eine Nachforschungspflicht des Betroffenen über Vorgänge etabliert würde, die sich möglicherweise seiner Kenntnis entziehen[415].
- dass sich bei der **Abwägung** nach § 48 Abs. 2 Satz 1 VwVfG das unionsrechtliche Rücknahmeinteresse gegen den Vertrauensschutz des Betroffenen durchsetzen muss;
- dass der Betroffene sich entgegen § 48 Abs. 2 Satz 2 VwVfG nicht darauf berufen kann, die Zuwendung verbraucht zu haben **(keine Entreicherung)**;
- dass die **Fristbegrenzung** der Rücknahme in § 48 Abs. 4 VwVfG einer Rücknahme nicht entgegensteht (die Fristbestimmung bleibt also aufgrund des Vorranganspruchs des Unionsrechts unangewendet, worauf Sie in der Klausur gesondert hinweisen müssen);
- dass das **Rücknahmeermessen** im Rahmen von § 48 Abs. 1 VwVfG aus Gründen des effektiven Vollzugs des Unionsrechts auf Null reduziert ist.

50 Auf der Tatbestandsseite von § 48 Abs. 1 VwVfG (nämlich hinsichtlich der Frage der Rechtswidrigkeit des Ausgangsbescheids) stellt sich außerdem die Frage, ob die Beurteilung der Unionsrechtswidrigkeit der Beihilfe durch die Kommission für die nationale Behörde und für das nationale Gericht **bindend** ist[416]. Der Kommissionsbeschluss, der die Rückforderung der als rechtswidrig beurteilten Beihilfe verfügt, unterliegt innerhalb einer Frist von 2 Monaten der Anfechtung durch den Mitgliedstaat sowie durch den Subventionsempfänger (Art. 263 Abs. 4 und 5 AEUV). Nach Ablauf dieser Frist erwächst der Beschluss in **Bestandskraft**; das hat zur Folge, dass die Rechtswidrigkeit des Verwaltungsakts von den nationalen Stellen nicht mehr abweichend beurteilt werden kann[417]. In Klausuren wird diese Konstellation häufig vorliegen, sodass Sie von einem Verstoß des Subventionsbescheids gegen das Beihilfenrecht bereits

---

[413] Lesen Sie dazu das Grundsatzurteil BVerwGE 92, 81 – Alcan.

[414] EuGH, Urteil vom 20. März 1997, Rs. C-24/95 (Alcan), Slg. 1997, S. I–1591, Rn. 31, 41.

[415] BVerwGE 92, 81 (84 f.) – Alcan.

[416] Dazu *Herrmann* (Fn. 366), Rn. 126.

[417] EuGH, Urteil vom 9. März 1994, Rs. C-188/92 (Textilwerke Deggendorf), Slg. 1994, S. I–833 Rn. 13 ff.

auf der Grundlage des bestandskräftigen Kommissionsbeschlusses ausgehen können.

Lösung Fall 13: 51

a) Eine Klage des U. ist begründet, wenn der Rücknahme- und Rückforderungsbescheid (zwei Regelungsinhalte, d.h. zwei Verwaltungsakte!) des Bundeswirtschaftsministers rechtswidrig sind und ihn in seinen Rechten verletzen, § 113 Abs. 1 Satz 1 VwGO.

Rechtmäßigkeit des Aufhebungsbescheids:

Rechtsgrundlage für den Bescheid ist § 48 Abs. 1 VwVfG (hier des Bundes). Der Bescheid ist formell rechtmäßig: Der Bundeswirtschaftsminister ist nach §§ 48 Abs. 5, 3 VwVfG zuständig, die nach § 28 Abs. 1 VwVfG grundsätzlich erforderliche Anhörung ist erfolgt und formelle Fehler sind nicht ersichtlich.

Im Rahmen der materiellen Rechtmäßigkeit ist zunächst erforderlich, dass der Tatbestand der Rechtsgrundlage erfüllt ist, also hier der zurückgenommene Ausgangsbescheid rechtswidrig war. Wegen des Verstoßes gegen Art. 108 Abs. 3 AEUV, d.h. wegen der fehlenden Notifizierung der Beihilfe bei der Kommission, ist die Beihilfe formell unionsrechtswidrig. Hierfür ist es unbeachtlich, dass der die Unionsrechtswidrigkeit feststellende Beschluss der Kommission formell rechtswidrig ist: Denn dieser ist durch Ablauf der in Art. 263 Abs. 5 AEUV genannten Klagefrist bestandskräftig geworden.

Liegt ein Verwaltungsakt vor, der wie hier Grundlage einer einmaligen Geldleistung ist, darf der Verwaltungsakt allerdings nur unter den Voraussetzungen von § 48 Abs. 2–4 VwVfG zurückgenommen werden, nämlich dann, wenn nicht der Vertrauensschutz des Betroffenen überwiegt. Darauf kann sich nach § 48 Abs. 3 Satz 3 Nr. 3 VwVfG allerdings nicht berufen, wer die Rechtswidrigkeit des Verwaltungsakts kannte oder kennen musste. Kenntnis hatte U. hier nicht, fraglich ist aber, ob er die fehlende Notifizierung an die Kommission infolge grober Fahrlässigkeit nicht kannte. Wenn man dies bejahte, würde allerdings eine Nachforschungspflicht etabliert, die das Recht so nicht enthält (oben Rn. 49). Deshalb ist Vertrauensschutz hier nicht bereits nach Maßgabe von § 48 Abs. 3 Satz 3 Nr. 3 VwVfG ausgeschlossen. Wenn der Betroffene die Leistung wie hier verbraucht hat, ist das Vertrauen nach § 48 Abs. 2 Satz 2 VwVfG in der Regel schutzwürdig. Die Anwendung dieser Regel liefe aber dem effektiven Vollzug des Beihilfenrechts der EU zuwider und wird deshalb vom Anwendungsvorrang des Unionsrechts verdrängt. Hinsichtlich des Vertrauensschutzes des U. kommt es damit zu einer Abwägung nach Maßgabe von § 48 Abs. 2 Satz 1 VwVfG, wobei zu berücksichtigen ist, dass sich bei dieser Abwägung in aller Regel das Interesse der EU am Vollzug des Beihilfenrechts durchsetzen muss. Damit sind die Voraussetzungen einer Rücknahme grundsätzlich gegeben.

Auf der Rechtsfolgenseite räumt § 48 Abs. 1 VwVfG der Behörde Ermessen ein. Soweit der Bundeswirtschaftsminister darauf verweist, dass ihm das Europarecht keine andere Wahl lasse, liegt hier kein Ermessensfehler[418] in Form des Ermessensnichtgebrauchs vor, denn das Rücknahmeermessen ist aus Gründen eines effektiven Vollzugs des Europarechts auf Null reduziert.

Damit ist der Aufhebungsbescheid rechtmäßig.

Rechtmäßigkeit des Rückforderungsbescheids:

Die Rechtmäßigkeit des Rückforderungsbescheids ist unproblematisch gegeben. Der Bescheid stützt sich insoweit auf § 49a Abs. 1 VwVfG, dessen Voraussetzungen erfüllt sind und der auf der Rechtsfolgenseite eine Erstattungspflicht nach Maßgabe der §§ 812 ff. BGB anordnet.

---

418 Zur Ermessensfehlerlehre *Detterbeck* (Fn. 239), Rn. 328 ff.

Da beide Regelungsinhalte des Bescheids rechtmäßig sind, ist eine Klage des U. unbegründet.

52 **b)** Im Rahmen der Zulässigkeit der Anfechtungsklage des Drittbetroffenen besteht ein Problem nur bei der nach § 42 Abs. 2 VwGO erforderlichen Klagebefugnis. Denn fraglich ist, ob der Konkurrent geltend machen kann, dass die dem U. gewährte Beihilfe gegen Unionsrecht verstößt, zumal es sich hier lediglich um einen formalen Verstoß durch unterbliebene Notifikation handelt. Nach den allgemeinen Grundsätzen wäre der Konkurrent nicht klagebefugt, da Art. 108 Abs. 3 AEUV als verletzte Rechtsnorm ihm kein subjektives Recht verleiht; denn diese Bestimmung dient der Verhinderung von Wettbewerbsverzerrungen im Binnenmarkt und nicht dem Schutz Einzelner.

Fraglich ist indes, ob die Beihilfenkontrolle der Kommission nicht zumindest auch im Interesse des Wettbewerbers besteht, diesen also begünstigt. Denn für die Klagebefugnis, die sich auf Verletzungen des Unionsrechts stützt, reicht es aus, wenn der Betroffene durch eine Norm begünstigt wird (oben Rn. 43 f.). Das lässt sich für Art. 108 Abs. 3 AEUV bejahen (a.A. vertretbar). Wie der EuGH diese Frage sieht, geht aus seiner Rechtsprechung bislang nicht eindeutig hervor[419].

c) Die Aufhebung bestandskräftiger unionsrechtswidriger Verwaltungsakte

53 Während der vorstehende Abschnitt bestandskräftige **begünstigende** Verwaltungsakte betrifft, ist es auch denkbar, dass jemand durch einen bestandskräftigen Verwaltungsakt **belastet** wird, der sich später als europarechtswidrig erweist. So kann sich beispielsweise eine bestandskräftige Gebührenerhebung durch eine spätere Entscheidung des EuGH in einem Parallelfall als europarechtswidrig erweisen, sodass der Betroffene den unter Verstoß gegen Unionsrecht erhobenen Betrag zurückverlangen wird. Da aber der bestandskräftige Bescheid Rechtsgrund für die Zahlung ist, geht ein allein auf die Rechtswidrigkeit des Bescheids verweisendes Rückzahlungsverlangen (Anspruchsgrundlage ist der **öffentlich-rechtliche Erstattungsanspruch**) ins Leere, solange der Ausgangsbescheid nicht aufgehoben ist. Der Betroffene muss also zunächst erreichen, dass die Behörde den europarechtswidrigen Bescheid aufhebt. Hier stellt sich die Frage, ob die Behörde den Verwaltungsakt wegen des Verstoßes gegen das Unionsrecht zurücknehmen **muss**, um den Verstoß gegen das Unionsrecht auszuräumen.

54 Bei bestandskräftigen rechtswidrigen belastenden Verwaltungsakten streitet der Grundsatz der **Gesetzmäßigkeit der Verwaltung** (Art. 20 Abs. 3 GG) für eine Rücknahme, der Grundsatz der **Rechtssicherheit** gegen eine Rücknahme. Um diese Grundsätze im Einzelfall zu einem angemessenen Ausgleich bringen zu können, ist der Behörde nach § 48 Abs. 1 VwVfG ein **Rücknahmeermessen** eingeräumt. Dieser Widerstreit stellt sich strukturell nicht anders dar, wenn der Verwaltungsakt nicht gegen deutsches Recht, sondern

---

[419] Die Aussage in EuGH, Urteil vom 21. November 1991, Rs. C-354/90 (FNCE), Slg. 1991, S. I-5505, Rn. 12, auf die z.B. *Herrmann* (Fn. 366), Rn. 122, verweist, ist m.E. nicht eindeutig.

gegen Unionsrecht verstößt. Da der Grundsatz der Rechtssicherheit auch im Europarecht anerkannt ist, lässt sich ein Automatismus zur Aufhebung des bestandskräftigen unionsrechtswidrigen Verwaltungsakts kaum begründen. So hat auch der EuGH in Sachen *Kühne & Heitz* festgestellt, dass eine nationale Behörde auf der Grundlage der mitgliedstaatlichen Pflicht zur **Unionstreue** (Art. 4 Abs. 3 EUV) unter bestimmten Voraussetzungen zwar dazu verpflichtet ist, die ursprüngliche unionsrechtswidrige Sachentscheidung noch einmal zu überprüfen, dass aber **keine strikte Pflicht** besteht, die gegen Europarecht verstoßende Entscheidung im Ergebnis zurückzunehmen[420]. Der sachliche Unterschied zur Konstellation bei der Rückforderung von europarechtswidrigen Beihilfen, die unionsrechtlich auf jeden Fall durchgesetzt werden muss, besteht wohl darin, dass das öffentliche Interesse an der Rückforderung wettbewerbsverzerrender Beihilfen aus unionsrechtlicher Sicht besonders hoch zu gewichten ist.

Im deutschen Verwaltungsrecht ist die vom EuGH geforderte Überprüfung 55
des Verwaltungsakts entweder über § 51 VwVfG oder über eine Ermessenssteuerung in § 48 Abs. 1 VwVfG umzusetzen[421]. Gegen die erste Lösung spricht vor allem, dass die Vorschrift des § 51 Abs. 1 VwVfG zum **Wiederaufgreifen des Verwaltungsverfahrens** nur einige wenige eng gefasste Wiederaufnahmegründe enthält, die bei einer Klärung der unionsrechtlichen Rechtslage durch den EuGH nach Bestandskraft des Verwaltungsakts nicht einschlägig sind. Vorzugswürdig ist es deshalb, den unionsrechtlichen Einflüssen im Rahmen der Ausübung des Rücknahmeermessens nach § 48 Abs. 1 VwVfG Rechnung zu tragen. Dabei wird je nach der Bedeutung der verletzten unionsrechtlichen Bestimmung eine Ermessensreduzierung auf Null in Klausuren gut vertretbar sein.

Nach den Vorgaben des Gerichtshofs in Sachen *Kühne & Heitz* muss die 56
Behörde ihre Entscheidung jedenfalls dann überprüfen, wenn

- der Verwaltungsakt infolge einer letztinstanzlichen Gerichtsentscheidung bestandskräftig geworden ist;
- entgegen Art. 267 Abs. 3 EUV keine Vorabentscheidung des EuGH zu der europarechtlichen Rechtsfrage eingeholt wurde (dazu sogleich Rn. 65 ff.); dabei ist es irrelevant, ob der Betroffene im fachgerichtlichen Verfahren eine Vorlage angeregt hat[422];
- und der Betroffene sich nach Kenntnis der unionsrechtlichen Lage, etwa in der Folge eines klärenden EuGH-Urteils, an die Behörde wendet. Nach einer neueren Entscheidung des EuGH besteht hierfür keine unionsrechtli-

---

[420] EuGH, Urteil vom 13. Januar 2004, Rs. C-453/00 (Kühne & Heitz), Slg. 2004, S. I–873, Rn. 24 ff.; lesen Sie dazu *G. Britz/T. Richter*, Die Aufhebung eines gemeinschaftsrechtswidrigen nicht begünstigenden Verwaltungsakts, JuS 2005, S. 198 ff.

[421] Dazu eingehend *Britz/Richter* (Fn. 420), S. 200 f.; allgemein zum Verhältnis zwischen § 51 VwVfG und § 48 VwVfG *Detterbeck* (Fn. 239), Rn. 766 ff.

[422] EuGH, Urteil vom 12. Februar 2008, Rs. C-2/06 (Kempter), Slg. 2008, S. I–411, Rn. 34 ff.

che Zeitvorgabe; vielmehr können die Mitgliedstaaten für solche Ersuchen angemessene Ausschlussfristen vorsehen[423].

57 Dass der Gerichtshof **keine strikte Pflicht** der Behörde etabliert hat, den Verwaltungsakt aufzuheben, mag sich dadurch erklären, dass damit zumindest mittelbar auch die **Rechtskraft der Gerichtsurteile** tangiert wird, die die Rechtmäßigkeit des Verwaltungsakts zuvor bestätigt haben. Allgemein zeigt der EuGH hinsichtlich der Rechtskraft von Urteilen eine größere Zurückhaltung, unionsrechtliche Grundsätze zu etablieren, die ihr zuwiderlaufen, als hinsichtlich der Bestandskraft von Verwaltungsakten[424]. Im Urteil *Kapferer* hat der Gerichtshof festgestellt, ein Gericht müsse auch dann nicht von nationalen Vorschriften über die Rechtskraft abweichen, wenn allein dadurch ein Verstoß gegen Unionsrecht abgestellt werden könne[425]. Anders lag es nur in einem Fall, in dem sich ein mitgliedstaatliches Gericht bewusst über eine Entscheidung der Kommission zur Rechtswidrigkeit einer Beihilfe hinweggesetzt hatte[426].

d) Modifikationen beim vorläufigen Verwaltungsrechtsschutz

58 Klausurwichtige Überlagerungen auf der Grundlage des unionsrechtlichen Effektivitätgebots ergeben sich auch für den **einstweiligen Rechtsschutz im Verwaltungsrecht**. Hier kann es der effektive Vollzug des Unionsrechts erstens gebieten, dass die Behörden auf der Basis von § 80 Abs. 2 Nr. 4 VwGO den **Sofortvollzug** von Verwaltungsakten anordnet, wenn diese der Umsetzung europarechtlicher Vorgaben dienen[427]; das insoweit bestehende Ermessen der Behörde kann also unionsrechtlich auf Null reduziert sein.

59 Zweitens gelten für **Anträge auf einstweiligen Rechtschutz** nach § 80 Abs. 5 VwGO oder nach § 123 VwGO europarechtliche Besonderheiten, wenn solche Anträge darauf abzielen, den Vollzug von Unionsrecht einstweilen auszusetzen: Wenn ein Verwaltungsgericht bei summarischer Prüfung davon ausgeht, dass etwa eine EU-Verordnung wegen Verstoßes gegen Primärrecht (Unionsgrundrechte!) rechtswidrig ist, so kann es einen solchen Verstoß nicht selbst feststellen, sondern muss den Gerichtshof um eine Vorabentscheidung ersuchen; denn nur der EuGH kann EU-Rechtsakte verwerfen **(Verwerfungsmonopol des EuGH[428])**; das ist eine ungeschriebene Parallele zur Regelung

---

[423] EuGH, Urteil vom 12. Februar 2008, Rs. C-2/06 (Kempter), Slg. 2008, S. I–411, Rn. 54 ff.

[424] Zur Rechtsprechung des Gerichtshofs eingehend *S. Schmahl/M. Körber*, Durchbrechung der Rechtskraft nationaler Gerichtsentscheidungen zu Gunsten der Effektivität des Unionsrechts?, EuZW 2010, S. 927 ff.

[425] EuGH, Urteil vom 16. März 2006, Rs. C-234/04 (Kapferer), Slg. 2006, S. I–2585, Rn. 21.

[426] S. EuGH, Urteil vom 18. Juli 2007, Rs. C-119/05 (Lucchini), Slg. 2007, S. I–6199; dazu *Herdegen* (Fn. 27), § 10 Rn. 43.

[427] EuGH, Urteil vom 10. Juli 1990, Rs. 217/88 (Kommission/Deutschland [Tafelwein]), Slg. 1990, S. I–2879, Rn. 13 ff.; dazu *Detterbeck* (Fn. 239), Rn. 1489.

[428] EuGH, Urteil vom 22. Oktober 1987, Rs. 314/85 (Foto-Frost), Slg. 1987, S. 4199, Rn. 14 ff.

in Art. 100 Abs. 1 GG, nach der das BVerfG das Verwerfungsmonopol über nachkonstitutionelle Parlamentsgesetze hat. Deshalb darf die Annahme der Rechtswidrigkeit von Europarecht, die im einstweiligen Rechtsschutz im Rahmen der dort erfolgenden summarischen Prüfung nicht abschließend geklärt werden kann, nur **ausnahmsweise** zu einer Aussetzung des Vollzuges von Unionsrecht im einstweiligen Rechtsschutz führen. Der EuGH hat in seiner Rechtsprechung hierfür folgende Voraussetzungen aufgestellt[429]:

- Es müssen **erhebliche Zweifel** an der Gültigkeit des durchzuführenden EU-Rechtsakts bestehen;
- das Verwaltungsgericht muss dem EuGH im Wege des Vorabentscheidungsverfahrens nach Art. 267 AEUV die Frage der Gültigkeit des fraglichen Rechtsakts vorlegen, falls er mit dieser Frage noch nicht befasst ist;
- die Entscheidung muss **besonders dringlich** sein, d.h. dem Betroffenen muss ein irreversibler Schaden drohen;
- und das unionsrechtliche Vollzugsinteresse muss bei der **Interessenabwägung** angemessene Berücksichtigung finden.

Unionsrechtliche Vollzugsvorgaben

Grundsatz: Verfahrensautonomie der Mitgliedstaaten (d.h. der Vollzug des Unionsrechts richtet sich nach mitgliedstaatlichem Verfahrens- und Prozessrecht)

Einschränkung: Diskriminierungsverbot und Effizienzgebot

die Durchsetzung von Unionsrecht darf nicht benachteiligt werden gegenüber der Durchsetzung vergleichbarer Regeln des nationalen Rechts

die Durchsetzung des Unionsrechts darf durch das mitgliedstaatliche Verfahrens- und Prozessrecht nicht übermäßig erschwert oder praktisch unmöglich gemacht werden

Klausurwichtige Fallgruppen:
- geringere Anforderungen an das Vorliegen eines subjektiven Rechts
- Rückforderung von Subventionen: Einschränkung von § 48 Abs. 2–4 VwVfG (*Alcan*-Rechtsprechung)
- Rücknahme bestandskräftiger europarechtswidriger belastender Verwaltungsakte (*Kühne & Heitz*-Rechtsprechung)
- einstweiliger Rechtsschutz im Verwaltungsrecht (Aussetzung des Vollzugs von Unionsrecht nur ausnahmsweise)

---

[429] EuGH, Urteil vom 21. Februar 1991, verb. Rs. 143/88 und C-92/89 (Zuckerfabrik Süderdithmarschen), Slg. 1991, S. I-415, Rn. 14 ff.; dazu *Detterbeck* (Fn. 239), Rn. 1512 ff.

60 **Klausurhinweis:** In einer Klausur würden Sie beispielsweise bei der Prüfung der Erfolgsaussichten eines Antrags nach § 80 Abs. 5 VwGO im Rahmen der Prüfung der Erfolgsaussichten in der Hauptsache eine summarische Prüfung der Rechtmäßigkeit des Verwaltungsakts vornehmen[430]. Wenn Sie zu dem Ergebnis kommen würden, dass dieser sich als rechtswidrig erweist, weil er auf einer EU-Verordnung beruht, die gegen Unionsgrundrechte verstößt, müssten Sie zur Anordnung (§ 80 Abs. 2 Nr. 1–3 VwGO) bzw. Wiederherstellung (§ 80 Abs. 2 Nr. 4 VwGO) der aufschiebenden Wirkung, also zu einem Erfolg des Antrags kommen. Denn an einem Vollzug rechtswidriger Verwaltungsakte besteht grundsätzlich kein Interesse – eine Interessenabwägung findet hier normalerweise gar nicht statt[431]. An dieser Stelle müssten Sie dann darauf hinweisen, dass die Aussetzung des Vollzugs eines Verwaltungsakts zur Durchsetzung von Unionsrecht aus unionsrechtlichen Gründen nur ganz ausnahmsweise ausgesetzt werden darf, nämlich unter den vorstehenden Bedingungen, die sich aus der Rechtsprechung des EuGH ergeben. Dann müssten Sie prüfen, ob diese Voraussetzungen erfüllt sind. Es kommt hier also entgegen den allgemeinen Grundsätzen noch zu einer Abwägung des Suspensivinteresses des Antragstellers mit dem – bedeutsamen – unionsrechtlichen öffentlichen Interesse am Vollzug des Verwaltungsakts.

4. Staatshaftung für Verletzungen des Unionsrechts

61 Mit den unionsrechtlichen Vollzugsvorgaben in engem Zusammenhang steht der Grundsatz der **Staatshaftung für Verletzungen von Europarecht**, denn auch mit der Etablierung dieses Anspruchs macht das Unionsrecht selbst Vorgaben für die Folgen seiner Verletzung. Der EuGH hat aus der praktischen Wirksamkeit des Unionsrechts, der Unionstreue der Mitgliedstaaten (Art. 4 Abs. 3 EUV) und dem Gedanken der außervertraglichen Haftung der Europäischen Union selbst (Art. 340 AEUV) abgeleitet, dass die Mitgliedstaaten dem Einzelnen grundsätzlich den aus einer staatlichen Verletzung von Unionsrecht resultierenden Schaden ersetzen müssen[432]. Dieser genuin europarechtliche Anspruch hängt von der Ausgestaltung des nationalen Staatshaftungsrechts und der Frage, ob bereits aufgrund innerstaatlichen Rechts ein Haftungsanspruch für Verletzungen des Unionsrechts besteht, nicht ab. Nach den Anspruchsgrundlagen des deutschen Staatshaftungsrechts ist es zwar nicht von vornherein ausgeschlossen, dass im Einzelfall auch Verstöße deutscher Hoheitsträger gegen Europarecht eine Staatshaftung auslösen. In vielen Fällen scheitern diese Ansprüche in den europarechtlichen Konstellationen allerdings: So gibt es nach herkömmlicher Auffassung nach deutschem Recht **keine Haftung für legislatives Unrecht**[433], und zwar weder auf der Grundlage des Amtshaftungsanspruchs nach § 839 Abs. 1 BGB i.V.m. Art. 34 GG noch auf der Grundlage des

[430] *Detterbeck* (Fn. 239), Rn. 1501 ff.
[431] *Detterbeck* (Fn. 239), Rn. 1503.
[432] EuGH, Urteil vom 19. November 1991, verb. Rs. C-6/90 und C-9/90 (Francovich), Slg. 1991, S. I–5357, Rn. 31 ff.; s. im Einzelnen *M. Kling*, Die Haftung der Mitgliedstaaten der EG bei Verstößen gegen das Gemeinschaftsrecht, JURA 2005, S. 298 ff.
[433] Zur Diskussion *Detterbeck* (Fn. 239), Rn. 1069 ff.

richterrechtlich entwickelten Anspruchs aus enteignungsgleichem Eingriff[434]. Vielfach geht es bei der Haftung für Verstöße gegen Europarecht aber gerade um legislatives Unrecht, etwa im Kontext der (unterbliebenen) Umsetzung von Richtlinien (oben Rn. 8). Auch eine Haftung für judikatives Unrecht ist nach deutschem Recht durch das **Spruchrichterprivileg** in § 839 Abs. 2 BGB so gut wie ausgeschlossen. Demgegenüber ist eine Haftung für legislatives und judikatives[435] Unrecht im Rahmen des europarechtlichen Staatshaftungsanspruchs grundsätzlich möglich.

Sie sollten in der Klausur deshalb nicht versuchen, die europarechtlichen Besonderheiten in die Prüfung der deutschen Anspruchsgrundlagen wie etwa des Anspruchs aus **Amtshaftung** zu integrieren, also die einzelnen Anspruchsvoraussetzungen europarechtskonform umzugestalten[436]. Vielmehr prüfen Sie nach den in Betracht kommenden Anspruchsgrundlagen des deutschen Staatshaftungsrechts, die in der Regel keinen Haftungsanspruch des Betroffenen begründen werden, als eigenständige Anspruchsgrundlage den **europarechtlichen Staatshaftungsanspruch**, der die folgenden Tatbestandsvoraussetzungen hat: **61a**

- **Europarechtsverstoß einer hoheitlichen Maßnahme:** Hier prüfen Sie, ob die beanstandete hoheitliche Maßnahme gegen Europarecht verstößt. Das entspricht angesichts der Annahme einer allgemeinen Amtspflicht zur rechtmäßigem Handeln der Prüfung bei der Amtshaftung[437], nur dass es hier allein um Europarechtsverstöße geht. In Klausuren geht es hier häufig um eine materielle Prüfung der Verletzung von Grundfreiheiten. Die Prüfung eines europarechtlichen Staatshaftungsanspruchs bietet insofern die Möglichkeit einer zusätzlichen Einkleidung einer materiell-europarechtlichen Klausur, wie sie im Pflichtfach jedenfalls hinsichtlich der Grundfreiheiten nicht unüblich ist.
- **Individualbegünstigung:** Die verletzte europarechtliche Bestimmung muss individualbegünstigender Natur sein. Das entspricht der Drittrichtung bei der Prüfung eines Amtshaftungsanspruchs. Grundfreiheiten sind individuelle Rechte par excellence.
- **Hinreichende Qualifikation des Rechtsverstoßes:** Nicht jeder hoheitliche Europarechtsverstoß führt zur Staatshaftung. Vielmehr muss der Verstoß, um eine uferlose europarechtliche Haftung der Mitgliedstaaten zu

---

[434] Zur Entwicklung dieses Anspruchs *H. Sauer*, Staatshaftungsrecht. Eine Systematisierung für die Fallbearbeitung (Teil 1), JuS 2012, S. 695 (697) m.w.N.

[435] Dazu EuGH, Urteil vom 30. September 2003, Rs. 224/01 (Köbler), Slg. 2003, S. I–1029, Rn. 30 ff.; dazu *B. Schöndorf-Haubold*, Die Haftung der Mitgliedstaaten für die Verletzung von EG-Recht durch nationale Gerichte, JuS 2006, S. 112 ff.; s. dazu jetzt auch EuGH, Urteil vom 9. September 2015, Rs. C-160/14 (Fereira da Silva); hierzu *Streinz*, Vorlagepflicht letztinstanzlicher Gerichte, JuS 2016, S. 472.

[436] S. auch den Prüfungsaufbau in BGHZ 134, 30.

[437] Dazu näher *Sauer* (Fn. 434), S. 696.

verhindern, hinreichend qualifiziert sein. Hier geht es um Fragen der Bedeutung der verletzten Norm, um die Klarheit der Rechtslage, um die Frage, inwieweit der Mitgliedstaat bei der Durchführung des EU-Rechts Spielräume hatte, und auch einmal um Verschuldensfragen. Von erheblicher Bedeutung ist es aber, dass das Verschulden anders als bei der Amtshaftung nach deutschem Recht gerade keine eigenständige Anspruchsvoraussetzung darstellt. Verstöße gegen die Pflicht zur Richtlinienumsetzung sind jedenfalls immer dann hinreichend qualifiziert, wenn die Umsetzungsfrist abgelaufen ist, der Mitgliedstaat aber keine Umsetzungsmaßnahmen ergriffen hat. Denn aus Art. 288 Abs. 3 AEUV und der Festlegung einer Umsetzungsfrist in der Richtlinie wird hinreichend klar, was zu tun ist. Bei Unionsrechtsverstößen durch Gerichte verlangt der EuGH einen **offenkundigen** Verstoß[438].

- **Kausalität:** Schließlich muss – wie bei jedem Schadenersatzanspruch – ein Kausalverhältnis zwischen dem Unionsrechtsverstoß als schädigendem Ereignis und dem eingetretenen Schaden bestehen.

62 Die **Haftungsfolgen** richten sich nach nationalem Recht, also nach §§ 249 ff. BGB.

63 **Klausurhinweis:** Vor der Prüfung des Haftungstatbestands bietet es sich in der Klausur an, etwa unter einem ersten Punkt „Haftungsgrundlagen", kurze Ausführungen zum Wesen und zur Herkunft des geprüften Anspruchs zu machen. Unter einem zweiten Punkt „Haftungsvoraussetzungen" können Sie dann die einzelnen Tatbestandsvoraussetzungen prüfen. Ist ein Anspruch gegeben, gehen Sie in einem dritten Schritt „Haftungsfolgen" kurz auf die Haftungsausfüllung ein und verweisen auf die §§ 249 ff. BGB.

64 **Lösung Fall 14:** R. könnte einen Anspruch auf Schadenersatz in Höhe von 50.000 EUR gegen die Bundesrepublik Deutschland auf der Grundlage des unionsrechtlichen Staatshaftungsanspruchs haben.

1. Haftungsgrundlagen:

Aus der praktischen Wirksamkeit des Unionsrechts, der Unionstreue der Mitgliedstaaten (Art. 4 Abs. 3 EUV) und dem Gedanken der Staatshaftung der EU selbst (Art. 340 AEUV) hat der EuGH abgeleitet, dass die Mitgliedstaaten dem Einzelnen den aus einer staatlichen Verletzung von Unionsrecht resultierenden Schaden grundsätzlich ersetzen müssen. Es handelt sich um einen genuin europarechtlichen Haftungsanspruch, der ohne Rückgriff auf die Anspruchsgrundlagen des deutschen Staatshaftungsrechts geprüft werden kann.

2. Haftungsvoraussetzungen:

a) Zunächst müsste die Bundesrepublik Deutschland gegen Unionsrecht verstoßen haben. Das ist hier der Fall, da die Verbraucherschutzrichtlinie entgegen der Verpflichtung aus Art. 288 Abs. 3 AEUV trotz des Ablaufs der Umsetzungsfrist bislang nicht in deutsches Recht umgesetzt wurde.

b) Die verletzte Bestimmung müsste ferner individualbegünstigend sein. Zwar besteht die Pflicht zur Umsetzung von Richtlinien aus Art. 288 Abs. 3 AEUV im Grundsatz nicht im Interesse des Einzelnen. Wenn aber die Richtlinie beabsichtigt, dem Einzelnen indivi-

---

[438] EuGH, Urteil vom 30. September 2003, Rs. 224/01 (Köbler), Slg. 2003, S. I–1029, Rn. 56.

duelle Rechte zu verleihen, dann liegt auch die Umsetzung dieser Richtlinie in seinem Interesse. Hier sieht die Richtlinie ein Widerrufsrecht des Verbrauchers für Börsengeschäfte vor. Deshalb lag die Richtlinienumsetzung hier auch im Interesse des Verbrauchers, sodass die verletzte Bestimmung hier individualbegünstigend ist.

c) Erforderlich ist ferner eine hinreichende Qualifikation des Rechtsverstoßes. Nach der Rechtsprechung des EuGH ist der Verstoß gegen die Verpflichtung zur Richtlinienumsetzung jedenfalls bei völliger Untätigkeit immer hinreichend qualifiziert, weil für den Mitgliedstaat erkennbar ist, was er bis zum Ablauf einer bestimmten Frist zu tun hat. Deshalb liegt hier auch ein hinreichend qualifizierter Unionsrechtsverstoß vor.

d) R. hat einen Schaden in Höhe von 50.000 EUR erlitten, für den die Nichtumsetzung der Richtlinie auch kausal ist, weil R. auf der Grundlage einer hinreichenden Richtlinienumsetzung das Geschäft hätte widerrufen können.

e) Im Ergebnis sind damit die Voraussetzungen des unionsrechtlichen Staatshaftungsanspruchs erfüllt.

3. Haftungsfolgen:

Die Haftungsfolgen richten sich nach dem nationalen Schadensrecht, hier also nach § 249 ff. BGB. Da Probleme bei der Haftungsausfüllung hier nach dem Sachverhalt nicht ersichtlich sind, hat R. im Ergebnis einen Anspruch auf Schadenersatz in Höhe von 50.000 EUR gegen die Bundesrepublik Deutschland.

V. Prozessuale Verschränkungen

1. Das Vorabentscheidungsverfahren

Die mitgliedstaatlichen Gerichte sind heute in weitem Umfang **Unionsgerichte im funktionellen Sinn**, d.h. sie entscheiden über in den Mitgliedstaaten entstehende europarechtliche Streitigkeiten. Deshalb wird die Gerichtsbarkeit in der EU nicht vollständig erfasst, wenn der Blick nur auf die Gerichte der Union[439] gerichtet wird. Denn da das Unionsrecht überwiegend von den Mitgliedstaaten durchgeführt und vollzogen wird, sind europarechtliche Rechtsstreitigkeiten **in erster Linie vor den Gerichten der Mitgliedstaaten auszutragen**. Diese sind also täglich mit Fragen der Auslegung und Anwendung des Unionsrechts befasst, sei es in Zivilrechtsfällen (z.B. Auslegung von Verbraucherschutzrichtlinien) oder in öffentlich-rechtlichen Streitigkeiten (z.B. im Rahmen der Verwaltung des durch Marktordnungen der EU geprägten Landwirtschaftsrechts). 65

Um dabei eine **einheitliche Auslegung und Anwendung** des Unionsrechts zu gewährleisten, bedarf es eines verfahrensrechtlichen Hebels. Das ist das **Vorabentscheidungsverfahren** nach Art. 267 AEUV. Danach kann jedes mitgliedstaatliche Gericht den EuGH mit Fragen der **Auslegung** oder der **Gültigkeit** (hier geht es also um die Vereinbarkeit von Sekundärrecht mit dem 66

---

[439] Diese sind: der Gerichtshof der Union, das Gericht (früher: Gericht erster Instanz) und nach Maßgabe von Art. 257 AEUV zu schaffende so genannte Fachgerichte für bestimmte Rechtsgebiete (das gibt es bislang nur für Beamtensachen).

Primärrecht etwa in Form der EU-Grundrechte) von Unionsrecht befassen, die im konkreten Streitfall nach Auffassung des vorlegenden Gerichts entscheidungserheblich sind. **Letztinstanzliche** Gerichte sind bei Zweifelsfragen nach Art. 267 Abs. 3 AEUV sogar zur Vorlage **verpflichtet**. Darüber hinaus hat der EuGH in seiner Rechtsprechung festgestellt, dass jedes mitgliedstaatliche Gericht zur Vorlage verpflichtet ist, wenn es von der Rechtswidrigkeit eines EU-Rechtsakts ausgeht **(Verwerfungsmonopol des Gerichtshofs der Union für EU-Recht)**[440]; ein mitgliedstaatliches Gericht darf also nicht ohne Befassung des Gerichtshofs von der Unanwendbarkeit z.B. einer Verordnungsbestimmung ausgehen.

67 Der EuGH klärt im Vorlageverfahren die europarechtliche Zweifelsfrage (und nicht etwa Fragen des nationalen Rechts); Fragen zum nationalen Recht können aber ggf. in zulässige Vorlagefragen umformuliert werden. Das Verfahren vor dem mitgliedstaatlichen Gericht wird bis zur Entscheidung des Gerichtshofs ausgesetzt (daher ergehen in der Praxis kombinierte **Aussetzungs- und Vorlagebeschlüsse**). Auf der Basis der Vorabentscheidung, an die das vorlegende Gericht gebunden ist, kann dann der nationale Streitfall entschieden werden. Die Verfahrensbeteiligten können Vorlagen zum EuGH anregen, im deutschen Recht aber **nicht prozessrechtlich erzwingen**. Möglich ist aber eine Verfassungsbeschwerde wegen Entziehung des gesetzlichen Richters (unten Rn. 75 f.).

2. Überblick über den Rechtsschutz des Einzelnen vor dem EuGH

68 Wie dargestellt ist der Rechtsschutz des Einzelnen auch in europarechtlichen Streitigkeiten in der Regel vor den nationalen Gerichten zu begehren. Anders liegt es nur, wenn die EU-Organe mit unmittelbarem Durchgriff gegenüber dem Bürger handeln, mitgliedstaatliche Stellen also gar nicht am Streitverhältnis beteiligt sind. Das ist der Fall, wenn eine EU-Verordnung für konkrete Einzelfälle nicht mehr der mitgliedstaatlichen Durchführung bedarf oder wenn die Kommission im Sinne eines „europäischen Verwaltungsakts" einen Beschluss direkt an einen Betroffenen richtet (z.B. in Form einer Geldbuße wegen Kartellrechtsverletzungen).

69 Hiergegen kann sich der Einzelne grundsätzlich mit der **Nichtigkeitsklage** nach Art. 263 Abs. 4 AEUV direkt an die EU-Gerichtsbarkeit wenden, wobei für Individualklagen das Gericht zuständig ist (Art. 256 Abs. 1 AEUV). Bei solchen Individualnichtigkeitsklagen besteht das Problem regelmäßig darin, dass die **Klagebefugnis des Einzelnen** bislang sehr restriktiv gehandhabt worden ist. Nach der im Einzelnen allerdings sehr umstrittenen Rechtslage vor dem

[440] S. nochmals EuGH, Urteil vom 22. Oktober 1987, Rs. 314/85 (Foto-Frost), Slg. 1987, S. 4199, Rn. 14 ff.

Vertrag von Lissabon[441] konnte der Einzelne erstens gegen an ihn ergangene Entscheidungen klagen (das war die Adressatenklage gegen den „europäischen Verwaltungsakt") und zweitens gegen drittgerichtete Entscheidungen sowie Gesetzgebungsakte (insbesondere Verordnungen), dies allerdings nur unter der Voraussetzung **unmittelbarer und individueller Betroffenheit**.

Die **unmittelbare Betroffenheit** ist nicht nur gegeben, wenn der Kläger schon durch den Rechtsakt selbst betroffen ist, es also keiner weiteren ausführenden Maßnahme mehr bedarf **(formale Unmittelbarkeit)**; nach einer materiellen Unmittelbarkeitsbetrachtung liegt die unmittelbare Betroffenheit auch dann vor, wenn es zwar noch eines Umsetzungs- oder Ausführungsakts bedarf, der Mitgliedstaat hierbei aber über keinen eigenen Spielraum mehr verfügt **(materielle Unmittelbarkeit)**. Deshalb ist die unmittelbare Betroffenheit etwa gegeben, wenn sich der Einzelne gegen einen an seinen Mitgliedstaat gerichteten Kommissionsbeschluss zur Beihilfenrückforderung wendet; denn der Mitgliedstaat muss diesen Beschluss durch Rückforderung der Beihilfe ausführen[442]. 70

Nach der Rechtsprechung des EuGH war der Einzelne als Nichtadressat von einer Maßnahme nur nach Maßgabe der so genannten *Plaumann*-Formel **individuell betroffen:** 71

EuGH in Plaumann (1963): „Wer nicht Adressat einer Entscheidung ist, kann nur dann geltend machen, von ihr individuell betroffen zu sein, wenn die Entscheidung ihn wegen bestimmter persönlicher Eigenschaften oder besonderer, ihn aus dem Kreis aller übrigen Personen heraushebender Umstände berührt und ihn daher in ähnlicher Weise individualisiert wie den Adressaten."[443]

In ähnlicher Weise individualisiert wie ein Adressat ist damit insbesondere nicht, wer einem nach bestimmten Merkmalen abgrenzbaren Personenkreis angehört. Maßgeblich kommt es – das ist dem deutschen Denken eher fremd[444] – nicht allein auf die Position des Betroffenen an, sondern auf einen **Vergleich** zwischen dem Betroffenen und anderen potenziell Betroffenen. 72

Vertiefungshinweis: Der Gerichtshof hat in zwei Fällen, die beide die Verwendung von Qualitätsbezeichnungen für Schaumweine betrafen, wie folgt differenziert: Im Fall *Codorníu* war die Klage gegen eine Verordnung, die die Bezeichnung „Crémant" Qualitätsweinen aus Frankreich und Luxemburg vorbehalten wollte, deshalb zulässig, weil die Klägerin seit 70 Jahren Inhaberin eines geschützten Markenzeichens war, das das Wort 73

---

[441] S. im Einzelnen *H. Sauer*, in: K. Hailbronner/G. Jochum/M. Kau (Hrsg.), EU-Kommentar, 2. Aufl. im Erscheinen, Art. 263 AEUV Rn. 27 ff. m.w.N.

[442] Dazu *Herrmann* (Fn. 366), Rn. 225.

[443] EuGH, Urteil vom 15. Juli 1963, Rs. 25/62 (Plaumann), Slg. 1963, S. 213 (238).

[444] Das liegt daran, dass die Nichtigkeitsklage eher in der Tradition der französischen Interessentenklage steht, dazu *H. Sauer*, in: Hailbronner/Jochum/Kau (Fn. 441), Art. 263 AEUV Rn. 36 ff.

„cremant" enthielt[445]. Im Fall *Deutz & Geldermann* war die Klage gegen eine Verordnung, die den Hinweis auf die verwendete „méthode champenoise" Schaumweinen aus der Champagne vorbehalten wollte, dagegen unzulässig: Zwar konnte die Klägerin vorbringen, es gebe nur eine geringe und feststehende Zahl von Herstellern, die die fragliche Herstellungsmethode anwendeten. Der EuGH stellte aber fest, die Kellerei *Deutz & Geldermann* unterscheide sich durch nichts von anderen betroffenen Schaumweinherstellern und sei daher nicht individuell betroffen[446].

74 Mit dieser restriktiven Haltung zur individuellen Betroffenheit waren Individualklagen gegen Verordnungen **in aller Regel unzulässig**, und zwar unabhängig davon, ob die tatsächliche Betroffenheit möglicherweise ganz erheblich war. Das führte erstens zu mehreren Vorstößen des damaligen Gerichts erster Instanz sowie einiger Generalanwälte in Richtung einer weniger restriktiven Handhabung der Individualklagebefugnis, die der Gerichtshof allerdings klar zurückwies[447]. Zweitens kam es im Zuge des letztlich nicht in Kraft getretenen EU-Verfassungsvertrags zu einer eingehenden Diskussion über eine erleichterte Zulassung der Individualnichtigkeitsklage. Nur vor dem Hintergrund dieser Reformdiskussion lässt sich jetzt der neue Art. 263 Abs. 4 AEUV in der Fassung des Vertrags von Lissabon verstehen, der drei Fälle der Individualklage unterscheidet und für deren Zulässigkeit jeweils eigene Voraussetzungen aufstellt:

- Die Individualnichtigkeitsklage ist erstens und zwar ohne weitere Voraussetzungen zulässig gegen an den Kläger gerichtete Handlungen; das ist die **Adressatenklage** gegen den „europäischen Verwaltungsakt", also gegen Beschlüsse nach Art. 288 Abs. 4 AEUV (oben Rn. 8).
- Die Individualnichtigkeitsklage ist zweitens zulässig gegen alle Handlungen, die den Kläger unmittelbar und individuell betreffen. Das ist vor allem die Klage gegen alle Gesetzgebungsakte (insbesondere Verordnungen), die weiterhin nur unter der Voraussetzung **unmittelbarer und individueller Betroffenheit** nach Maßgabe des Vorstehenden möglich ist. Dabei hält der Gerichtshof an der restriktiven Handhabung der Voraussetzung der individuellen Betroffenheit nach Maßgabe von *Plaumann* auch nach dem Vertrag von Lissabon fest. Er ist der Auffassung, die Aufrechterhaltung dieser Voraussetzung deute darauf hin, dass die Mitgliedstaaten auch an ihrer etablierten Auslegung festhalten wollten. Das kann man auch anders sehen: Immerhin waren Normativakte vor 2009 nach dem Wortlaut von Art. 230 Abs. 4 EGV eigentlich gar nicht angreifbar. Die Voraussetzung einer adressatengleichen persönlichen Betroffenheit des Klägers ging insofern nachvollziehbar von der eigentlich nur vorgesehenen Adressatenklage

---

[445] EuGH, Urteil vom 18. Mai 1994, Rs. C-309/89 (Codorníu), Slg. 1994, S. I–1853, Rn. 21 f.

[446] EuGH, Urteil vom 24. Februar 1987, Rs. 26/86 (Deutz & Geldermann), Slg. 1987, S. 941, Rn. 8 ff.

[447] Dazu *Herrmann* (Fn. 366), Rn. 230; *H. Sauer*, in: Hailbronner/Jochum/Kau (Fn. 441), Art. 263 AEUV Rn. 52 ff.

aus und erweiterte diese nur behutsam auf Normativakte. Jetzt aber ist die Individualnichtigkeitsklage nach Art. 263 Abs. 1 und 4 AEUV gegen alle Handlungen der Organe und damit auch gegen Verordnungen zulässig. Dies verlangt nach einer neuen, an den Kreis der zulässigen Klagegegenstände angepasste Auslegung des Merkmals der inviduellen Betroffenheit; denn bei einem echten Normativakt gibt es in aller Regel gar keine adressatengleiche Betroffenheit. Das Festhalten des EuGH an *Plaumann* lässt damit die Erweiterung der Klagegegenstände zu einem guten Teil leerlaufen.

- Neu und hinsichtlich des Verständnisses schwierig ist die dritte Alternative, die Klage gegen „Rechtsakte mit Verordnungscharakter", die den Kläger unmittelbar betreffen und keine Durchführungsmaßnahmen nach sich ziehen. Diese Alternative betrifft bestimmte, an sich bereits von der zweiten Alternative erfasste Akte des europäischen Gesetzgebers und hat die Funktion, **für diese eine erleichterte Individualklage zu ermöglichen**; denn hier wird auf die in der Regel problematische individuelle Betroffenheit gerade **verzichtet** – Voraussetzung ist nur eine (formale) unmittelbare Betroffenheit. Zentral wird damit die Frage, was Art. 263 Abs. 4 AEUV unter „Rechtsakten mit Verordnungscharakter" versteht. Bei unbefangener Lesart könnte man darunter Verordnungen im Gegensatz zu anderen Sekundärrechtsakten verstehen. Dagegen spricht jedoch, dass die Verwendung des Begriffs „Verordnungen" dann näher gelegen hätte als des Begriffs „Rechtsakte mit Verordnungscharakter". Nach überwiegender Auffassung[448] ist dieser Terminus nur zu verstehen vor dem Hintergrund der Reformbemühungen des Verfassungsvertrags, der eine Einteilung der Rechtsakte in Rechtsakte mit Gesetzescharakter und solche mit Verordnungscharakter vorgesehen hatte, wobei die erstgenannten im ordentlichen Gesetzgebungsverfahren zustande kommen sollten. Damit sind „Rechtsakte mit Verordnungscharakter" im Sinne von Art. 263 Abs. 4 AEUV nur solche, die **nicht Produkt eines ordentlichen Gesetzgebungsverfahrens** sind (also insbesondere delegierte Rechtsetzung der Kommission auf der Grundlage einer entsprechenden Ermächtigung im Basisrechtsakt). Solche Rechtsakte sind nicht mit der Aufmerksamkeit und der demokratischen Legitimation des ordentlichen Gesetzgebungsverfahrens versehen; deshalb unterliegen sie der vereinfachten Anfechtbarkeit. Diesem Verständnis der Neufassung des Art. 263 Abs. 4 AEUV durch den Vertrag von Lissabon hat sich im Jahr 2011 zunächst das Gericht (als teilweise erstinstanzlich entscheidende Untergliederung des Gerichtshofs der Union, Art. 19 Abs. 1 UAbs. 1 Satz 1 EUV) angeschlossen[449]. Durch ein Rechtsmittel gegen diese Entscheidung erhielt dann der Gerichts-

---

[448] Wie hier etwa *Herrmann* (Fn. 366), Rn. 231; ausführliche Diskussion der bisherigen Vorschläge bei *N. Görlitz/P. Kubicki*, Rechtsakte mit „schwierigem Charakter", EuZW 2011, S. 248 ff.

[449] EuG, Beschluss vom 6. September 2011, Rs. T-18/10 (Inuit Tapiriit Kanatami u.a./ Parlament u. Rat), Slg. 2011, S. II-5599 Rn. 38 ff., 56.

hof im Jahr 2013 selbst die Gelegenheit, zur Neufassung des Art. 263 Abs. 4 AEUV durch den Vertrag von Lissabon ausführlich Stellung zu nehmen. Er bestätigte nicht nur die Auslegung durch das Gericht als zutreffend, sondern wies zudem die Rüge zurück, durch diese Auslegung ergäben sich Rechtsschutzlücken, die insbesondere vor dem Hintergrund des Grundrechts auf effektiven Rechtsschutz nach Art. 47 der Grundrechte-Charta nicht hinnehmbar seien[450]. Der EuGH betont dabei erneut unter Hinweis auf die Verpflichtung der Mitgliedstaaten aus Art. 19 Abs. 1 UAbs. 2 EUV, dass nicht stets ein unmittelbarer Zugang zum Gerichtshof eröffnet sei müsse.

3. Der EuGH als gesetzlicher Richter: Verfassungsbeschwerden wegen der Nichtvorlage an den Gerichtshof

75 Weil damit in vielen Konstellationen ein direkter Zugang des Einzelnen zum EuGH nicht gegeben ist, kommt dem Vorabentscheidungsverfahren, dem ja ein Verfahren vor einem nationalen Gericht zu Grunde liegt, auch für den individuellen Rechtsschutz überragende Bedeutung zu. Wenn etwa eine EU-Verordnung in Grundrechte eingreift und von einer deutschen Behörde durch Verwaltungsakt konkretisiert wird, entsteht für den Betroffenen folgendes Problem: Soweit die inhaltliche Bindung durch das Unionsrecht reicht, wird der Verwaltungsakt im Rahmen einer Anfechtungsklage des Adressaten nicht mehr am Maßstab der deutschen Grundrechte geprüft (unten § 9 Rn. 53 ff.). Das Verwaltungsgericht kann (und muss) die Verordnung zwar am Maßstab der EU-Grundrechte prüfen, aber wenn es im Gegensatz zum Betroffenen hier kein Problem sieht, bleibt die Klage erfolglos. Rechtsschutz kann der Betroffene wegen des Verwerfungsmonopols des EuGH (oben Rn. 59) im Ergebnis nur dadurch erlangen, dass das Verwaltungsgericht die Frage der Gültigkeit der Verordnung, also die Frage ihrer Vereinbarkeit mit den EU-Grundrechten, dem EuGH zur Vorabentscheidung vorlegt und der Gerichtshof die Verordnung wegen eines Grundrechtsverstoßes aufhebt. Dann hat der Verwaltungsakt keine Rechtsgrundlage mehr, die Anfechtungsklage ist also begründet. Für den Individualrechtsschutz ist der Weg zum Gerichtshof über das Vorlageverfahren damit von zentraler Bedeutung. Deshalb ist es aus Rechtsschutzgründen problematisch, dass die Entscheidung über die Vorlage zum EuGH allein dem nationalen Gericht obliegt und die Parteien prozessrechtlich keine Möglichkeit haben, eine Vorlage zu erzwingen.

76 Aus diesem Grund hat das BVerfG einen Mechanismus entwickelt, die Vorlagepraxis der Fachgerichte zumindest ein Stück weit zu kontrollieren: Es

---

[450] EuGH, Urteil der Großen Kammer vom 3. Oktober 2013, Rs. C-583/11 P (Inuit Tapiriit Kanatami u.a./Parlament u. Rat), Rn. 50 ff., 89 ff., n.n.i.Slg.; dazu etwa *W. Cremer*, Der EuGH bleibt sich treu – Die Nichtigkeitsklage Privater 50 Jahre nach *Plaumann*, ZG 2014, S. 82.

hat festgestellt, dass der EuGH durch die Verzahnung der deutschen Gerichte mit der EU-Gerichtsbarkeit über Art. 267 AEUV zum **gesetzlichen Richter** im Sinne von Art. 101 Abs. 1 Satz 2 GG geworden ist[451]. Eine unterbliebene Vorlage an den EuGH kann deshalb eine – **verfassungsbeschwerdefähige!** – Entziehung des gesetzlichen Richters bedeuten. Allerdings prüft das BVerfG in der Regel nur, ob die Vorlage **willkürlich** unterblieben ist. Die Fachgerichte haben also hinsichtlich der unionsrechtlichen Problematik einen sehr weiten Bewertungsrahmen, der **eindeutig** überschritten sein muss, damit das BVerfG einen Verfassungsverstoß feststellt[452]. Im Schrifttum wird diese Kontrolle vielfach als nicht effektiv genug kritisiert[453]. Unionsrechtlich gibt es jedoch keine klaren Vorgaben für eine Vorlagenkontrolle aufgrund mitgliedstaatlichen Verfassungsrechts[454].

Vertiefungshinweis: In die Rechtsprechung des BVerfG zur Vorlagenkontrolle ist in jüngerer Zeit erhebliche Bewegung gekommen[455]. Zunächst glich eine Kammerentscheidung aus dem Ersten Senat den Prüfungsmaßstab demjenigen des Gerichtshofs im Rahmen von Art. 267 Abs. 3 AEUV an; danach kommt es nur darauf an, ob die unionsrechtliche Frage zweifelsfrei zu beantworten ist (sog. „acte clair"). Ist das nicht der Fall, ist Art. 267 Abs. 3 AEUV und zugleich Art. 101 Abs. 1 Satz 2 GG verletzt[456]. Daraufhin betonte indes der *Honeywell*-Beschluss des Zweiten Senats, dass an der etablierten Rechtsprechung zum Willkürmaßstab festzuhalten sei[457]. Danach ist eine Entziehung des gesetzlichen Richters in Fällen, in denen der EuGH selbst noch nicht entschieden hat, immer dann zu verneinen, wenn die vom Fachgericht vertretene Auffassung zu der unionsrechtlichen Auslegungsfrage vertretbar erscheint, weil mögliche Gegenauffassungen zumindest nicht eindeutig vorzuziehen sind. Auf dieser Grundlage ist der verfassungsrechtliche Spielraum der Fachgerichte für eine Nichtvorlage erheblich größer als der unionsrechtliche. Kurze Zeit später bestätigte dann der Erste Senat zum einen die Linie der vorangegangenen Kammerentscheidungen[458], sodass über die Frage des Prüfungsmaßstabs bei der Vorla- **76a**

---

451 Erstmals in BVerfG 73, 339 (366 ff.) – Solange II.

452 S. BVerfGE 82, 159 (191 ff.) – Absatzfonds (unter Nennung einzelner Fallgruppen, dazu auch *Herrmann* [Fn. 355], Rn. 108).

453 S. stellvertretend *U. Fastenrath*, BVerfG verweigert willkürlich die Kooperation mit dem EuGH, NJW 2009, S. 272 ff. m.w.N.

454 Zu möglichen unionsrechtlichen Anknüpfungspunkten für eine Verpflichtung zur Vorlagenkontrolle *M. Bäcker*, Altes und Neues zum EuGH als gesetzlichem Richter, NJW 2011, S. 270 (272); und *M. Schröder*, Die Vorlagepflicht zum EuGH aus europarechtlicher und nationaler Perspektive, DVBl. 2011, S. 808 (819).

455 S. dazu eingehend *G. Britz*, Verfassungsrechtliche Effektuierung des Vorabentscheidungsverfahrens, NJW 2012, S. 1313 ff.; *L. Michael*, Grenzen einer verschärften Vorlagenkontrolle des Art. 267 Abs. 3 AEUV durch das BVerfG, JZ 2012, S. 870 ff.; *H. Sauer*, in: Hailbronner/Jochum/Kau (Fn. 441), Art. 267 AEUV Rn. 47 ff.

456 So insbesondere BVerfG, Beschluss der 3. Kammer des Ersten Senats vom 25. Februar 2010, 1 BvR 230/09, NJW 2010, S. 1268 (1269) – Massenentlassungsrichtlinie.

457 BVerfGE 126, 286 (316) – Honeywell.

458 Zunächst BVerfG, Beschluss der 2. Kammer des Ersten Senats vom 30. August 2010, 1 BvR 1631/08, NJW 2011, S. 288 f. – Geräteabgabe; sodann BVerfGE 128, 157 (188) – Universitätsklinikum Gießen/Marburg.

genkontrolle ein Dissens zwischen den Senaten bestand. Zum anderen hat der Erste Senat in weiteren Entscheidungen festgestellt, dass eine unterbliebene Vorlage je nach der zu Grunde liegenden Fallkonstellation auch einmal einen Verstoß gegen das materiell einschlägige Grundrecht[459] oder gegen die Rechtsschutzgarantie beinhalten könne[460]. Hinter dieser Rechtsprechung des Ersten Senats steht das berechtigte Anliegen, einen Ausfall des Individualrechtsschutzes zu verhindern, wenn die deutschen Grundrechte nicht mehr anwendbar sind (dazu unten § 9 Rn. 52 ff.) und es zu einer Kontrolle am Maßstab der Unionsgrundrechte durch den EuGH nicht kommt, weil dieser nicht nach Art. 267 AEUV mit dieser Prüfung befasst wird. In einem solchen Fall könnte Individualrechtsschutz gar nicht erlangt werden. Ein solcher Ausfall des Grundrechtsschutzes wäre aber nicht nur bedauerlich, sondern auch unvereinbar mit Art. 23 Abs. 1 Satz 1 GG. Dieser fordert einen dem Grundgesetz im Wesentlichen vergleichbaren Grundrechtsschutz nicht nur materiellrechtlich, also hinsichtlich eines adäquaten Schutzstandards, sondern auch prozessrechtlich in dem Sinne, dass auch im Anwendungsbereich des Unionsrechts Grundrechtsschutz auch tatsächlich zu erlangen sein muss[461]. Vor diesem Hintergrund hatte das Vorgehen des Ersten Senats die besseren verfassungsrechtlichen Argumente auf seiner Seite[462]. Mittlerweile hat sich sein Prüfungsmaßstab bei der Vorlagenkontrolle auch durchgesetzt: In seinem Urteil zum Filmfördergesetz stellte der Zweite Senat kürzlich unter Bezugnahme auf die Rechtsprechung des Ersten Senats fest, der Spielraum bei der Vorlage an den Gerichtshof werde überschritten, wenn sich das Fachgericht nicht „die vertretbare Überzeugung bilde, dass die Rechtslage entweder von vornherein eindeutig (acte clair) oder durch Rechtsprechung in einer Weise geklärt ist, die keinen vernünftigen Zweifel offenlässt (acte éclairé)“[463]. Kurze Zeit später hieß es dann in einem Kammerbeschluss aus dem Zweiten Senat, eine Divergenz zwischen den Senaten habe nie bestanden[464].

76b Ein effektiver europarechtlicher Hebel für ein Vorgehen gegen unterbliebene Vorlagen existiert derzeit nicht. Zwar kann die Kommission gegen den betroffenen Mitgliedstaat im Vertragsverletzungsverfahren nach Art. 258 AEUV vorgehen, wenn ein mitgliedstaatliches Gericht seine Vorlagepflicht nach Art. 267 Abs. 3 AEUV verletzt hat. Aus politischen Gründen besteht allerdings größte Zurückhaltung, in diesen Fällen ein Verfahren vor dem EuGH einzuleiten; denn im Hinblick auf die auch verfassungsrechtlich geschützte Rechtskraft wird sich ein solcher Verstoß nach innerstaatlichem Recht möglicherweise gar nicht beheben lassen, sodass hier ein gravierender Verfassungskonflikt droht. Hinzu kommt, dass die Kommission auch gar nicht in der Lage ist, die

[459] BVerfGE 129, 78 (101 ff.) – Cassina.

[460] BVerfGE 118, 79 (97) – Emissionshandel.

[461] Vgl. insoweit auch *C. Nowak*, Nichterfüllung der Vorlagepflicht aus Art. 234 III EG als Verstoß gegen Art. 101 I 2 GG – Das Grundrecht auf den gesetzlichen Richter in Luxemburg, NVwZ 2002, S. 688 (690); *Schröder* (Fn. 454), S. 821.

[462] S. hierzu auch bereits BVerfG, Beschluss der 2. Kammer des Ersten Senats vom 9. Januar 2001, 1 BvR 1036/99, EuZW 2001, S. 255 (256) – Hamburgisches Ärztegesetz.

[463] BVerfG, Urteil des Zweiten Senats vom 28. Januar 2014, 2 BvR 1561/12, Rn. 184, NVwZ 2014, S. 646.

[464] BVerfG, Beschluss der 1. Kammer des Zweiten Senats vom 29. April 2014, 2 BvR 1572/10, Rn. 24, NJW 2014, S. 2489; kritisch mit Recht *C. Finck/E.E. Wagner*, Eine schrittweise Annäherung des BVerfG an den unionsrechtlichen Maßstab der Vorlagepflicht nach Art. 267 III AEUV beim gesetzlichen Richter?, NVwZ 2014, S. 1286.

Vorlagepraxis der mitgliedstaatlichen Gerichte umfassend zu überwachen. In Betracht kommt als Sanktionsmöglichkeit für unterbliebene Vorlagen zwar grundsätzlich auch eine europarechtliche Staatshaftung, doch wird sich kaum jemals erweisen lassen, dass die Nichtvorlage kausal für die Entstehung eines bestimmten Schadens war.

Wiederholungsfragen zu § 8:

1. Was gehört zum europäischen Primärrecht?
2. Wodurch unterscheidet sich die Verordnung von der Richtlinie? Mit welchem Rechtsakt kann sich die Kommission direkt an einen einzelnen Unionsbürger wenden?
3. Ist der deutsche Vertreter im Rat bei der Abstimmung über europäische Rechtsetzungsakte an die Garantien des Grundgesetzes gebunden?
4. Unter welchen Voraussetzungen sind Bestimmungen der Unionsverträge im innerstaatlichen Recht unmittelbar anwendbar und einklagbar?
5. Worin ist der Rechtsanwendungsbefehl für die innerstaatliche Geltung von EU-Verordnungen zu sehen?
6. Was versteht man unter der Direktwirkung von Richtlinien? Unter welchen Voraussetzungen kann sich der Bürger gegenüber dem Staat direkt auf eine Richtlinienbestimmung berufen?
7. Schildern Sie das Problem der horizontalen Direktwirkung von Richtlinien einschließlich der Unterscheidung zwischen unmittelbarer und mittelbarer Horizontalwirkung.
8. Auf welchem Gedanken beruht der Anwendungsvorrang des Unionsrechts? Inwiefern kann man den Anwendungsvorrang als Kollisionsnorm bezeichnen?
9. In welchem Zusammenhang stehen der Anwendungsvorrang und das Gebot der unionsrechtskonformen Auslegung mitgliedstaatlichen Rechts?
10. Inwieweit wird der Grundsatz der Verwaltungsautonomie der Mitgliedstaaten durch das Diskriminierungsverbot und das Effektivitätgebot modifiziert?
11. Schildern Sie die Modifikationen, die sich bei der Rücknahme begünstigender Verwaltungsakte auf der Grundlage von § 48 VwVfG aus dem Effektivitätsgebot ergeben.
12. Verlangt das Effektivitätsgebot die Rücknahme bestandskräftiger unionsrechtswidriger belastender Verwaltungsakte auf Antrag des Betroffenen?
13. Unter welchen Voraussetzungen kann das Verwaltungsgericht in Verfahren des vorläufigen Rechtsschutzes den Vollzug einer EU-Verordnung aussetzen?
14. Auf welchen Gedanken beruht die Haftung der Mitgliedstaaten für Verletzungen des Unionsrechts? Welche Voraussetzungen hat der europarechtliche Staatshaftungsanspruch, und wie prüfen Sie diesen in der Klausur?

15. Unter welchen Voraussetzungen kann der Einzelne vor dem Gericht Maßnahmen der EU-Organe angreifen, die nicht an ihn adressiert sind?
16. Inwiefern ist das Vorabentscheidungsverfahren entscheidend für den Individualrechtsschutz? Welcher Rechtsbehelf ist gegeben, wenn ein deutsches Fachgericht eine Vorlage zum EuGH entgegen Art. 267 Abs. 3 AEUV unterlässt? Welcher Prüfungsmaßstab gilt dabei?

§ 9. Verfassungsrechtliche Integrationsschranken und Vorrangbegrenzung in der Rechtsprechung des BVerfG

Literaturhinweise: *C. Calliess*, Staatsrecht III, 2014, S. 224–231; *C. Herrmann*, Examens-Repetitorium Europarecht/Staatsrecht III, 4. Aufl. 2013, § 7; *C. Hillgruber/C. Goos*, Verfassungsprozessrecht, 4. Aufl. 2015, § 13; *G. Hirsch*, Europäischer Gerichtshof und Bundesverfassungsgericht – Kooperation oder Konfrontation?, NJW 1996, S. 2457 ff.; *M. Ruffert*, Die europäische Schuldenkrise vor dem Bundesverfassungsgericht, EuR 2011, S. 842 ff.; *H. Sauer*, Europas Richter Hand in Hand? Das Kooperationsverhältnis zwischen BVerfG und EuGH nach Honeywell, EuZW 2011, S. 94 ff.; *ders.*, Solange geht in Altersteilzeit – Der unbedingte Vorrang der Menschenwürde vor dem Unionsrecht, NJW 2016, S. 1134 ff.; *K. Schlaich/S. Korioth*, Das Bundesverfassungsgericht, 10. Aufl. 2015, Rn. 359 ff.; *C. Schönberger*, Die Europäische Union zwischen „Demokratiedefizit" und Bundesstaatsverbot. Anmerkungen zum Lissabon-Urteil des Bundesverfassungsgerichts, Der Staat 48 (2009), S. 535 ff.; *ders.*, Identitäterä: Verfassungsidentität zwischen Widerstandsformel und Musealisierung des Grundgesetzes, JöR n.F. 63 (2015), S. 41 ff.; *A. Voßkuhle*, in: H. von Mangoldt/F. Klein/C. Starck, Grundgesetz-Kommentar, Bd. III, 6. Aufl. 2010, Art. 93 Rn. 80–89.

1 Die dargestellten Einwirkungen des Europarechts auf die innerstaatlichen Rechtsordnungen einschließlich seines Vorranganspruchs sind heute im Wesentlichen unbestritten und werden von den deutschen Rechtsanwendern zur Kenntnis genommen und umgesetzt. Dennoch besteht seit dem *Solange I*-Beschluss des BVerfG aus dem Jahr 1974 eine Grundsatzkontroverse darüber, wie weit der Vorrang des Unionsrechts im Einzelnen reicht und ob die mitgliedstaatlichen Verfassungsordnungen dem Vorrang Grenzen entgegensetzen können. Dieser in einer Reihe verfassungsgerichtlicher Entscheidungen (zuletzt: *Lissabon*-Urteil aus dem Jahr 2009; *Honeywell*-Beschluss aus dem Jahr 2010[465]; jüngst dann der Beschluss über die grundrechtlichen Grenzen Europäischer Haftbefehle und das OMT-Urteil[466]) bis heute fortgesetzte Streit darüber,

[465] BVerfGE 123, 267 – Lissabon; dazu die „Lesehilfe" von *K. Kaiser/I. Schübel-Pfister*, Das Lissabon-Urteil des BVerfG vom 30.06.2009 – Ein Leitfaden für Ausbildung und Praxis, JuS 2009, S. 767 ff.; und BVerfGE 126, 286 – Honeywell.

[466] BVerfG, Beschluss des Zweiten Senats vom 15. Dezember 2015, 2 BvR 2735/14 – Europäischer Haftbefehl II; und BVerfG, Urteil des Zweiten Senats vom 21. Juni 2016, 2

wer im Zusammenspiel von Unionsrecht und deutschem Recht im europäischen Mehrebenensystem das **letzte Wort** hat, soll Gegenstand des letzten Abschnitts dieses Lehrbuchs sein. Die Kenntnis der Grundzüge dieser Verfassungsrechtsprechung ist für Kandidatinnen und Kandidaten im Staatsexamen unverzichtbar. Sie ist immer wieder Gegenstand von Examensklausuren, und die Erörterung grundlegender Entscheidungen des BVerfG bietet sich zudem in besonderem Maße für die mündliche Prüfung an.

Fall 15: Was kann der Arbeitgeber im Fall 11 (oben § 8 Rn. 25) tun, wenn das Arbeitsgericht sich auf das *Mangold*-Urteil des EuGH stützt und der Entfristungsklage stattgibt und er auch in den höheren arbeitsgerichtlichen Instanzen keinen Erfolg hat? 2

Fall 16: Bananenimporteur B. erhält auf der Grundlage der EU-Marktordnung für Bananen (das ist eine Verordnung) von der zuständigen deutschen Behörde nur noch ein sehr kleines zollfreies Import-Kontingent für Bananen aus dem mittelamerikanischen Raum. Im Rahmen einer auf Erhalt eines größeren Kontingents gerichteten Verpflichtungsklage macht er vor dem deutschen Verwaltungsgericht geltend, die EU-Verordnung sei wegen Verstoßes gegen EU-Grundrechte nichtig, weshalb der EuGH mit dieser Frage befasst werden müsse. 3

a) Was kann B. tun, wenn das Verwaltungsgericht eine Vorlage ablehnt, weil ein europarechtliches Problem eindeutig nicht bestehe?

b) Kann das Verwaltungsgericht das Vorgehen der Behörde am Maßstab der deutschen Grundrechte überprüfen, wenn sich die Festlegung der Einfuhrkontingente bereits vollständig aus der Verordnung ergibt?

c) Was kann B. tun, wenn der EuGH auf eine Vorlage des Verwaltungsgerichts die Vereinbarkeit der Verordnung mit den EU-Grundrechten feststellt und er deshalb der Auffassung ist, die Grundrechte würden in der EU überhaupt nicht mehr angemessen geschützt?

I. Unterschiedliche Prämissen von EuGH und BVerfG zum Wesen der Unionsrechtsordnung

Die unterschiedlichen Positionen von EuGH und BVerfG zur Vorrangfrage beruhen auf unterschiedlichen Prämissen zum **Wesen der europäischen Rechtsordnung:** 4

Der Gerichtshof geht von einer **Autonomie** dieser Rechtsordnung aus, unter der er die Verselbständigung vom mitgliedstaatlichen „Lebensfaden“ versteht. Die Gründungsverträge haben danach eine Rechtsgemeinschaft mit eigenen, nicht von den Mitgliedstaaten abgeleiteten Hoheitsrechten geschaffen. Das so verstanden autonome EU-Recht gilt aus sich selbst heraus, es bedarf danach keiner wie auch immer gearteten mitgliedstaatlichen Geltungsanordnung[467]. Aus dieser Perspektive hängt das Europarecht von mitgliedstaatlichen 5

BvR 2728/13 u.a. – OMT-Politik der EZB (Urteil); beides abrufbar unter http://www.bverfg.de.

[467] In eine ähnliche Richtung gehend noch BVerfGE 22, 293 (295 f.) – Verfassungsbeschwerde gegen EG-Verordnungen.

Integrationshebeln und -schranken nicht ab. Dementsprechend ist der vom EuGH aus teleologischen Erwägungen hergeleitete Vorrang des Unionsrechts (oben § 8 Rn. 27 ff.) **unbegrenzt**, kann also von mitgliedstaatlicher Seite nicht eingeschränkt werden.

6 Das BVerfG geht in seiner in der Grundhaltung völkerrechtlich geprägten Sichtweise nicht von einem autonomen Geltungsgrund des Europarechts aus, sondern von einer abgeleiteten oder auch verliehenen Geltung: Grund und Grenze der Geltung des EU-Rechts und auch seines Vorrangs ist aus dieser Perspektive der im Zustimmungsgesetz zu den Verträgen enthaltene deutsche **Rechtsanwendungsbefehl**. Es gibt deshalb aus der Sicht des BVerfG keinen autonom-europarechtlichen Vorrang, sondern nur einen **Vorrang kraft verfassungsrechtlicher Ermächtigung**. Und dieser Vorrang kann nur so weit gehen, wie er aus der Sicht des Grundgesetzes akzeptiert werden darf; das bedeutet zugleich, dass der Vorrang durch **verfassungsrechtliche Integrationsschranken** begrenzt werden kann.

6a **BVerfG in Lissabon (2009):** „Die Ermächtigung, supranationale Zuständigkeiten auszuüben, stammt allerdings von den Mitgliedstaaten einer solchen Einrichtung. Sie bleiben deshalb dauerhaft die Herren der Verträge. Die Quelle der Gemeinschaftsgewalt und der sie konstituierenden europäischen Verfassung im funktionellen Sinne sind die in ihren Staaten demokratisch verfassten Völker Europas. Die ‚Verfassung Europas', das Völkervertrags- oder Primärrecht, bleibt eine abgeleitete Grundordnung. [...] Nach Maßgabe der Integrationsermächtigung des Art. 23 Abs. 1 GG in Verbindung mit der Präambel, Art. 20, Art. 79 Abs. 3 und Art. 146 GG kann es für die europäische Unionsgewalt kein eigenständiges Legitimationssubjekt geben, das sich unabgeleitet von fremdem Willen und damit aus eigenem Recht gleichsam auf höherer Ebene verfassen könnte. [...] Der Grund und die Grenze für die Geltung des Rechts der Europäischen Union in der Bundesrepublik Deutschland ist der im Zustimmungsgesetz enthaltene Rechtsanwendungsbefehl, der nur im Rahmen der geltenden Verfassungsordnung erteilt werden kann [...]. Der Anwendungsvorrang reicht für in Deutschland ausgeübte Hoheitsgewalt nur so weit, wie die Bundesrepublik Deutschland dieser Kollisionsregel zugestimmt hat und zustimmen durfte [...].“[468]

7 Die auf den jeweiligen Prämissen der beiden Gerichte beruhenden Ergebnisse sind in sich stimmig[469]. Die rechtswissenschaftlichen Stellungnahmen hierzu, vor allem zur Frage, welche die richtige Prämisse ist, sind uferlos; sie sollen hier nicht weiter erörtert werden[470]. Für die Praxis muss man einstweilen festhalten, dass es diese verschiedenen Sichtweisen seit Jahrzehnten gibt und dass Hoffnung auf eine Änderung im Grundsätzlichen nicht besteht. Insofern

---

[468] BVerfGE 123, 267 (349, 402) – Lissabon.

[469] Dazu lesenswert *J. Isensee*, Vorrang des Europarechts und deutsche Verfassungsvorbehalte – offener Dissens, in: J. Burmeister u.a. (Hrsg.), Verfassungsstaatlichkeit, Festschrift für Klaus Stern, 2007, S. 1239 ff.

[470] Dazu exemplarisch *Haltern* (Fn. 366), Rn. 951 ff.; lesenswert auch *G. Hirsch*, Europäischer Gerichtshof und Bundesverfassungsgericht – Kooperation oder Konfrontation?, NJW 1996, S. 2457 ff.

muss nach pragmatischen Lösungen gesucht werden, die aus den unterschiedlichen theoretischen Zugängen keine allzu großen praktischen Probleme entstehen lassen[471].

II. Die verfassungsrechtlichen Integrationsschranken und ihre Vorrangbegrenzungsfunktion

1. Die Reichweite der verfassungsrechtlichen Integrationsschranken

Bis zum Vertrag von Maastricht stützte sich die europäische Integration auf Art. 24 Abs. 1 GG, seit 1993 nunmehr auf den speziellen Integrationshebel des Art. 23 Abs. 1 GG (oben § 3 Rn. 7, § 4 Rn. 7 ff.). Darin macht das Grundgesetz für die Entwicklung der EU bestimmte **Strukturvorgaben:** Sie muss insbesondere demokratischen und rechtsstaatlichen Grundsätzen entsprechen und einen dem Standard des Grundgesetzes im Wesentlichen vergleichbaren Grundrechtsschutz gewährleisten. Darüber hinaus verweist Art. 23 Abs. 1 Satz 3 GG für die Begründung der EU und die Änderung ihrer Vertragsgrundlagen auf Art. 79 Abs. 3 GG, der die Grundsätze der Artt. 1 und 20 GG vor Veränderungen schützt. Das bedeutet, dass das Grundgesetz die europäische Integration einerseits zum Staatsziel ausruft und verfassungsrechtliche Bindungen der deutschen Staatsgewalt zu diesem Zweck zurücknimmt, ihr andererseits aber auch inhaltliche Grenzen setzt (zu den Einzelheiten oben § 4 Rn. 8a ff.). 8

Relevant wird das vor allem für die **Änderungen der Vertragsgrundlagen** wie zuletzt im Zuge des Vertrags von Lissabon. Das deutsche Zustimmungsgesetz zu einer solchen Veränderung des europäischen Primärrechts ist nur dann verfassungsgemäß, wenn es die in Art. 23 Abs. 1 Satz 1 und 3 GG fixierten Integrationsschranken wahrt. Das ist ein verfassungsrechtlich klares und im Wesentlichen unbestrittenes Ergebnis, wobei man sich über Inhalt und Reichweite der Grenzziehungen im Einzelnen trefflich streiten kann; die teils harsche Kritik an der diesbezüglichen Verfassungsrechtsprechung zeigt das eindrucksvoll (unten Rn. 10 ff.). Allerdings kommt es in der Praxis selten und durch die Erweiterung der Union auf mittlerweile 28 Mitgliedstaaten zukünftig wohl immer seltener zu einer förmlichen Änderung der Vertragsgrundlagen. Quantitativ von erheblich größerer Bedeutung für die Verwaltungen, die Gerichte und die Bürgerinnen und Bürger sind Verordnungen, Richtlinien und Beschlüsse der EU-Organe. Deshalb stellt sich die Frage, welche Aussagen die verfassungsrechtlichen Integrationsschranken für die **Geltung und Anwendung des Sekundärrechts** in Deutschland treffen. Folgt man dem EuGH, 9

[471] S. bereits *H. Sauer*, Europas Richter Hand in Hand? Das Kooperationsverhältnis zwischen BVerfG und EuGH nach Honeywell, EuZW 2011, S. 94.

akzeptiert also den unbegrenzten Anwendungsvorrang sämtlichen EU-Rechts, dann können beispielsweise einer EU-Verordnung deutsche Grundrechte nicht entgegengehalten werden; vielmehr werden diese im Kollisionsfall von der Verordnung verdrängt. Jedenfalls grundsätzlich vorstellbar ist es aber, dass eine Verordnung im Einzelfall auch einmal den über Artt. 23 Abs. 1 Satz 3, 79 Abs. 3 GG geschützten Menschenwürdegehalt eines Grundrechts oder auch Kerngehalte des Rechtsstaatsprinzips verletzt. Muss ein solches Ergebnis dann wegen des Anwendungsvorrangs des Unionsrechts hingenommen werden? Oder gelten die verfassungsrechtlichen Integrationsschranken auch für das Sekundärrecht? Auch diese Frage ist angesichts der vorbehaltlosen deutschen Zustimmung zu den Gründungsverträgen und der Tatsache, dass das Grundgesetz auch in Art. 23 Abs. 1 GG zu dieser Frage nicht explizit Stellung nimmt, im Einzelnen sehr umstritten. Die verfassungsrechtlichen Integrationsschranken sind deshalb im Folgenden im Hinblick auf ihre Bedeutung sowohl für das europäische Primärrecht als auch für das europäische Sekundärrecht zu erörtern.

2. Primärrechtsrelevante Integrationsschranken

10 Für Änderungen der vertraglichen Grundlagen der Union, die in der Regel mit der Übertragung weiterer Hoheitsrechte einhergehen, sind in der Verfassungsrechtsprechung – das BVerfG hatte 1993 über das Zustimmungsgesetz zum Vertrag von Maastricht und 2009 über jenes zum Vertrag von Lissabon zu entscheiden – vor allem Probleme der demokratischen Legitimation des europäischen Integrationsprozess relevant geworden. Zu unterscheiden ist dabei zwischen den demokratischen Anforderungen, denen nach Art. 23 Abs. 1 Satz 1 GG die Europäische Union selbst genügen muss, und Rückwirkungen der europäischen Integration auf das für die innerstaatliche Hoheitsgewalt geltende Demokratieprinzip, wie es nach Art. 20 Abs. 1 GG in Deutschland gilt und nach Art. 23 Abs. 1 Satz 3 in Verbindung mit Art. 79 Abs. 3 GG zum änderungsfesten Kernbestand deutscher Verfassungsstaatlichkeit zählt. Im Hinblick auf diese Rückwirkungen auf das Demokratieprinzip unterscheidet das BVerfG insbesondere zwischen dem Verbot der Kompetenzentleerung und dem Verbot der Entstaatlichung.

a) Demokratieanforderungen an die Europäische Union

11 Nach Art. 23 Abs. 1 Satz 1 GG muss die von der EU ausgeübte Herrschaftsgewalt demokratischen Grundsätzen genügen. Die Struktursicherungsklausel (oben § 3 Rn. 7) schweigt sich zur Frage nach dem adäquaten Demokratieverständnis für die Vernetzung der europäischen Staaten in einem supranationalen Herrschaftsverband allerdings aus. Es verwundert daher kaum, dass ganz überwiegend versucht wird, die Verpflichtung aus Art. 23 Abs. 1 Satz 1 GG am Maßstab der innerstaatlichen Demokratieanforderungen des Art. 20 Abs. 1 GG zu konkretisieren. Und tatsächlich: Blickt man durch die Brille des grundgesetzlichen Demokratieverständnisses auf die **komplex vernetzte Politikgestaltung** in der EU, so zeigen sich viele Probleme, die im Folgenden nur skizzenartig genannt seien:

- Über den Rat haben die Regierungsvertreter der Mitgliedstaaten, also Vertreter der Exekutive, erheblichen Einfluss auf die Rechtsetzung in der EU (**exekutiv dominierte Rechtsetzung**). Der Einfluss der unmittelbar demokratisch legitimierten mitgliedstaatlichen Parlamente ist dagegen gering, er wurde allerdings durch den Vertrag von Lissabon gestärkt (lesen Sie hierzu Art. 12 EUV).
- Das Europäische Parlament verfügt zwar durch seine Direktwahl über eine **unmittelbare demokratische Legitimation**, kann aber nur im Verbund mit dem Rat und der Kommission Recht setzen (Art. 14 Abs. 1 EUV). Insbesondere kommt das Recht zur Rechtsetzungsinitiative maßgeblich der Kommission und nicht dem Parlament zu (lesen Sie Art. 17 Abs. 2 EUV).
- Die **Wahlrechtsgleichheit** bei den Wahlen zum Europäischen Parlament ist nicht gewährleistet[472]. Dadurch hat beispielsweise die Stimme eines Bürgers Maltas das zwölffache Gewicht der Stimme eines deutschen Bürgers[473].
- Es gibt keine klare EU-Regierung, sondern eine **politische Leitung im Verbund** von Kommission, Rat und Europäischem Rat. Nur der Kommissionspräsident wird – auf Vorschlag des Europäischen Rates – vom Europäischen Parlament gewählt (Art. 17 Abs. 7 EUV). Eine parlamentarische Rückbindung des Rates ist nur im Hinblick auf die mitgliedstaatlichen Parlamente gegeben, diese wird durch die Möglichkeit von Mehrheitsent-

---

[472] Um ein Problem der Wahlrechtsgleichheit ging es auch in einem Ende 2011 entschiedenen verfassungsgerichtlichen Verfahren zur Europawahl: Bei der Wahl des Europäischen Parlaments handelt es sich um eine mitgliedstaatlich parzellierte und maßgeblich für jeden Mitgliedstaat gesondert geregelte Wahl, die sich in Deutschland nach dem Europawahlgesetz (EuWG) richtet. Nach § 2 Abs. 7 EuWG galt für den Einzug einer Partei ins Europäische Parlament (entsprechend der Vorschrift in § 6 Abs. 6 Satz 1 BWahlG für die Bundestagswahl) eine Sperrklausel von 5 % der abgegebenen gültigen Stimmen. Im Jahr 1979 hatte das BVerfG diese Sperrklausel noch für verfassungskonform gehalten (BVerfGE 51, 222 – Europawahl I). Demgegenüber hat es mit Urteil vom 9. November 2011 entschieden, der mit der Sperrklausel verbundene schwerwiegende Eingriff in den Grundsatz der Wahlrechtsgleichheit sei unter den gegebenen rechtlichen und tatsächlichen Verhältnissen nicht mehr zu rechtfertigen. Dabei stellt das BVerfG maßgeblich darauf ab, dass eine Beeinträchtigung der Funktionsfähigkeit des Europäischen Parlaments ohne eine Sperrklausel nicht hinreichend wahrscheinlich sei. Insbesondere bestehe eine mit der Wahl zum Deutschen Bundestag vergleichbare Interessenlage nicht, da das Europäische Parlament keine Unionsregierung wähle, die auf seine fortlaufende Unterstützung angewiesen wäre, und die Gesetzgebung innerhalb der EU auch nicht von einer gleichbleibenden Mehrheit innerhalb des Europäischen Parlaments abhänge (BVerfGE 129, 300 [335 ff.] – Europawahl II). Inzwischen hat das BVerfG auch die vom Gesetzgeber im Nachgang zu diesem Urteil eingeführte Sperrklausel in Höhe von 3 % für verfassungswidrig erklärt (BVerfG, Urteil des Zweiten Senats vom 26. Februar 2014, 2 BvE 2/13 u.a. – Europawahl III).

[473] S. BVerfGE 123, 267 (374 f.) – Lissabon.

scheidungen im Rat aber in Frage gestellt (lesen Sie Art. 16 Abs. 3 und 4 EUV). Vor allem ist die parlamentarische Rückbindung des Europäischen Rates als politisches Leitungsgremium der EU nur schwach ausgeprägt. Dem Europäischen Parlament ist nur die Kommission (als Kollegium) verantwortlich, es kann auch einen Misstrauensantrag gegen die Kommission annehmen (Art. 17 Abs. 8 EUV).

- Durch die Möglichkeit, dass einzelne Mitgliedstaaten im Rat überstimmt werden (lesen Sie Art. 16 Abs. 3 EUV), kann es zur Implementierung rechtlicher Vorgaben kommen, die von den Bürgern dieses Mitgliedstaats zumindest vordergründig nicht mitverantwortet werden.

12 All diese und weitere Probleme werden häufig unter dem Schlagwort des **Demokratiedefizits der EU** zusammengefasst[474]. Ein Defizit im Bereich der Union zeigt sich allerdings vor allem vor dem Hintergrund einer Betrachtung, die staatlichen Vorstellungen verhaftet ist (zur Problematik einer solchen Betrachtung bereits oben § 2 Rn. 6)[475]. Zwar wird immer wieder darauf hingewiesen, dass demokratische Grundsätze in der EU nicht in gleicher Weise wie im Grundgesetz verwirklicht werden könnten[476]. Dies vermag aber nicht darüber hinwegzutäuschen, dass der Maßstab staatsbezogener Demokratieanforderungen nicht etwa ausgetauscht wird durch spezifisch auf die Europäische Union bezogene Anforderungen an ein hinreichendes Niveau demokratischer Legitimation. Vielmehr wird die Herrschaftsgewalt der Union weiterhin allein aus der Perspektive staatsbezogener Demokratieanforderungen betrachtet, wobei der EU mit Blick auf die Besonderheiten des Integrationsprozesses dann Abweichungen „nach unten" gestattet werden. Die demokratischen Grundsätze des Art. 23 Abs. 1 Satz 1 GG werden also im Vergleich zu den Anforderungen des Demokratieprinzips im Sinne von Art. 20 Abs. 1 GG der Sache nach nicht als Aliud, sondern lediglich als Minus verstanden. Die Frage, ob Demokratie in der Union und für die Union anders konzipiert werden kann oder sogar muss als eine staatliche Demokratie, wird bei der Konkretisierung der verfassungsrechtlichen Anforderungen an den europäischen Integrationsprozess damit noch nicht ernsthaft genug in den Blick genommen.

13 Das BVerfG ist im *Maastricht*-Urteil zwar vom Modell einer **dualen demokratischen Legitimation** der Hoheitsgewalt der EU ausgegangen: Bedeutsam ist in diesem Modell aber vor allem die Legitimation des Handelns der Regie-

---

[474] Dazu lesenswert *Haltern* (Fn. 366), Rn. 259 ff.; und *F. Schorkopf*, Der Europäische Weg, 2. Aufl. 2015, S. 133 ff.

[475] Dazu sehr lesenswert *R. Wahl*, Erklären staatstheoretische Leitbegriffe die Europäische Union?, in: H. Dreier (Hrsg.), Rechts- und staatstheoretische Schlüsselbegriffe: Legitimität – Repräsentation – Freiheit, 2005, S. 113 ff.

[476] Dieser Hinweis findet sich im Lissabon-Urteil an mehreren Stellen, s. BVerfGE 123, 267 (344, 347, 365 f.) – Lissabon; s. auch den Gesetzentwurf der Bundesregierung zur Neufassung des Art. 23 GG im Zuge der Ratifikation des Vertrages von Maastricht, BT-Drucks. 12/3338, S. 6.

rungsvertreter durch ihre **Rückbindung an die nationalen Parlamente**, wie sie für Deutschland in Art. 23 Abs. 3 GG und im Einzelnen dann im EUZBBG und im IntVG ausgestaltet wurde (oben § 4 Rn. 39 f.) und seit dem *Lissabon*-Urteil in dem Konzept einer Integrationsverantwortung gerade der gesetzgebenden Körperschaften zum Ausdruck kommt[477]. Zu diesem zentralen mitgliedstaatlichen Legitimationsstrang tritt die demokratische Legitimation der Hoheitsgewalt der Union durch das Europäische Parlament als unionseigener Legitimationsstrang nur **ergänzend** hinzu[478]. Auch ein so zu verstehendes Modell der dualen Legitimation denkt Demokratie staatsbezogen: Es ermöglicht zwar eine Modifikation staatlicher Demokratieanforderungen in Form der Ergänzung durch genuin europäische Legitimationselemente, der Schritt hin zu einer neuen, spezifisch auf die EU bezogene Betrachtung demokratischer Legitimation wird aber nicht gemacht.

Im *Lissabon*-Urteil hat das BVerfG am Primat des mitgliedstaatlichen Legi- **14**
timationsstrangs im Kern festgehalten[479], obwohl Stellung und Befugnisse des Europäischen Parlaments in der seit dem Vertrag von Maastricht vergangenen Zeit durch die EU-Reformen von Amsterdam, Nizza und Lissabon sukzessive **deutlich aufgewertet** worden waren. Dies wird indes – offenbar mit Blick darauf, dass das Europäische Parlament weiterhin „kein Repräsentationsorgan eines souveränen europäischen Volkes“ sei[480] – nicht näher in den Blick genommen, vielmehr werden verbleibende demokratische Defizite der EU breit dargestellt, angesichts derer die demokratische Rückbindung an die nationalen Parlamente nach wie vor für essenziell gehalten wird[481].

Wie sehr das BVerfG dabei staatsbezogenen Demokratievorstellungen ver- **14a**
haftet ist, zeigt sich daran, dass die demokratischen Grundsätze, denen die EU genügen muss, nicht positiv, sondern allein negativ definiert werden[482]: Es wird nicht gefragt, welche Anforderungen die Union als ein nicht-staatliches Gebilde erfüllen muss, sondern lediglich danach, ob Abweichungen von staatsbezogenen Demokratieanforderungen im Hinblick auf die fehlende Staatlichkeit der EU gerechtfertigt werden können. Auch diese Abweichungen werden freilich weniger für sich genommen thematisiert als vor dem Hintergrund als noch hinnehmbar angesehen, dass bei der Mitwirkung Deutschlands am Integrationsprozess durch die Rückbindung des Regierungshandelns an den Deutschen Bundestag ein hinreichendes Legitimationsniveau gewahrt bleibe. Denn der Vertrag von Lissabon ändere nichts daran, dass „der Bundestag als

[477] S. BVerfGE 123, 267 (351) – Lissabon.
[478] BVerfGE 89, 155 (184 ff.) – Maastricht.
[479] BVerfGE 123, 267 (370 ff.) – Lissabon.
[480] BVerfGE 123, 267 (372) – Lissabon.
[481] BVerfGE 123, 267 (363 ff.) – Lissabon; zur Kritik *Schönberger* (Fn. 33), S. 551 f.
[482] Treffende Kritik bei *Schönberger* (Fn. 33), S. 551: „Die Europäische Union entspricht demokratischen Grundsätzen nicht deshalb, weil sie ist, wie sie ist, sondern weil sie etwas anderes (noch) nicht ist, nämlich kein Staat.“

Repräsentationsorgan des Deutschen Volkes im Mittelpunkt eines verflochtenen demokratischen Systems“ stehe[483].

14b Bemerkenswerter Weise entspricht die EU nach dem Lissabon-Urteil damit demokratischen Anforderungen gerade deshalb, „weil sie bei qualitativer Betrachtung ihrer Aufgaben- und Herrschaftsorganisation gerade nicht staatsanalog aufgebaut ist“[484]. Deshalb muss die EU staatsbezogenen Demokratieanforderungen auch nicht genügen. Prekär an dieser **staatsbezogenen Betrachtung** der europäischen Demokratie ist, dass sich in der zentralen verfassungsgerichtlichen Entscheidung zur Demokratie in Europa nichts zu der Frage findet, wie demokratische Legitimation in einem nicht-staatlichen Integrationsverband gedacht und dann auch gesichert werden kann[485]. Dabei ist es schon etwas irritierend, dass Art. 23 Abs. 1 Satz 1 GG als zentraler verfassungsrechtlicher Maßstab in den Ausführungen des BVerfG überhaupt keine Rolle spielt[486]. Zur schwierigen Frage nach dem für die EU adäquaten Demokratieverständnis trägt die Verfassungsrechtsprechung damit wenig bei.

b) Rückwirkungen des Integrationsprozesses auf die innerstaatliche Demokratie: Kompetenzerhaltung und Entstaatlichungsverbot

15 Die Hoheitsgewalt der Union bedarf nicht nur selbst demokratischer Legitimation. Die Übertragung von Zuständigkeiten auf die EU mit der Folge, dass die übertragenen Sachbereiche nicht mehr der Gestaltung auf der Ebene der Mitgliedstaaten unterliegen, hat auch Rückwirkungen auf die demokratische Legitimation der mitgliedstaatlichen Hoheitsgewalt. Was weiterhin auf staatlicher Ebene geregelt wird, bleibt zwar demokratisch legitimiert; dass aber immer weniger auf der staatlichen Ebene geregelt werden darf, kann sich auch als Demokratieproblem auswirken. Diesen Gedanken hat das BVerfG im *Maastricht*-Urteil formuliert[487]. Danach müssen dem Deutschen Bundestag **Befugnisse von substanziellem Gewicht** verbleiben; denn „der Wahlakt verlöre seinen Sinn, wenn das gewählte Staatsorgan nicht über ein hinreichendes Maß an Aufgaben und Befugnissen verfügte, in denen die legitimierte Handlungsmacht wirken kann“ [488]. Weil also die Befugnisse des unmittelbar demokratisch legitimierten Deutschen Bundestags für das demokratische System unter dem Grundgesetz so bedeutsam sind, ist eine Hoheitsrechtsübertragung, die dem Bundestag Zuständigkeiten in einer Weise entzöge, dass der Bundestag für Deutschland nicht mehr im Zentrum der Politikgestaltung

---

[483] BVerfGE 123, 267 (371) – Lissabon.

[484] BVerfGE 123, 267 (371) – Lissabon.

[485] Dazu *Schönberger* (Fn. 33), S. 543 f.

[486] S. nochmals *Schönberger* (Fn. 33), S. 552: „Statt Art. 23 Abs. 1 Satz 1 GG verfassungsdogmatisch zu entfalten, verliert sich das Gericht in verfassungsrechtlich irrelevanter Staatstheorie“; in der Sache ebenso *Jestaedt* (Fn. 36), S. 509.

[487] BVerfGE 89, 155 (172) – Maastricht.

[488] BVerfGE 123, 267 (330) – Lissabon.

stünde, mit dem Demokratieprinzip unvereinbar. Das BVerfG sieht hier einen legitimatorischen Zusammenhang, den Art. 23 Abs. 1 Satz 3 GG in Verbindung mit Art. 79 Abs. 3 GG für unantastbar erklärt habe[489].

So wird aus der Änderungsfestigkeit des Demokratieprinzips eine qualitativ und wohl auch nicht zuletzt quantitativ zu verstehende **Schranke für weitere Hoheitsrechtsübertragungen**. Auf dieser Grundlage hat das BVerfG die Ausgestaltung der Strafrechtsordnung, die Verfügung über das Gewaltmonopol, die fiskalischen Grundentscheidungen über Einnahmen und Ausgaben, die sozialstaatliche Gestaltung der Lebensverhältnisse sowie „kulturell besonders bedeutsame Entscheidungen im Familienrecht, im Schul- und Bildungssystem oder über den Umgang mit religiösen Gemeinschaften" zu den wesentlichen Bereichen demokratischer Gestaltung gezählt und für diese Bereiche näher erörtert, wo die Grenze einer das Demokratieprinzip verletzenden Übertragung auf die EU erreicht wäre[490]. Es hat dann im Rahmen der Subsumtion dargestellt, warum dem Deutschen Bundestag auch nach den Hoheitsrechtsübertragungen durch den Vertrag von Lissabon – „jedenfalls bei der gebotenen Auslegung" – noch Aufgaben verblieben, die im Umfang und auch in der Substanz im Hinblick auf das Demokratieprinzip hinreichendes Gewicht hätten[491]. 15a

Offen bleibt dabei allerdings, wodurch sich übertragbare Bereiche genau von nicht übertragbaren Bereichen unterscheiden sollen; es ist etwa darauf hingewiesen worden, dass die auf die EU übertragene **Währungshoheit** klassischerweise zu den zentralen staatlichen Hoheitsbereichen zu zählen hätte[492]. So dürfte es schließlich kein Zufall sein, dass all das, was bereits übertragen wurde, auch übertragen werden durfte, wohingegen offenbar gerade das, was noch nicht übertragen wurde, im Hinblick auf ein hinreichendes Maß demokratischer staatlicher Gestaltungsfähigkeit an der Grenze des Übertragbaren liegt bzw. darüber hinausgeht[493]. Hier weist die Entscheidung deutlich über diejenigen Befugnisse hinaus, die eigentlich Gegenstand des Vertrags von Lissabon und damit auch des verfassungsgerichtlichen Urteils waren. 15b

Eine Entleerung der Befugnisse des Deutschen Bundestages kann nach dem *Lissabon*-Urteil nicht nur aus dem Blickwinkel des Demokratieprinzips allein, sondern zusätzlich auch der anderen von Art. 79 Abs. 3 GG geschützten Staatsstrukturprinzipien von Bedeutung sein. Das BVerfG hat hierzu ausgeführt, Art. 23 Abs. 1 Satz 3 GG in Verbindung mit Art. 79 Abs. 3 GG erlaub- 15c

---

489 BVerfGE 123, 267 (330) – Lissabon.

490 BVerfGE 123, 267 (359 ff.) – Lissabon.

491 BVerfGE 123, 267 (406 ff.) – Lissabon.

492 *Calliess* (Fn. 368), S. 251; *Schönberger* (Fn. 33), S. 554 f.

493 Plastisch *Schönberger* (Fn. 33), S. 554 f.: „Vielmehr liegt gerade offen zu Tage, dass das Gericht Felder aufzählt, in denen die Mitgliedstaaten nach dem derzeitigen Stand des Unionsrechts noch ausschließlich oder doch überwiegend für die Gesetzgebung zuständig sind. Es handelt sich um ein negatives Abziehbild der Unionskompetenzen nach dem Lissaboner Vertrag."

ten es nicht, die demokratischen Gestaltungsmöglichkeiten des Deutschen Bundestages so zu beschränken, dass die Mindestanforderungen des **Sozialstaatsprinzips** nicht mehr erfüllt werden können[494]. Das bedeutet, dass bei der Vermessung der Grenze des Übertragbaren zu den Anforderungen des Demokratieprinzips künftig noch Anforderungen der anderen Staatsstrukturprinzipien hinzukommen könnten. Auch hier ist allerdings alles andere als klar, wo im konkreten Fall die Grenze zu ziehen ist, d.h. welche Befugnisse dem Bundestag mindestens verbleiben müssen, um die Anforderungen des änderungsfest geschützten Kerns der anderen Staatstrukturprinzipien zu erfüllen.

16 Dem bereits aus dem *Maastricht*-Urteil stammenden Verbot der Kompetenzentleerung hat das BVerfG im *Lissabon*-Urteil schließlich noch ein **Verbot der Entstaatlichung** als Integrationsschranke an die Seite gestellt. Neben den materiellen Anforderungen des Art. 23 Abs. 1 Satz 1 GG formuliere Art. 146 GG eine äußerste Grenze für die Mitwirkung an der europäischen Integration. Denn nur die verfassungsgebende Gewalt, d.h. das Volk selbst (Art. 20 Abs. 2 Satz 1 GG), nicht die verfasste Gewalt sei dazu legitimiert, den vom Grundgesetz verfassten Staat „freizugeben"[495]. Nach diesem Verständnis garantiert das Grundgesetz, solange es nicht zu einer neuen Verfassung auf der Grundlage einer Entscheidung des Volkes nach Art. 146 GG kommt, den Bestand des deutschen Staates. Eine Entstaatlichung darf nach diesem Verständnis auch nicht durch Eingliederung Deutschlands in einen europäischen Bundesstaat erfolgen, es sei denn, darüber würde auf dem Weg entschieden, den Art. 146 GG vorzeichnet. Die Kritik am *Lissabon*-Urteil, das BVerfG habe die Anwendung des geltenden Verfassungsrechts durch einen Rückgriff auf die Staatstheorie überspielt, bezieht sich vor allem auf die Entstaatlichung als Schranke der europäischen Integration[496]. In der Tat lässt sich eine Entstaatlichungsgrenze den geschriebenen Integrationsschranken nicht entnehmen, was letztlich dadurch umgangen wird, dass der Hinweis des Grundgesetzes auf die verfassungsgebende Gewalt des Volkes als **Staatsbestandsgarantie** verstanden wird.

16a Bei der Überprüfung des Entstaatlichungsvorwurfs untersucht das BVerfG maßgeblich die Regelungen zur Kompetenzverteilung zwischen der Union und den Mitgliedstaaten. In einem Verständnis der Staatsbestandsgarantie als **Souveränitätsschutz** kommt es dabei entscheidend darauf an, dass der Grundsatz der begrenzten Einzelermächtigung und das Subsidiaritätsprinzip nach Art. 5 Abs. 3 EUV strikt beachtet werden und der Union so eine

---

[494] BVerfGE 123, 267 (332 f., 426 ff.) – Lissabon.

[495] BVerfGE 123, 267 (352) – Lissabon.

[496] S. etwa *M. Ruffert*, An den Grenzen des Integrationsverfassungsrechts: Das Urteil des BVerfG zum Vertrag von Lissabon, DVBl. 2009, S. 1197 (1207 f.); *Jestaedt* (Fn. 36), S. 511 ff.; *Schönberger* (Fn. 33), S. 555 ff.; dem BVerfG zustimmend dagegen *C. Hillgruber/K.F. Gärditz*, Volkssouveränität und Demokratie ernst genommen – Zum Lissabon-Urteil des BVerfG, JZ 2009, S. 872 ff.

Kompetenz-Kompetenz (oben § 8 Rn. 5) nicht zuwächst[497]. Die Grenze zur Entstaatlichung wäre nach diesem Verständnis dort überschritten, wo der Union Kompetenzen zuwachsen könnten, ohne dass Deutschland im Wege eines Übertragungsakts hierüber zu entscheiden hätte; denn dann würde Deutschland an souveräner Staatsgewalt verlieren. In dieser Hinsicht wurden vor allem die Verfahren der vereinfachten Vertragsänderung untersucht und vor dem Hintergrund für verfassungskonform gehalten, dass eine Vertragsänderung ohne Mitwirkung Deutschlands auch nach dem Vertrag von Lissabon nicht möglich ist[498]. Auch das **Letztentscheidungsrecht des BVerfG** über die Wahrung der Unionskompetenzen beim Erlass von Sekundärrecht (unten Rn. 29 ff.) wird auf den Gesichtspunkt des Souveränitätsschutzes und damit der Vermeidung einer Entstaatlichung gestützt: Denn ohne eine äußere Kontrolle über die Einhaltung der Kompetenzgrenzen durch die EU-Organe drohe eine Überschreitung des Prinzips der begrenzten Einzelermächtigung, indem der Union die Kompetenz-Kompetenz zwar nicht von Rechts wegen, aber doch faktisch zuwachsen könne[499].

Dass das BVerfG bereits mehrfach mit der Konturierung der verfassungsrechtlichen Integrationsschranken befasst war, ist nicht selbstverständlich. **17**
Denn die politischen Mehrheiten für die Zustimmung zu Vertragsänderungen waren in der Vergangenheit stets überwältigend groß. In der politischen Praxis wird sich voraussichtlich auch in Zukunft niemand finden, der gegen deutsche Zustimmungsgesetze zu Vertragsänderungen eine abstrakte Normenkontrolle nach Art. 93 Abs. 1 Nr. 2 GG anstrengt. Die gesamte Rechtsprechung des BVerfG zu den Grenzen der europäischen Integration ist deshalb nur vor dem Hintergrund einzuordnen, dass eine Überschreitung der Integrationsschranken von jedem Bürger durch Erhebung einer auf eine Verletzung des grundrechtsgleichen Rechts aus Art. 38 Abs. 1 Satz 1 GG gestützten **Verfassungsbeschwerde** gerügt werden kann (dazu unten Rn. 48).

---

[497] BVerfGE 123, 267 (381 ff.) – Lissabon.

[498] Dazu BVerfGE 123, 267 (384 ff.) – Lissabon; zur vereinfachten Vertragsänderung im Einzelnen *Calliess* (Fn. 357), S. 92 ff.

[499] BVerfGE 123, 267 (352) – Lissabon.

Verfassungsrechtliche Integrationsschranken I (gegenüber Vertragsänderungen)

Bis 1993: Das GG enthielt – außer möglicherweise in Art. 79 III GG – keine geschriebenen Integrationsschranken, insbesondere nicht für den wichtigen Integrationshebel des Art.24 I GG.
Das BVerfG hielt allerdings in *Solange I* fest, verfassungsrechtliche Kerngehalte müssten auch in der Folge von Hoheitsübertragungen unangetastet bleiben.

Seit 1993: Die Integrationsschranken ergeben sich aus Art. 23 Abs. 1 GG:

Struktursicherungsklausel

Art. 23 Abs. 1 Satz 1 GG macht Vorgaben für die EU, die für eine fortdauernde deutsche Beteiligung erfüllt sein müssen (z.B. muss die EU demokratischen Grundsätzen genügen und einen im Wesentlichen vergleichbaren Grundrechtsschutz gewährleisten).

Bestandssicherungsklausel

Art. 23 Abs. 1 Satz 3 GG verweist auf Art. 79 Abs. 3 GG als äußerste Grenze insbesondere für die Änderung der Vertragsgrundlagen der EU.

Nach dem BVerfG ermöglichen die Integrationsschranken eine **verfassungsgerichtliche Kontrolle von Zustimmungsgesetzen** zu veränderten Vertragsgrundlagen in mehrfacher Hinsicht:

(1) Die EU muss nach Maßgabe von Art. 23 Abs. 1 Satz 1 GG den demokratischen Grundsätzen entsprechen.
(2) Dem Deutschen Bundestag müssen nach weiteren Hoheitsübertragungen „Befugnisse von substanziellem Gewicht“ verbleiben.
(3) Eine „Entstaatlichung“ der Bundesrepublik Deutschland ist unzulässig.

All dies soll mit einer auf Art. 38 Abs. 1 Satz 1 GG gestützten Verfassungsbeschwerde rügefähig sein.

Die Integrationsschranken sind auf die Begründung und Entwicklung des europäischen Primärrechts (Verträge!) zugeschnitten; ob und inwieweit sie auch für Sekundärrechtsakte gelten, ist nicht völlig klar.

3. Sekundärrechtsrelevante Integrationsschranken

17a Die sekundärrechtsrelevanten Integrationsschranken, wie sie sich seit 1974 entwickelt hatten, sind durch zwei Entscheidungen des BVerfG von Ende 2015 und Mitte 2016 auf eine neue konzeptionelle Grundlage gestellt worden: Danach stellt die Identitätskontrolle, die erst im Jahr 2009 neben die wesentlich älteren und fast schon klassischen Kontrollansprüche in Sachen Grundrechte (Grundrechtskontrolle) und Kompetenzen (Kompetenzkontrolle) gestellt worden war, nunmehr eine Art **Gesamt- oder auch Oberkonzept** dar, dem die

Kompetenzkontrolle, aber auch der relevante Teil der partiell reaktivierten Grundrechtskontrolle untersteht[500]. Trotzdem sollen, weil man die Entwicklungslinien so besser versteht, die klassischen Kontrollansprüche zunächst für sich genommen dargestellt werden, und zwar einschließlich ihrer inhaltlichen Weiterentwicklung in der jüngsten Verfassungsrechtsprechung; zusammenfassend wird dann ihre Integration in das Gesamtkonzept der verfassungsgerichtlichen Identitätskontrolle erläutert und veranschaulicht.

a) Grundrechtskontrolle von Europarecht: Solange I, Solange II, Maastricht, Bananenmarkt und Europäischer Haftbefehl II

Nach Art. 23 Abs. 1 Satz 1 GG muss die EU einen dem Standard des Grund- 18
gesetzes **im Wesentlichen vergleichbaren Grundrechtsschutz** gewährleisten. Das ist heute hinsichtlich der Anerkennung vergleichbarer Rechte, die die Hoheitsgewalt der EU-Organe binden, der Fall: Im Jahr 2009 wurde die EU-Grundrechtecharta rechtsverbindlich (Art. 6 Abs. 1 EUV), und zuvor hatte der EuGH seit Beginn der 1970er Jahre die Grundrechte als allgemeine Rechtsgrundsätze im Unionsrecht etabliert (oben § 8 Rn. 3). Ob der vom EuGH **tatsächlich** gewährte Grundrechtsschutz auch in der Substanz dem Standard des Grundgesetzes vergleichbar ist, ist angesichts des Einschätzungsspielraums gerade in wirtschaftlichen Fragen, den der EuGH den anderen Organen teilweise einräumt, allerdings immer wieder Gegenstand von Diskussionen[501].

Für einzelne Sekundärrechtsakte, die in Deutschland gelten und hier nach 19
den dargestellten Grundsätzen anzuwenden, zu vollziehen und vom Bürger zu beachten sind (oben § 8 Rn. 16 ff.), stellt sich die Frage, was die Strukturvorgabe eines dem Standard des Grundgesetzes vergleichbaren europäischen Grundrechtsschutzes genau bedeutet. Schon vor der Schaffung des neuen Art. 23 GG hatte sich immer wieder die Frage gestellt, ob sich sekundäres Unionsrecht am Maßstab der deutschen Grundrechte messen lassen muss. Nach der Rechtsprechung des EuGH ist das nicht der Fall: Danach hat das Unionsrecht **uneingeschränkt** Anwendungsvorrang vor dem nationalen Recht und damit auch vor den mitgliedstaatlichen Grundrechten[502].

Das BVerfG hat das in einer wechselvollen Rechtsprechungslinie anders 20
gesehen. Diese begann mit dem *Solange I*-Beschluss aus dem Jahr 1974, nach dem sekundäres Europarecht am Maßstab der deutschen Grundrechte geprüft werden konnte, solange ein rechtsverbindlicher Grundrechtskatalog in der EU nicht in Geltung stand, was damals noch nicht der Fall war. Dazu hieß es:

---

500 In diese Richtung zuvor bereits *H.-G. Dederer*, Die Grenzen des Vorrangs des Unionsrechts – Zur Vereinheitlichung von Grundrechts-, Ultra-vires- und Identitätskontrolle, JZ 2014, S. 313.

501 Dazu *D. Ehlers*, Allgemeine Lehren der Unionsgrundrechte, in: ders. (Hrsg.), Europäische Grundrechte und Grundfreiheiten, 4. Aufl. 2015, § 14 Rn. 71 f.

502 So bereits EuGH, Urteil vom 17. Dezember 1970, Rs. 11/70 (Internationale Handelsgesellschaft), Slg. 1970, S. 1125, Rn. 3.

21 **BVerfG in Solange I (1974):** „Solange der Integrationsprozess der Gemeinschaft nicht so weit fortgeschritten ist, dass das Gemeinschaftsrecht auch einen von einem Parlament beschlossenen und in Geltung stehenden formulierten Katalog von Grundrechten enthält, der dem Grundrechtskatalog des Grundgesetzes adäquat ist, ist nach Einholung der in Art. 177 EWGV [*jetzt: Art. 267 AEUV*] geforderten Entscheidung des Europäischen Gerichtshofes die Vorlage eines Gerichts der Bundesrepublik Deutschland an das Bundesverfassungsgericht im Normenkontrollverfahren zulässig und geboten, wenn das Gericht die für es entscheidungserhebliche Vorschrift des Gemeinschaftsrechts in der vom Europäischen Gerichtshof gegebenen Auslegung für unanwendbar hält, weil und soweit sie mit einem der Grundrechte des Grundgesetzes kollidiert."[503]

22 Die Grundrechte gehörten damit zu den **ungeschriebenen Schranken** der Integrationsermächtigung in Art. 24 Abs. 1 GG, auf die sich die europäische Integration damals noch stützte (oben § 3 Rn. 7). Zwölf Jahre später hat das BVerfG diese Entscheidung unter dem Eindruck der zwischenzeitlich entfalteten Grundrechts-Rechtsprechung des EuGH revidiert und Folgendes festgestellt:

23 **BVerfG in Solange II (1986):** „Solange die Europäischen Gemeinschaften, insbesondere die Rechtsprechung des Gerichtshofs der Gemeinschaften einen wirksamen Schutz der Grundrechte gegenüber der Hoheitsgewalt der Gemeinschaften generell gewährleisten, der dem vom Grundgesetz als unabdingbar gebotenen Grundrechtsschutz im wesentlichen gleichzuachten ist, zumal den Wesensgehalt der Grundrechte generell verbürgt, wird das Bundesverfassungsgericht seine Gerichtsbarkeit über die Anwendbarkeit von abgeleitetem Gemeinschaftsrecht, das als Rechtsgrundlage für ein Verhalten deutscher Gerichte oder Behörden im Hoheitsbereich der Bundesrepublik Deutschland in Anspruch genommen wird, nicht mehr ausüben und dieses Recht mithin nicht mehr am Maßstab der Grundrechte des Grundgesetzes überprüfen."[504]

24 Dieser *Solange II*-Beschluss kehrt das Solange-Verhältnis um, d.h. die Grundrechte sollen danach so lange nicht mehr Maßstab für die europäische Hoheitsgewalt sein, wie die Grundrechte in der EU generell und mit einem vergleichbaren Standard gewährleistet werden. Diese Rechtsprechung war Vorbild der grundrechtsbezogenen Strukturvorgabe im später geschaffenen Art. 23 Abs. 1 Satz 1 GG. Zu kritisieren ist diese Entscheidung weniger im Ergebnis als hinsichtlich der Prämisse, das BVerfG könne aus eigener Kompetenz auf eine an sich gegebene Prüfungskompetenz **verzichten** (es heißt dort ja „seine Gerichtsbarkeit nicht mehr ausüben"). Im *Maastricht*-Urteil fand sich dann eine Passage, deren Verhältnis zu *Solange II* länger unklar war. Dort stellte das BVerfG nämlich fest:

25 **BVerfG in Maastricht (1993):** „Auch Akte einer besonderen, von der Staatsgewalt der Mitgliedstaaten geschiedenen öffentlichen Gewalt einer supranationalen Organisation betreffen die Grundrechtsberechtigten in Deutschland. Sie berühren damit die Gewährleistungen des Grundgesetzes und die Aufgaben des Bundesverfassungsgerichts, die den Grundrechtsschutz in Deutschland und insoweit nicht nur gegenüber deutschen

[503] BVerfGE 37, 271 (285) – Solange I.
[504] BVerfGE 73, 339 (387) – Solange II.

Staatsorganen zum Gegenstand haben (Abweichung von BVerfGE 58, 1 [27]). Allerdings übt das Bundesverfassungsgericht seine Rechtsprechung über die Anwendbarkeit von abgeleitetem Gemeinschaftsrecht in Deutschland in einem „Kooperationsverhältnis" zum Europäischen Gerichtshof aus."[505]

Fraglich war dabei insbesondere, ob in dem Hinweis des BVerfG auf den Grundrechtsschutz im **Kooperationsverhältnis zum EuGH** ein Abrücken von *Solange II* verbunden war; denn danach wollte das BVerfG seine Befugnis zum Grundrechtsschutz gegenüber Sekundärrecht ja grundsätzlich nicht mehr ausüben. Im *Bananenmarkt*-Beschluss aus dem Jahr 2000, der seinen Namen dadurch erhielt, dass es in der Sache um eine Überprüfung der wegen der starken Belastung vieler Obstimporteure äußerst umstrittenen EG-Bananenmarktordnung ging[506], hielt das BVerfG aber dann an den Kernaussagen von *Solange II* fest und stellte fest, dass das *Maastricht*-Urteil **keine Abweichung** hiervon beinhaltet habe. Dabei wird die Hürde für eine Reaktivierung der Prüfung von EU-Recht am Maßstab der deutschen Grundrechte so hoch gelegt, dass im Schrifttum von einer nur noch **theoretischen Reservekompetenz** gesprochen wird[507]. Denn es heißt: 26

BVerfG in Bananenmarkt (2000): „Sonach sind auch nach der Entscheidung des Senats in BVerfGE 89, 155 Verfassungsbeschwerden und Vorlagen von Gerichten von vornherein unzulässig, wenn ihre Begründung nicht darlegt, dass die europäische Rechtsentwicklung einschließlich der Rechtsprechung des Europäischen Gerichtshofs nach Ergehen der Solange II-Entscheidung (BVerfGE 73, 339 [378 bis 381]) unter den erforderlichen Grundrechtsstandard abgesunken sei. Deshalb muss die Begründung der Vorlage eines nationalen Gerichts oder einer Verfassungsbeschwerde, die eine Verletzung in Grundrechten des Grundgesetzes durch sekundäres Gemeinschaftsrecht geltend macht, im Einzelnen darlegen, dass der jeweils als unabdingbar gebotene Grundrechtsschutz generell nicht gewährleistet ist."[508] 27

Nur dann, wenn die Grundrechte in der EU **generell** nicht mehr hinreichend gewährleistet sind, sollte also eine verfassungsgerichtliche Kontrolle von sekundärem Unionsrecht am Maßstab der deutschen Grundrechte noch (bzw. wieder) in Betracht kommen und entsprechende Verfahren wieder zulässig werden. Daran ist mit Recht kritisiert worden, dass es aus der Perspektive des Betroffenen eines konkreten Falls kaum einen Unterschied machen kann, ob die EU die Grundrechte jenseits dieses Einzelfalls generell angemessen schützt 28

---

505 BVerfGE 89, 155 (175) – Maastricht.

506 Verordnung Nr. 404/93 des Rates über die gemeinsame Marktorganisation für Bananen vom 13. Februar 1993, ABl. EG 1993, L 47, S. 1; zum tatsächlichen Hintergrund des Streits *Herdegen* (Fn. 27), § 27 Rn. 19.

507 S. etwa *J. Limbach*, Die Kooperation der Gerichte in der zukünftigen europäischen Grundrechtsarchitektur, EuGRZ 2000, S. 417 (420); *O. Dörr*, Rechtsprechungskonkurrenz zwischen nationalen und europäischen Verfassungsgerichten, DVBl. 2006, S. 1088 (1092).

508 BVerfGE 102, 147 (164) – Bananenmarktordnung.

oder nicht[509]. Der *Bananenmarkt*-Beschluss stellte bis Ende 2015 den **Endpunkt der Verfassungsrechtsprechung zur Grundrechtskontrolle von Europarecht** dar. Die deutschen Grundrechte waren bis dahin im Ergebnis nur noch **theoretisch** mögliche Grenzen des Vorrangs des Unionsrechts. Da sich nämlich ein **strukturelles Defizit** der EU im Bereich des Grundrechtsschutzes zumal nach Inkrafttreten der Grundrechtecharta kaum feststellen lassen wird, bestand Einigkeit darüber, dass in der Praxis eine Kontrolle von Unionsrecht am Maßstab der deutschen Grundrechte nicht mehr in Betracht kam (zu den verfassungsprozessrechtlichen Konsequenzen unten Rn. 52).

28a Von dieser nur noch theoretischen Reservekompetenz in Bezug auf den Grundrechtsschutz gegenüber Unionsrecht hat sich das BVerfG mit seinem zweiten Beschluss zum Europäischen Haftbefehl jüngst allerdings wieder verabschiedet[510]. Der Zweite Senat führt darin aus, dass über Artt. 23 Abs. 1 Satz 3, 79 Abs. 3 GG auch der dort in Bezug genommene Art. 1 GG **absolut und in jedem Einzelfall** geschützt sei, und zwar unabhängig von dadurch möglicherweise entstehenden Kollisionen mit unionsrechtlichen Verpflichtungen. Damit wird bezogen auf den Anwendungsbereich der **Menschenwürde**, und das bedeutet auch bezogen auf die Menschenwürdekerne der übrigen Grundrechte[511], **der *Solange*-Vorbehalt aufgegeben** und die Grundrechtskontrolle in jedem Einzelfall reaktiviert. Der Schutz der Menschenwürde, der konzeptionell ein Spezialfall der allgemeinen Grundrechtskontrolle ist, wird damit gleichsam aus der *Solange*-Rechtsprechung herausgelöst und der verfassungsrechtlichen Identitätskontrolle von Unionsrecht unterstellt, nach der es Aufgabe des BVerfG sein soll zu prüfen, ob Rechtsakte der Unionsorgane die Verfassungsidentität des Grundgesetzes verletzen, die das Grundgesetz über Art. 23 Abs. 1 Satz 3 GG auch bezogen auf den Prozess der europäischen Integration absichere (s. sogleich näher Rn. 43 ff.).

28b Im Ergebnis kommt diese Funktionalisierung der Identitätskontrolle für eine partielle Renaissance der Grundrechtskontrolle nicht überraschend; sie war im Grunde von Anfang an in dem vielleicht nicht unabsichtlich recht offen gehaltenen Konzept der Identitätskontrolle angelegt[512]. Das Ergebnis, dass die Begrenzung des Vorrangs des Unionsrechts durch die deutschen Grundrechte

---

[509] Zum Problem etwa *M. Nettesheim*, Die Bananenmarkt-Entscheidung des BVerfG: Europarecht und nationaler Mindestgrundrechtsstandard, JURA 2001, S. 686 (690 f.).

[510] BVerfG, Beschluss des Zweiten Senats vom 15. Dezember 2015, 2 BvR 2735/14 – Europäischer Haftbefehl II; dazu etwa *C. Schönberger*, Anmerkung, JZ 2016, S. 422 ff.; *M. Nettesheim*, Anmerkung, JZ 2016, S. 424 ff.; *H. Sauer*, Solange geht in Altersteilzeit, NJW 2016, S. 1134 ff. Auf die Darstellung des Ausgangssachverhalts und der angegriffenen Entscheidung (OLG Düsseldorf, Beschluss vom 7. November 2014, III-3 Ausl 108/14, juris) wird hier zu Gunsten einer gerafften Darstellung verzichtet.

[511] So in aller Deutlichkeit jetzt BVerfG, Urteil des Zweiten Senats vom 21. Juni 2016, 2 BvR 2728/13 u.a., Rn. 138 – OMT-Politik der EZB (Urteil).

[512] S. bereits § 9 Rn. 45 der Vorauflage dieses Lehrbuchs m.w.N.: „Jedenfalls theoretisch eröffnet die Identitätskontrolle auch wieder die Möglichkeit einer eingeschränkten, d.h.

für den Bereich der Menschenwürde nicht mehr davon abhängt, ob jenseits des konkreten Falls ein generelles Grundrechtsschutzdefizit in der EU besteht, kann man auch für überzeugend halten. Immerhin dürfte die fehlende Grundrechtssensibilität des Gerichtshofs der Union namentlich im *Melloni*-Fall, der eine Auslieferung aufgrund eines Europäischen Haftbefehls in der rechtsstaatlich kritischen Konstellation der Abwesenheitsverurteilung betraf[513], zu der Einsicht beigetragen haben, dass es beim Vorliegen eines „krassen" Falls kaum zusätzlich auf ein strukturelles Defizit ankommen kann. Zweifelhaft erscheint aber, dass es nach der eben nur partiellen Unterstellung der Grundrechtskontrolle unter die Identitätskontrolle künftig entscheidend darauf ankommt, ob „schon" der Anwendungsbereich von Art. 1 Abs. 1 GG eröffnet ist oder „nur" ein normales Grundrechtsproblem besteht: Im ersten Fall findet das Unionsrecht stets seine absolute Grenze, im zweiten Fall bleibt es bis auf Weiteres bei der Abhängigkeit der Aktivierung der Grundrechtskontrolle vom Vorliegen eines strukturellen Defizits. Wo und vor allem aufgrund welcher Kriterien diese Grenze in der praktischen Rechtsanwendung gezogen werden soll, bleibt einstweilen offen; immerhin lässt das BVerfG keine allzu große Zurückhaltung dabei erkennen, aus der Menschenwürdegarantie umfassende Vorgaben für den vergemeinschafteten Auslieferungsverkehr und darüber hinaus zu machen[514].

Damit erhält das BVerfG nach der praktischen Aufgabe der Grundrechts- **28c**
kontrolle durch den Bananenmarkt-Beschluss aus dem Jahr 2000 wieder ein **flexibel einsetzbares und unkonditioniertes Instrument** an die Hand: Schließlich kann man sich kaum einen Grundrechtsfall vorstellen, der wichtig genug wäre, um den verfassungspolitischen Konflikt mit dem Vorrang des Unionsrechts zu wagen, der nicht plausibel auch als Menschenwürdeproblem aufgefasst werden kann[515]. Dabei ist mehr als bemerkenswert, dass der Zweite Senat diese sehr weitreichenden Ausführungen zur Begrenzung des Vorrangs des Unionsrecht aufgrund von Art. 1 Abs. 1 GG ausgerechnet in einem Fall macht, wo nicht der Hauch eines Vorrangkonflikts bestand, weil das Grundrechtsproblem bereits dadurch aufgefangen wurde, dass unionsrechtlich gar

---

auf den Menschenwürdekern von Grundrechten bezogenen Grundrechtskontrolle von Europarecht, und zwar ohne Eingreifen des Solange-Vorbehalts".

[513] EuGH, Urteil vom 26. Februar 2013, Rs. C-399/11 (Melloni); ähnlich EuGH, Urteil vom 29. Januar 2013, Rs. C-396/11 (Radu); EuGH, Urteil vom 30. Mai 2013, Rs. C-168/13 PPU (Jeremy F.).

[514] S. in diesem Zusammenhang auch BVerfG, Beschluss der 3. Kammer des Zweiten Senats vom 6. Mai 2016, 2 BvR 890/16: Hier hat das BVerfG die Auslieferung des Beschwerdeführers an das Vereinigte Königreich durch einstweilige Anordnung einstweilen ausgesetzt. In der Sache macht der Beschwerdeführer einen Verstoß gegen die Menschenwürde dadurch geltend, dass nach britischem Strafprozessrecht sein Schweigen auch zu seinen Lasten verwendet werden dürfe.

[515] S. bereits *Sauer* (Fn. 510), S. 1136; zur Gefahr der „Ausfransung" der Menschenwürde auch *Nettesheim* (Fn. 510), S. 427 f.

keine Verpflichtung zur Auslieferung bestand[516]. Damit aber stellte sich die Frage einer Aktivierung oder Fortschreibung des *Solange*-Vorbehalts eigentlich gar nicht. Freilich lässt sich das wenige Monate später ergangene Urteil des Gerichtshofs in Sachen *Aranyosi*, mit dem der Grundrechtsschutz im Auslieferungsrecht (konkret betreffend menschenunwürdige Haftbedingungen) gestärkt wird[517], zumindest auch als eine Reaktion auf das BVerfG deuten, und so wird sich das BVerfG womöglich darin bestätigt fühlen, vergleichbar der *Solange I* zugeschriebenen stimulierenden Wirkung für die Grundrechtsrechtsprechung des EuGH zur richtigen Zeit den richtigen Akzent im europäischen Grundrechtsschutz gesetzt zu haben. In absoluten Grenzen des Vorrangs, über deren Verlauf mitgliedstaatliche Gerichte entscheiden, liegt jedoch immer auch erhebliches **Konfliktpotenzial**, das – in den Worten des BVerfG – nun erst einmal „europarechtsfreundlich" moderiert werden muss. Dies dürfte angesichts potenziell zahlreicher auf Menschenwürdeverletzungen gestützter Verfassungsbeschwerden im Anwendungsbereich des Unionsrechts keine leichte Aufgabe werden.

b) Kompetenzkontrolle von Europarecht: Maastricht, Lissabon, Honeywell und OMT

29 Von der Frage der Vereinbarkeit von Europarecht mit den Grundrechten ist die Frage, ob die EU die Kompetenz zum Erlass eines bestimmten Rechtsakts hatte, zu trennen. Im Hinblick auf die EU-Kompetenzen gilt wie dargestellt der **Grundsatz der begrenzten Einzelermächtigung**, die EU hat also **keine Kompetenz-Kompetenz** (oben Rn. 16a, § 8 Rn. 4 ff.). Die Frage ist aber, welche Auswirkungen das für einzelne EU-Rechtsakte hat, die möglicherweise in Überschreitung der Kompetenzgrenzen (also ultra vires) ergangen sind. Kann der Vorwurf der Kompetenzüberschreitung einem konkreten Rechtsakt mit der Folge entgegengehalten werden, dass dieser von den Mitgliedstaaten nicht angewendet bzw. beachtet werden muss?

30 Aus der Sicht des EuGH ist das nicht der Fall; danach müssen mitgliedstaatliche Gerichte bei Gültigkeitszweifeln den Gerichtshof befassen, der dann abschließend über die Kompetenzfrage entscheidet. Diese Sicht hat angesichts der Zuweisung der Kompetenzkontrolle an den EuGH durch Art. 19 Abs. 1 UAbs. 1 Satz 2 EUV und speziell durch Art. 263 Abs. 2 AEUV im Rahmen

---

[516] S. zur Kritik näher *Sauer* (Fn. 510), S. 1135 f.; treffend *Schönberger* (Fn. 510), S. 422: „Das Gericht hält hier einem Oberlandesgericht bei der Anwendung deutschen Rechts die Verfassungsidentität entgegen, wo eine schlichte Anwendung der Grundrechte des Grundgesetzes am Platze gewesen wäre. Die reichhaltigen obiter dicta der Entscheidung [...] bleiben mangels Fallrelevanz völlig hypothetisch."

[517] EuGH, Urteil vom 5. April 2016, verb. Rs. C-404/15 u. C-659/15 PPU (Aranyosi u.a.); dazu *F. Meyer*, Anmerkung, JZ 2016, S. 621.

der Nichtigkeitsklage einiges für sich[518]. Denn die Kompetenzkontrolle kann nur **am Maßstab des Primärrechts**, nämlich der Kompetenznormen von EUV und AEUV, vorgenommen werden. Diese Wahrung des Primärrechts ist aber gerade die Aufgabe des EuGH. Das BVerfG muss dagegen seine Kontrolltätigkeit am Maßstab des Grundgesetzes ausrichten – und dieses trifft über die Reichweite der tatsächlich **übertragenen** Kompetenzen keine Aussage, sondern allenfalls über die Reichweite der **übertragbaren** Kompetenzen. Das BVerfG geht dennoch davon aus, der Kompetenzkontrolle durch den EuGH eine eigene **Kompetenzkontrolle von Unionsrecht** entgegensetzen zu können; denn nur so lasse sich der Grundsatz der begrenzten Einzelermächtigung verfassungsrechtlich wirksam absichern und damit vermeiden, dass der Union eine Kompetenz-Kompetenz faktisch doch zuwächst (oben Rn. 16a). Es hat hierzu 1993 im *Maastricht*-Urteil festgehalten:

BVerfG in Maastricht (1993): „Würden etwa europäische Einrichtungen oder Organe den Unions-Vertrag in einer Weise handhaben oder fortbilden, die von dem Vertrag, wie er dem deutschen Zustimmungsgesetz zugrunde liegt, nicht mehr gedeckt wäre, so wären die daraus hervorgehenden Rechtsakte im deutschen Hoheitsbereich nicht verbindlich. Die deutschen Staatsorgane wären aus verfassungsrechtlichen Gründen gehindert, diese Rechtsakte in Deutschland anzuwenden. Dementsprechend prüft das Bundesverfassungsgericht, ob Rechtsakte der europäischen Einrichtungen und Organe sich in den Grenzen der ihnen eingeräumten Hoheitsrechte halten oder aus ihnen ausbrechen (vgl. BVerfGE 58, 1 [30 f.]; 75, 223 [235, 242])."[519] 31

Diese Feststellung warf einige Fragen auf, insbesondere hinsichtlich der Befugnis zur Feststellung eines so genannten **ausbrechenden** (also kompetenzüberschreitenden) **Rechtsakts** der EU: Sollte hierzu nur das BVerfG befugt sein oder auch jedes einzelne Fachgericht[520]? Erst das *Lissabon*-Urteil, mit dem das BVerfG an der eigenen Befugnis zur Kompetenzkontrolle festgehalten hat, hat diese Frage geklärt: 32

BVerfGE in Lissabon (2009): „Innerhalb der deutschen Jurisdiktion muss es zudem möglich sein, die Integrationsverantwortung im Fall von ersichtlichen Grenzüberschreitungen bei Inanspruchnahme von Zuständigkeiten durch die Europäische Union [...] einfordern zu können [...]. Wenn Rechtsschutz auf Unionsebene nicht zu erlangen ist, prüft das Bundesverfassungsgericht, ob Rechtsakte der europäischen Organe und Einrichtungen sich [...] in den Grenzen der ihnen im Wege der begrenzten Einzelermächtigung eingeräumten Hoheitsrechte halten [...]. [...] Zum Schutz der Funktionsfähigkeit der Gemeinschaftsrechtsordnung verlangt die europarechtsfreundliche Anwendung von Verfassungsrecht bei Beachtung des in Art. 100 Abs. 1 GG zum Ausdruck gebrachten 33

---

[518] Näher *H. Sauer*, Kompetenz- und Identitätskontrolle von Europarecht nach dem Lissabon-Urteil, ZRP 2009, S. 195 (196 f.).

[519] BVerfGE 89, 155 (187 f.) – Maastricht; s. auch bereits BVerfGE 75, 223 (242) – Kloppenburg.

[520] S. als Negativbeispiel, d.h. mit der Feststellung einer Kompetenzüberschreitung, FG Rheinland-Pfalz, Urteil vom 7. November 1994, 5 K 2813/93, EuZW 1995, S. 588.

Rechtsgedankens, dass sowohl eine ultra vires-Feststellung wie auch die Feststellung einer Verletzung der Verfassungsidentität nur dem Bundesverfassungsgericht obliegt."[521]

34 Die Feststellung eines ausbrechenden Rechtsakts ist danach erstens dem BVerfG vorbehalten und kommt zweitens nur im Fall von **ersichtlichen Grenzüberschreitungen** in Betracht, es handelt sich also klar um ein **Ausnahme- bzw. Notrecht**. Drittens muss in jedem Fall zuvor der EuGH über das Vorlageverfahren mit der Kompetenzfrage befasst worden sein.

35 Besondere Bedeutung erhielten die Feststellungen zur Kompetenzkontrolle im *Lissabon*-Urteil dadurch, dass ein Fall, in dem ein ausbrechender Rechtsakt gerügt war, nämlich das *Mangold*-Urteil des EuGH zur Europarechtswidrigkeit der Möglichkeit, Arbeitsverträge mit älteren Arbeitnehmern sachgrundlos zu befristen[522] (Fallbeispiel oben § 1 Rn. 14), bereits beim BVerfG anhängig war. Teilweise wurde erwartet, das BVerfG würde hier erstmals einen ausbrechenden Rechtsakt der EU feststellen[523]. Das ist jedoch nicht passiert. In seinem *Honeywell*-Beschluss vom 6. Juli 2010[524] versucht das BVerfG vielmehr, nach dem durch den *Bananenmarkt*-Beschluss erreichten „Waffenstillstand" bei der Grundrechtskontrolle jetzt auch im Kompetenzbereich eine Entspannung im Verhältnis zum EuGH zu erreichen[525]. Der Beschluss hält zwar an den Grundaussagen zur Kompetenzkontrolle aus dem *Lissabon*-Urteil fest, zeichnet sich aber durch einen im Vergleich zur früheren Verfassungsrechtsprechung deutlich konstruktiveren Umgang mit dem Problem des Vorrangs und der Vorrangbegrenzung aus. So findet sich etwa (erstmals) folgende Grundsatzaussage zum guten Sinn des Anwendungsvorrangs des Unionsrechts:

36 **BVerfG in Honeywell (2010):** „Das Recht der Europäischen Union kann sich nur wirksam entfalten, wenn es entgegenstehendes mitgliedstaatliches Recht verdrängt. Der Anwendungsvorrang des Unionsrechts führt zwar nicht dazu, dass entgegenstehendes nationales Recht nichtig wäre. Mitgliedstaatliches Recht kann vielmehr weiter seine Geltung entfalten, wenn und soweit es jenseits des Anwendungsbereichs einschlägigen Unionsrechts einen sachlichen Regelungsbereich behält. Im Anwendungsbereich des Unionsrechts dagegen ist entgegenstehendes mitgliedstaatliches Recht grundsätzlich unanwendbar. Der Anwendungsvorrang folgt aus dem Unionsrecht, weil die Union als Rechtsgemeinschaft nicht bestehen könnte, wenn die einheitliche Wirksamkeit des Unionsrechts in den Mitgliedstaaten nicht gewährleistet wäre (vgl. grundlegend EuGH, Urteil vom 15. Juli 1964, Rs. 6/64, Costa/ENEL, Slg. 1964, S. 1251 Rn. 12). Der Anwendungsvorrang entspricht auch der verfassungsrechtlichen Ermächtigung des Art. 23 Abs. 1 GG, wonach Hoheitsrechte auf die Europäische Union übertragen werden können (vgl. BVerfGE 31, 145 <174>; 123, 267 <402>). Art. 23 Abs. 1 GG erlaubt mit der Übertragung von Hoheitsrechten –

---

[521] BVerfGE 123, 267 (353 f.) – Lissabon.

[522] Zur Kritik am *Mangold*-Urteil etwa *J.-H. Bauer/C. Arnold*, Auf „Junk" folgt „Mangold" – Europarecht verdrängt deutsches Arbeitsrecht, NJW 2006, S. 6 ff.

[523] S. die Nachweise bei *Sauer* (Fn. 471), S. 95.

[524] BVerfGE 126, 286 – Honeywell; dazu eingehend *F.C. Mayer/M. Walter*, Die Europarechtsfreundlichkeit des BVerfG nach dem Honeywell-Beschluss, JURA 2011, S. 532 ff.

[525] Dazu *Sauer* (Fn. 471), S. 94 ff.

soweit vertraglich vorgesehen und gefordert – zugleich deren unmittelbare Ausübung innerhalb der mitgliedstaatlichen Rechtsordnungen. Er enthält somit ein Wirksamkeits- und Durchsetzungsversprechen, dem der unionsrechtliche Anwendungsvorrang entspricht."[526]

Im Folgenden nimmt das BVerfG die mit der eigenen Kompetenzkontrolle verbundenen Probleme und **Gefahren für die Rechtseinheit** in Europa in den Blick und arbeitet heraus, warum die mitgliedstaatliche Kompetenzkontrolle von EU-Recht auf gravierende Ausnahmefälle beschränkt bleiben muss: 37

BVerfGE in Honeywell (2010): „Wenn jeder Mitgliedstaat ohne weiteres für sich in Anspruch nähme, durch eigene Gerichte über die Gültigkeit von Rechtsakten der Union zu entscheiden, könnte der Anwendungsvorrang praktisch unterlaufen werden, und die einheitliche Anwendung des Unionsrechts wäre gefährdet. Würden aber andererseits die Mitgliedstaaten vollständig auf die ultra-vires-Kontrolle verzichten, so wäre die Disposition über die vertragliche Grundlage allein auf die Unionsorgane verlagert, und zwar auch dann, wenn deren Rechtsverständnis im praktischen Ergebnis auf eine Vertragsänderung oder Kompetenzausweitung hinausliefe. Dass in den – wie nach den institutionellen und prozeduralen Vorkehrungen des Unionsrechts zu erwarten – seltenen Grenzfällen möglicher Kompetenzüberschreitung seitens der Unionsorgane die verfassungsrechtliche und die unionsrechtliche Perspektive nicht vollständig harmonieren, ist dem Umstand geschuldet, dass die Mitgliedstaaten der Europäischen Union auch nach Inkrafttreten des Vertrags von Lissabon Herren der Verträge bleiben und die Schwelle zum Bundesstaat nicht überschritten wurde (vgl. BVerfGE 123, 267 <370 f.>). Die nach dieser Konstruktion im Grundsatz unvermeidlichen Spannungslagen sind im Einklang mit der europäischen Integrationsidee kooperativ auszugleichen und durch wechselseitige Rücksichtnahme zu entschärfen."[527] 38

Der Charakter der Kompetenzkontrolle als **Notfallvorbehalt**, der zudem europarechtsfreundlich auszuüben ist[528], stellt sich wie folgt dar: 39

BVerfGE in Honeywell (2010): „Eine Ultra-vires-Kontrolle durch das Bundesverfassungsgericht kommt darüber hinaus nur in Betracht, wenn ersichtlich ist, dass Handlungen der europäischen Organe und Einrichtungen außerhalb der übertragenen Kompetenzen ergangen sind [...]. Ersichtlich ist ein Verstoß [...] nur dann, wenn [...] der Kompetenzverstoß [...] hinreichend qualifiziert ist [...]. Dies bedeutet, dass das kompetenzwidrige Handeln der Unionsgewalt offensichtlich ist und der angegriffene Akt im Kompetenzgefüge zwischen Mitgliedstaaten und Union im Hinblick auf das Prinzip der begrenzten Einzelermächtigung und die rechtsstaatliche Gesetzesbindung erheblich ins Gewicht fällt. [...] Soll das supranationale Integrationsprinzip nicht Schaden nehmen, muss die Ultra-vires-Kontrolle durch das Bundesverfassungsgericht zurückhaltend ausgeübt werden. [...] Daher ist es nicht Aufgabe des Bundesverfassungsgerichts, bei Auslegungsfragen des Unionsrechts, die bei methodischer Gesetzesauslegung im üblichen rechtswissenschaftlichen Diskussionsrahmen zu verschiedenen Ergebnissen führen können, seine Auslegung an die Stelle derjenigen des Gerichtshofs zu setzen."[529] 40

---

[526] BVerfGE 126, 286 (301 f.) – Honeywell.
[527] BVerfGE 126, 286 (303) – Honeywell.
[528] BVerfGE 126, 286 (303 ff.) – Honeywell.
[529] BVerfGE 126, 286 (304, 307) – Honeywell.

41 Ein **ausbrechender Rechtsakt** der EU kann damit im Ergebnis nur durch das BVerfG festgestellt werden, und zwar nach dem durch den *Honeywell*-Beschluss erreichten Stand nur noch dann, wenn

- der EuGH mit der Kompetenzfrage befasst wurde und eine Kompetenzüberschreitung der EU verneint hat, und
- die Kompetenzüberschreitung **offensichtlich** ist, was bei Auslegungszweifeln hinsichtlich unionsrechtlicher Kompetenzen nicht der Fall ist, und
- die Kompetenzüberschreitung **erheblich** ist, also mit Blick auf die Kompetenzverteilung zwischen EU und Mitgliedstaaten **bedeutend ins Gewicht fällt**, was im Einzelfall eine **Wertungsfrage** ist.

41a Daran hat sich mit dem abschließenden Urteil des BVerfG über die **OMT-Politik der EZB** vom 21. Juni 2016 (dazu in der Sache noch Rn. 45d, 45n ff.) im Ergebnis nichts Entscheidendes geändert: Es bleibt dabei, dass ein ultra vires-Akt nur bei Offenkundigkeit und Erheblichkeit festgestellt werden kann. Das Kriterium der strukturell bedeutsamen Verschiebung zu Lasten mitgliedstaatlicher Kompetenzen wird allerdings etwas präzisiert[530]: Danach soll eine Kompetenzüberschreitung jedenfalls dann erheblich sein, wenn für die in Anspruch genommene Kompetenz eine Vertragsänderung oder eine Evolutivklausel im Primärrecht erforderlich wäre (s. dazu oben § 4 Rn. 39b, 41). Denn dann müsste nach deutschem Recht – sei es aufgrund von Art. 23 Abs. 1 Satz 2 GG, sei es aufgrund des IntVG (oben § 4 Rn. 41) – der Gesetzgeber tätig werden.

41b Die zwei wesentlichen Neuerungen und Klärungen, aber auch erheblichen Verkomplizierungen des OMT-Urteils in Bezug auf die verfassungsgerichtliche Kompetenzkontrolle von Unionsrecht, die aus meiner Sicht im Detail von Studierenden (und nicht nur von diesen) kaum mehr nachvollzogen werden können, liegen erstens in ihrem **Verhältnis zur Identitätskontrolle** und zweitens in der **Zulässigkeitskonstruktion** beim Verfassungsrechtsschutz gegen ausbrechende Rechtsakte. Die Kompetenzkontrolle wird nunmehr als ein Spezialfall der Identitätskontrolle begriffen. Der Zusammenhang zur Verfassungsidentität des Grundgesetzes wird durch die These hergestellt, dass ultra vires-Akte der EU von den deutschen Bürgerinnen und Bürgern nicht legitimiert würden. Im Einzelnen nicht leicht verständliche und etwas überkomplex erscheinende Konstruktionen, die vom „Grundrecht auf Demokratie" ihren Ausgang nehmen und über die Volkssouveränität und das Integrationsprogramm der Verträge reichen, münden letztlich in die Kernaussage, dass jedenfalls nach Maßgabe des *Honeywell*-Beschlusses qualifizierte Kompetenzüberschreitungen nach Maßgabe von Art. 23 Abs. 1 Satz 3, 79 Abs. 3 GG den demokratischen Mindestgehalt der Verfassung und damit eben deren Identität

---

[530] BVerfG, Urteil des Zweiten Senats vom 21. Juni 2016, 2 BvR 2728/13 u.a., Rn. 151 – OMT-Politik der EZB (Urteil).

verletzen[531]. Dabei bestreitet das BVerfG nicht, dass Identitätskontrolle und Kompetenzkontrolle sich eigentlich deutlich voneinander unterscheiden: Bei der Identitätskontrolle geht es ja um die **Grenze des Übertragbaren** und damit um deutsches Verfassungsrecht als Prüfungsmaßstab. Die Kompetenzkontrolle vermisst dagegen die **Grenze des Übertragenen**, die sich nur am Maßstab des Primärrechts bestimmen lässt (s. bereits oben Rn. 30). Der Hinweis des BVerfG auf den je unterschiedlichen Prüfungsansatz[532] ist daher völlig zutreffend.

Welchen Mehrwert es einmal unabhängig von der hier nicht hinterfragbaren Überzeugungskraft der Prämisse, qualifizierte Kompetenzüberschreitungen der EU hebelten die Souveränität des deutschen Volkes aus, nun haben soll, die Kompetenzkontrolle als Unterfall der Identitätskontrolle zu begreifen, lässt sich nur mit Blick auf die Frage des **Rechtsschutzes gegen Kompetenzüberschreitungen der Unionsorgane** beantworten: Die Verfassungsbeschwerden gegen die OMT-Politik der EZB stützen sich erneut auf Art. 38 Abs. 1 Satz 1 GG. Dabei geht es nicht um eine in früheren Entscheidungen bereits angelegte Fortschreibung der Rechtsprechung, sondern um einen echten Systemwechsel: Während die Verfassungsbeschwerde im *Honeywell*-Verfahren auf die Verletzung der Vertragsfreiheit durch ein grundrechtsgebundenes deutsches Staatsorgan auf der Grundlage eines ultra vires-Akts gestützt war, ließ das BVerfG die Verfassungsbeschwerden unmittelbar gegen die OMT-Politik der EZB ohne irgendeine materielle Grundrechtsbetroffenheit der Beschwerdeführer allein auf der Grundlage von Art. 38 Abs. 1 Satz 1 GG zu – freilich über den (zweifelhaften!) Umweg des Unterlassens deutscher Staatsorgane, irgendwelche Maßnahmen zur Wiederherstellung der Kompetenzordnung zu ergreifen[533]. Da dieses grundrechtsgleiche Recht vom BVerfG seit dem Lissabon-Urteil als subjektiv-rechtliche Entsprechung des Demokratieprinzips verstanden wird, wohl aber nur im unionsrechtlichen Kontext, musste die Kompetenzüberschreitung als Problem der individuellen Legitimation des Handels der Unionsorgane und ihrer in die innerstaatliche Rechtsordnung hineinwirkenden Befugnisse begriffen werden, um die Verfassungsbeschwerde gegen ausbrechende Rechtsakte auch unabhängig von einer materiellen Grundrechtsbetroffenheit zu eröffnen[534]. Nur zu diesem Ziel und unter einer ganzen Reihe **41c**

[531] S. im Einzelnen BVerfG, Urteil des Zweiten Senats vom 21. Juni 2016, 2 BvR 2728/13 u.a., Rn. 121 ff. – OMT-Politik der EZB (Urteil).

[532] BVerfG, Urteil des Zweiten Senats vom 21. Juni 2016, 2 BvR 2728/13 u.a., Rn. 153 – OMT-Politik der EZB (Urteil).

[533] BVerfGE 134, 366 (396 f.) – OMT-Politik der EZB (Vorlagebeschluss): „Der Bürger kann deshalb verlangen, dass Bundestag und Bundesrat sich aktiv mit der Frage auseinandersetzen, wie die Kompetenzordnung wiederhergestellt werden kann, und eine positive Entscheidung darüber herbeiführen, welche Wege dafür beschritten werden sollen."

[534] Dagegen präzise und überzeugend das Sondervotum des Richters *Gerhardt*, BVerfGE 134, 366 (430 ff.).

recht voraussetzungsvoller Prämissen, die man keineswegs teilen muss, stellt sich der vom BVerfG postulierte Zusammenhang mit der Identitätskontrolle ein (s. zur Zulässigkeitskonstruktion ergänzend unten Rn. 52).

42 **Lösung Fall 15:** Der Arbeitgeber kann, wenn er das Urteil des EuGH für einen ausbrechenden Rechtsakt hält, gegen die letztinstanzliche arbeitsgerichtliche Entscheidung Verfassungsbeschwerde erheben und eine Verletzung in seiner Berufsfreiheit aus Art. 12 Abs. 1 GG rügen. Denn diese wird durch die Entfristung des Arbeitsvertrags eingeschränkt[535], und dies wäre nicht gerechtfertigt, wenn das *Mangold*-Urteil als ausbrechender Rechtsakt in Deutschland unanwendbar wäre. Nach dem *Honeywell*-Beschluss des BVerfG ist eine solche Rüge allerdings nur bei offensichtlichen und erheblichen Kompetenzüberschreitungen erfolgreich. Das BVerfG war im konkreten Fall der Auffassung, eine solche qualifizierte Kompetenzüberschreitung stelle das *Mangold*-Urteil des EuGH nicht dar, da eine Kompetenzüberschreitung – soweit sie anzunehmen sei, was offen gelassen wird – jedenfalls nicht erheblich ins Gewicht falle[536].

c) Identitätskontrolle von Europarecht: Lissabon, Europäischer Haftbefehl II und OMT

43 Der Grundrechts- und der Kompetenzkontrolle von Europarecht hat das BVerfG im *Lissabon*-Urteil die **Identitätskontrolle** von Europarecht an die Seite gestellt. Die Identitätskontrolle soll den **unantastbaren Verfassungskern** im Prozess der europäischen Integration schützen und beruht verfassungstextlich auf Art. 23 Abs. 1 Satz 3 in Verbindung mit Art. 79 Abs. 3 GG. Allerdings bezieht sich der Hinweis auf die Ewigkeitsgarantie in Art. 23 Abs. 1 Satz 3 GG nicht auf Sekundärrechtsakte, sondern unmittelbar nur auf die Veränderung der Vertragsgrundlagen (oben Rn. 8 f.). In gewissem Widerspruch dazu führt das BVerfG im *Lissabon*-Urteil folgendes aus:

44 **BVerfG in Lissabon (2009):** „Darüber hinaus [*d. h. zusätzlich zur Kompetenzkontrolle*] prüft das Bundesverfassungsgericht, ob der unantastbare Kerngehalt der Verfassungsidentität des Grundgesetzes nach Art. 23 Abs. 1 Satz 3 in Verbindung mit Art. 79 Abs. 3 GG gewahrt ist [...]. [...] Anders können die von Art. 4 Abs. 2 Satz 1 EUV-Lissabon anerkannten grundlegenden politischen und verfassungsmäßigen Strukturen souveräner Mitgliedstaaten bei fortschreitender Integration nicht gewahrt werden. [...] Die Identitätskontrolle ermöglicht die Prüfung, ob infolge des Handelns europäischer Organe die in Art. 79 Abs. 3 GG für unantastbar erklärten Grundsätze der Art. 1 und Art. 20 GG verletzt werden. Damit wird sichergestellt, dass der Anwendungsvorrang des Unionsrechts nur kraft und im Rahmen der fortbestehenden verfassungsrechtlichen Ermächtigung gilt."[537]

44a Das BVerfG versteht also die neu begründete Identitätskontrolle auch und wohl vor allem als **Integrationsschranke für Sekundärrechtsakte**. Dabei ließ sich zunächst nicht so genau sagen, in Bezug auf welche von Art. 79 Abs. 3 GG geschützten Verfassungsgrundsätze die Identitätskontrolle in der Praxis würde Bedeutung erlangen können. Dass die Identitätskontrolle theoretisch

[535] Dazu BVerfGE 126, 286 (300 ff.) – Honeywell.
[536] BVerfGE 126, 286 (307 ff.) – Honeywell.
[537] BVerfGE 123, 267 (354) – Lissabon.

auch wieder die Möglichkeit einer eingeschränkten, d.h. auf den Menschenwürdekern von Grundrechten bezogenen Grundrechtskontrolle von Europarecht eröffnen würde, und zwar ohne Eingreifen des Solange-Vorbehalts, konnte man zumindest mutmaßen[538]. Diese Verbindung hat das BVerfG im Urteil zur Vorratsdatenspeicherung erstmals hergestellt, ohne dazu allerdings konkretere Aussagen zu treffen[539].

Im Vorlagebeschluss des BVerfG zur OMT-Politik der Europäischen Zentralbank[540] (dazu noch unten Rn. 45d, 45n ff.) hatte sich dann durch die noch schwer fassbare Verbindung von Kompetenz- und Identitätskontrolle das angedeutet, was das BVerfG nunmehr (wie vorstehend bereits bei der Grundrechts- und der Kompetenzkontrolle ausgeführt, s. Rn. 28a ff., 41a ff.) in den Entscheidungen Europäischer Haftbefehl II und OMT klargestellt hat[541]: der Aufstieg der Identitätskontrolle zu einem vermeintlich einheitlichen **Oberkonzept**, in dem sich die unterschiedlichen Kontrollansprüche des BVerfG unter Vernachlässigung ihrer doch recht unterschiedlichen Prämissen und Stoßrichtungen bündeln lassen. Dabei erscheint auch unter Berücksichtigung der jetzt vorgenommenen Ausdifferenzierung des Konzepts der verfassungsgerichtlichen Identitätskontrolle weiterhin unklar, in welchen Fällen sie sich jenseits ihrer Ausprägung als menschenwürdebezogene Grundrechtskontrolle (nunmehr Art. 23 Abs. 1 Satz 3 i.V.m. Art. 79 Abs. 3 i.V.m. Art. 1 Abs. 1 GG) und als Kompetenzkontrolle (nunmehr Art. 23 Abs. 1 Satz 3 i.V.m. Art. 79 Abs. 3 i.V.m. Art. 20 Abs. 1 und 2 GG) aktivieren lassen wird. Gesichert ist in konzeptioneller Hinsicht erst einmal nur, dass auch die anderen über Art. 79 Abs. 3 GG abgesicherten „Grundsätze" des Art. 20 GG, also etwa das Rechtsstaatsprinzip[542] oder das Sozialstaatsprinzip, „europarechtsfest" sind. Welche Maßnahmen der Unionsorgane es aber sein könnten, die entsprechende Probleme aufwerfen könnten, ist einstweilen jedoch unklar. Nicht ganz klar ist bis auf Weiteres auch das Schicksal des ***Solange*-Vorbehalts**, d.h. die Grundrechtskontrolle von Unionsrecht jenseits des Anwendungsbereichs der Menschenwürde. Er dürfte theoretisch als eine Art Fossil neben der Identitätskontrolle bestehen bleiben, in der Praxis aber keine Bedeutung mehr erlangen (s. bereits oben Rn. 28b)[543]. **44b**

[538] S. dazu nochmals *Sauer* (Fn. 471), S. 96 f.

[539] BVerfGE 125, 260 (324) – Vorratsdatenspeicherung.

[540] BVerfGE 134, 366 (382 ff.) – OMT-Politik der EZB (Vorlagebeschluss); dazu näher *Calliess* (Fn. 96), Teil 3 D Rn. 83 ff.

[541] BVerfG, Beschluss des Zweiten Senats vom 15. Dezember 2015, 2 BvR 2735/14 – Europäischer Haftbefehl II; und BVerfG, Urteil des Zweiten Senats vom 21. Juni 2016, 2 BvR 2728/13 u.a. – OMT-Politik der EZB (Urteil).

[542] Eigens mit allerdings kaum verständlicher Stoßrichtung erwähnt in BVerfG, Urteil des Zweiten Senats vom 21. Juni 2016, 2 BvR 2728/13 u.a., Rn. 152 – OMT-Politik der EZB (Urteil).

[543] Treffend *Nettesheim* (Fn. 510), S. 428: „Der ‚Solange'-Vorbehalt wird in systematischen (Lehrbuch-)Darstellungen des Europaverfassungsrechts weiter auftauchen; in der

44c Den vielen grundlegenden theoretischen wie dogmatischen Einwänden, die gegenüber dem Konzept der Identitätskontrolle meiner Auffassung nach zu Recht formuliert werden, kann hier nicht ausführlicher nachgegangen werden[544]. Schon im Ausgangspunkt bleibt die Frage, ob sich Art. 23 Abs. 1 Satz 3 GG überhaupt eine Aussage zu den Grenzen des Handelns der Unionsorgane entnehmen lässt (s. bereits Rn. 9, 43 f.). Zudem differenziert das BVerfG nicht zwischen der Frage, ob den Unionsorganen die Rechtsmacht eingeräumt werden durfte, die Verfassungsidentität ihrer Mitgliedstaaten zu verletzen, und der Frage, ob dies völkerrechtlich wirksam geschehen ist[545]. Sicherlich liegt nicht nur die besondere Attraktivität, sondern auch ein Sachgrund für die verfassungsidentitätsbasierte Neuausrichtung der Kontrollansprüche darin, dass sich in Art. 4 Abs. 2 EUV ein **Parallelkonzept** findet: Danach achtet die Union die nationalen Identitäten ihrer Mitgliedstaaten. Dies kann man aber nicht kurzerhand in eine Ermächtigung der Mitgliedstaaten umdeuten, den Vorrang des Unionsrechts immer dann autonom zu begrenzen, wo ein Unionsrechtsakt die – jeweilige! – Verfassungsidentität berührt. Mit anderen Worten: Art. 4 Abs. 2 EUV ist ein Rechtmäßigkeitsmaßstab für Unionsrecht unter der Kontrolle des EuGH – auch er begründet keine Kompetenz der mitgliedstaatlichen Gerichte, über die Grenzen des Vorrangs des Unionsrechts eigenhändig zu bestimmen. Überzeugend an dem Rekurs auf Art. 4 Abs. 2 EUV ist, dass hierin ein Schlüssel für eine Konfliktvermeidung liegen kann, weil die Union rechtlich dazu verpflichtet ist, sich in verfassungsidentitätsrelevanten Bereichen in Zurückhaltung zu üben[546]. Darin aber ohne größeren Begründungsaufwand und ohne Einschaltung des EuGH eine Art Sollbruchstelle der gemeinsamen Verfassung dergestalt zu sehen, dass jede plausible Berufung der noch 28 Mitgliedstaaten auf ihre je unterschiedlichen Verfassungsidentitäten dazu berechtigt, dem Unionsrecht nicht mehr zu folgen[547], erscheint dann doch etwas unterkomplex.

45 Nachfolgend werden die Kontrollansprüche des BVerfG gegenüber Sekundärrecht erst in ihrer Ausgestaltung bis 2015 und sodann in ihrer Neuausrichtung durch die Entscheidungen Europäischer Haftbefehl II und OMT veran-

---

Praxis wird sich künftig alles um die Reichweite der grundrechtlichen Verfassungsidentität drehen."

[544] Lesenswerte grundsätzliche Kritik bei *A. Ingold*, Die verfassungsrechtliche Identität der Bundesrepublik Deutschland, AöR 140 (2015), S. 1; und *C. Schönberger*, Identitäterä, JöR n.F. 63 (2015), S. 41; eingehende Auseinandersetzung bei *U. Hufeld*, in: Isensee/Kirchhof (Fn. 48), Bd. X, 2012, § 215 Rn. 65 ff.

[545] S. dazu näher *Sauer* (Fn. 510), S. 1136.

[546] Treffend insofern die Bezeichnung als „Kompetenzausübungsschranke" bei *A. von Bogdandy/S. Schill*, Die Achtung der nationalen Identität unter dem reformierten Unionsvertrag, ZaöRV 70 (2010), S. 701 (726 f.).

[547] So BVerfG, Beschluss des Zweiten Senats vom 15. Dezember 2015, 2 BvR 2735/14, Rn. 44 – Europäischer Haftbefehl II; wiederholt in BVerfG, Urteil des Zweiten Senats vom 21. Juni 2016, 2 BvR 2728/13 u.a., Rn. 140 – OMT-Politk der EZB (Urteil).

schaulicht. An dem Schaubild der Vorauflagen habe ich festgehalten, weil sich die Veränderungen der jüngsten Verfassungsrechtsprechung vielleicht gerade durch den Übergang vom alten zum neuen Schaubild erfassen lassen.

Verfassungsrechtliche Integrationsschranken II (gegenüber Sekundärrecht)

Entgegen der Prämisse des EuGH vom unbegrenzten Vorrang des Unionsrechts geht das BVerfG davon aus, Sekundärrechtsakten grundsätzlich in dreierlei Hinsicht eine Anwendung in Deutschland versagen zu können (d.h. die Kollision würde hier zu Gunsten des deutschen Verfassungsrechts aufgelöst):

Grundrechtskontrolle:

Sekundärrechtsakte können grundsätzlich am Maßstab der deutschen Grundrechte kontrolliert werden, allerdings nur noch (bzw.: erst wieder!) dann, wenn innerhalb der EU ein dem Grundgesetz im Wesentlichen vergleichbarer Grundrechtsstandard **generell** nicht mehr gewährleistet ist (theoretischer Notfall-Vorbehalt).

Kompetenzkontrolle:

Das BVerfG prüft auch nach, ob sich Sekundärrechtsakte in den Grenzen der der EU eingeräumten Befugnisse halten; der dem EuGH zugewiesenen Kompetenzkontrolle (Art. 263 Abs. 2 AEUV) wird also ein eigener Kontrollanspruch entgegengesetzt. Allerdings liegt ein „ausbrechender Rechtsakt“ nur vor, wenn die EU ihre Befugnisse **offenkundig und erheblich** überschritten hat.

Identitätskontrolle:

Schließlich wacht das BVerfG darüber, ob Sekundärrechtsakte auch den in Art. 79 Abs. 3 GG zum Ausdruck kommenden **unantastbaren Kerngehalt der deutschen Verfassungssubstanz** wahren; die genaue Stoßrichtung dieses Vorbehaltes ist derzeit noch unklar.

Verfassungsrechtliche Integrationsschranken II (gegenüber Sekundärrecht)

Entgegen der Prämisse des EuGH vom unbegrenzten Vorrang des Unionsrechts geht das BVerfG davon aus, Sekundärrechtsakten eine Anwendung in Deutschland versagen zu können, und zwar im Wesentlichen bei einer Verletzung der deutschen *Verfassungsidentität* (d.h.die Kollision würde hier zu Gunsten des deutschen Verfassungsrechts aufgelöst):

Identitätskontrolle:

– als **partielle Grundrechtskontrolle** von Unionsrecht (Menschenwürdeverletzungen als Identitätsverletzungen).

– als **Kompetenzkontrolle** von Unionsrecht (offenkundige und erhebliche Kompetenzüberschreitungen als Identitätsverletzungen).

– als **Identitätskontrolle im Übrigen** (Verletzung der übrigen Grundsätze von Art. 20 GG als Identitätsverletzungen).

Grundrechtskontrolle außerhalb von Art. 1 Abs. 1 GG:

– nur bei **strukturellem Defizit des Grundrechtsschutzes** in der EU (= verbleibender Rest der *Solange*-Rechtsprechung)

Entscheidungen des BVerfG zu den Grenzen des Vorrangs des EU-Rechts		
Solange I	E 37, 271 (280ff.) 1974	Solange es keinen Grundrechtskatalog für die EU gibt, kann EU-Recht grundsätzlich am Maßstab der deutschen Grundrechte geprüft werden.
Solange II	E 73, 339 (387) 1986	Solange die Grundrechte in der EU ausreichend geschützt werden, wird EU-Recht grundsätzlich nicht mehr am Maßstab der deutschen Grundrechte geprüft.
Maastricht	E 89, 155 (175, 187f.) 1993	1. Auch EU-Recht betrifft die Grundrechtsberechtigten in Deutschland und kann grundsätzlich am Maßstab der deutschen Grundrechte gemessen werden. Allerdings übt das BVerfG seine Prüfungskompetenz in einem Kooperationsverhältnis zum EuGH aus. 2. Rechtsakte der EU, die sich nicht im Rahmen der ihnen eingeräumten Befugnisse halten („ausbrechende Rechtsakte"), sind in Deutschland nicht verbindlich.

Entscheidungen des BVerfG zu den Grenzen des Vorrangs des EU-Rechts		
Bananenmarkt	E 102, 147 (163f.) 2000	Verfassungsbeschwerden oder Richtervorlagen gegen EU-Recht sind erst wieder zulässig, wenn im Rahmen der EU ein dem Grundgesetz im Wesentlichen vergleichbarer Grundrechtsschutz generell nicht mehr gewährleistet ist.
Emissionshandel	E 118, 79 (95ff.) 2007	Auch deutsche Umsetzungs- oder Ausführungsrechtsakte sind, soweit sie vollständig unionsrechtlich determiniert sind, nicht mehr am Maßstab der deutschen Grundrechte zu prüfen.
Lissabon	E 123, 267 (353ff.) 2009	1. Neben der Grundrechts- und der Kompetenzkontrolle von EU-Recht ist auch eine Identitätskontrolle möglich. 2. Die Kontrollkompetenzen liegen allein beim BVerfG und dürfen nur nach vorheriger Befassung des EuGH sowie in europarechtsfreundlicher Weise ausgeübt werden.
Honeywell	E 126, 286 (300ff.) 2010	Die Unanwendbarkeit eines EU-Rechtsakts als ausbrechender Rechtsakt wird vom BVerfG nur festgestellt, wenn die Kompetenzüberschreitung offensichtlich ist und erheblich ins Gewicht fällt.
Europäischer Haftbefehl II	15.12.2015 (noch nicht in BVerfGE)	Der Solange-Vorbehalt wird für den Anwendungsbereich von Art. 1 GG zu Gunsten einer grundrechtsbezogenen Identitätskontrolle aufgegeben; diese hängt vom generellen Grundrechtsstandard in der EU nicht ab.
OMT	21.06.2016 (noch nicht in BVerfGE)	Bei der Kompetenzkontrolle, die nunmehr als Unterfall der Identitätskontrolle begriffen wird, bleibt es im Wesentlichen beim Honeywell-Maßstab; jeder Einzelne hat aufgrund von Art. 38 Abs. 1 Satz 1 GG ein Recht darauf, dass deutsche Staatsorgane gegen ultra vires-Akte der EU einschreiten.

4. Verfassungsrechtliche Vorgaben für die deutsche Beteiligung an der Stabilisierung des Euro

a) Tatsächlicher Hintergrund und getroffene Maßnahmen

Im Gefolge einer viele Staaten erfassenden internationalen Finanzkrise, nicht **45a** zuletzt aber auch in Ermangelung einer nachhaltigen Haushaltspolitik, gerieten spätestens seit dem Jahr 2009 mehrere Staaten des Euro-Raums in größere Zahlungsschwierigkeiten. Die **Überschuldung** der öffentlichen Haushalte führte im Zusammenwirken mit wirtschaftlichen Problemen dazu, dass diese Staaten mit der Kapitalausstattung an den internationalen Finanzmärkten zunehmende Schwierigkeiten hatten. Denn je weniger Vertrauen die Märkte in die Bonität von Staaten und ihre Fähigkeit, Schulden und Zinsschulden zu bedienen, haben, umso schwieriger und vor allem teurer wird die Aufnahme neuer Kredite. Namentlich Griechenland geriet hierdurch wiederholt an den Rand der Zahlungsunfähigkeit. Die exakten Auswirkungen einer solchen Zahlungsunfähigkeit für die gemeinsame Währung des Euro sind unter den Finanzexperten umstritten; Einigkeit besteht aber darüber, dass erhebliche Gefahren für die **Stabilität der gemeinsamen Währung** und damit auch für die Preisstabilität im Euro-Raum drohen. Deshalb bestand in den damals insgesamt 17 EU-Mitgliedstaaten, die den Euro eingeführt haben, über das politische Ziel, Maßnahmen zur Stabilisierung des Euro zu ergreifen, von Beginn an Einigkeit. Welche konkreten Maßnahmen zu ergreifen sind, wurde mit Blick auf Fragen der rechtlichen Zulässigkeit und vor allem der ökonomischen Erfolgsaussichten allerdings sehr kontrovers diskutiert.

45b Der erste Schritt bestand im Jahr 2010 in der Gewährung von im Rahmen der Euro-Gruppe koordinierten, dann aber von den einzelnen Staaten mit Griechenland jeweils bilateral vereinbarten **Krediten**. Der deutsche Anteil an diesen Krediten belief sich auf rund 22,4 Milliarden Euro. Da eine spürbare Verbesserung der griechischen Haushalts- und Wirtschaftslage dadurch nicht erreicht werden konnte und da weitere Staaten der Euro-Zone mit ähnlichen Schwierigkeiten zu kämpfen hatten, wurde innerhalb der Union als zweiter Schritt die Einrichtung eines sog. **vorläufigen Euro-Rettungsschirms** vereinbart. Dieser besteht aus zwei Elementen: aus einer auf Art. 122 Abs. 2 AEUV gestützten Verordnung zur Errichtung eines Europäischen Finanzstabilisierungsmechanismus (EFSM) und der Gründung einer Zweckgesellschaft, der sog. Europäischen Finanzstabilisierungsfazilität (EFSF), durch einen Vertrag zwischen den Euro-Staaten. Sowohl durch den mit bis zu 60 Milliarden Euro ausgestatteten EFSM als auch durch die EFSF, für die die Euro-Staaten zusammen Garantien in Höhe von 440 Milliarden Euro (Maximalverbindlichkeit für Deutschland: 147,6 Milliarden Euro) übernommen haben, konnten Kredite an Staaten des Euro-Raums gewährt werden, die in finanzielle Schwierigkeiten geraten waren[548].

45c Daneben wurde innerhalb der EU bereits seit Ende 2010 über die Einrichtung eines dauerhaften **Europäischen Stabilitätsmechanimus** (ESM) verhandelt. Der ESM wurde schließlich als von der EU formal getrennte internationale Organisation durch einen völkerrechtlichen Vertrag der Euro-Staaten geschaffen[549], der im September 2012 in Kraft treten konnte, nachdem das BVerfG die Anträge auf Erlass einer einstweiligen Anordnung gegen die Ratifikation des ESM-Vertrages mit Urteil vom 12. September 2012 abgelehnt

[548] S. für eine Darstellung der einzelnen Maßnahmen auch BVerfGE 129, 124 (128 ff.) – Griechenland-Hilfen und vorläufiger Euro-Rettungsschirm.

[549] Vertrag zur Einrichtung des europäischen Stabilitätsmechanismus vom 2. Februar 2012, BGBl. 2012 II, S. 983; näher zum ESM-Vertrag etwa *Lorz/Sauer* (Fn. 131), S. 574.

hatte[550]. Der ESM hat ein finanzielles Gesamtvolumen von 700 Milliarden Euro, an dem Deutschland in Form von Einzahlungen und überwiegend Garantien insgesamt mit bis zu rund 190 Milliarden Euro beteiligt ist. Mit der Errichtung des ESM ging eine **Änderung des primären Unionsrechts** im vereinfachten Vertragsänderungsverfahren nach Art. 48 Abs. 6 EUV einher: Ergänzt wurde Art. 136 Abs. 3 AEUV, wonach ein dauerhafter Mechanismus zur Stabilisierung des Euro eingerichtet werden kann[551]. Parallel dazu wurde, wegen des Widerstands des Vereinigten Königreichs und Tschechiens ebenfalls in Form eines völkerrechtlichen Vertrags zwischen den verbleibenden 25 EU-Mitgliedstaaten, ein sog. **Fiskalpakt** vereinbart, durch den insbesondere eine Verbesserung der Haushaltsdisziplin in diesen Staaten sichergestellt werden soll[552]. Kernelement des Fiskalpakts ist die Verpflichtung zur Einführung von **Schuldenbremsen** im innerstaatlichen Recht der Vertragsstaaten in Anlehnung an die für Deutschland im Jahr 2009 geänderten Vorschriften der Artt. 109 Abs. 3, 115 Abs. 2 GG. Über weitere Maßnahmen, insbesondere über die Einführung gemeinsamer Schuldtitel der Euro-Staaten (sog. **Eurobonds**), konnte unter den Mitgliedstaaten jedoch keine Einigkeit erzielt werden[553].

Stattdessen übernahm die Europäische Zentralbank eine Schlüsselrolle in **45d** der Euro-Rettungspolitik: Der Ankündigung ihres Präsidenten *Mario Draghi*, man werde notfalls alle erforderlichen Maßnahmen zur Stabilisierung des Euro ergreifen, ließ die EZB im Herbst 2012 eine interne Beschlussfassung über die Rahmenbedingungen möglicher *Outright Monetary Transactions* (OMT) folgen. Bei diesen Transaktionen geht es um den **Ankauf von Staatsanleihen** überschuldeter Euro-Staaten am Sekundärmarkt, also nicht aus der Hand der emittierenden Staaten selbst, unter bestimmten Bedingungen. Damit sollen die am Markt herausgebildeten besonderen Zinsaufschläge für diese überschuldeten Staaten durch eine Erhöhung ihrer Kreditwürdigkeit neutralisiert werden; das OMT-Programm, über das die Öffentlichkeit in einer Pressemitteilung der EZB vom 6. September 2012 informiert wurde, wurde allerdings bis heute nicht in die Tat umgesetzt. Von den *Outright Monetary Transactions* ist das *Quantitative Easing* durch die EZB zu unterscheiden: Am 22. Januar 2015 kündigte die EZB an, sie werde ab März 2015 in großem Stil Staatsanleihen am Sekundärmarkt erwerben. Ziel dieser geldpolitischen Maßnahme ist

---

[550] BVerfGE 132, 195 – ESM und Fiskalpakt; die Hauptsache wurde entschieden durch BVerfGE 135, 317.

[551] Beschluss des Europäischen Rates 2011/199/EU vom 25. März 2011 zur Änderung des Art. 136 des Vertrags über die Arbeitsweise der Europäischen Union hinsichtlich eines Stabilitätsmechanismus für die Mitgliedstaaten, deren Währung der Euro ist, ABl. EU 2011, L 91, S. 1.

[552] Vertrag über Stabilität, Koordinierung und Steuerung in der Wirtschafts- und Währungsunion vom 2. März 2012, BGBl. 2012 II, S. 1008; näher zum Fiskalpakt etwa *Lorz/Sauer* (Fn. 131), S. 574.

[553] S. zu den diesbezüglichen Fragen *F.C. Mayer/C. Heidfeld*, Verfassungs- und europarechtliche Aspekte der Einführung von Eurobonds, NJW 2012, S. 422 ff.

die Vergrößerung der im Markt befindlichen Geldmenge zum Zweck einer investitionsstimulierenden Senkung der Realzinsen. Der Unterschied zum OMT-Programm besteht darin, dass es hier nicht um den Ankauf von Staatsanleihen bestimmter überschuldeter, sondern grundsätzlich aller Euro-Staaten geht[554]. Im ersten Jahr dieses Programms erwarb das Europäische System der Zentralbanken Staatsanleihen in Höhe von rund 650 Mrd. Euro. Auch gegen dieses Anleihekaufprogramm der EZB sind beim BVerfG derzeit Verfassungsbeschwerden anhängig.

b) Unionsrechtliche Probleme der Maßnahmen zur Stabilisierung des Euro

45e Die europarechtlichen Probleme dieser Maßnahmen zur Rettung des Euro sind komplex. Sie erfordern Kenntnisse über die Währungsunion und ein vertieftes Verständnis unionsrechtlicher Zusammenhänge und sollen deshalb im Rahmen dieses Lehrbuchs nur ganz kurz angesprochen werden. Die Währungsunion ist als **Stabilitätsunion** konzipiert: Sie macht den teilnehmenden Staaten Vorgaben zur Haushaltsdisziplin, geht aber von einer Selbständigkeit der einzelnen Haushalte aus[555]. Dies kommt namentlich in Art. 125 Abs. 1 Satz 2 AEUV zum Ausdruck, wonach die Mitgliedstaaten nicht für die Verbindlichkeiten eines anderen Mitgliedstaats haften (Verbot des **Bail-out**). Umstritten ist, ob damit nur eine Haftung im engeren Sinne oder auch freiwillige Hilfsmaßnahmen ausgeschlossen sind[556]; im Fall des letztgenannten Verständnisses wären alle Rettungsmaßnahmen unionsrechtswidrig. Nach dem *Pringle*-Urteil des EuGH vom 27. November 2012 steht das Bail-out-Verbot den Rettungsmaßnahmen allerdings nicht entgegen[557]. Diskutiert wird ferner über die Frage, ob Art. 122 Abs. 2 AEUV eine taugliche Rechtsgrundlage für den EFSM darstellen kann, was seinem Wortlaut nach in der Tat fraglich ist. Diese unionsrechtlichen Unsicherheiten sind der Grund dafür, dass der AEUV um eine Bestimmung ergänzt wurde, die ausdrücklich zur Errichtung des ESM ermächtigt (jetzt Art. 136 Abs. 3 AEUV). Weitere unionsrechtliche Probleme bestehen in der Regelung an sich unionsrechtlicher Fragen in völkerrechtlichen Verträgen der Mitgliedstaaten und zunehmend in der Rettungspolitik der Europäischen Zentralbank: Hier stellt sich erstens die Frage, ob die EZB (noch) Währungspolitik oder (schon) Wirtschaftspolitik betreibt, da nur die

---

[554] S. speziell zum *Quantitative Easing* und seiner möglichen rechtlichen Probleme *F.C. Mayer*, Rebels without a cause? Zur OMT-Vorlage des Bundesverfassungsgerichts, EuR 2014, S. 473 (486 ff.).

[555] S. dazu BVerfGE 129, 124 (181) – Griechenland-Hilfen und vorläufiger Euro-Rettungsschirm: „Die vertragliche Konzeption der Währungsunion als Stabilitätsgemeinschaft ist Grundlage und Gegenstand des deutschen Zustimmungsgesetzes [...]."

[556] S. zu dieser Diskussion die Nachweise bei *Lorz/Sauer* (Fn. 131), S. 574.

[557] EuGH, Urteil vom 27. November 2012, Rs. C-370/12 (Pringle), Rn. 129 ff., http://www.curia.europa.eu.

erstgenannte in der Kompetenz der Europäischen Union liegt, die zweitgenannte dagegen weitestgehend in den Händen der Mitgliedstaaten verblieben ist. Zweitens stellt sich die Frage, welche Reichweite das Verbot des „unmittelbaren Ankaufs von Schuldtiteln" durch die EZB nach Art. 123 Abs. 1 AEUV für den Ankauf von Staatsanleihen am Sekundärmarkt, also nicht aus der Hand des emittierenden Staats selbst, hat. Der EuGH hat in seinem *Gauweiler*-Urteil vom 16. Juni 2015 das Programm unter bestimmten, dem kompetenzbegrenzenden Grundsatz der Verhältnismäßigkeit entnommenen Bedingungen die OMT-Politik der EZB als unionsrechtskonform angesehen[558]. Da sich der vom BVerfG über ein Vorabentscheidungsverfahren eingeschaltete Gerichtshof der Auffassung der EZB, ein solches Handeln sei aus geldpolitischen Gründen geboten, mangels eigener geldpolitischer Expertise nicht entgegenstellen wollte, beanstandete er die Zuordnung zur Währungspolitik und damit zum Mandat der EZB nicht; auch Art. 123 Abs. 1 AEUV werde dadurch nicht verletzt.

c) Verfassungsrechtliche Probleme der Maßnahmen zur Stabilisierung des Euro

Die deutsche Beteiligung an den Maßnahmen zur Stabilisierung des Euro **45f**
wirft aber auch verfassungsrechtliche Fragen auf, namentlich im Hinblick auf die **Haushaltsautonomie** des Parlaments. Das Budgetrecht als Hausgut des Parlaments ist ein zentrales politisches Gestaltungsmittel. Beeinträchtigungen der parlamentarischen Haushaltsautonomie sind deshalb auch und gerade vor dem Hintergrund des Demokratieprinzips stets von besonderer Bedeutung und in verfassungsrechtlicher Hinsicht grundsätzlich problematisch. Die deutsche Beteiligung an der Rettung des Euro ist für die Haushaltsautonomie nicht zuletzt im Hinblick auf das geschilderte finanzwirksame Ausmaß nicht unproblematisch: Zwar muss der Deutsche Bundestag nach Art. 115 Abs. 1 Satz 1 GG in Gesetzesform darüber entscheiden, wenn Deutschland im internationalen Verkehr finanzielle Garantien übernehmen will. Dass die Garantieübernahme vom Bundestag selbst beschlossen wird, schließt aber aus der Sicht der Haushaltsautonomie nicht jedes Problem aus. Denn in Anbetracht der Summen, um die es bei der Stabilisierung des Euro geht, kann der demokratische Gestaltungsspielraum des Parlaments zum einen dadurch eingeschränkt werden, dass für die verbleibenden Staatsaufgaben keine hinreichenden finanziellen Mittel mehr zur Verfügung stehen. Hinzu kommt, dass gerade bei Gewährleistungsermächtigungen in dem hier vorliegenden Ausmaß kaum gesicherte Prognosen darüber abgegeben werden können, ob und in welchem Umfang Deutschland tatsächlich haftet; denn dies hängt vom Verhalten anderer Staaten und von den

---

[558] EuGH, Urteil vom 16. Juni 2015, C-62/14 (Gauweiler); dazu etwa *C. Ohler*, Rechtliche Maßstäbe der Geldpolitik nach dem Gauweiler-Urteil des EuGH, NVwZ 2015, S. 1001; *M. Ruffert*, Vorabentscheidung des EuGH zum OMT-Programm, JuS 2015, S. 758; ausführlich *H. Sauer*, Doubtful it Stood…, German Law Journal 2015, S. 971.

Gesamtentwicklungen auf den Finanz-, Wirtschafts- und Arbeitsmärkten der Staaten ab.

45g Stellt man schließlich die konkrete Ausgestaltung der Euro-Rettung in Rechnung, so zeigt sich, dass die anfängliche bilaterale Kreditvergabe mittlerweile durch unterschiedliche Formen institutionalisierter Zusammenarbeit der Euro-Staaten abgelöst worden ist. Damit wird über die Gewährung einzelner Finanzhilfen sowie über ihren Umfang und ihre Bedingungen nicht im Deutschen Bundestag, sondern auf der Ebene früher der EFSF und mittlerweile des ESM entschieden. Zwar legt der ESM-Vertrag fest, unter welchen Bedingungen und in welchen Formen Finanzhilfen gewährt werden können; über die Bewilligung muss aber im Einzelfall entschieden werden, und zwar durch den mit den Finanzministern der Mitgliedstaaten besetzten **Gouverneursrat** als Organ des ESM, der insoweit mit Einstimmigkeit entscheidet (Art. 5 Abs. 1 und 6 ESM-Vertrag). Auch diese Entscheidungsverlagerung kann die Haushaltsautonomie des Bundestages beeinträchtigen, wenn dieser nur noch über die Garantie einer Gesamtsumme beschließt, sich die Entscheidung über die Verwendung der Finanzmittel im Einzelnen dann aber seinem Einfluss entzieht.

45h All diese Probleme der Euro-Rettung aus der Sicht der parlamentarischen Haushaltsautonomie waren zunächst Gegenstand des Urteils des BVerfG vom 7. September 2011 zu den Griechenland-Hilfen und zum vorläufigen Euro-Rettungsschirm. Mehrere Bürger hatten gegen die Gesetze über die Kreditvergabe an Griechenland einerseits und über die Garantieerklärungen gegenüber der EFSF andererseits auf Art. 38 Abs. 1 Satz 1 GG gestützte Verfassungsbeschwerden erhoben, mit denen sie geltend gemacht hatten, ihr Wahlrecht werde dadurch materiell entleert, dass sich der Deutsche Bundestag seiner Haushaltsautnomie entäußere (zu dieser Zulässigkeitskonstruktion unten Rn. 49a). Das BVerfG wies die Verfassungsbeschwerden im Ergebnis zurück, machte in der Entscheidung aber weitreichende Vorgaben für die Wahrung der parlamentarischen Haushaltsautomie, die auch für alle zukünftigen Schritte der Euro-Rettung von grundlegender Bedeutung sind. Das BVerfG hat ausgeführt, als Repräsentanten des Volkes müssten die gewählten Abgeordneten des Deutschen Bundestages „auch in einem System intergouvernementalen Regierens die Kontrolle über grundlegende haushaltspolitische Entscheidungen behalten“[559]. Deshalb dürfe der Bundestag seine Haushaltsverantwortung nicht durch unbestimmte haushaltspolitische Ermächtigungen auf andere Akteure übertragen und sich insbesondere keinen finanzwirksamen Mechanismen ausliefern, die zu haushaltsbedeutsamen Belastungen ohne seine vorherige konstitutive Zustimmung führen könnten. Daraus hat das BVerfG gefolgert, dass der Bundestag Maßnahmen zur Stabilisierung des Euro nicht zustimmen darf, die sich, nachdem sie einmal in Gang gesetzt sind, der parlamentarischen

[559] BVerfGE 129, 124 (178) – Griechenland-Hilfen und vorläufiger Euro-Rettungsschirm; s. jetzt zudem BVerfGE 135, 317 – ESM und Fiskalpakt (Hauptsacheentscheidung).

Einwirkung und Kontrolle entziehen. In diesem Zusammenhang wendet sich das BVerfG in einem obiter dictum ausdrücklich gegen eine „direkte oder indirekte Vergemeinschaftung von Staatsschulden“[560], was im Hinblick auf die damalige politische Debatte über die Einführung von Eurobonds kein Zufall sein dürfte.

Die Wahrung der parlamentarischen Haushaltsautonomie erfordert es darüber hinaus, dass „jede ausgabenwirksame solidarische Hilfsmaßnahme des Bundes größeren Umfangs im internationalen oder unionalen Bereich“ vom Bundestag im Einzelnen bewilligt wird[561]. Es reicht also nicht aus, dass eine bestimmte Summe für einen Stabilisierungsmechanismus zur Verfügung gestellt wird; vielmehr muss der Bundestag auch an **jeder einzelnen Entscheidung** über konkrete Hilfsmaßnahmen etwa in Form der Gewährung von Krediten beteiligt sein. In diesem Zusammenhang greift das BVerfG zu einer etwas überraschenden „verfassungskonformen Auslegung“ einer Vorschrift der Begleitgesetzgebung zur EFSF, die im Hinblick auf die Gewährung von Finanzhilfen lediglich die Verpflichtung der Bundesregierung vorgesehen hatte, sich um Einvernehmen mit dem Haushaltsausschuss des Deutschen Bundestages zu bemühen[562]. Da dies eine Entäußerung der Haushaltsautonomie nicht wirksam verhindere, legt das BVerfG diese Vorschrift „zur Vermeidung der Verfassungswidrigkeit“ kurzerhand so aus, dass die Bundesregierung zur Einholung der Zustimmung des Haushaltsausschusses verpflichtet wird[563], ohne auf die Grenzen einer verfassungskonformen Auslegung auch nur einzugehen. Die Umdeutung einer Einvernehmensregelung in einen Zustimmungsvorbehalt lässt sich aber schwerlich im Wege der Auslegung herbeiführen[564]. **45i**

Vertiefungshinweis: Die Frage, ob im Fall besonderer Eilbedürftigkeit und Vertraulichkeit die Entscheidungsbefugnisse des Deutschen Bundestages über konkrete Hilfsmaßnahmen der Europäischen Finanzstabilisierungsfazilität (EFSF) von einem hierfür geschaffenen Gremium wahrgenommen werden dürfen (sog. **9er-Gremium**), war auch bereits Gegenstand eines von nicht in das Gremium berufenen Abgeordneten angestrengten Organstreitverfahrens vor dem BVerfG[565]. Nach dem BVerfG ist die angegriffe- **45j**

[560] BVerfGE 129, 124 (181 f.) – Griechenland-Hilfen und vorläufiger Euro-Rettungsschirm.

[561] BVerfGE 129, 124 (180) – Griechenland-Hilfen und vorläufiger Euro-Rettungsschirm.

[562] Es handelt sich um § 1 Abs. 4 des Gesetzes zur Übernahme von Gewährleistungen im Rahmen eines europäischen Stabilisierungsmechanimus (Euro-Stabilisierungsmechanismus-Gesetz, StabMechG) vom 22. Mai 2010 in der seinerzeit geltenden Fassung, BGBl. I, S. 627.

[563] BVerfGE 129, 124 (186) – Griechenland-Hilfen und vorläufiger Euro-Rettungsschirm.

[564] Zur Kritik s. auch *D. Thym*, Anmerkung zum Urteil des BVerfG vom 7. September 2011, JZ 2011, S. 1011 (1012); *E. Benda/E. Klein/O. Klein*, Verfassungsprozessrecht, 3. Aufl. 2012, Rn. 1413 mit Fn. 200.

[565] BVerfGE 130, 318 – Parlamentarische Beteiligungsrechte bei der EFSF; dazu etwa *C. Moench/M. Ruttloff*, Verfassungsrechtliche Grenzen für die Delegation parlamentarischer Entscheidungsbefugnisse, DVBl. 2012, S. 1261 ff.

ne Übertragungsregelung überwiegend verfassungswidrig: Mit der Übertragung von Befugnissen vom Plenum auf ein Sondergremium werden die Beteiligungsrechte der Abgeordneten aus Art. 38 Abs. 1 Satz 2 GG an der Beratung und Entscheidung über konkrete finanzielle Hilfsmaßnahmen eingeschränkt. Dies sei nur zum Schutz von anderen Rechtsgütern mit Verfassungsrang und unter Wahrung der Verhältnismäßigkeit zulässig. Für die beanstandete Übertragungsregelung lägen solche Gründe in Form der besonderen Eilbedürftigkeit und Vertraulichkeit der zu treffenden Entscheidungen überwiegend nicht vor[566]. Freilich wirft diese spätere Entscheidung die Frage auf, warum das BVerfG noch im Urteil zu den Griechenland-Hilfen und zum vorläufigen Rettungsschirm ohne jede Auseinandersetzung mit den Entscheidungsbefugnissen des Plenums eine Zustimmung des **Haushaltsausschusses** des Deutschen Bundestages zur Gewährung von Finanzhilfen durch die EFSF für ausreichend angesehen hat[567].

45k Die Frage, ob sich neben diesem Kompetenzaspekt der umfassenden Beteiligung des Bundestages an der Gewährung von Finanzhilfen unmittelbar aus dem Demokratieprinzip in materiell-rechtlicher Hinsicht eine **absolute Höchstgrenze** für die Abgabe von Gewährleistungsermächtigungen ableiten lässt, hat das BVerfG in seinem Urteil zu den Griechenland-Hilfen und zum vorläufigen Rettungsschirm ausdrücklich offen gelassen; jedenfalls habe es sich in dieser Hinsicht auf die Kontrolle einer evidenten Überschreitung äußerster Grenzen zu beschränken[568]. Damit begegnet das BVerfG den dargestellten Gefährdungen der Euro-Rettung für die parlamentarische Haushaltsautonomie nur in kompetenzieller Hinsicht, d.h. durch eine Betonung der Entscheidungsbefugnisse des Deutschen Bundestages. Auf die Fixierung einer äußersten Grenze verzichtet es einstweilen, freilich nicht ohne den Hinweis, dass es auch im Hinblick auf den Höchstumfang der Gewährleistungsermächtigung eine äußerste Grenze geben könnte. Diese Zurückhaltung des BVerfG überzeugt mit Blick darauf, dass der Bundestag über die Gewährleistungsermächtigungen selbst entscheidet und dass der weitere Fortgang der Rettungsmaßnahmen und ihr Erfolg ungewiss sind.

45l Nachdem am 29. Juni 2012 Bundestag und Bundesrat die Zustimmungsgesetze zum ESM-Vertrag und zum Fiskalpakt beschlossen hatten[569], kam es auch insoweit zur Erhebung zahlreicher Verfassungsbeschwerden. Diese wurden mit Anträgen auf den Erlass einstweiliger Anordnungen verbunden, um die Ratifikation der beiden völkerrechtlichen Verträge zu verhindern. Mit Urteil vom 12. September 2012 hat das BVerfG zwar zunächst nur über die

---

[566] BVerfGE 130, 318 (342 ff.) – Parlamentarische Beteiligungsrechte bei der EFSF.

[567] BVerfGE 129, 124 (186) – Griechenland-Hilfen und vorläufiger Euro-Rettungsschirm; s. insoweit auch die Kritik von *Thym* (Fn. 564), S. 1012.

[568] BVerfGE 129, 124 (182) – Griechenland-Hilfen und vorläufiger Euro-Rettungsschirm.

[569] Die Frage, ob und inwieweit die Zustimmung trotz der völkerrechtlichen Natur beider Verträge im Hinblick auf einen Unionsrecht ersetzenden Charakter auf Art. 23 Abs. 1 Satz 2 GG oder aber auf Art. 59 Abs. 2 Satz 1 GG zu stützen war, war umstritten; s. dazu *Lorz/Sauer* (Fn. 131), S. 576 ff. m.w.N.

Anträge auf Erlass einstweiliger Anordnungen entschieden[570]. Es hat dabei aber anders als sonst im einstweiligen Verfassungsrechtsschutz üblich[571] im Wege einer **summarischen Prüfung** bereits weitreichende Ausführungen über die Vereinbarkeit der Zustimmungsgesetze mit dem Grundgesetz gemacht, die die spätere Entscheidung im Hauptsacheverfahren[572] weitgehend vorweggenommen haben. Neben einer Vielzahl anderer Rügen betraf auch dieses Verfahren im Kern den Vorwurf einer Entäußerung der Haushaltsautonomie durch die deutsche Beteiligung am ESM.

In dieser Hinsicht subsumiert das Gericht im Wesentlichen unter seine **45m**
Maßstäbe aus dem Urteil zu den Griechenland-Hilfen und zum vorläufigen Rettungsschirm. Da eine Überschreitung der im ESM-Vertrag festgelegten Haftungshöchstgrenze ohne deutsche Beteiligung nicht möglich ist und da die Begleitgesetzgebung für finanzwirksame Entscheidungen im ESM einen **Parlamentsvorbehalt** vorsieht[573], bestehen Probleme im Hinblick auf die Haushaltsautonomie des Deutschen Bundestages grundsätzlich nicht. Da aber einzelne Bestimmungen des ESM-Vertrages nach Auffassung des BVerfG theoretisch in einer Weise ausgelegt werden könnten, die im Hinblick auf die Haftungshöchstsumme und auf die notwendigen Informationsrechte des Bundestages in einen Konflikt mit verfassungsrechtlichen Anforderungen geraten könnten, hat das Gericht die Anträge auf Erlass einstweiliger Anordnungen mit der Maßgabe abgelehnt, dass eine bestimmte Auslegung dieser Vertragsbestimmung „völkerrechtlich sicherzustellen" sei (zu dieser Problematik s. bereits oben § 4 Rn. 38 f.).

Ihren Höhepunkt erreichte die Verfassungsrechtsprechung zur Euro-Ret- **45n**
tung allerdings erst mit dem Beschluss des Zweiten Senats vom 14. Januar 2014, mit dem das BVerfG erstmals in seiner Geschichte ein Vorabentscheidungsersuchen an den EuGH richtete (s. bereits oben Rn. 45e)[574]. In der Sache handelte es sich allerdings weniger um ein echtes Kooperationsangebot als um eine unmissverständliche Warnung, dass es – ebenfalls erstmals in der Geschichte – zur Feststellung eines ultra vires-Akts der Europäischen Union kommen könnte[575]. Anstoß nahm das BVerfG am OMT-Programm der Europäischen Zentralbank: Nach den Maßstäben des *Honeywell*-Beschlusses (oben Rn. 35 ff.) liege eine offensichtliche und erhebliche Kompetenzüberschreitung vor. Denn

---

[570] BVerfGE 132, 195 – ESM und Fiskalpakt; dazu etwa *C. Tomuschat*, Anmerkung zum Urteil des BVerfG vom 12. September 2012, DVBl. 2012, S. 1431 ff.

[571] S. dazu *F. Schorkopf*, „Startet die Maschinen" – Das ESM-Urteil des BVerfG vom 12. September 2012, NVwZ 2012, S. 1273 (1274).

[572] BVerfGE 135, 317 – ESM und Fiskalpakt (Hauptsacheentscheidung).

[573] S. §§ 4 ff. des Gesetzes zur finanziellen Beteiligung am Europäischen Stabilitätsmechanismus (ESM-Finanzierungsgesetz – ESMFinG) vom 13. September 2012, BGBl. I, S. 1918.

[574] BVerfGE 134, 366 – OMT-Politik der EZB (Vorlagebeschluss).

[575] S. dazu die lesenswerte Kritik im Sondervotum der Richterin *Lübbe-Wolff*, BVerfGE 134, 366 (419 ff.) am verfassungspolitischen Impetus des Vorlagebeschlusses.

die EZB verstoße nicht nur gegen das in Art. 123 Abs. 1 AEUV niedergelegte Verbot der monetären Haushaltsfinanzierung, sondern überschreite ihr Mandat auch dadurch, dass sie die Zuständigkeit für die Geldpolitik verlasse und in Wahrheit bereits allgemeine Wirtschaftspolitik betreibe[576].

45o Der Vorlagebeschluss des BVerfG ist mit Recht auf erhebliche Kritik gestoßen[577]. Schon im Ausgangspunkt musste man sich fragen, warum der Streit um die Kompetenzen der Europäischen Zentralbank eigentlich als deutscher Verfassungsrechtsstreit vor dem Bundesverfassungsgericht geführt werden können soll. Mit vergleichsweise einfachen, aber zutreffenden Begründungen wäre die Gefahr eines gravierenden europäischen Verfassungskonflikts zu vermeiden gewesen. Das Bundesverfassungsgericht hätte sich beispielsweise darauf zurückziehen können, dass ein ultra vires-Akt schon mangels Offenkundigkeit einer Kompetenzüberschreitung der EZB ausscheidet. Denn die Auslegungen der einzelnen Bestimmungen zur Wirtschafts- und Währungsunion, die das Bundesverfassungsgericht dem Gerichtshof mit erheblichem Begründungsaufwand unterbreitet, mögen viel für sich haben – aber offensichtlich sind sie nicht.

45p Das BVerfG hätte auch – noch einen Schritt vorher ansetzend – sagen können, dass die ganze ultra vires-Konstruktion schon deshalb nicht passt, weil es dieser Konstruktion darum geht, europäischen Rechtsakten ihre innerstaatliche Geltung mit dem Argument zu versagen, sie würden infolge der Kompetenzüberschreitung vom Rechtsanwendungsbefehl in den Zustimmungsgesetzen zu den Verträgen nicht erfasst. Ein solcher Rechtsakt, der der Anwendung in der deutschen Rechtsordnung fähig wäre, liegt aber hier überhaupt nicht vor: Wir haben eine interne Beschlussfassung des EZB-Rats, eine Pressemitteilung und ein nicht zur Anwendung gekommenes geldpolitisches Programm. Diejenige Handlungspflicht, die man aus dem ultra vires-Gedanken unter Zurückstellung von Bedenken[578] verfassungsrechtlich sinnvollerweise operationalisieren könnte, wäre die des deutschen Mitglieds im EZB-Rat, an einer kompetenzüberschreitenden Beschlussfassung nicht mitzuwirken. Genau das hat Bundesbankpräsident *Jens Weidmann* aber bereits getan, indem er als einziger gegen das OMT-Programm stimmte.

45q Mit der Umgehungskonstruktion des Senats, der dem Problem unter Hinweis auf den vorbeugenden Rechtschutz und auf nicht von ungefähr nicht näher konturierten Handlungspflichten deutscher Staatsorgane entgehen will,

---

[576] BVerfGE 134, 366 (392 f., 398 ff.) – OMT-Politik der EZB (Vorlagebeschluss).

[577] In aller Schärfe *W. Heun*, Eine verfassungswidrige Verfassungsgerichtsentscheidung – der Vorlagebeschluss des BVerfG vom 14.1.2014, JZ 2014, S. 331 ff.; ansonsten etwa *Mayer* (Fn. 554), S. 473 ff.; jedenfalls in Teilen zustimmend und insgesamt deutlich positiver dagegen *H. Gött*, Die ultra vires-Rüge nach dem OMT-Vorlagebeschluss des Bundesverfassungsgerichts, EuR 2014, S. 514 ff.

[578] S. dazu BVerfGE 129, 124 (174 f.) – Griechenlandhilfen und vorläufiger Rettungsschirm.

sich Kompetenzüberschreitungen der Unionsorgane entgegenzustellen[579], wird die ultra vires-Konstruktion eigentlich verlassen; sie schien im Vorlagebeschluss unter der Hand durch eine andere Konstruktion ersetzt zu werden, deren Herkunft, Inhalt und Folgen ziemlich im Dunkeln verblieben sind[580].

Nachdem der EuGH in seiner Antwort auf die Vorlagefragen des BVerfG keine Unionsrechtsverstöße der EZB festgestellt hatte (s. oben Fn. 45e), war der Zweite Senat nun etwas in der Zwickmühle: Er hatte in seinem Vorlagebeschluss ja bereits offenkundige und erhebliche Kompetenzüberschreitungen der EZB festgestellt. In verfassungspolitischer Hinsicht wurde allgemein ein gewisses „Zurückrudern" des BVerfG erwartet, zumal ohnehin nicht klar war, welche konkreten Handlungs- oder Unterlassungspflichten deutscher Staatsorgane der Senat hätte tenorieren sollen. Und tatsächlich hat das BVerfG am 21. Juni 2016 entschieden, dass der OMT-Beschluss der EZB unter Berücksichtigung der im Urteil des EuGH enthaltenen Anforderungen keine offenkundige und erhebliche Kompetenzüberschreitung darstelle – wobei der Senat seine „gewichtigen Einwände" gegenüber dem EuGH-Urteil zwar letztlich zurückstellt, aber doch recht kritisch artikuliert[581]. Am Ende liegt die Selbstberuhigung und -bestätigung des BVerfG dann in der durchaus gewagten These, dass „bei der gebotenen wertenden Gesamtbetrachtung" die Einschränkungen, die sich für die EZB aus dem *Gauweiler*-Urteil des Gerichtshofs ergeben[582], „im Wesentlichen den vom Senat insoweit aufgestellten Anforderungen" entsprechen[583]. Sollte die EZB diese Einschränkungen bei einer etwaigen Ausführung des OMT-Programms – wohl aber auch bei anderen Anleihekaufprogrammen – nicht beachten, so würde das BVerfG darin, wie es ausdrücklich klarstellt, eine hinreichend qualifizierte Kompetenzüberschreitung und damit eine Verletzung der deutschen Verfassungsidentität erblicken[584]. Ob das BVerfG vor dem Hintergrund dieser iterativen Klärungen den Bedarf dafür sieht, die Verfassungsbeschwerden gegen das *Quantitative Easing* der EZB (oben Rn. 45d) ähnlich grundsätzlich anzugehen wie diejenigen gegen das OMT-Programm, bleibt nun abzuwarten. **45r**

579 Vage BVerfGE 134, 366 (391 f., 394 ff.) – OMT-Politik der EZB (Vorlagebeschluss).

580 Kritisch dazu das Sondervotum der Richterin *Lübbe-Wolff*, BVerfGE 134, 366 (426 f.).

581 BVerfG, Urteil vom 21. Juni 2016, 2 BvR 2728/13 u.a., Rn. 181 ff. – OMT-Politik der EZB (Urteil).

582 EuGH, Urteil vom 16. Juni 2015, C-62/14 (Gauweiler), Rn. 66 ff.

583 BVerfG, Urteil vom 21. Juni 2016, 2 BvR 2728/13 u.a., Rn. 193 mit ähnlicher Passage in Rn. 201 – OMT-Politik der EZB (Urteil).

584 BVerfG, Urteil vom 21. Juni 2016, 2 BvR 2728/13 u.a., Rn. 207 – OMT-Politik der EZB (Urteil).

III. Verfassungsprozessrechtliche Folgen der Karlsruher Rechtsprechung

46 Abschließend soll dargestellt werden, welche **verfassungsprozessrechtlichen Konsequenzen** sich aus der Rechtsprechung des BVerfG zu den verfassungsrechtlichen Integrationsschranken ergeben. Es geht also um die Frage, in welchen **Verfahren** das BVerfG mit der Kontrolle von Vertragsänderungen bzw. mit der Kontrolle einzelner Unionsrechtsakte befasst werden kann und wie sich die Karlsruher Rechtsprechung in der **Zulässigkeits- und Begründetheitsprüfung** auswirkt.

1. Die Kontrolle von Vertragsänderungen durch das BVerfG

47 Die Kontrolle von Vertragsänderungen vollzieht sich prozessrechtlich grundsätzlich in den normalen Bahnen, denn hier ist Gegenstand der verfassungsgerichtlichen Prüfung das von Art. 23 Abs. 1 Satz 2 GG geforderte deutsche **Zustimmungsgesetz**. Für die Kontrolle des Zustimmungsgesetzes durch das BVerfG kommen die folgenden prozessrechtlichen Konstellationen in Betracht:

- **Abstrakte Normenkontrolle** (Art. 93 Abs. 1 Nr. 2 GG): Natürlich kann das BVerfG über die abstrakte Normenkontrolle mit der Überprüfung des Zustimmungsgesetzes befasst werden. Das ist in der Praxis mit Blick auf den Kreis der Antragsberechtigten (die Bundesregierung, die Landesregierungen sowie ein Drittel der Mitglieder des Bundestages) allerdings ganz unwahrscheinlich, denn die politischen Mehrheiten zur Zustimmung waren bisher stets überwältigend groß.
- **Konkrete Normenkontrolle** (Art. 100 Abs. 1 GG): Vorstellbar ist auch, dass sich in einem konkreten Rechtsstreit Fragen der Verfassungsmäßigkeit des Zustimmungsgesetzes stellen. Allerdings ist das erst nach dem Inkrafttreten des Gesetzes und nach dem Entstehen konkreter Rechtsstreitigkeiten möglich, sodass auch dieser Weg zum BVerfG in der Praxis nicht von Bedeutung ist.
- **Organstreitverfahren** (Art. 93 Abs. 1 Nr. 1 GG): Im Organstreitverfahren können grundsätzlich nur Kompetenzverletzungen zwischen Organen und Organteilen geltend gemacht werden. An sich kommt eine Kompetenzverletzung aber weder durch die vom Deutschen Bundestag beschlossene Hoheitsrechtsübertragung noch durch einzelne EU-Rechtsakte in Betracht. Soweit das BVerfG im Hinblick auf das Zustimmungsgesetz zum Vertrag von Lissabon auch einen Organstreit für teilweise zulässig erachtet hat, ist fraglich, ob es hier wirklich um eine Kompetenzverletzung ging[585]. Soweit

[585] S. dazu BVerfGE 123, 267 (337 ff.) – Lissabon.

im Rahmen der Maßnahmen zur Rettung des Euro geltend gemacht worden ist, Entscheidungsbefugnisse hätten nicht vom Plenum auf ein nur mit einzelnen Abgeordneten besetztes Sondergremium verlagert werden dürfen, handelt es sich um eine klassische, auf Art. 38 Abs. 1 Satz 2 GG gestützte **Kompetenzrüge** des einzelnen Abgeordneten, für die das Organstreitverfahren statthaft ist[586].

- **Verfassungsbeschwerde** (Art. 93 Abs. 1 Nr. 4a GG): Zentral ist deshalb in ihrer praktischen Bedeutung die Verfassungsbeschwerde gegen das Zustimmungsgesetz. Auch den Verfahren gegen den Vertrag von Maastricht, gegen die Einführung des Euro[587], gegen den Vertrag von Lissabon, gegen den ESM und gegen die OMT-Politik der EZB lagen Verfassungsbeschwerden zu Grunde.

Im Rahmen der **Zulässigkeit** der Verfassungsbeschwerde stellt sich bei der **Beschwerdebefugnis** die Frage, welche Grundrechte bzw. grundrechtsgleichen Rechte hier überhaupt verletzt sein können. Denn es geht ja in der Regel nicht um individuelle Grundrechtsverletzungen: Diese können in dem Zustimmungsgesetz selbst kaum liegen, sie können allenfalls später von den EU-Organen auf der Grundlage des neuen Primärrechts begangen werden. Es fehlt also eigentlich an der **unmittelbaren Betroffenheit** und damit an der Beschwerdebefugnis. Ohne rügefähiges Recht könnten aber Verfassungsbeschwerden gegen Vertragsänderungen nicht erhoben werden. Um dieses offenbar nicht gewollte Ergebnis zu vermeiden[588], sieht das BVerfG das grundrechtsgleiche Recht aus Art. 38 Abs. 1 Satz 1 GG als subjektiv-rechtliche Entsprechung zu den in Art. 23 Abs. 1 GG gerade nicht grundrechtlich ausgestalteten Integrationsschranken an. Das dort garantierte Recht auf Teilnahme an der Wahl zum Deutschen Bundestag wird hierfür in einem ersten Schritt als **subjektiv-rechtliche Ausprägung des Demokratieprinzips** im Sinne eines Anspruchs auf Befugnisse der Gewählten zur demokratischen Politikgestaltung verstanden, in einem zweiten Schritt auf die Wahrung demokratischer Legitimation im Prozess der europäischen Integration erstreckt und schließlich in einem dritten Schritt auch auf diejenigen Integrationsschranken übertragen, die nur einen mittelbaren Bezug zum Demokratiegebot aufweisen. **48**

Nach dieser Verfassungsrechtsprechung kann auf der Grundlage von Art. 38 Abs. 1 Satz 1 GG heute – alternativ – gerügt werden, **48a**

- dass dem Deutschen Bundestag infolge der weiteren Übertragung von Hoheitsrechten keine **Befugnisse von substanziellem Gewicht** mehr verblieben. Hier nahm die Rechtsprechung zur Rügefähigkeit der primärrechtsrelevanten Integrationsschranken ihren Ausgangspunkt. Dahinter steht die

---

586 BVerfGE 130, 318 (340 f.) – Parlamentarische Beteiligungsrechte bei der EFSF.

587 BVerfGE 97, 350 – Einführung des Euro.

588 In aller Deutlichkeit *Jestaedt* (Fn. 36), S. 504: „Sehr viel deutlicher kann ein Gericht nicht kommunizieren, dass es einen Fall partout in der Sache entscheiden will.“

Erwägung, dass das Wahlrecht zum Deutschen Bundestag bei materieller Betrachtung entleert wird, wenn dem gewählten Organ keine substanziellen Entscheidungsbefugnisse mehr verbleiben[589];

- dass eine Hoheitsrechtsübertragung zu einer **Entstaatlichung** Deutschlands geführt habe, da dies nur über den Weg des Art. 146 GG möglich sei. Daran ist interessant, dass das *Maastricht*-Urteil eine auf Art. 146 GG gestützte Rüge noch ausdrücklich abgelehnt hatte[590]. Der Hinweis des *Lissabon*-Urteils, der Rügefähigkeit der Entstaatlichung stehe nicht entgegen, dass Art. 146 GG kein Grundrecht darstelle[591], ersetzt aber nicht die positive Begründung einer auf Art. 38 Abs. 1 Satz 1 GG gestützten **Entstaatlichungsrüge**. Das BVerfG bescheidet sich hier mit der schlichten Feststellung, Art. 38 Abs. 1 Satz 1 GG gewährleiste das Recht, an der Legitimation der verfassten Gewalt mitzuwirken und auf ihre Ausübung Einfluss zu nehmen[592]. Damit wird letztlich ein **Grundrecht auf Staatlichkeit** der Bundesrepublik Deutschland geschaffen[593];
- und dass die Hoheitsgewalt der EU selbst nicht hinreichend demokratisch legitimiert sei (**Demokratiedefizit** der EU). Hierzu hat das BVerfG im *Lissabon*-Urteil betont, dass Deutschland nach Art. 23 Abs. 1 Satz 1 GG nur an einer Union mitwirken dürfe, die demokratischen Grundsätzen entspreche. Da ein legitimatorischer Zusammenhang zwischen deutschem Bürger und europäischer Hoheitsgewalt bestehen müsse, müsse es auch möglich sein, diesen Zusammenhang über Art. 38 Abs. 1 Satz 1 GG prozessrechtlich einzufordern[594]. Die Wahlberechtigten könnten deshalb „verfassungsrechtlich relevante Defizite der demokratischen Legitimation der Europäischen Union aus demselben Recht rügen wie Defizite der durch die europäische Integration im Kompetenzumfang betroffenen innerstaatlichen Demokratie“[595].

49 Inwieweit darüber hinaus über den Umweg des Art. 38 Abs. 1 Satz 1 GG auch die Verletzung von Staatsstrukturprinzipien jenseits der Demokratie gerügt werden können, ist noch offen. Das BVerfG hat das im *Lissabon*-Urteil für das **Sozialstaatsprinzip**, nicht jedoch für das Rechtsstaatsprinzip zugelassen[596]; doch diese Unterscheidung beruhte weniger auf prinzipiellen Erwägungen als auf von den unterschiedlichen Beschwerdeführern teils erfüllten und teils nicht erfüllten Begründungsanforderungen (s. dazu §§ 92, 23 Abs. 1 Satz 2 BVerfGG).

---

[589] BVerfGE 89, 155 (172) – Maastricht; 123, 267 (330) – Lissabon.
[590] BVerfGE 89, 155 (180) – Maastricht.
[591] BVerfGE 123, 267 (332) – Lissabon.
[592] BVerfGE 123, 267 (332) – Lissabon.
[593] Zur Kritik lesenswert *M. Nettesheim*, Ein Individualrecht auf Staatlichkeit?, NJW 2009, S. 2867 ff.
[594] BVerfG 123, 267 (331) – Lissabon.
[595] BVerfGE 123, 267 (331) – Lissabon.
[596] BVerfG 123, 267 (331 f.) – Lissabon.

In seinem Urteil zu den Griechenland-Hilfen und zum vorläufigen Euro-Rettungsschirm hat das BVerfG schließlich eine auf Art. 38 Abs. 1 Satz 1 GG gestützte Rüge jedes Bürgers zugelassen, die Haushaltsautonomie des Deutschen Bundestages werde durch die Beteiligung Deutschlands an Maßnahmen zur Rettung des Euro in erheblichem finanziellen Umfang ausgehöhlt. Wie bei der Übertragung von Hoheitsrechten liegt dieser Konstruktion der Gedanke einer **materiellen Entleerung des Wahlakts** zu Grunde. Soweit das grundrechtsgleiche Recht aus Art. 38 Abs. 1 Satz 1 GG als subjektiv-rechtliche Entsprechung zum Demokratieprinzip verstanden wird, kann damit also nicht nur eine Beeinträchtigung der demokratischen Gestaltungsfähigkeit des Bundestages durch Hoheitsrechtsübertragungen gerügt werden, die keine Befugnisse von substanziellem Gewicht mehr belassen. Mit der Verfassungsbeschwerde rügefähig wird unter dieser Prämisse auch eine Beeinträchtigung der demokratischen Gestaltungsfähigkeit durch eine Beeinträchtigung der Haushaltsautonomie des Bundestages. Der Wahlakt wäre in den Worten des BVerfG „entwertet, wenn der Deutsche Bundestag nicht länger über diejenigen Gestaltungsmittel zur Erfüllung aufgabenwirksamer Staatsaufgaben und zum Gebrauch seiner Befugnisse verfügte, für deren Inanspruchnahme seine Handlungsmacht durch die Wähler legitimiert wird“[597]. Nach diesem Verständnis braucht eine vitale innerstaatliche Demokratie **Entscheidungsbefugnisse und Geld**, um diese auch zu nutzen – und nach diesem Verständnis hat jeder Wahlberechtigte hierauf einen Anspruch aus Art. 38 Abs. 1 Satz 1 GG. **49a**

Insgesamt hat sich diese Rechtsprechung vom Grundansatz der Verfassungsbeschwerde als Rechtsbehelf zur Abwehr individueller Grundrechtsbeeinträchtigungen **bedenklich weit entfernt**. Über den Hebel des Wahlrechts erhalten alle Bürgerinnen und Bürger die Möglichkeit, einerseits bestimmte Strukturvorgaben der EU, andererseits aber auch die Voraussetzungen einer lebendigen Demokratie, in deren Zentrum der Deutsche Bundestag steht, vor dem BVerfG einzufordern. Die materiell-rechtlich maßgeblichen Bestimmungen in Art. 23 Abs. 1 Satz 1 GG sowie zum Demokratieprinzip und seiner Ausgestaltung sind aber keine Grundrechte; man kann in dieser Rechtsprechung deshalb auch die Zulassung von **Popularverfassungsbeschwerden** gegen die europäische Integration sowie in jüngerer Zeit auch gegen die Rettung des Euro sehen[598]. **50**

Damit ist nicht gesagt, dass die verfassungsrechtlichen Angriffe immer substanzlos wären; die Existenz eines verfassungsrechtlichen Problems begründet aber noch nicht für sich genommen eine Entscheidungskompetenz des BVerfG. Es ist bemerkenswert, dass sich das BVerfG dazu veranlasst gesehen hat, entgegen den üblichen Gepflogenheiten im Verfahren zu den Griechenland-Hilfen **50a**

---

[597] BVerfGE 129, 124 (170 f.) – Griechenland-Hilfen und vorläufiger Euro-Rettungsschirm; zu dieser Konstruktion näher *M. Ruffert*, Die Europäische Schuldenkrise vor dem Bundesverfassungsgericht, EuR 2011, S. 842 (844 ff.).

[598] Ebenso *Schönberger* (Fn. 33), S. 539; *Nettesheim* (Fn. 373), S. 768 ff.

und zum vorläufigen Rettungsschirm die erhebliche und andauernde Kritik aus dem Schrifttum an der Zulässigkeitskonstruktion über Art. 38 Abs. 1 Satz 1 GG aufzugreifen[599]. Eine echte Auseinandersetzung erfolgt dabei allerdings nicht, neue Argumente sind nicht zu hören. Immerhin heißt es abschließend, die abwehrrechtliche Dimension von Art. 38 Abs. 1 Satz 1 GG komme zum Tragen, wenn die Gefahr einer Kompetenzentleerung offensichtlich bestehe, sodass substantiiert dargelegt werden müsse, dass das Wahlrecht entleert sein könnte[600]. Hier eröffnet sich das BVerfG einen Weg, über Verfassungsbeschwerden im Prozess der europäischen Integration nicht mehr notwendigerweise auf der Ebene der Begründetheit zu entscheiden, sondern diese bereits im Hinblick auf eine **mangelnde Begründung** als unzulässig zu verwerfen.

51 **Klausurhinweis:** Ob die über Art. 38 Abs. 1 Satz 1 GG rügefähigen Probleme (Entleerung der Befugnisse des Deutschen Bundestages, Entstaatlichung, europäisches Demokratiedefizit) tatsächlich vorliegen, müssen Sie in der Klausur mit Blick auf die konkrete (fiktive) Vertragsänderung in der Begründetheit prüfen. Zu beachten ist, dass, soweit es um die Frage geht, ob Entscheidungen im Plenum des Bundestages zu treffen sind oder auf Ausschüsse verlagert werden dürfen, nicht das Wahlrecht aus Art. 38 Abs. 1 Satz 1 GG, sondern die Abgeordnetenrechte aus Art. 38 Abs. 1 Satz 2 GG betroffen sind.

2. Grundrechts- und Kompetenzkontrolle von Sekundärrechtsakten durch das BVerfG

52 Eine Kontrolle europäischen Sekundärrechts durch das BVerfG ist denkbar zum einen über die konkrete Normenkontrolle, zum anderen wieder über die Verfassungsbeschwerde:

- **Konkrete Normenkontrolle** (Art. 100 Abs. 1 GG): In einem konkreten Rechtsstreit kann sich für das Fachgericht die Frage stellen, ob ein Sekundärrechtsakt gegen Grundrechte verstößt oder die Kompetenzen der EU überschreitet. In diesem Fall müsste der Richter zunächst den EuGH über Art. 267 AEUV mit einer **Gültigkeitsvorlage** befassen (denken Sie daran, dass eine unterbliebene Vorlage als Verletzung von Art. 101 Abs. 1 Satz 2 GG mit der Verfassungsbeschwerde gerügt werden kann, s. oben § 8 Rn. 75 ff.). Ist der EuGH der Auffassung, der Rechtsakt sei grundrechts- und/oder kompetenzgemäß, kommt eine Vorlage analog (!) Art. 100 Abs. 1 GG in Betracht; denn es handelt sich ja nicht wie dort gefordert um ein **deutsches nachkonstitutionelles Parlamentsgesetz**, sondern um einen Rechtsakt der EU. Dieses Problem müssen Sie im Rahmen der Zulässigkeit beim **Vorlagegegenstand** erörtern. Im Übrigen ist zwischen Grundrechtsproblem und Kompetenzproblem zu unterscheiden:

---

[599] BVerfGE 129, 124 (169 f.) – Griechenland-Hilfen und vorläufiger Euro-Rettungsschirm.

[600] BVerfGE 129, 124 (170) – Griechenland-Hilfen und vorläufiger Euro-Rettungsschirm.

Will der vorlegende Richter erreichen, dass das BVerfG von seinem *Solange II/Bananenmarkt*-Vorbehalt abrückt und den Rechtsakt (wieder) am Maßstab der deutschen **Grundrechte** überprüft, muss er darlegen, dass in der EU ein dem Grundgesetz im Wesentlichen vergleichbarer Grundrechtsstandard **generell** nicht mehr gewährleistet ist, was kaum gelingen wird. Eine solche Vorlage wird daher infolge des *Bananenmarkt*-Beschlusses in aller Regel unzulässig sein. Ohne Vorliegen eines strukturellen Defizits ist allerdings nunmehr die Kontrolle am Maßstab der Menschenwürde stets möglich (s. oben Rn. 28a ff.).

Bei der **Kompetenzkontrolle** hat das BVerfG dagegen nicht ausdrücklich eine besondere Begründungshürde eingeführt. Die Frage, ob eine offenkundige und erhebliche Kompetenzüberschreitung vorliegt, ist deshalb im Rahmen der **Begründetheit** zu prüfen.

- Für die **Verfassungsbeschwerde** ergab sich aus dem *Maastricht*-Urteil, dass grundsätzlich auch EU-Rechtsakte als tauglicher Gegenstand der Verfassungsbeschwerde in Betracht kommen, was Sie beim **Beschwerdegegenstand** erörtern müssen. Denn die Aussage im *Maastricht*-Urteil, dass die Grundrechtsberechtigten in Deutschland von Hoheitsakten der EU-Organe betroffen werden und das BVerfG auch insoweit Grundrechtsschutz zu gewähren habe[601], war so zu verstehen, dass supranationale Unionsrechtsakte Akten der deutschen öffentlichen Gewalt im Sinne von Art. 93 Abs. 1 Nr. 4a GG bei funktionaler Betrachtung gleichstehen[602]. Dann allerdings erklärte das BVerfG im Urteil zu den Griechenland-Hilfen und dem vorläufigen Euro-Rettungsschirm die Angriffe gegen verschiedene Rechtsakte der Unionsorgane für unzulässig, weil diese keine tauglichen Gegenstände der Verfassungsbeschwerde darstellten[603]. Unklar war, ob damit eine grundsätzliche Abweichung von der Rechtsprechung zur Kontrolle von Unionsrecht im Wege der Verfassungsbeschwerde verbunden war; denn auf die „anderweitigen Überprüfungsmöglichkeiten auf ihre Anwendbarkeit [*gemeint ist: von Unionsrechtsakten*] in Deutschland hin“ wurde ausdrücklich hingewiesen. Da es bei supranationalen Unionsrechtsakten jedoch gerade keines grundrechtsgebundenen deutschen Vermittlungsakts bedarf (oben § 8 Rn. 17), sprach vieles dafür, dass nach wie vor auch supranationale Unionsrechtsakte jedenfalls im Grundsatz als Gegenstand der Verfassungsbeschwerde in Betracht kommen.

  Von diesem Ansatz scheint sich das BVerfG im OMT-Urteil nun jedoch verabschiedet zu haben: Danach sind Maßnahmen von Unionsorganen nicht unmittelbar Beschwerdegegenstand einer Verfassungsbeschwerde. Sie können aber „als Vorfrage“ Gegenstand der Prüfung durch das BVerfG sein:

---

[601] BVerfGE 89, 155 (175) – Maastricht.

[602] S. etwa *Pieroth*, in: Jarass/ders. (Fn. 65), Art. 93 Rn. 86.

[603] BVerfGE 129, 124 (175 f.) – Griechenland-Hilfen und vorläufiger Euro-Rettungsschirm.

entweder wenn Unionsrechtsakte die Grundlage von Handlungen deutscher Staatsorgane sind (also bei der mitgliedstaatlichen Durchführung von Unionsrecht) oder wenn sie Reaktionspflichten deutscher Staatsorgane auslösen können[604]. Solche Reaktionspflichten sollen aus der Integrationsverantwortung der deutschen Staatsorgane folgen, und zwar dann, wenn Rechtsakte der EU die deutsche Verfassungsidentität verletzen (s. oben Rn. 43 ff.). Das bedeutet, dass die Rüge einer Verletzung der Verfassungsidentität sich entweder gegen einen unionsrechtlich determinierten deutschen Rechtsakt oder – bei Fehlen eines solchen Durchführungsrechtsakts – nicht gegen das Handeln der EU selbst, sondern gegen das Unterlassen der deutschen Staatsorgane richtet, gegen die Identitätsverletzung einzuschreiten, wobei man sich hier in Anlehnung an die Lehre von den grundrechtlichen Schutzpflichten am Untermaßverbot orientieren kann.

Die damit allerdings offen gebliebene Frage ist die nach der Aktivierung des verbleibenden Rests des *Solange*-Vorbehalts: Bisher konnten Verfassungsbeschwerde bei Darlegung eines strukturellen Defizits im Grundrechtsschutz auch unmittelbar gegen Sekundärrecht gerichtet werden. Auch wenn sich die jüngste Verfassungsrechtsprechung zu dieser Frage nicht ausdrücklich verhält, dürfte es bei dieser Option – zumindest theoretisch – bleiben. In diesem Fall müsste im Rahmen der **Beschwerdebefugnis** (oder auch im Rahmen einer speziellen Begründungsanforderung) darauf eingegangen werden, dass nach dem Stand von *Solange II/Bananenmarkt* Verfassungsbeschwerden gegen Europarecht außerhalb des Anwendungsbereichs nur dann zulässig sind, wenn der Beschwerdeführer darlegt, dass in der EU ein dem Grundgesetz im Wesentlichen vergleichbarer Grundrechtsstandard **generell** nicht mehr gewährleistet ist. Der Blick müsste hier – und nur hier – also weiterhin über den konkreten Fall hinaus auf den Grundrechtsschutz in der EU **insgesamt** gerichtet werden. Diese Darlegung wird auch im Rahmen der Verfassungsbeschwerde kaum gelingen, d.h. die Verfassungsbeschwerde wird in aller Regel unzulässig sein, ohne dass der Beschwerdeführer die in der Sache begehrte Prüfung des Sekundärrechtsakts am Maßstab der deutschen Grundrechte erreicht. Geht es demgegenüber um **Menschenwürdeverletzungen**, richtet sich die auf Art. 1 Abs. 1 GG gestützte Verfassungsbeschwerde entweder gegen den deutschen Durchführungsrechtsakt oder gegen das Unterlassen der deutschen Staatsorgane, gegen die Verfassungsidentitätsverletzung einzuschreiten.

Für Verfassungsbeschwerden gegen **kompetenzüberschreitende** Rechtsakte gibt es unter Einbeziehung der OMT-Rechtsprechung nunmehr zwei unterschiedliche Wege: Stets kann das in der Sache betroffene Grundrecht – notfalls Art. 2 Abs. 1 GG – mit Blick darauf gerügt werden, dass

---

[604] BVerfG, Urteil des Zweiten Senats vom 21. Juni 2016, 2 BvR 2728/13 u.a., Rn. 95 ff. – OMT-Politik der EZB (Urteil).

der ausbrechende Rechtsakt nicht zur verfassungsmäßigen Ordnung gehöre (*Elfes*-Konstruktion[605]). Auch hier ist dem *Honeywell*-Beschluss keine besondere Begründungsanforderung zu entnehmen. Das lässt sich wohl dadurch erklären, dass es beim Grundrechtsschutz auf eine **defizitäre Gesamtentwicklung** ankommt, bei der Kompetenzkontrolle aber nur auf den konkreten Einzelfall, in dem die Kompetenzüberschreitung allerdings offenkundig und erheblich sein muss (oben Rn. 39 ff.). Um diese Frage dreht sich Ihre Begründetheitsprüfung. Ein Grundrechtseingriff auf der Grundlage von Unionsrecht ist nur gerechtfertigt, wenn der konkrete EU-Rechtsakt kompetenzgemäß ergangen ist. Darüber hinaus ist nunmehr in Fällen ohne Eingriff in ein Freiheitsrecht auch eine auf Art. 38 Abs. 1 Satz 1 GG gestützte ultra vires-Rüge zulässig[606]. Sie richtet sich indes nicht unmittelbar gegen den vermeintlich kompetenzüberschreitenden Rechtsakt, sondern dagegen, dass deutsche Staatsorgane sich der in der qualifizierten Kompetenzüberschreitung nach der Auffassung des BVerfG liegenden Verletzung der Verfassungsidentität nicht hinreichend entgegengestellt hätten.

3. Kontrolle von deutschen Durchführungsrechtsakten durch das BVerfG

Abschließend stellt sich die Frage der **Kontrolle deutscher Durchführungsrechtsakte** am Maßstab der deutschen Grundrechte. Hierzu ist in der jüngeren Rechtsprechung des BVerfG eine interessante und auch konsequente Neuerung zu verzeichnen: Wenn **supranationale Unionsrechtsakte** wie Verordnungen aufgrund des Vorrangs des Unionsrechts nicht mehr am Maßstab der deutschen Grundrechte gemessen werden können, ergäbe sich ein Wertungswiderspruch, wenn jeder Durchführungsrechtsakt für **nicht-supranationale Unionsrechtsakte**, etwa ein Gesetz zur Umsetzung einer Richtlinie, vollumfänglich an den deutschen Grundrechten zu messen wäre. Denn in Teilen setzt der Durchführungsrechtsakt ja nur noch verbindliche – und vorrangige – unionsrechtliche Vorgaben um, d.h. die deutschen Staatsorgane haben auch hier teilweise keine eigenen Entscheidungsspielräume mehr. Deshalb hat das BVerfG in seinem Beschluss zum Emissionshandel aus dem Jahr 2007 die Solange-Rechtsprechung auf inhaltlich unionsrechtlich determinierte deutsche Rechtsakte erstreckt: 53

BVerfG zum Emissionshandel (2007): „Auch eine innerstaatliche Rechtsvorschrift, die eine Richtlinie in deutsches Recht umsetzt, wird insoweit nicht an den Grundrechten des Grundgesetzes gemessen, als das Gemeinschaftsrecht keinen Umsetzungsspielraum lässt, sondern zwingende Vorgaben macht […].“[607] 54

---

605 Dazu BVerfGE 6, 32 (41); *H. Kube*, Die Elfes-Konstruktion, JuS 2003, S. 111 ff.

606 BVerfG, Urteil des Zweiten Senats vom 21. Juni 2016, 2 BvR 2728/13 u.a., Rn. 77 ff. – OMT-Politik der EZB (Urteil).

607 BVerfGE 118, 79 (97) – Emissionshandel; dazu *M. Cornils*, Urteilsbesprechung, ZJS 2008, S. 67 ff., http://www.zjs-online.com; Fallbearbeitung von *D. Winkler*, Ad Legendum

55 Auch **zwingend europarechtlich gebundene** innerstaatliche Rechtsakte nehmen insofern am Vorranganspruch des Unionsrechts teil und unterliegen damit grundsätzlich nicht mehr der Bindung an die deutschen Grundrechte – ein mit Blick auf Art. 1 Abs. 3 GG zunächst einmal überraschendes Ergebnis. Das gilt aber nur, soweit die unionsrechtliche Bindung des Umsetzungsakts reicht[608]. Soweit etwa der deutsche Umsetzungsgesetzgeber Spielräume hat oder gar Bestimmungen in Richtlinienumsetzungsgesetzen regelt, die mit dem Richtlinieninhalt gar nichts zu tun haben, unterliegt er **in vollem Umfang** der Bindung an die deutschen Grundrechte. Das hat das BVerfG zuletzt im Urteil über die **Vorratsdatenspeicherung** nochmals klargestellt. In diesem Urteil hat es die deutsche Umsetzung der Richtlinie zur Vorratsdatenspeicherung an den deutschen Grundrechten gemessen, weil es der Auffassung war, der Gesetzgeber habe sich in von der Richtlinie belassenen Spielräumen bewegt[609].

55a Aus der Aufgabe des *Solange*-Vorbehalts für den Anwendungsbereich der Menschenwürde durch den Beschluss des BVerfG in Sachen Europäischer Haftbefehl II (oben Rn. 28a ff.) ergibt sich allerdings auch für den Vorrang des Unionsrechts gegenüber voll determinierten deutschen Durchführungsrechtsakten eine wichtige Änderung: Da der Vorrang des Unionsrechts in der Menschenwürde stets seine Grenze findet, ist Art. 1 Abs. 1 GG von der Rücknahme der Bindung dieser Rechtsakte an die deutschen Grundrechte ausgenommen. Auch ein voll unionsrechtlich determinierter deutscher Rechtsakt kann und muss nach dem BVerfG also künftig stets an Art. 1 GG gemessen werden. Damit ergibt sich auch hier die Notwendigkeit der schwierigen Abgrenzung zwischen dem Anwendungsbereich der Menschenwürde – dann umfassende Bindung deutscher Staatsorgane unabhängig von einer unionsrechtlichen Determinierung – und dem Anwendungsbereich der Grundrechte im Übrigen – dann keine Bindung im Umfang der unionsrechtlichen Determinierung.

55b Damit wird die Frage, ob das Unionsrecht im konkreten Fall einen Umsetzungsspielraum belässt oder nicht, außerhalb des Anwendungsbereichs der Menschenwürde entscheidend für die Anwendbarkeit der deutschen Grundrechte. Es ist insoweit konsequent, dass das BVerfG in seinem *Cassina*-Beschluss jüngst festgestellt hat, dass die fehlerhafte Annahme eines Fachgerichts, das Unionsrecht belasse keinen Umsetzungsspielraum, zu einer der verfassungs-

---

2012, S. 272 ff.; Fortführung der Rechtsprechung in BVerfGE 129, 78 (90 f.) – Cassina; und BVerfGE 129, 186 (199) – Investitionszulagengesetz; grundsätzlich auch BVerfG, Urteil des Zweiten Senats vom 21. Juni 2016, 2 BvR 2728/13 u.a., Rn. 119 – OMT-Politk der EZB (Urteil).

[608] Dazu näher *J. Masing*, Vorrang des Europarechts bei umsetzungsgebundenen Rechtsakten, NJW 2006, S. 264 ff.

[609] BVerfGE 125, 260 (306 f.) – Vorratsdatenspeicherung; hierzu *M. Bäcker*, Solange IIa oder Basta I? Das Vorratsdaten-Urteil des EuGH aus europarechtlicher Sicht, EuR 2011, S. 103; s. jetzt auch EuGH, Urteil vom 8. April 2014, verb. Rs. C-293/12 und C-594/12 (Digital Rights Ireland); dazu *Streinz*, Verstoß der Vorratsdatenspeicherungsrichtlinie gegen EU-Grundrechte, JuS 2014, S. 758.

gerichtlichen Kontrolle unterliegenden Grundrechtsverletzung führen kann. Dabei beschränkt sich die Kontrolle des BVerfG entgegen den üblichen Grundsätzen bei der Auslegung und Anwendung einfachen Rechts ausdrücklich **nicht** auf eine Willkürkontrolle, weil die Auslegung des Unionsrechts im Hinblick auf einen Umsetzungsspielraum zugleich über die Anwendung oder Nichtanwendung der deutschen Grundrechte entscheidet[610].

Darüber hinaus ist die Frage, ob ein Umsetzungsspielraum besteht oder nicht, von Bedeutung für die Möglichkeit, Vorgaben von Unionsrecht umsetzenden Gesetzen im Wege der **konkreten Normenkontrolle** nach Art. 100 Abs. 1 GG dem BVerfG vorzulegen. Soweit ein solches Gesetz zwingend unionsrechtlich determiniert ist, unterliegt es nämlich nicht mehr der Kontrolle am Maßstab des Grundgesetzes. Eine Vorlage nach Art. 100 Abs. 1 GG ist dann mangels Entscheidungserheblichkeit unzulässig. Deshalb muss sich das vorlegende Gericht in der Frage des Umsetzungsspielraums kundig machen und insoweit nach Art. 267 AEUV gegebenenfalls die Vorabentscheidung des EuGH einholen[611]. **55c**

Klausurhinweis: Für Ihre Klausur bedeutet das, dass Sie bei der grundrechtlichen Prüfung von Durchführungsrechtsakten auf die Rechtsprechung des BVerfG hinweisen und die Frage klären müssen, ob es sich um einen inhaltlich vollständig gebundenen Rechtsakt (dann keine Grundrechtsbindung und -kontrolle) oder um einen Rechtsakt im Spielraumbereich (dann volle Grundrechtsbindung und -kontrolle) handelt. **56**

Vertiefungshinweis: Im Bereich der Grundrechte führt die Einbindung Deutschlands in die EU zusammen mit dem Beitritt zur EMRK zu einer komplexen wechselseitigen Überlappung parallel geltender Grundrechtsschichten, die die Rechtswissenschaft vor erhebliche Herausforderungen stellt. Schon das dargestellte Zusammenspiel von Grundgesetz und EMRK bei der Beurteilung deutscher Rechtsakte erweist sich als im Detail äußerst komplex (oben § 7 Rn. 12 ff.). Zu der dadurch hergestellten doppelten Grundrechtsbindung deutscher Hoheitsakte (oben § 7 Rn. 14) kann eine Bindung an die Grundrechte der EU noch hinzutreten. Denn nach Art. 51 Abs. 1 Satz 1 der Grundrechte-Charta sind die Mitgliedstaaten bei der Durchführung des Unionsrechts an die in der Charta gewährleisteten Unionsgrundrechte gebunden[612]. Von besonderer Bedeutung ist diese **56a**

---

[610] BVerfGE 129, 78 (102 f.) – Cassina.

[611] BVerfGE 129, 186 (198 ff.) – Investitionszulagengesetz; dazu die Besprechungen von *L. Michael*, Urteilsbesprechung, ZJS 2012, S. 376 ff., http://www.zjs-online.com; und *M. Wendel*, Neue Akzente im europäischen Grundrechtsverbund, EuZW 2012, S. 213 ff.

[612] Dazu näher *H. Sauer*, Grundrechtskollisionsrecht für das europäische Mehrebenensystem, in: Hong/Matz-Lück (Fn. 322), S. 1 (23 ff.). Auf das Urteil des EuGH in Sachen *Åkerberg Fransson* (EuGH, Urteil vom 26. Februar 2013, Rs. C-617/10 [*Åkerberg Fransson*], n.n.i.Slg.; Aufbereitung für Studierende von *R. Streinz*, JuS 2013, S. 568), das die Bindung der Mitgliedstaaten weit verstanden hat und damit nicht nur eine prompte Reaktion des Bundesverfassungsgerichts in seinem Beschluss zur Antiterror-Datei (BVerfGE 133, 277 [316] mit der unmissverständlichen Warnung, der Gerichtshof stelle das kooperative Miteinander von BVerfG und EuGH und die deutsche Verfassungsidentität in Frage), sondern auch eine intensive Auseinandersetzung im Schrifttum nach sich gezogen hat, kann an dieser Stelle nicht näher eingegangen werden (s. aus der Vielzahl der Beiträge im

Bindung an die Grundrechte der EU dort, wo im Hinblick auf eine inhaltliche Bindung des deutschen Durchführungsrechtsakts eine Bindung an die deutschen Grundrechte nach den soeben dargestellten Maßstäben nicht mehr besteht. Die Bedingung eines dem Standard des Grundgesetzes vergleichbaren Grundrechtsschutzes (Art. 23 Abs. 1 Satz 1 GG) wird hier erst durch die Bindung des Durchführungsrechtsakts an die Unionsgrundrechte eingelöst bzw. der Bindungsanspruch der deutschen Grundrechte darf nur im Hinblick auf die Ersatzfunktion der Bindung an die Unionsgrundrechte zurückgenommen werden. Interessanterweise geht der Gerichtshof der Union bei der Bindung der Mitgliedstaaten an die Unionsgrundrechte sogar noch einen Schritt weiter: Er hält mitgliedstaatliche Rechtsakte auch dort für gebunden, wo Umsetzungsspielräume bestehen[613]. Hier kommt es also zu einer dreifachen grundrechtlichen Bindung an die deutschen Grundrechte, die Rechte der EMRK und die Grundrechte der EU. Soweit die deutschen Grundrechte anwendbar sind, weil ein Umsetzungsspielraum besteht, können sich nach dem *Cassina*-Beschluss des BVerfG entgegen dem Wortlaut von Art. 19 Abs. 3 GG auch juristische Personen aus dem EU-Ausland auf wesensmäßig anwendbare deutsche Grundrechte berufen[614]; diese „Anwendungserweiterung" des Grundrechtsschutzes begründet der Erste Senat mit einer entsprechenden unionsrechtlichen Verpflichtung aus dem allgemeinen Diskriminierungsverbot nach Art. 18 AEUV, es handelt sich also um eine unionsrechtskonforme Rechtsfortbildung des deutschen Verfassungsrechts[615]. Demgegenüber sind Rechtsakte der EU nach Art. 51 Abs. 1 Satz 1 der Grundrechte-Charta in jedem Fall an die Unionsgrundrechte gebunden. Ihre Bindung an die deutschen Grundrechte bestimmt sich nach Maßnahme der dargestellten Solange-Rechtsprechung (oben Rn. 18 ff.). Auf die schwierige Frage einer Bindung von Rechtsakten der Union an die EMRK bis zum geplanten Konventionsbeitritt der EU[616] kann an dieser Stelle nicht eingegangen werden. Bei formaler Betrachtung besteht zwar solange keine Bindung, wie die EU selbst der Konvention nicht beigetreten ist. Es stellt sich aber die Frage, ob die Mitgliedstaaten der EU für Konventionsverstöße durch Unionsrecht bzw. durch dessen Durchführung verantwortlich gemacht werden können[617].

57 **Lösung Fall 16: a)** Zwar kann B. die Vorlage zum EuGH prozessrechtlich nicht erzwingen, doch kann er gegen das letztinstanzliche Urteil Verfassungsbeschwerde wegen

---

Schrifttum sehr konzise *T. Kingreen*, Ne bis in idem: Zum Gerichtswettbewerb um die Deutungshoheit über die Grundrechte, EuR 2013, S. 446 ff.).

[613] EuGH, Urteil vom 27. Juni 2006, Rs. C-540/03 (Familienzusammenführungsrichtlinie), Slg. 2006, S. I–5769, Rn. 101 ff.; dazu *C. Callies*, Europäische Gesetzgebung und nationale Grundrechte – Divergenzen in der aktuellen Rechtsprechung von EuGH und BVerfG? JZ 2009, S. 113 (116 f.).

[614] BVerfGE 129, 78 (94 ff.) – Cassina.

[615] Äußerst kritisch hierzu *C. Hillgruber*, Anmerkung zu BVerfG vom 19. Juli 2011, JZ 2011, S. 1118 ff.

[616] Diese nicht nur politische, sondern durch Art. 6 Abs. 2 EUV auch unionsrechtlich vorgegebene Ziel hat jüngst durch das Gutachten des Gerichtshof zum geplanten Beitrittsabkommen allerdings einen heftigen Dämpfer erlitten: Darin erklärte der EuGH den über mehrere Jahre hinweg zwischen der EU und dem Europarat auch unter Berücksichtigung von Stellungnahmen des Gerichtshofs ausgehandelteten Entwurf eines Beitrittsabkommens für unionsrechtswidrig (EuGH, Gutachen zum EMRK-Beitritt vom 18. Dezember 2014, Rs. C-2/13).

[617] S. zum Problem stellvertretend *A. Peters/T. Altwicker*, Europäische Menschenrechtskonvention, 2. Aufl. 2012, § 4; *H. Sauer*, Grundrechtskollisionsrecht für das europäische Mehrebenensystem, in: Hong/Matz-Lück (Fn. 322), S. 1 (16 ff., 35 f. m.w.N.).

Entziehung des gesetzlichen Richters (Art. 101 Abs. 1 Satz 2 GG) erheben. Die Verfassungsbeschwerde ist allerdings nur begründet, wenn das nach Art. 267 Abs. 3 AEUV vorlageverpflichtete letztinstanzliche Gericht die Vorlage willkürlich unterlassen hat. Solange die europarechtliche Auffassung des Fachgerichts vertretbar ist, wofür ein Bewertungsrahmen der Fachgerichte besteht, kann ein Verstoß gegen Art. 101 Abs. 1 Satz 2 GG grundsätzlich nicht festgestellt werden. Zu beachten ist allerdings, dass derzeit in der Verfassungsrechtsprechung Tendenzen bestehen, den Bewertungsrahmen der Fachgerichte mit Blick auf die Rechtsprechung des EuGH zur Vorlagepflicht nach Art. 267 Abs. 3 AEUV enger zu verstehen (oben § 8 Rn. 76a).

b) Wenn sich die Festlegung der Einfuhrkontingente bereits vollständig aus der Verordnung ergibt, die Behörde also unionsrechtlich in ihrem Handeln zwingend festgelegt ist, kann das Handeln der Behörde nach der Rechtsprechung des BVerfG nicht mehr am Maßstab der deutschen Grundrechte kontrolliert werden, soweit nicht die Menschenwürde betroffen ist. Der umsetzungsgebundene Vermittlungsakt hat außerhalb des Anwendungsbereichs der Menschenwürde sozusagen am Vorrang des Unionsrechts teil. Entscheidend ist hier, ob die zu Grunde liegende Verordnung mit den Unionsgrundrechten vereinbar ist, was im Wege des Vorabentscheidungsverfahrens nach Art. 267 AEUV der Klärung durch den EuGH zugeführt werden kann.

c) B. kann grundsätzlich auch Verfassungsbeschwerde gegen die EU-Verordnung erheben. Diese ist außerhalb des Anwendungsbereichs der Menschenwürde aber nur noch dann zulässig, wenn B. dartun kann, dass die Grundrechte in der EU generell nicht mehr in einem dem Grundgesetz vergleichbaren Standard gewährleistet sind („strukturelles Defizit" – verbleibender Rest des *Solange*-Vorbehalts), was ihm nicht gelingen wird. Würde B. eine Verletzung der Menschenwürde geltend machen wollen, so wäre die Verfassungsbeschwerde gegen das Unterlassen der deutschen Staatsorgane zu richten, gegen die in der Verordnung dann seiner Meinung nach liegende Verfassungsidentitätsverletzung einzuschreiten.

Wiederholungsfragen zu § 9:

1. Erläutern Sie, inwieweit die unterschiedliche Rechtsprechung des BVerfG und des EuGH zur Frage der Grenzen des Vorrangs des Unionsrechts auf unterschiedlichen Prämissen zum Wesen der Unionsrechtsordnung beruht.
2. Welche primärrechtsrelevanten Integrationsschranken kennt das Grundgesetz? Wo liegt das Problem bei der „Demokratievorgabe" in Art. 23 Abs. 1 Satz 1 GG? Wie begründet das BVerfG seine Rechtsprechung zur Kompetenzentleerung und zum Entstaatlichungsverbot?
3. Welche Maßnahmen wurden bisher zur Rettung des Euro ergriffen? In welcher Hinsicht kann die deutsche Beteiligung an solchen Maßnahmen verfassungsrechtlich problematisch sein?
4. Ist das BVerfG nach geltendem Verfassungsrecht dazu befugt, Rechtsakte der EU-Organe am Maßstab der deutschen Grundrechte zu überprüfen? Wie hat sich die Verfassungsrechtsprechung zu dieser Frage entwickelt? Was ist Voraussetzung dafür, dass eine solche Kontrolle – wieder – ausgeübt wird? Welche wichtige Änderung ergibt sich hier aus der jüngsten Verfassungsrechtsprechung?

5. Was ist bei der Prüfung deutscher Rechtsakte zur Durchführung von Unionsrecht am Maßstab der deutschen Grundrechte zu beachten? Warum kommt es auch hier darauf an, ob die Menschenwürde betroffen ist oder nicht?
6. Ist das BVerfG nach geltendem Verfassungsrecht dazu befugt, Rechtsakte der EU-Organe auf die Wahrung der Kompetenzen zu überprüfen? Wie hat sich die Verfassungsrechtsprechung zu dieser Frage entwickelt? Wann kann das BVerfG nach derzeitigem Stand einen „ausbrechenden Rechtsakt" feststellen? Mit welcher Überlegung lässt sich die Kompetenzkontrolle als Identitätskontrolle begreifen?
7. Was ist allgemein unter der Identitätskontrolle von EU-Recht zu verstehen? Wie verhält sich diese nach der jüngeren Verfassungsrechtsprechung zur Grundrechts- und zur Kompetenzkontrolle?
8. In welchem Verfahren lassen sich Änderungen der Vertragsgrundlage vom BVerfG überprüfen? Auf welches Recht kann eine Verfassungsbeschwerde gegen das betreffende Zustimmungsgesetz gestützt werden? Auf welches Recht können Verfassungsbeschwerden gegen die deutsche Beteiligung an Maßnahmen zur Stabilisierung des Euro gestützt werden?
9. Unter welchen Voraussetzungen sind Richtervorlagen und Verfassungsbeschwerden zulässig, mit denen der Verstoß von Unionsrecht gegen deutsche Grundrechte geltend gemacht wird?
10. In welchen Verfahren und unter welchen Voraussetzungen kann vor dem BVerfG geltend gemacht werden, ein Rechtsakt der EU überschreite die den EU-Organen in den Verträgen eingeräumten Kompetenzen?

Sachverzeichnis

(Die Zahlen verweisen auf die Paragraphen und Randnummern des Buches.)